21世纪高等教育审计精品教材

国家级一流本科专业建设点

政府审计

Government Auditing

（第三版）

刘三昌 主　编

杨昌红 刘国栋 胡　方 副主编

东北财经大学出版社
Dongbei University of Finance & Economics Press

大连

图书在版编目（CIP）数据

政府审计/刘三昌主编.—3版.—大连：东北财经大学出版社，
2020.3（2022.11重印）
（21世纪高等教育审计精品教材）
ISBN 978-7-5654-3788-5

Ⅰ.政⋯ Ⅱ.刘⋯ Ⅲ.政府审计-高等学校-教材 Ⅳ.F239.44

中国版本图书馆 CIP 数据核字（2020）第 018929 号

东北财经大学出版社出版
（大连市黑石礁尖山街217号 邮政编码 116025）
网 址：http：//www.dufep.cn
读者信箱：dufep@dufe.edu.cn

大连永发彩色广告印刷有限公司印刷 东北财经大学出版社发行
幅面尺寸：170mm×240mm 字数：422千字 印张：20.25 插页：1
2020年3月第3版 2022年11月第6次印刷
责任编辑：王 莹 曲以欢 责任校对：京 玮
封面设计：张智波 版式设计：钟福建
定价：42.00元

教学支持 售后服务 联系电话：（0411）84710309
版权所有 侵权必究 举报电话：（0411）84710523
如有印装质量问题，请联系营销部：（0411）84710711

第三版前言

随着社会主义市场经济体制的日趋完善，审计在加强国家宏观经济调控、促进资本市场健康发展、防范企业风险、增强企业价值方面发挥着日益重要的作用，政府审计组织、会计师事务所、内部审计机构和其他监管部门对审计人才具有广泛的需求。为了适应社会对审计专业人才不断增长的需求，自2003年开始，我国一些高等院校陆续恢复设置了审计学本科专业，以培养通晓审计基本理论、基本知识，熟知政府审计、内部审计和民间审计技能的应用型高级审计专门人才。

为了满足审计学专业、会计学专业（包括注册会计师专门化方向）和其他相关专业学生对政府审计理论和实务知识的需要，也为了满足广大政府审计从业人员学习和工作的需要，我们编写了这本反映现代政府审计基本理论与实践的教材。相对于国内现有的为数不多的政府审计教材，本教材具有以下特点：

1. 时代性

本教材编写的依据是最新颁布的审计与会计的法规、制度与准则，如2006年修订的《中华人民共和国审计法》、2010年修订的《中华人民共和国审计法实施条例》、2010年颁布的《中华人民共和国国家审计准则》、2019年印发的《党政主要领导干部和国有企事业单位主要领导人员经济责任审计规定》、2019年1月1日开始实施的《政府会计准则》和《政府会计制度》等。另外，教材编写过程中还吸收了国内外政府审计的最新理论研究成果，同时注重对政府审计实践的概括、总结和反映。

2. 务实性

本教材从编写宗旨、体例安排到内容设计，均从审计学专业本科生应知应会的政府审计知识出发，侧重对政府审计实务的全面详细反映，具体表现为在简化政府审计理论论述的同时，注重介绍政府审计基本流程，在政府审计实务部分重点介绍审计的程序、方法和审计测试的内容。

3. 完整性

本教材政府审计实务内容设计安排的依据是《中华人民共和国审计法》。本教材除未涵盖不涉及具体审计实务的审计职责（审计管辖范围的确定、内部审计的指导和监督、民间审计组织审计报告的核查）外，其余政府审计职责均包含在政府审计实务内容中，如财政审计、金融审计、国有企业审计、行政事业单位审计、固定资产投资审计、外资审计、政府绩效审计、经济责任审计。

4.衔接性

在编写过程中，本教材在力求政府审计理论与实务完整性的同时，还考虑到"政府审计"课程在审计学专业课程体系中的衔接性。政府审计课程一般在审计学原理和财务审计之后开设，学生已掌握审计的基本原理和企业财务审计的基本知识。因此，为了避免重复，本教材依据《中华人民共和国审计法》和《中华人民共和国国家审计准则》，简明扼要地介绍了政府审计理论，还详细介绍了政府审计实务。

本书在各章末以二维码的形式提供了案例解析，以便向读者呈现立体化的政府审计场景。另外，为便于教学，本书配有教学大纲、电子课件等教辅资源，请任课教师登录东北财经大学出版社网站（www.dufep.cn）下载。

本教材由刘三昌教授担任主编，杨昌红、刘国栋、胡方担任副主编。教材编写分工如下：第一、二章由刘三昌（河北地质大学）编写，第三章由刘三昌、杨昌红（河北地质大学）编写，第四章由范宝文（审计署驻济南特派员办事处）、刘国栋（审计署驻济南特派员办事处）编写，第五章由杨昌红编写，第六章由胡方（河北地质大学）编写，第七章由刘三昌、张岚（河北省审计厅）编写，第八章由陈淑英（河北省审计厅）编写，第九章由胡方、夏文杰（河北交通职业技术学院）编写，第十章由赵凌云（河北地质大学）编写，第十一章由刘国栋、刘三昌编写。主编负责拟订大纲，并在一定范围内征求意见，由主编、副主编负责修订、总纂、定稿。

在本教材的编写和出版过程中，得到了河北省审计厅、江西省审计厅、审计署驻济南特派员办事处、石家庄市审计局、河北地质大学会计学院和教务处部分同志的关心和支持；本教材完稿后，江西省审计厅刘功滨同志、河北省审计厅张同珍同志对书稿进行了认真的审阅，提出了许多宝贵建议。在此对他们的支持和关心表示衷心的感谢。

本教材编写过程中可供借鉴的教材、著作较少，并且我们的学识和认知水平有限，因此对某些问题可能理解得不深、不透，教材中不妥和谬误之处在所难免，对此我们在深表歉意的同时，恳请广大读者批评指正！

刘三昌

2020年1月

目　录

第一章　政府审计绪论 ……………………………………………… 1

学习目标 …………………………………………………………… 1

第一节　政府审计的起源与演进 ………………………………… 1

第二节　政府审计概述 …………………………………………… 8

第三节　政府审计的地位 ………………………………………… 14

关键概念 …………………………………………………………… 16

本章小结 …………………………………………………………… 16

复习思考题 ………………………………………………………… 16

本章习题 …………………………………………………………… 17

案例解析 …………………………………………………………… 20

第二章　政府审计组织与审计法律规范 ………………………… 21

学习目标 …………………………………………………………… 21

第一节　政府审计组织 …………………………………………… 21

第二节　政府审计组织的职责、权限和审计的法律责任 ……… 26

第三节　政府审计人员 …………………………………………… 31

第四节　政府审计法律规范 ……………………………………… 34

关键概念 …………………………………………………………… 37

本章小结 …………………………………………………………… 37

复习思考题 ………………………………………………………… 38

本章习题 …………………………………………………………… 38

案例解析 …………………………………………………………… 41

第三章　政府审计基本业务流程 ………………………………… 42

学习目标 …………………………………………………………… 42

第一节　审计项目计划 …………………………………………… 42

第二节　审计项目的准备阶段 …………………………………… 51

第三节　审计项目的实施阶段 …………………………………… 54

第四节　审计项目的终结阶段 …………………………………… 62

第五节　审计整改检查阶段 ……………………………………… 67

关键概念 …………………………………………………………… 67

本章小结 …………………………………………………………… 67

　　复习思考题 ·· 68

　　本章习题 ·· 69

　　案例解析 ·· 72

第四章　财政审计 ··· 73

　　学习目标 ·· 73

　　第一节　财政审计概述 ······································ 73

　　第二节　本级财政预算执行情况审计 ······················ 76

　　第三节　对下级财政预算执行情况和决算审计 ·············· 85

　　第四节　其他财政收支审计 ································· 89

　　关键概念 ·· 98

　　本章小结 ·· 98

　　复习思考题 ·· 99

　　本章习题 ·· 99

　　案例解析 ··· 103

第五章　金融审计 ·· 104

　　学习目标 ·· 104

　　第一节　金融审计概述 ····································· 104

　　第二节　中央银行审计 ····································· 107

　　第三节　商业银行审计 ····································· 117

　　第四节　非银行金融机构审计 ······························· 135

　　关键概念 ·· 140

　　本章小结 ·· 140

　　复习思考题 ··· 140

　　本章习题 ·· 141

　　案例解析 ·· 145

第六章　国有企业审计 ·· 146

　　学习目标 ·· 146

　　第一节　国有企业审计概述 ································· 146

　　第二节　财务收支审计 ····································· 148

　　关键概念 ·· 172

　　本章小结 ·· 172

　　复习思考题 ··· 173

　　本章习题 ·· 173

　　案例解析 ·· 182

第七章　行政事业单位审计 ······································ 183

　　学习目标 ·· 183

　　第一节　行政事业单位审计概述 ····························· 183

第二节　行政事业单位预算收支审计 ·································· 186

第三节　行政事业单位财务审计 ····································· 191

第四节　行政事业单位的其他审计 ·································· 201

关键概念 ··· 205

本章小结 ··· 205

复习思考题 ··· 206

本章习题 ··· 206

案例解析 ··· 211

第八章　固定资产投资审计 ··· 212

学习目标 ··· 212

第一节　固定资产投资审计概述 ····································· 212

第二节　建设项目开工前审计 ······································· 214

第三节　建设项目在建审计 ·· 221

第四节　建设项目竣工决算审计 ····································· 225

关键概念 ··· 229

本章小结 ··· 229

复习思考题 ··· 229

本章习题 ··· 230

案例解析 ··· 235

第九章　外资审计 ··· 236

学习目标 ··· 236

第一节　外资审计概述 ··· 236

第二节　国外贷援款项目审计程序 ·································· 238

第三节　国外贷援款项目的审计报告 ······························ 247

关键概念 ··· 256

本章小结 ··· 256

复习思考题 ··· 256

本章习题 ··· 256

案例解析 ··· 258

第十章　政府绩效审计 ··· 259

学习目标 ··· 259

第一节　政府绩效审计概述 ·· 259

第二节　政府绩效审计的内容 ······································· 266

第三节　政府绩效审计的方法和程序 ······························ 270

关键概念 ··· 280

本章小结 ··· 280

复习思考题 ··· 281

本章习题 …………………………………………………………… 281

案例解析 …………………………………………………………… 283

第十一章　经济责任审计 ………………………………………… 284

学习目标 …………………………………………………………… 284

第一节　经济责任审计概述 …………………………………… 284

第二节　经济责任审计的内容 ………………………………… 288

第三节　经济责任审计的程序 ………………………………… 301

关键概念 …………………………………………………………… 310

本章小结 …………………………………………………………… 310

复习思考题 ………………………………………………………… 311

本章习题 …………………………………………………………… 311

案例解析 …………………………………………………………… 314

主要参考文献 …………………………………………………… 315

第一章　政府审计绪论

学习目标

通过本章的学习，重点掌握政府审计产生和发展的动因、政府审计的含义、政府审计的基本分类；了解中外政府审计产生和发展的过程；熟悉政府审计的其他分类、政府审计的地位。

第一节　政府审计的起源与演进

迄今为止，世界上已有190多个国家和地区建立了适合各自国情的审计组织体系，一般包括国家审计机关、内部审计组织和民间审计组织，它们开展的审计分别称为政府审计、内部审计和民间审计。综观世界各国审计的产生过程，一般表现为政府审计的产生要远早于现代内部审计和民间审计，因此，研究政府审计的产生和发展的动因，有利于正确理解审计的本质，进而有利于解决审计的其他理论问题。

一、受托经济责任

关于审计的产生和发展的动因，理论界有许多观点，如代理理论、信息理论、保险理论、受托经济责任理论、冲突理论等。我们赞同受托经济责任理论的观点，理由是：第一，受托经济责任理论与政府审计的本质"独立的经济监督理论"相符合；第二，受托经济责任理论适合解释政府审计产生和发展的动因，其他理论更适合于解释民间审计组织开展的财务报表审计产生和发展的动因；第三，政府审计产生和发展的历史证明，审计因受托经济责任的产生而产生，并伴随着受托经济责任的发展而发展。

（一）受托经济责任是政府审计产生的基础

受托经济责任因财产的所有权和经营权分离而产生，当财产的所有权和经营权分离时，经营者（受托方）需要通过书面文件向所有者（委托方）报告其行为过程和结果。而经营者所提供的证实受托责任的书面文件不一定真实可靠，客观上存在着委托人对受托人提供的书面文件及其反映的经营活动实施监督的需要。这是因为，委托人与受托人存在潜在的利害冲突，如果没有委托人的监督，就存在受托人可能为了追求自身利益的最大化，而不惜牺牲委托人利益的情况。然而由于受托经济责任的复杂性、委托人的自身能力及监督成本的限制，委托人不能或无法亲自监督受托人的活动，委托人需要委托独立于自己和受托人之外的第三者，对受托人提供的书面文件及其反映的经营活动实施监督，这就是审计。

受托经济责任是政府审计产生的基础，可以从审计史学家理查德·布朗和著名会计学家钱伯斯的解释得到印证。理查德·布朗指出："审计的起源可追溯到与会计起源相距不远的时代……当文明的发展产生了需要某人受托管理他人财产的时候，显然就要求对前者的诚实性进行某种检查。"会计学家钱伯斯指出："各种受托经济责任，包括社会的、道德的、技术的等，只有在某种活动方式存在时才能存在。"英国学者戴维·费林特也曾指出："作为一种似乎普遍的真理，凡存在审计的地方必存在一种受托责任关系，受托责任关系是审计存在的重要条件，审计是一种确保受托经济责任得以有效履行的社会控制机制。"

在原始社会，社会生产力低下，人们共同劳动，平均分配，没有阶级和剥削，资产的所有者和管理者并没有明确区分，不存在为他人管理、经营资财的责任关系，审计的产生也缺乏条件。进入奴隶社会阶段，国王将其拥有的土地、人口、财产等委托地方大臣或官员管理和经营，国王与地方大臣或官员之间就产生了受托经济责任关系，国王为了确保地方官员或管家诚实经营、认真履责，保护财产物资的安全完整和合法使用，需要委托那些有知识和专长的官员对地方大臣或官员的管理活动和经营活动进行检查、评价，政府审计正是在这种受托经济责任关系产生后，为明确或解除地方大臣或官员的经济责任而产生的。

（二）公共受托经济责任是近现代政府审计发展的动因

公共受托经济责任是受托经济责任的特殊形式，是存在于政府和社会公众之间的受托责任。公共受托经济责任更有利于诠释近现代政府审计的发展动因。

公共受托经济责任的概念出现于20世纪60—70年代，这一时期，西方学者从公共财政、政府财务报告和内部控制、政府绩效评估和绩效审计、政府治理和战略管理等角度研究公共受托经济责任。美国审计总署认为：公共受托经济责任是指受托管理并有权使用公共资源的机构向社会公众说明其全部活动情况的义务。最高审计机关亚洲组织认为：公共受托经济责任是指、受托管理并有权使用公共资源的个人或当局报告资源管理情况和说明其履行所承担的财务、运营和计划责任的义务。上述解释的共同点是公共受托经济责任的存在是源于公共资源或公共资产的所有权与经营权的分离。

在奴隶社会和封建社会，政府非民选产生，资源的所有者是国家的最高统治者——国王或皇帝，国王或皇帝将其资源授权各级地方政府使用，此时的资源属于非公共资源。最高统治者与地方官员因资源所有权与经营权分离产生的受托责任，属于一般意义上的受托经济责任，还不能称为公共受托经济责任。在资本主义社会和社会主义社会，政府经过民主选举产生，政府履行其职能所使用的资源来自纳税人、政府收入、负债及捐赠人，属于公共资源，政府与社会公众因公共资源所有权与经营权分离产生的受托责任，表现为公共受托经济责任。

奴隶社会和封建社会政府审计的主要职责是政府审计机关受最高统治者的委托对地方官员管辖范围内财政收支的合法性、真实性实施审计，是基于受托经济责任形成的财政审计。资本主义社会和社会主义社会政府审计的主要职责是政府审计机关受议会或人大（社会公众的代表）对各级政府、公共部门、公营企事业单位的公共受托经济责任的履行情况实施监督。

在资本主义社会，政府及公营企业、事业单位受托代管经营社会公共资源，审计机关受立法机关的委托，对政府及公营企业、事业单位公共受托经济责任的履行情况实施审计，此时委托人不仅要求受托人合法经营，而且要做到合理有效履职，即受托人要按照经济性、效率性和效果性的原则使用和管理受托公共资产，由此产生了管理审计、经营审计和绩效审计。

目前我国正在坚定不移地走中国特色社会主义道路，努力加强民主法治建设、构建和谐社会。基于这一目标，政府、事业单位、国有企业及国有控股单位承担的公共受托经济责任的内容更加广泛，这些公共受托经济责任包括：使受托管理的社会经济资源保值增值的责任，对受托管理的社会经济资源合法经营的责任，使事业单位、国有企业及国有控股单位建立健全内部控制并确保内部控制有效运行的责任，按照经济性、效率性和效果性的原则使用和管理公共资源的责任等。由此产生了财政审计、财务审计、政府绩效审计等。国家机关和国营企事业单位的负责人因为受托管理社会公共资源和国有资产，对社会公众或纳税人应承担公共受托经济责任，即国家机关、事业单位、国有企业的负责人，对其任职期间所在地区、部门或单位的财政收支、财务收支以及有关经济活动的真实性、合法性和效益性负责。为了验证这种责任的完成情况，为了实现合理的授权与分权，加强干部队伍的廉政建设，在我国还存在独具中国特色的领导干部任期经济责任审计。

二、中国政府审计的演进

依据政府审计机构所从属的社会制度不同，我国政府审计的历史可以划分为古代政府审计、近现代政府审计两个历史时期。

（一）古代政府审计

我国古代政府审计从西周至清朝末年，占据中国三千年政府审计历史的绝大部分。它植根于我国的奴隶、封建政治制度的土壤，具有鲜明的历史特征。古代政府审计的特征是适应君主、皇帝专制统治的需要，代表君主、皇帝对各级官吏进行监督，以维护王权、皇权，强化中央集权的专制统治为目标。根据不同时期政府审计的主流形式和历史发展形态，我国古代政府审计可以分为：官计审计、上计审计、比部审计、三司与审计院审计以及科道审计五个阶段。

西周时期是我国政府审计的产生阶段，其主要标志是履行审计之责的"宰夫"官职的设置。当时周王是奴隶阶级的最高统治者，其下设天、地、春、夏、秋、冬六官，以地官为首的大司徒系统，负责掌管财政收入，负责钱粮税赋的征收及入库工作。以天官为首的冢宰系统，负责掌管财政支出，天官之下设置中大夫小宰、司会，中大夫小宰掌管财务，司会掌管会计。中大夫小宰之下设天府、宰夫之职，天府掌管国库，宰夫掌管审计。《周礼》记载宰夫负责审查"财用之出入"，行使"考其出入，以定刑赏"之权，宰夫司职百官及地方的业绩、政绩的审查工作，并将审查结果向冢宰或直接向周王报告，以决定对朝廷百官及地方官员的奖惩。从宰夫的工作来看，其独立于财计部门之外，具有审计的性质，是我国政府审计的起源，也称为古代官计审计。

秦汉时期是我国政府审计的确立阶段，其主要标志是"上计"制度的推行和法律确认。所谓"上计"，就是皇帝亲自参加听取和审核各级地方官吏的财政会计报告，以决定赏罚的制度。这种制度始于周朝，至秦汉时期日趋完善。秦朝，中央设"三公""九卿"辅佐政务，御史大夫为"三公"之一，主持上计，掌管全国的民政、财政以及财粮的审计事项。汉承秦制，仍由御史大夫兼上计的职责，行使监督审计大权。汉朝制定有《上计律》，使上计制度有法可依，是我国审计立法的开始。这一时期，御史大夫行使审计职权，审计的地位和权威都有所提高，但还未设有专门的审计机构，因为御史大夫行使的监督涉及政治、经济、军事等各个方面，具有一揽子监督的性质。

隋唐时期是我国政府审计的鼎盛阶段，其主要标志是"比部"审计体制的健全和完善。隋朝将始于魏晋时期的"比部"（"比"有考核审查之意）设置于都官或刑部之下，其掌管国家财计监督，行使审计职权且具有司法监督的性质。唐朝设三省六部，六部之中的刑部掌天下律令、刑法、徒隶等政令，比部仍设置于刑部之下，凡国家财计、军政内外，均施以钩稽，进行考核审理。唐代的比部审查范围极广、项目众多，而且具有很强的独立性和较高的权威性。比部审计之权通达国家财经各领域，而且一直下伸到州、县。此外，唐朝还建立了一些审计制度，规定了审计程序、送审时间和审计处理要求，尤其是制定了考核官员的标准。这一时期，我国有了专门的审计机构——比部，其隶属于刑部，具有审计职权和司法性质，制定了审计制度。所以说，隋唐时期是我国政府审计的鼎盛阶段，当时我国的政府审计也居当时世界领先水平。

宋朝时期的政府审计工作先后由附属于三司（户部、度支、盐铁）的内部审计机构、"审计院"、"审计司"等机构负责，这一时期的审计也称为三司与审计院审计。宋朝初年，设有户部、度支、盐铁三个主管财政的部门，各部门内设众多审计机构，如都磨勘司、都凭由司等，负责审核三司账籍，验证收支是否正确，都磨勘司履行的实际是内部审计工作。由于没有专职的政府审计机构，致使宋初一度财计混乱。宋元丰改制（公元1078年至1085年），废除三司，恢复了唐朝的财计官制，实现了财审分离，审计重归刑部下的比部，比部掌管中央及各地的账簿审计之事。南宋高宗建炎元年（公元1127年）在太府寺中设"审计司"，南宋初年出现了审计院的设置，专职审查财政收支。宋审计司（院）的建立，是我国对"审计"的正式命名，从此，"审计"一词便成为财政监督的专用名词，对后世中外审计建制具有深远的影响。

元明清时期以科道审计为主，监察机关集监察与审计职权于一身，形成了高度集权、机构庞大、制约严密的强有力的监察体系。元代取消比部，户部兼管会计报告的审核，户部设参政左右两司，下设七科，其中第四科"置计"是专门的审计机构，掌管对左、右参政司的钱粮税赋等的审计工作。明初设比部，不久即取消，洪武十五年设置"督查院",设"左右都御史",审查中央财计。下设十三道监察御史,对十三个地方行政区实行检查职责,形成了一个独立的检查系统。清袭明制,仍设"督察院"为中央最高监察机关,并在全国设十三道监察御史,"督察院"还设六科给事中,分管吏、户、礼、兵、刑、工六部的监察工作。无论是六科给事中,还是科道官,都负有财政经济监察的职权。尽管明清时期的都察院制度有所加强,但其行使审计职能,却具有一揽子性质。由于取消了比部这样的独立审计组织,其财计监督和政府审计职能被严重削弱,与唐代行使司法审计监督职能的比部相比,后退了一大步。

(二)近现代政府审计(民国元年至今)

我国近现代政府审计包括中华民国政府审计、革命根据地审计和中华人民共和国政府审计。

1.中华民国政府审计(自1912年中华民国北京政府至1949年前南京政府时期)

1911年孙中山领导的辛亥革命,推翻了清王朝的封建统治,建立了中华民国。政府审计不再服务于王权和皇权的统治,开始步入近代政府审计时期。1912年在南京成立的中华民国临时政府制定了《中华民国临时约法》规定实行国家预决算制度,为建立审计监督制度奠定了基础。北京政府初期设立了临时审计机关——审计处,隶属于国务院。随后于1914年,根据《中华民国临时约法》,审计处改为审计院,隶属于大总统,同年颁布了《审计法》,确立了审计监督的法律地位。1927年南京国民政府成立后,设置审计院,隶属于国民政府。"军政时期"转入"军训时期"后,正式确立行政、立法、司法、考试、监察五院,审计院改组为监察院审计部,审计职权由监察院掌理。1928年,南京国民政府颁布《审计法》和实施细则,次年还颁布了《审计组织法》,审计人员有审计、协审、稽查等职称。抗日战争爆发后,国民政府迁至重庆,1938年修订了《审计法》,扩大了审计职责范围,强化了对国库、银行和建设事业拨款的审计。抗战胜利后,国民政府迁回南京,1947年公布《宪法》,确定监察院是最高监察机关,行使同意、弹劾、纠举及审计权,改审计部长为审计长,由总统提名,经立法院同意任命。这一时期政府审计的特点是审计法规达到了空前完备的程度,主要表现为在刑法之外,公布了大量的专门的审计法规;所颁布的审计法规涉及审计的各个领域,形成了较完备的审计法规体系。此时的政府审计已接近欧美发达国家的审计发展水平。

2.革命根据地审计(1927年至1949年中国共产党领导下的革命根据地)

这一时期的审计事业经历了从无到有,从初创到初步成熟的发展历程。1932年8月,根据中央人民委员会的决定,中央政府财政部设立审计处。1933年9月,苏区中央政府设立审计委员会,由中央人民委员会直接领导,独立于财政委员会之外,负责监督检查各项财政收支的执行情况。1934年2月,苏区审计体制进行改革,中央审计委员会直接由中央执行委员会领导,提高了审计机构的权威和地位。1937年2月,中华苏维埃临时中央政府设立了政府审计委员会,建立了预决算制度和审计制度。同年7月,中国进入全面抗战时期,陕甘宁边区政府正式成立,内设审计处。1939年1月，颁布了《陕甘宁边区政府组织条例》，在边区政府下设审计处，赋予审计处八项审计职权，从而确立了审计的法律地位。同年12月，中共中央决定在财政经济部设立会计处和审计处，对陕甘宁边区党政军费开支进行集中管理和审计，边区政府审计处随即撤销。1940年10月，撤销中央财政经济部，在党中央机关、军队系统、边区党政机关按系统分别设立三个财经处，财经处内设审计科。解放战争时期，各解放区建立了适合本地实际，较为独立和完善的审计体系和审计制度。革命根据地时期的审计工作的开展，对战争年代节约财政支出，保障战争供给，维护革命纪律，树立廉洁作风，都起了积极作用。

3.中华人民共和国政府审计（自1949年至今）

1949年中华人民共和国成立到改革开放，我国一直没有设置独立的审计机构，由行业主管部门对所属单位进行不定期的会计检查，对财政、银行、税务进行业务监督。党的十一届三中全会以来，党和政府把工作重点转移到经济建设上来，并意识到实行审计监督是加强宏观经济控制不可或缺的一项制度安排。1982年修改后的《中华人民共和国宪法》规定设立审计署，随后我国于1983年9月在国务院设立了审计署，在县以上各级人民政府设置各级审计机关。从此我国政府审计工作的开展有了法律的保障，政府审计工作呈现出蓬勃发展的良好态势。之后，我国政府审计的法规体系开始建立和完善，1994年8月颁布的《中华人民共和国审计法》规定了政府审计监督的基本原则、审计机关和审计人员、审计机关的职责和权限、审计程序和法律责任等，使我国政府审计正式步入法治化轨道。1996年到2004年，审计署发布了包括《中华人民共和国国家审计基本准则》在内的28项准则类、业务类和管理类规范，为政府审计机关开展审计工作和审计管理提供了可供遵循的技术规范。为了适应变化了的政府审计环境，2006年新修订了《中华人民共和国审计法》，2010年2月修订通过了《中华人民共和国审计法实施条例》，2010年发布了《中华人民共和国国家审计准则》取代原来颁布的28项准则类、业务类和管理类规范。

2014年党的十八届四中全会作出了《中共中央关于全面推进依法治国若干重大问题的决定》，将审计监督作为行政权力制约和监督体系的重要组成部分去考虑，提出了完善审计制度的重大部署，把审计地位提高到了一个新高度，明确要求对公共资金、国有资产、国有资源和领导干部履行经济责任情况实行审计全覆盖，强化上级审计机关对下级审计机关的领导。探索省以下地方审计机关人财物统一管理，推进审计职业化建设。为了贯彻十八届四中全会对审计制度的要求，2014年10月出台了《国务院关于加强审计工作的意见》（国发〔2014〕48号文），提出了实现审计全覆盖、充分发挥审计作用、完善审计工作机制、狠抓审计发现问题整改落实、推进审计职业化的要求；2015年12月中共中央办公厅和国务院办公厅印发了《关于完善审计制度若干重大问题的框架意见》及配套文件，对实行审计全覆盖、强化上级审计机关对下级审计机关的领导、探索省以下地方审计机关人财物管理改革、推进审计职业化建设、加强审计队伍思想和作风建设、建立健全履行法定审计职责保障机制、完善审计结果运用机制、加强对审计机关的监督等方面提出了完善审计制度的要求。

三、国外政府审计的沿革

国外政府审计的发展历史依据所依存的社会制度不同，可以划分为古代政府审计、近现代政府审计两个历史时期。

（一）古代政府审计

国外古代政府审计从公元前3000多年前的古埃及到17世纪后半期资本主义制度确立。这一时期的政府审计存在于奴隶社会和封建社会，以维护王权和皇权统治为目标。

据史料记载，早在奴隶制度下的古埃及、古罗马和古希腊时代就已有了官厅审计机构。如在公元前3000多年的古埃及，政府机构中设置监督官，行使审查监督权，会计官员的收支记录，各级官吏是否尽职守法，均置于监督官的严格监督之下。公元前6世纪古希腊的雅典，由选举产生的执政官通过抽签组成审计机构，对卸任官员任期内的会计账簿进行审查，通过审计证明其没有贪污、行贿之后，方可离职，否则，交人民大会裁决。公元前3世纪的古罗马，在元老院下设审计机构，对即将卸任的官员进行审计，检查他们在任期内是否很好地履行了所承担的经济责任，并进行相应的奖惩。当时，审计方法主要是"项目听证会"，Audit一词就是从拉丁文Auditus（听证会）演变而来的。

在中世纪西方国家的封建王朝中大多设置审计机构和审计官员，对国家财政收支进行审计。英国亨利一世（公元1100—1135）为巩固专制王权，在财政部内设上下两院，下院为收支局，上院为收支监督局，实施王权审计，审计机构没有独立性。公元1256年法王路易九世颁布法令，规定各城市的官员在圣马丁节（11月11日）以前，携带其所辖城市的年度收支账目来巴黎接受王室审计官的审计。德国威廉一世创建了独立于行政部门的"总会计院"，后称"最高审计院"，负责审计国家的财政收支，并将审查结果和建议报告给国王。国外古代政府审计无论是组织机构还是方法，均处于很不完善的初始阶段。

（二）近现代政府审计

随着资本主义国家经济的发展和资本主义制度的确立，政府审计也有了进一步的发展。西方实行立法、行政、司法三权分立，议会为国家最高立法机关，并对政府行使包括财政监督在内的监督权。为监督政府的财政收支，保护公共资金的安全和合理使用，大多在议会下设有专门的审计机构，由议会或国会授权对政府及其各部门的财政、财务收支进行独立的审计监督。例如，美国于1921年成立审计总署；另外，英国的国家审计总署、加拿大的审计公署、西班牙的审计法院等，都是隶属于国家立法部门的独立审计机关，其审计结果向议会报告，享有独立的审计监督权。除隶属立法机关的审计机关外，世界各国根据自己的国情设置本国的审计机关，如隶属于司法系统的法国审计法院，隶属于政府的瑞士联邦审计局，既不隶属于司法又不隶属于政府而直接对天皇负责的日本的会计检查院等。无论是哪种形式的政府审计机关，都应保证审计机关拥有独立性和权威性，不受干扰，客观、公正地行使审计监督权。

第二节　　　　政府审计概述

一、政府审计的含义

综观古今中外，被称为"审计"的社会活动，其表现形态可谓千姿百态，迥然不同。因此，针对"审计"的解释也是众说纷纭，各抒己见。尤其是我国理论界更多的是站在注册会计师财务报表审计的角度探讨"审计"的含义，对"政府审计"的含义鲜有论及，也未形成公认的观点。由于政府审计的含义在政府审计概念体系中，具有非常重要的位置，有必要准确地解释政府审计的含义。

1972年美国会计学会（AAA）在颁布《基本审计概念说明》的公告中，把审计描述为"为确定关于经济行为及经济现象的结论和所制定的标准之间的一致程度，并对与这种结论有关的证据进行客观收集、评定，将结果传达给利害关系人的有组织的过程。"

1974年版《大英百科全书》指出："审计是指由原负责编制账表的会计人员以外的会计专家，对企业活动、账册和报表所进行的检查。"

1989年中国审计学会在一次审计理论研讨会上，将审计的概念表述为："审计是由独立的专职机构或人员，依法对被审计单位的财政、财务收支及其有关经济活动的真实性、合法性、效益性进行审查，评价经济责任，用于维护财经法纪，改善经营管理，提高经济效益，促进宏观调控的独立性经济监督活动。"该定义认为政府审计的本质是独立性的经济监督活动。

1994年管锦康在其所著的《现代审计学原理》（1994年版）中指出："审计是资源资产的拥有者或主管者，授权或委托专门机构或人员，对于资源资产经营管理人承担或履行的经济责任，即由此而引起的经济活动真实性、合法性、效益性进行审查，并向授权人或委托人提出报告，以维护授权人或委托人权益的具有独立性的监督活动。"

2010年《中华人民共和国审计法实施条例》第二条规定："审计法所称审计，是指审计机关依法独立检查被审计单位的会计凭证、会计账簿、财务会计报告以及其他与财政收支、财务收支有关的资料和资产，监督财政收支、财务收支真实、合法和效益的行为。"

上述定义中，前两个定义分别认为政府审计的本质是查账和方法过程，二者解释的均是审计的现象，而非实质，虽然容易理解和接受，但没有触及审计的本质，不利于说明审计的其他概念，如审计关系、审计对象、审计目标、审计职能等，也不能更好地解释政府审计组织开展的新型审计，如经济责任审计、绩效审计、环境审计等。后三个定义均认同审计的本质是经济监督活动，体现了审计主体和被审计单位、审计对象和审计目标等。本书依据政府审计产生和发展的动因，结合我国政府审计的审计法律法规，考虑审计实务，借鉴后三个定义，提出政府审计的定义如下：

政府审计是指，审计机关依法对受托人的财政、财务收支及其有关经济活动以及反映它们的会计资料和其他相关资料的真实性、合法性、效益性进行监督、评价和鉴证，以解除受托人经济责任为最终目的的独立性经济监督活动。

具体来说，应从以下几个方面来理解政府审计的含义：

（一）政府审计的本质

在近现代社会，由于公共资源财产所有权和经营权的分离，所有者与经营者之间就产生了公共受托经济责任。经营者（政府及公共部门）必须如实向所有者（社会公众）报告公共受托经济责任的履行情况，并接受监督，这样在客观上提出了经济监督的要求。由于监督范围的广泛性和监督的专业性，所有者没有能力对经营者的受托经济责任进行监督，需要委托独立于所有者与经营者之外的第三者（即政府审计机构）实施监督。因此，政府审计的本质是对公共受托经济责任履行情况实施的一种经济监督。

需要说明，进入21世纪后，有关政府审计本质的解释，在我国陆续出现了经济卫士学说、免疫系统理论、国家治理理论等，它们是人们在不同时期根据党和国家对政府审计的要求，对政府审计本质作出的与时俱进的、体现时代特色的表述，并没有改变政府审计属于一种经济监督的本质。

政府审计属于经济监督，区分政府审计与其他经济监督的关键是政府审计的独立性。在任何一个国家，为了确保国民经济的正常运行，都设有不同的经济监督部门，在不同的领域行使监督职责，如审计、统计、计划、财政、金融、工商行政、税务等监督。审计监督的最主要特点在于其独立性，审计机关独立于被监督部门，专门从事经济监督活动。而其他监督部门，主要职责是行使该部门的经济管理之责，监督是结合自身的管理工作进行的。

（二）政府审计的主体

政府审计的主体是审计行为的执行者，回答谁来审的问题。在我国履行政府审计职责的是审计署和县级以上人民政府设立的地方审计机关。为了保障审计机关能够客观公正地开展审计工作，监督受托人认真履行受托经济责任，作出正确的审计结论，审计机关必须做到组织上、人员上、工作上和经济上的独立。组织上的独立要求政府审计机关必须独立设置，与被审计单位没有隶属关系，也不依附于、挂靠在任何其他部门和单位。人员上的独立要求政府审计机关配备专职工作人员，依法独立行使审计监督权，不受任何机构和个人的干涉，与委托人和被审计单位没有利益上的关系。工作上的独立要求审计机关和人员根据国家相关法律法规赋予的审计权限，不受他人的干涉或影响，独立执行审计工作任务，客观地作出审计结论，提出审计报告。经济上的独立是指审计机关和人员在执行审计任务时，有一定的经费保障，或有合法的经济收入，不受被审计单位的制约，以保证其独立地开展审计工作。

（三）政府审计的对象

政府审计的对象是指政府审计活动的作用对象，包括政府审计的范围和政府审计的内容。政府审计的范围是指受托人的组成内容，即被审计单位的组成内容。我国政府审计的范围包括：国务院各部门和地方各级人民政府及其所属各部门、中央银行和国有金融机构、国有企事业单位、国有资本占控股地位或者主导地位的企业和金融机构、国家投资或以国家投资为主的建设项目、国外贷援款项目、使用公共资金的其他单位等。政府审计的内容是指受托经济责任，被审计单位使用公共资金，履行的是公共受托经济责任，政府审计机关受社会公众的委托对使用公共资金部门的受托经济责任实施审计。具体来说，政府审计的内容体现为实质和现象两个方面，就实质而言是指被审计单位的财政收支、财务收支及有关的其他经济活动；就现象而言是指反映被审计单位的财政收支、财务收支及有关的其他经济活动的会计凭证、账簿和报表等会计资料以及其他反映财政收支、财务收支及有关的其他经济活动的载体，例如计划、预算、统计等资料。

（四）政府审计的职能

审计的职能是指审计本身所固有的内在的功能，是满足社会需求的能力。审计的职能回答的是审计是干什么的问题，审计的职能决定了审计的职责。政府审计具有经济监督、经济评价和经济鉴证等多重职能。

经济监督是政府审计的基本职能。它主要是通过检查和督促使被审计单位的经济活动、管理行为在规定的范围内沿着正常的轨道运行，不发生偏离行为。政府审计产生和发展的历史，告诉我们若审计机关享有充分的独立性和权威性，审计发挥的监督作用就大，审计的效果就好；反之，审计监督就会流于形式。我国宪法规定国家设立审计机关，审计法也规定了政府审计的职责和权限。因此，政府审计的经济监督权力明显大于内部审计和社会审计。在我国政府审计机关从依法检查到依法评价，从依法做出审计处理处罚决定到督促决定的执行，都体现了审计的经济监督职能。

经济评价是指按照一定的标准，通过审核检查，评定被审计单位的经济决策、计划、预算和方案是否先进可行，经济活动是否按既定的决策和目标进行，经济效益是高是低，以及内部控制和内部管理是否健全、有效等，从而有针对性地提出意见和建议。在我国开展的对党政干部和企业法人的经济责任审计和对国有企业的经济效益审计主要行使的是政府审计的评价职能。

经济鉴证是指通过对被审计单位的经济活动和有关经济资料及其所反映的财务收支和有关经济活动的真实性、合法性、效益性进行检查，确定其可信赖的程度，并作出书面证明，以取得社会公众或代表社会公众利益的权力机关的信任。如我国的政府审计公告制度就有经济鉴证的性质，2010年开始的国务院职能部门的"三公"经费公开，即出国（境）费、车辆购置及运行费、公务接待费要公开。可以预见未来必须经过政府审计机关审计之后其才能公开，那时审计就具有经济鉴证的职能。

（五）政府审计的目标

政府审计的目的是审计工作所要达到的理想境地和希望境界，是审计的动因和归宿，属于理论层次。政府审计的目标不同于审计的目的，其是审计目的的具体化，属于实践层次。依据"受托经济责任理论"，政府审计的目的应该是评价受托责任的履行情况。审计目的的具体化表现为审计目标，依据《中华人民共和国审计法》（以下简称《审计法》）第二条的规定，政府审计的目标有三个：真实性、合法性和效益性。

真实性目标是指审计机关审查被审计事项的真实性，确定财政财务收支活动是否真实存在、是否已经发生、有无虚假舞弊行为，各种信息是否客观、真实地反映了实际的财政、财务收支状况和经营成果，政府各项经济责任是否如实履行，向社会公众公布的信息是否真实无误。合法性目标是指审计机关审查被审计事项的合法性，确定各项财政、财务收支活动是否合乎法律和规章制度的规定，如会计处理是否遵循了会计准则和相关会计制度。效益性目标是指审计机关审查被审计事项的效益性，效益性包括经济性、效率性、效果性，其中：经济性是指经营行为要符合节约原则，一项经营活动，在保证质量的前提下，将其资源的消耗量降到最低水平；效率性是指经营产品、服务等要做到以一定的投入实现最大的产出，或实现一定的产出使用最小的投入；效果性是指计划、预算和经营目标的实现程度，是将一项活动的实际效果与具体效果相比较，衡量其实现的程度。上述三个审计目标是紧密相连的，其中真实性是基础，不真实本身就是不合法的，建立在不真实基础上的效益也是虚假的。合法性是基本要求，不合法的行为往往采取弄虚作假的手段加以掩盖，通过非法手段取得的效益也是不合法的，得不到法律的保护。效益性是最终目标，它需要以真实性、合法性为基础，并且是在这一基础上的更高要求。

不同时期，人们对审计的要求不同，审计的目标也不同。从历史发展的角度分析，审计的目标是在不断发展、不断丰富和不断完善的。审计初期，人们要求财政财务收支活动真实、合法，政府审计的目标就是审查财政财务收支的真实性和合法性。随着社会的进步，民主的发展，人们不仅要求财政财务收支活动真实、合法，而且要求做到有效益，政府审计的目标应该是审查财政财务收支的真实性、合法性和效益性。我国现阶段政府审计的目标依然是以真实性、合法性为主，将来将向真实性、合法性和效益性并重的方向发展。

从上述分析可以得出：政府审计的本质是独立性的监督活动，审计主体是审计署和各级地方审计机关，审计的对象是被审计单位的财政收支、财务收支及有关的其他经济活动和会计凭证、账簿和报表等会计资料以及其他载体，审计的职能是经济监督、经济评价和经济鉴证，审计的目标是保证财政收支、财务收支及有关的其他经济活动的真实性、合法性和效益性。

二、政府审计的分类

政府审计的分类是对政府审计按照不同的标准进行的分类，对审计进行恰当的分类，既有助于加深对审计的认识，又有助于审计组织和审计人员根据不同种类的审计，采取适当的审计程序和方法，收到事半功倍的效果。一般地，按审计内容分类称为审计的基本分类，基本分类是对审计含义的进一步解释或延伸，按审计内容以外的其他分类标志进行的分类属于审计的其他分类。

（一）政府审计的基本分类

政府审计按审计的内容和目的分类，可以划分为财政审计、财务审计、政府绩效审计、经济责任审计和专项审计调查。

财政审计是指审计机关根据国家法律和行政法规的规定，对本级财政预算执行情况与下级政府财政预算的执行情况和决算，以及预算外资金的管理和使用情况的真实性、合法性和效益性进行的审计。财政审计的内容是财政收支活动和反映它们的会计资料及其他相关资料，审计的目的是审查被审计单位财政收支活动和反映它们的会计资料及其他相关资料的真实性、合法性和效益性。根据我国现行的财政管理体制和审计机关的组织体系，财政审计主要包括本级政府预算执行审计、下级政府预算执行和决算审计，以及其他财政审计。

财务审计是指审计机关对被审计单位的财务收支活动和反映它们的会计资料及其他相关资料的真实性、合法性和效益性进行的审计。审计的内容是被审计单位财务收支活动和反映它们的会计资料及其他相关资料，审计的目的是审查被审计单位财务收支活动和反映它们的会计资料及其他相关资料的真实性、合法性和效益性。财务审计按审计的客体又可以划分为金融审计、行政事业单位审计、国有企业审计、外资审计和固定资产投资审计等。其中：金融审计以国有金融机构和国有资产占控股地位的金融机构为审计客体，行政事业单位审计以与财政部门直接发生预算缴款、拨款关系的国家机关、军队、政党组织、社会团体和事业单位为客体，国有企业审计以国有企业及国有控股企业为客体，外资审计以使用国际组织和外国政府援助、贷款的项目为客体，固定资产投资审计以国有企业投资的建设项目、政府投资和以政府投资为主的建设项目为客体。

政府绩效审计是指审计机关对组织行为及其各项活动的经济性、效率性和效果性进行审计。审计的内容是各级政府的财政收支及其管理活动、企业单位的财务收支及其经营管理活动、行政事业单位的资金使用及其管理活动、固定资产投资及其管理活动。审计的目的是促使受托经济责任中的绩效责任得到全面有效履行。

经济责任审计是指审计机关对党政主要领导干部与国有企业和国有控股企业的法定代表人在其任职期间的财政收支、财务收支以及有关经济活动进行的审计，通过审计实现监督、评价、鉴证领导干部经济责任履行情况的目的。

专项审计调查的目的是为上级经济决策提供依据。

（二）政府审计的其他分类

除了审计的基本分类以外，还可以对审计进行其他分类。其主要包括：按审计实施的时间分类、按审计执行的地点分类、按审计的组织方式分类、按审计是否通知被审计单位分类、按审计的范围分类。

按审计实施的时间分类，政府审计可分为事前、事中和事后审计。事前审计，也称预防审计，是指在被审计单位经济业务发生以前所进行的审计，一般是对目标、计划、预算、决策、合同、方案等的编制是否合理可行进行审计，以起到防患于未然的作用。事中审计，也称期间审计、跟踪审计，是指在被审计单位经济业务执行过程中进行的审计，一般是对目标、计划、预算、决策、合同、方案等的实施情况进行审计，以便于及时发现并纠正偏差，保证目标、计划等的顺利实现。事后审计是指在被审计单位经济业务完成以后所进行的审计，一般是审查目标、计划、预算、决策、合同、方案等的执行结果，以评价经济活动和会计资料的真实性、合法性和效益性。

按审计执行的地点分类，政府审计可分为报送审计和就地审计。报送审计也称送达审计，是指由被审计单位按照审计机关规定的期限（月、季或年度），将需要审查的有关资料送到审计机关所进行的审计，一般适用于对规模较小、业务较少的行政机关和事业单位执行的经费预决算审计。就地审计是指审计机关派审计人员或者审计组直接到被审计单位所在地进行的审计，这种审计主要适用于对企业开展的财务审计、财经法纪审计和效益审计，大多数属于定期的年度审计。

按审计的组织方式分类，政府审计可分为授权审计和委托审计。授权审计是指国家审计的上级审计机关将其职责范围内的一些审计事项，授权下级审计机关实施的审计，授权审计必须符合以下要求：被授权机关必须是下级国家审计机关且接受上级审计机关的业务领导，必须是上级审计机关职权范围内且法律允许授权下级审计机关的事项。委托审计是指审计机关将其审计范围内的审计事项委托给另一审计机构去办理的审计行为，另一审计机构是指与审计机关没有隶属关系的审计机关、内部审计机构或社会审计组织。

按审计是否通知被审计单位分类，可分为预告审计和突击审计。预告审计也称通知审计，是指审计组织在进行审计之前，将要进行审计的目的及主要内容等，在预先通知被审计单位及其有关人员的情况下所进行的审计，它主要适用于一般性财务审计和效益审计。突击审计是指审计组织在进行审计之前，不预先把审计的目的、日期及主要内容等通知给被审计单位及有关人员，而采用突然袭击的方式所进行的审计，它主要适用于保密性较强的专案审计。

按审计的范围分类，可以分为全部审计、局部审计和专项审计。全部审计是指对被审计单位一定期间内有关经济活动的各个方面及其资料进行全面的审计，这种审计主要适用于企业的财务报表审计，对财务报表的审计一般采用抽样方法。局部审计是指对被审计单位一定期间内的财务收支或经营管理活动的某些方面及其资料进行部分的、有目的的、有重点的审计，如对企业进行的库存现金审计、银行存款审计、利税审计等就属于局部审计。专项审计又称专题审计，是指对某一特定项目所进行的审计，该种审计的业务范围比局部审计要小，针对性更强，如自筹基建资金来源审计、扶贫专项资金审计、世界银行贷款审计等。

第三节　　政府审计的地位

一、政府审计在我国政治经济生活中的地位

审计署和各级地方审计机关在我国经济监督体系中专门行使经济监督之责，无论是在巩固我国的基本政治制度方面，还是在完善社会主义市场经济体制方面都具有重要的地位，发挥着重要的作用。

（一）政府审计有利于完善我国的政治制度

我国的基本政治制度是全国人民代表大会制度，各级人民代表大会及其常委会拥有立法权和重大问题的决策权，国务院及各级政府负责执行人大及其常委会制定的法律和决策，法律和决策的执行情况如何，需要人大及其常委会的监督。从政府审计的角度分析，各级人民代表大会及其常委会是公共资源的委托者，国务院及各级政府是公共资源的受托者，各级人民代表大会及其常委会委托审计署及各级地方审计机关，对政府的经济活动进行监督。各级审计机关对各级政府的财政收支、国有企事业单位的财务收支实施审计，并将审计结果向本级政府和人大常委会报告，督促各级政府的活动，主要是经济活动不能有违于广大人民的意愿，这一过程充分保证了各级人大及其常委会对各级政府的监督，有利于完善我国的人民代表大会制度，是我国社会主义民主的有利体现。当然，我国政府审计机关的隶属关系还需要由隶属于政府过渡到隶属于立法机关——人大常委会。

（二）政府审计有利于促进廉政建设

各级政府的廉洁行政关系到党和政府的生死存亡，尤其是在市场经济体制下，面对权力和金钱的诱惑，掌握公共权力的公务员运用权力，以权谋私、中饱私囊，严重败坏了党和政府的形象，因此，反腐倡廉的钟声必须长鸣。除了从思想道德方面教育各级公务员之外，必须建立长期有效的反腐倡廉机制。政府审计制度就是一种有效的监督机制，原因是：第一，建立审计制度，开展经常性的政府审计，监督政府部门在法律范围内运用权力，可以形成有效的防范腐败的约束机制；第二，通过开展常规性的审计，及时发现腐败线索，查处腐败问题；第三，积极配合纪检、监察、司法部门的反腐败斗争，在市场经济体制下，腐败问题常常是经济问题，政府审计机关可以发挥自身的专业优势，配合纪检、监察、司法部门查证、办案。

（三）政府审计有利于加强宏观调控、维护国家经济秩序

我国经济体制改革的目标是建立社会主义市场经济体制，社会主义市场经济体制要求充分发挥政府的宏观调控作用，维护国家经济秩序的健康运行。国家审计机关通过审计，可以发现经济运行中的普遍性、倾向性和苗头性问题，社会关注的难点、热点问题，针对这些问题开展专项审计调查，分析问题产生的原因，向政策制定部门提出审计建议，以便制定正确的调控政策；可以督促政府部门正确地运用行政的公共权利，促使政府部门严格执行决策、计划和预算，创造良好的经济环境；可以督促专业监督部门（如财政、税务、金融）在自身的监督范围内认真履行专业

监督，合理运用自身的监督权力；可以促使被审计单位健全内部控制，强化内部管理，认真执行国家法律法规，遵守会计准则和会计制度。所有这些都有利于国家宏观调控政策的落实，有利于维护国家经济秩序。

二、政府审计在我国经济监督体系中的地位

在我国以政府职能部门为主体的监督称为其他专业监督，如财政、税务、海关、银行、证券、保险、工商等部门的监督，各个职能部门的监督有明确的分工且又相互联系，与审计监督共同构成完善的经济监督体系。政府审计作为专门的综合性经济监督部门，在整个国家经济监督体系中处于十分重要的地位，主要表现在：

（一）政府审计的权威性和独立性比较高

《中华人民共和国宪法》（以下简称《宪法》）中明确规定，国务院设立审计机关，进行审计监督，从而确立了审计监督在我国经济监督体系中的法律地位，为我国审计监督工作奠定了法律基础，保证了其较高的法律地位。政府审计机关的职责是对财政财务收支实施经济监督，与其他经济监督部门相比，由于其自身没有直接的管理职能，与被审计单位之间没有任何经济或其他的利害关系，因此，其独立性比较强，能够代表国家客观公正地进行审计监督。

（二）政府审计是综合性的经济监督

根据《宪法》和《审计法》的规定，我国政府审计机关监督的范围十分广泛，包括国务院各部门、地方人民政府及其各部门的财政收支，国有金融机构和企事业单位的财务收支，以及其他依照《审计法》规定应当接受审计的财政财务收支，相对于其他专业经济监督部门仅限于本部门、本行业的监督，审计监督的内容比较全面。因此，政府审计监督是综合性的经济监督。

（三）政府审计是对其他专业监督的再监督

我国的财政、税务、海关、银行、证券、保险、质检、工商等部门，主要履行自身的管理职能，在履行管理职能的同时，行使一定的监督职能，所以这类监督的范围、内容和手段等都具有一定的局限性。审计监督作为综合性经济监督部门，通过对财政、税务、银行及其他专业经济监督部门的再监督，克服各专业经济监督在监督的范围、内容和手段等方面的局限性，促使这类部门正确发挥自身的监督权力，从而形成不同层次、不同角度的经济监督体系。

三、政府审计与内部审计、民间审计的关系

政府审计机关、内部审计组织和会计师事务所是三种不同的审计主体，他们开展的审计工作分别称为政府审计、内部审计和民间审计，三者既有区别又有联系，共同构成我国的审计监督体系。

（一）政府审计与内部审计、民间审计的区别

根据《审计法》、《中华人民共和国注册会计师法》和《第1101号——内部审计基本准则》的规定，政府审计主要监督检查各级政府及其相关部门的财政收支、国有企事业单位和国有控股公司的财务收支及公共资金的收支、运用情况的真实性、合法性和效益性，维护国家经济秩序、促进廉政建设、完善宏观调控；内部审

计主要审查和评价本部门、本单位的经营活动及内部控制的适当性、合法性和效益性从而促进组织目标的实现；民间审计主要审查营利性组织与非营利性组织的财务报表编制的公允性和合法性，维护资本市场的稳定性。三者监督的范围、监督的目标不同，各自在不同的领域开展工作，在不同领域发挥着监督的作用。

（二）政府审计与内部审计、民间审计的联系

目前，我国政府审计机关对内部审计和民间审计工作负有指导和监督的职责。根据《审计法》及相关法规的规定，内部审计工作由内部审计协会实行自律性行业管理，政府审计机关对内部审计工作不再履行管理的职责，依法属于审计机关审计监督对象的单位，应当按照国家有关规定建立健全内部审计制度，其内部审计工作应当接受审计机关的业务指导和监督；民间审计机构审计的单位依法属于审计机关审计监督对象的，审计机关按照国务院的规定，有权对该民间审计机构出具的相应审计报告进行核查。

关键概念

受托经济责任　公共受托经济责任　政府审计　政府审计目标　财政审计　财务审计　政府绩效审计　经济责任审计　专项审计调查

本章小结

政府审计产生和发展的动因是受托经济责任，受托经济责任理论认为政府审计因受托经济责任的产生而产生，又因受托经济责任的发展而发展。国内外政府审计按其所从属的社会制度不同，可以划分为古代政府审计和近现代政府审计两个时期。

政府审计是指审计机关依法对受托人的财政收支、财务收支及其有关经济活动以及反映它们的会计资料和其他相关资料的真实性、合法性、效益性进行监督、评价和鉴证，以解除受托人经济责任为最终目的的独立性经济监督活动。政府审计的本质、政府审计的主体、政府审计的对象、政府审计的目标、政府审计的职能是从不同角度对政府审计含义的解释。政府审计按审计内容分类称为审计的基本分类，按审计内容以外的其他标志进行的分类属于审计的其他分类。

在我国以政府职能部门为主体的监督称为其他专业监督，如财政、税务、海关、银行、证券、保险、工商等部门的监督，与审计监督共同构成完善的经济监督体系。与其他职能部门的专业监督相比，政府审计具有权威性和独立性较高、综合性的经济监督、对其他专业监督的再监督的特点。因此，政府审计在整个国家经济监督体系中处于十分重要的地位。

复习思考题

1.如何理解受托经济责任是政府审计产生和发展的动因？

2.何为政府审计的本质？

3.简要说明政府审计的目标、对象和职能。

4.政府审计按其内容进行分类，包括哪些类型？

5.简要说明政府审计与内部审计、民间审计的区别与联系。

本章习题

一、单项选择题

1.中国政府审计最早产生于（　　）。

A.秦朝　　　　　　B.西周　　　　　　C.宋朝　　　　　　D.唐朝

2.我国（　　）设置"审计院"，标志着我国"政府审计"的正式定名，其成为财政经济监督的专门用语。

A.汉朝　　　　　　B.唐朝　　　　　　C.宋朝　　　　　　D.周朝

3.根据不同时期政府审计的主流形式和历史发展形态，（　　）不属于我国古代政府审计。

A.监察院审计　　　B.上计审计　　　　C.比部审计　　　　D.审计院审计

4.审计署成立于（　　）年，地方审计机关随之设立，标志着中华人民共和国政府审计的正式开始。

A.1983　　　　　　B.1980　　　　　　C.1994　　　　　　D.2006

5.现阶段我国政府审计的审计目标不包括（　　）。

A.真实性　　　　　B.公允性　　　　　C.合法性　　　　　D.有效性

6.政府审计的总体目标应该是（　　）。

A.有效性　　　　　　　　　　　B.真实性

C.合法性　　　　　　　　　　　D.评价受托责任的履行情况

7.区别古代政府审计与近现代政府审计的标志是政府审计是否服务于（　　）。

A.王权或皇权　　　　　　　　　B.社会制度

C.独立性　　　　　　　　　　　D.政府审计机构的隶属关系

8.我国政府审计就其监督的性质看，属于（　　）。

A.有偿监督　　　　　　　　　　B.单位内部监督

C.民间监督　　　　　　　　　　D.行政监督

9.政府审计的独立性表现为（　　）。

A.单向独立　　　　B.双向独立　　　　C.相对独立　　　　D.超然独立

10.（　　）不属于政府审计的范围。

A.国务院各部门和地方各级人民政府及其所属各部门

B.中央银行和国有金融机构

C.有国有资本但国有资本不占控股地位的企业和金融机构

D.国家投资或以国家投资为主的建设项目

二、多项选择题

1.政府审计具有（　　）等多重职能。

A.经济监督　　　　B.经济评价　　　　C.经济鉴证　　　　D.管理咨询

2.我国近现代政府审计包括（　　　）。

A.中华民国政府审计　　　　　　　B.中华人民共和国政府审计

C.元明清时期科道审计　　　　　　D.隋唐的比部审计

3.我国政府审计目标的真实性包括（　　　）。

A.存在或发生　　　　　　　　　　B.完整性

C.权利与义务　　　　　　　　　　D.计算准确性

4.现阶段我国政府审计目标的有效性包括（　　　）。

A.经济性　　　　　　　　　　　　B.效率性

C.效果性　　　　　　　　　　　　D.社会效益和环境效益

5.按审计的内容和目的分类，审计可分为（　　　）。

A.财政审计　　　　　　　　　　　B.国有企业财务审计

C.绩效审计　　　　　　　　　　　D.经济责任审计

三、判断题

1.理论界一般认为，公共受托经济责任是近现代政府审计产生的基石和动因。　　　　　　　　　　　　　　　　　　　　　　　　　　（　　）

2.我国"审计"一词最早出现于宋朝，因此，我国政府审计最早产生于宋朝。　　　　　　　　　　　　　　　　　　　　　　　　　　　（　　）

3."宰夫"是我国政府审计机构的最早表现形式，因为，其独立于司会之外，具有组织上的独立性。　　　　　　　　　　　　　　　　　　（　　）

4.审计主体的独立性程度不同是区别古代审计与近现代审计的重要标志。　　　　　　　　　　　　　　　　　　　　　　　　　　　　（　　）

5.1983年我国成立了政府审计的最高机关——审计署，在县级以上的各级人民政府也设置了各级审计机构，独立行使审计监督权。　　　（　　）

6.区别古代政府审计与近现代政府审计的标志是政府审计是否隶属于立法机关。　　　　　　　　　　　　　　　　　　　　　　　　　　（　　）

7.隋唐两朝，在刑部下设比部，行使审计国家财政的监督权，成为世界上最先创立司法型政府审计的国家。　　　　　　　　　　　　　　（　　）

8.近现代政府审计的本质是对公共受托经济责任的经济监督活动。（　　）

9.政府审计的目的应该是评价受托责任的履行情况。　　　　　　（　　）

10.受托责任与公共受托经济责任的差别是受托人承担经管的资产是否体现为资产的所有权与经营权分离。　　　　　　　　　　　　　　（　　）

11.2018年3月成立的中央审计委员会是党中央对政府审计重大事宜的决策议事协调机构，是加强党对审计工作领导的重要体现，有利于提高审计的独立性和权威性。　　　　　　　　　　　　　　　　　　　　　　　　　（　　）

12.2018年3月成立的中央审计委员会，就其性质看类似于1934年中央苏区的中央审计委员会。　　　　　　　　　　　　　　　　　　　　　（　　）

四、简答题

资料：审计署确定 2015 年度重点审计项目

近日，审计署对 2015 年工作作出了部署。2015 年审计署工作的指导思想是，以邓小平理论、"三个代表"重要思想、科学发展观为指导，深入学习贯彻习近平总书记系列重要讲话精神，按照党的十八大，十八届三中、四中全会，中央经济工作会议精神和《国务院关于加强审计工作的意见》的要求，加大改革创新力度，进一步完善审计制度，依法独立行使审计监督权，大力推进对公共资金、国有资产、国有资源、领导干部履行经济责任情况的审计监督全覆盖，促进全面深化改革和依法治国，充分发挥国家审计的基石和重要保障作用。具体将组织实施以下审计：

1.贯彻落实中央重大政策措施方面。安排了稳增长、促改革、调结构、惠民生、防风险政策措施落实情况的跟踪审计，同时其他审计项目也都关注此方面的内容。

2.财政审计方面。安排了中央 2014 年度预算执行及决算（草案）编制审计，地方财政收支审计；受中央组织部委托，安排了省部级领导干部经济责任审计。

3.金融审计方面。安排了重点商业银行贷款跟踪审计；受中央组织部委托，安排了金融机构领导人员经济责任审计。

4.企业审计方面。受中央组织部委托，安排了中央国有企业领导人员经济责任审计。

5.重点民生资金和重大投资项目审计方面。安排了城镇保障性安居工程跟踪审计，全国基本养老保险基金审计，高速公路建设情况审计。

6.资源环境审计方面。安排了矿产资源开发利用保护及相关资金征管情况审计，自然资源资产离任审计试点。

7.涉外审计方面。安排了国外贷援款项目审计，驻外经营性机构审计，驻外非经营性机构（含对外援助）审计。

审计署在实施上述审计项目时，将严格按照法律规定和党中央、国务院的要求，从审计财政财务收支的真实性、合法性、效益性入手，紧紧围绕"反腐、改革、法治、发展"，坚持一手抓重大违法违纪、重大损失浪费、重大风险隐患、重大履职尽责不到位等问题的查处，一手抓促进深化改革、推进法治、提高绩效，用"反腐""改革"的双引擎，驱动"发展"这艘巨轮在"法治"的航道上行稳致远。

上述审计项目是初步安排，在年度组织实施中，审计署将根据实际情况进行调整。

根据上述资料回答以下问题：

（1）简要说明政府审计的目标。

（2）我国政府审计按其内容进行分类，包括哪些类型？

（3）现有"政府审计本质"的观点中你更赞同哪种观点？

案例解析

2018年度中央预算执行和其他财政
收支的审计工作报告

骗税是如何被揭穿的——A市税收
征管审计案例

第二章 政府审计组织与审计法律规范

学习目标

通过本章的学习，了解国外政府审计的组织模式和领导关系，我国政府审计人员的组成和素质要求；熟悉我国政府审计的职责、权限和法律责任，我国国家审计准则的内容；掌握我国政府审计的组织模式和领导关系，政府审计人员的职业道德，政府审计的法律法规体系。

第一节 政府审计组织

一、政府审计体制的组织模式

政府审计体制是指，由国家宪法和审计法所规定的，政府审计机关归谁领导、对谁负责以及最高审计机关与地方审计机关之间关系的制度。一般宪法和审计法的规定中涉及了审计机关的组织模式和领导关系。政府审计体制的组织模式是指政府审计机关的隶属关系，即政府审计机关归谁领导、对谁负责。政府审计体制的领导关系是指地方审计机关与国家审计机关的关系。目前，世界上190多个国家或地区设立了政府审计制度，政府审计按其隶属关系可以划分为立法模式、司法模式、行政模式和独立模式四种类型。

（一）立法模式

立法模式的国家审计机关隶属于国家的立法机关（议会或国会），受国家立法机关的领导，根据宪法和审计法赋予的权限，对各级政府部门的财政收支和其他经济活动，以及国有企事业单位的财务收支活动和有关经济活动进行监督检查。该种模式下，审计机关拥有调查权和建议权，但没有处理权。政府审计机关独立行使审计监督权，对议会或国会负责并报告工作，完全不受行政当局的控制和干扰，其地位较高，独立性和权威性较强。

在这种模式下，审计机关接受立法机关（社会公众或纳税人的代表）的委托，对政府（公共资源的经营者）的经济行为实施审计，向立法机关报告工作结果。审计报告反映财政收支的合法性和绩效性，对议会审查政府的预算拨款法案（追加、削减或停止拨款）具有重要的导向作用。同时国家审计机关还常被立法机关用以从外部制衡政府的行为，避免政府与市场主体的合谋导致的市场失灵，如审计机关参与重要产业政策的辩论会或听证会，对将要实施政策的利弊作出评价，提出建设性意见。

英国是这一审计模式的先行者，其最高审计机关——审计署就隶属于议会，对议会负责并报告工作。美国是采用立法模式较为成熟的国家，国家审计总署隶属于国会，对国会负责并报告工作。此外，实施这类审计模式的国家还有加拿大、澳大利亚、奥地利等。

（二）司法模式

司法模式的国家审计机关独立于国家立法机关和行政系统，隶属于国家司法机关，受国家司法机关的领导，拥有一定的司法权，国家审计具有审计和经济审判的双重职能。由于审计与司法结合，审计机关的地位及权威性较高，审计的职能和作用通过完整的法律条款加以确定，成为社会法治链条的重要环节。

在这种审计模式下，审计机关拥有最终判决权，有权直接对违反财经法规、制度的任何事项和人进行处理。公共会计每年须将反映公款收入和公务支出的账目提交审计机关接受审计，审计机关的决定具有终审效力，被审计单位必须执行，只有在判决越权、判决程序不符或违反法律时，才可以向最高行政法院提出上诉。同时，国家审计机关对发布拨款命令的拨款人和决策者实施审计，防止产业政策、社会福利政策制定或执行中的非理性经济行为的发生，维护基本经济秩序。

这一审计模式起源于法国，以法国为例，其设立审计法院，性质属于行政法院，拥有充分独立的调查权和审判权，可以对违法或造成损失的事件进行审理并予以处罚。意大利、西班牙等西欧大陆、南美和非洲的一些国家的审计制度也属于这一模式。

（三）行政模式

行政模式下的审计机关隶属于政府行政部门或隶属于政府某一部门的领导，审计机关根据国家法律赋予的权限，对政府各部门、各单位的财政预算和收支活动进行审计，并对政府负责，保证政府财经政策、法令、计划和预算等的正常实施。行政模式下，最高审计机关的独立性和权威性不强，其审计监督属于行政监督，是政府经济管理的自然延伸和必要补充，与政府经济管理的定位高度吻合。行政模式起源于苏联，并主要为原东欧一些社会主义国家所采用，我国的审计署隶属于国务院也属于此类。

在此模式下，审计机关既是政府的职能部门，执行政府的指令，完成政府交办的各项任务，能够在政府授权下直接实施审计监督，或直接为政府经济管理服务；同时，审计机关又是政府的监督部门，代表社会公众利益对政府经济管理进行监督，对政府行政权力进行制约和规范，所以审计机关又可以在法定范围内对政府这一规制者进行再规制。

目前采取这种模式的国家不多，我国的审计署和地方审计机关分别隶属于国务院和各级地方政府，在国务院总理和各级政府行政首长的领导下，独立行使审计监督权。属于这种模式的国家还有瑞典、巴基斯坦、泰国、越南等。

（四）独立模式

独立模式下的审计机关独立于立法、司法和行政部门，单独形成国家政权的一个分支，以民间或半民间半官方的身份从事独立的审计监督和审计规制活动。审计机关以会计检查院或审计院为组织形式。审计机关坚持依法审计的原则，客观公正地履行监督职能，只对法律负责，不受议会各政党或任何政治因素的干扰，对审计出来的问题没有处理权，需交司法机关处理。

在独立模式下，审计机关代表社会公众对政府经济活动和产业规制实施监控，或协助政府解决市场经济运行和产业规制中涉及公众利益或公众关注的难点、疑点、热点问题。独立模式是对政府经济行为的体外监控，这种监督不代表任何政党和利益集团，而只是代表社会绝大多数成员的利益，所以规制的力量来自社会民众。

日本的最高国家审计机关是会计检查院，既不隶属于国会和内阁，也不隶属于司法机关，独立检查国家财政的预算执行情况并定期向国会报告工作，同时还审查国家投资占50%以上的企事业单位或有选择的审查国家投资低于50%的单位的财务收支等。属于这一类型的国家还有德国、韩国、孟加拉国、阿尔及利亚、尼泊尔、不丹、塞浦路斯、斯里兰卡等。

二、政府审计体制的领导关系

政府审计体制的领导关系是指审计机关的隶属关系和权力划分等方面的制度和体系的总称，即上下级审计机关之间的领导关系。综观世界各国，政府审计机关的领导关系主要分为分级领导关系、垂直领导关系和双重领导关系。

（一）分级领导关系

分级领导关系是指中央审计机关和地方审计机关各自独立，没有任何领导或指导的关系。这种领导关系适用于联邦制国家。在联邦制国家，地方有独立的立法权，地方审计机关对当地的立法机关负责，不受联邦审计机关的领导。例如，美国地方审计机关主要对当地的立法机关负责，其在实现各自的审计职能与向各州和地方议会报告方面所起的作用跟审计总署基本相同，但并不接受联邦审计总署的领导。

（二）垂直领导关系

垂直领导关系是指地方审计机关受其上级审计机关的领导，中央审计机关与地方审计机关之间的关系是上下级之间的关系。在垂直领导体制下，中央审计机关与地方审计机关可以分别对中央与地方的财政资金进行监督，但地方审计机关在业务上要接受中央审计机关的领导。例如印度各邦的主计审计长是主计审计长公署驻所在邦的代表，在主计审计长公署的领导下，审查所在邦的财政收支和公共企事业单位的财务收支。

（三）双重领导关系

双重领导关系是指地方审计机关受其上级审计机关和本级地方政府的双重领导，上级审计机关的领导以业务领导为主，本级地方政府的领导以行政领导为主。采取这种领导关系的目的是减少行政模式下地方政府对地方审计机关的影响，加强国家财政审计工作的一致性和独立性。但在这种领导关系下，由于地方审计机关受本级地方政府的领导，当地方利益与国家利益冲突或所需审计经费受制于本级政府时，地方审计机关的独立性就难以保证。我国地方审计机关实行的是双重领导关系，我国《宪法》规定：地方各级审计机关对本级人民政府和上一级审计机关负责。

三、中国政府审计体制的设置

（一）审计机关设置的法律依据

古今中外政府审计的实践表明，审计机关的独立性和权威性是政府审计得以顺利进行的基本条件，而政府审计机关的独立性和权威性，须由法律来保证。从世界各国审计机关的设置来看，大都通过政府法律的形式，确立了政府审计的地位、作用、权限与职责。对此，最高审计机关国际组织《利马宣言》规定："最高审计机关的建立及其独立的程度应在宪法中加以规定。"目前，各国审计机关的设置都有其法律渊源，有的是以成文宪法作为法律依据，有的是以不成文宪法作为法律依据。例如，英国的《大宪章》和《权利法案》等宪法性文件，规定了议会对国家的税收和财政的审查权力，这就意味着政府审计权归议会所有。英国议会还专门通过《财政和审计法》确认了政府审计的地位。我国通过《宪法》和《审计法》确定了政府审计的法律地位和职责、权限。

（二）中国政府审计机关的组织模式

我国的审计机关是根据《宪法》第九十一条、第一百零二条的规定建立起来并实施审计工作的。《宪法》规定我国实行审计监督制度，国务院设立审计机关，县级以上的地方各级人民政府设立审计机关。由此看出，我国设立国家审计机关和地方审计机关，它们分别隶属于国务院和地方人民政府，属于行政模式。

在我国，国家最高审计机关为审计署，归国务院领导，审计署与国务院其他部委级别相同。它具有双重法律地位：一方面，作为国务院的组成部门，其要接受国务院总理的领导，执行国务院的行政法规、决定、命令，领导全国的审计工作；另一方面，审计署又有自己的职责范围，对自己所管辖的事项，以独立的审计主体，直接从事审计工作，并承担由此而产生的责任。审计署由署机关、派出机构和直属事业单位组成。

署机关内设专业审计司和综合行政部门两类，其中专业审计司有：财政审计司、金融审计司、行政事业审计司、农业与资源环保审计司、社会保障审计司、固定资产投资审计司、外资运用审计司、经济责任审计司、企业审计司、境外审计司。专业审计司主要负责直接进行审计，开展专项审计调查，组织派出机构和地方审计机关进行行业审计，对派出机构和地方审计机关进行业务指导等。综合行政部门有办公厅、法规司、国际合作司、人事教育司、直属机关党委等。综合行政部门主要负责机关内部综合行政工作、信息传递与对外宣传、审计计划统计、政策法规的制定、审计执法检查与审计质量管理、受理被审计单位提出的对下级审计机关或者派出机构的复议申请、人事调配、党群工作等。

派出机构包括特派员办事处和派出审计局两大类。审计署在部分中心城市设置了18个审计署驻地方特派员办事处，如审计署驻太原办事处。特派员办事处是审计署的内部机构，直属审计署领导，对审计署负责并报告工作。其主要职责是：按照审计署计划安排，对省、自治区、直辖市和计划单列市政府预算执行情况和决算，以及预算外资金的管理和使用情况进行审计监督；对中央银行分支机构的财务收支，国有金融机构的资产、负债、损益进行审计监督；对审计署授权的中央部门所属国家建设项目的预算执行情况和决算，国际组织援助、赠款和贷款项目的财务收支进行监督。审计署在国务院有关部门和直属事业单位设置了25个派出审计局，如审计署外交外事审计局，也直属审计署领导，对审计署负责并报告工作。其主要职责是：对管辖范围内的所在部门、直属事业单位及其在京直属单位的预算执行情况、决算草案以及其他财务收支进行审计监督，对所在部门或直属事业单位的内部控制、财务管理和财政资金使用效益进行审计或审计调查，对所在部门驻京外的直属单位提出加强审计监督的建议。

审计署直属事业单位有审计干部培训中心、审计科研所、计算机技术中心、出版社、报社等，主要负责干部培训、审计科学研究、审计信息化建设、审计图书资料的编辑出版等。

（三）中国政府审计机关的领导关系

我国的地方审计机关是指省、自治区、直辖市、设区的市、自治州、县、自治县、不设区的市、直辖区人民政府设立的审计组织，负责本行政区域内的审计工作。省、自治区审计机关称审计厅，其他地方各级审计机关统称为审计局。地方各级审计机关内部机构的设置与审计署的机构相对应，有些相应的职能部门可以合并，有的机构可以不设。

地方各级审计机关在法律上也具有双重地位：一方面，它是各级政府的一个职能部门，直接对本级政府行政首长负责；另一方面，地方审计机关对自己管辖范围内的审计事项，又以独立的行政主体资格从事活动。地方审计机关按照国家法律和本级政府的政策、决议行使权力，处理行政事务。

中国政府审计机关的领导关系是双重领导关系，即地方审计机关要受本级人民政府和上级审计机关的双重领导。本级人民政府的领导以行政领导为主，上级审计机关的领导以业务领导为主，上级审计机关的领导还体现在地方审计机关负责人的任免上，《审计法》规定，审计机关负责人依照法定程序任免，审计机关负责人没有违法失职或者其他不符合任职条件情况的，不得随意撤换，地方各级审计机关负责人的任免，应事先征求上一级审计机关的意见。

2018年3月中共中央印发了《深化党和国家机构改革方案》，明确要求组建中央审计委员会和优化审计署职责。中央审计委员会是党中央决策议事协调机构，其主要职责是，研究提出并组织实施在审计领域坚持党的领导、加强党的建设方针政策，审议审计监督重大政策和改革方案，审议年度中央预算执行和其他财政支出情况审计报告，审议决策审计监督其他重大事项等。为整合审计监督力量，减少职责交叉分散，避免重复检查和监督盲区，增强监督效能，将国家发展和改革委员会的重大项目稽查、财政部的中央预算执行情况和其他财政收支情况的监督检查、国务院国有资产监督管理委员会的国有企业领导干部经济责任审计和国有重点大型企业监事会的职责划入审计署，相应对派出审计监督力量进行整合优化，构建统一高效的审计监督体系。依据《深化党和国家机构改革方案》，相应的省（自治区、直辖市）、市、县也应设立地方审计委员会，明确地方审计委员会的职责。

第二节　政府审计组织的职责、权限和审计的法律责任

审计职责是审计机关应完成的工作任务，审计权限是审计机关拥有的权力，法律责任是审计监督活动中发生的有关法律责任。三者有明显的区别，同时又有密切的联系。审计机关要完成法律赋予的任务，必须要拥有一定的权限，审计权限是完成审计职责的保证，法律责任是有关部门没有完成审计职责应承担的法律后果。《审计法》第三、四、五章分别规定了政府审计机关的职责、权限和法律责任。

一、审计机关的审计职责

审计职责是通过法律的形式表达的某一时期社会公众对政府审计机关提出的要求。我国《宪法》对审计机关的职责、权限做了原则性规定，《审计法》则对审计机关的职责、权限做了具体性规定。审计职责具有法定性和排他性的特点，法定性是指审计职责是《宪法》和《审计法》赋予审计机关的任务，相关部门必须确保审计机关认真执行，不得擅自扩大、缩小甚至推卸。排他性是指审计职责只有审计机关才能履行，其他单位、团体不能也不得行使审计监督职责。

（一）审计署的审计职责

财政收支审计职责，主要包括：中央财政预算执行情况审计、国务院各部门（含直属单位）预算执行与决算审计、省级预算执行情况和决算审计、其他财政收支审计。

财务收支审计职责，主要包括：中央各部门、事业单位及下属单位的财务收支审计，中央银行的财务收支和中央金融机关的资产、负债和损益状况的审计，国务院各部门管理的和受国务院委托由社会团体管理的社会保障基金、环境保护资金、社会捐赠资金及其他有关基金、资金的财务收支审计，国际组织和外国政府援助、贷款项目的财务收支审计以及其他审计。

经济责任审计职责，主要包括：对有关国家机关、国有和国有资产占控股地位的企业和金融机构、国家的事业组织及其管理、使用财政资金的其他单位负责人，在任职期间对本地方、本部门或者本单位的财政收支、财务收支以及有关经济活动所负经济责任的履行情况进行审计监督。

组织领导全国审计职责，主要包括：制定审计方针政策和规章制度，监督审计规章制度的执行，组织、领导、协调和监督各级审计机关的业务；与省级人民政府共同领导省级审计机关，协同办理省级审计机关负责人的任免事项；管理派驻地方的审计特派员办事处；组织实施对内部审计的指导与监督；被民间审计组织审计的企业单位，属于审计署依法审计监督对象范围的，审计署按照国务院的规定，有权对该民间审计组织出具的相关审计报告进行核查。

通报审计情况和审计结果职责，主要包括：向国务院报告和向国务院有关部门通报审计情况，提出制定和完善有关政策法规、宏观调控措施的建议；向国务院总理提交中央预算执行情况的审计结果报告，受国务院委托向全国人大常委会提出中央预算执行情况和其他财政财务收支审计工作报告。

其他审计职责，主要包括：组织实施对贯彻执行国家财政方针政策和宏观调控措施情况的行业审计、专项审计和审计调查；依法受理被审计单位对审计机关审计决定的复议申请；管理派驻地方的审计特派员办事处；组织审计专业培训，组织开展审计领域的国际交流活动等。

（二）地方审计机关的审计职责

财政收支审计职责，主要包括：对本级财政预算执行情况和其他财政收支的审计，对下级人民政府预算的执行情况和决算以及预算外资金的管理和使用情况的审计。

财务收支审计职责，主要包括：对地方国有和国有资产占控股地位的金融机构的资产、负债、损益的审计；对地方国家事业组织的财务收支审计；对地方国有资产占控股地位或者主导地位的企业的审计；对地方政府投资、国有企业投资的建设项目和以政府投资、国有企业投资为主的建设项目的预算执行情况和决算，与国家建设项目直接有关的建设、设计、施工、采购等单位的财务收支的审计；对本级政府部门管理的和社会团体受政府委托管理的社会保障基金、社会捐赠资金、环境保护资金及其他有关基金、资金的财务收支的审计；对审计署授权的国际组织和外国政府援助、贷款项目的财务收支的审计；其他。

经济责任审计职责，主要包括：审计机关受本级组织人事等部门的委托，对本地区有关国家机关、国有及国有资产占控股地位的企业和金融机构、国家的事业组织及管理、使用财政资金的其他负责人，在任职期间对本地方、本部门或者本单位的财政收支、财务收支以及有关经济活动所负经济责任的履行情况进行审计监督。

通报审计情况和审计结果职责，主要包括：向地方政府报告和向地方政府有关部门通报审计情况；向地方政府行政首长提交本级预算执行情况的审计结果报告，受本级政府委托向本级人大常委会提出本级预算执行情况和其他财政财务收支审计工作报告。

其他审计职责，主要包括：法律、行政法规规定的应当审计的其他事项。

二、审计机关的审计权限

审计机关享有的审计权限应当与其所承担的审计职责相适应。《审计法》和《审计法实施条例》及有关法规赋予审计机关的审计权限主要包括：

（一）要求报送资料权

要求报送资料权是指审计机关依法享有的要求被审计单位按照审计机关的规定提供与财政财务收支有关的资料的权力。它是审计机关最基本的权力，是履行审计监督职责的前提条件。

审计机关有权要求被审计单位提供的资料主要包括：预算或者财务收支计划、

预算执行情况、决算、财务会计报告，运用电子计算机储存、处理的财政收支、财务收支电子数据和必要的电子计算机技术文档，在金融机构开立账户的情况，社会审计组织出具的审计报告，以及其他与财政收支或者财务收支有关的资料，被审计单位不得拒绝、拖延、谎报。同时要求被审计单位负责人对本单位提供的财务会计资料的真实性、完整性负责。

（二）检查权

检查权是指审计机关依法享有的检查被审计单位与财政财务收支有关的资料和资产的权力。它是审计权限的核心，是审计机关享有的重要权利，因此，从一定意义上讲，审计就是一种检查。

审计机关有权检查的被审计单位的资料，主要包括：被审计单位的会计凭证、会计账簿、财务会计报告和运用电子计算机管理财政收支、财务收支电子数据的系统，以及其他与财政收支、财务收支有关的资料。审计机关有权检查的被审计单位的资产是指被审计单位拥有或控制的能以货币计量的所有经济资源，包括各种财产、债权和其他权利。审计机关依法行使检查权时，被审计单位不得拒绝，不得转移、隐匿、篡改、毁弃有关的资料，不得转移、隐匿所持有的违反国家规定取得的资产。

（三）调查取证权

调查取证权是指审计机关依法享有的就审计事项的有关问题向有关单位和个人进行调查，并取得有关证明材料的权力。调查取证权是审计机关享有审计监督权的必要条件。

调查取证权的具体内容包括：有权就审计事项的有关问题向国家机关、社会团体、企事业单位和个人进行调查，有关单位和个人应当支持、协助审计机关工作，如实向审计机关反映情况；经县级以上人民政府审计机关负责人批准，有权查询被审计单位在金融机构的账户；有证据证明被审计单位以个人名义存储公款的，经县级以上人民审计机关主要负责人批准，有权查询被审计单位以个人名义在金融机构的存款。调查取证时，审计机关应持县级以上人民政府审计机关主要负责人签发的协助查询个人存款通知书。

（四）采取强制措施权

采取强制措施权是指审计机关对审计过程中发现的被审计单位违反审计法和国家规定的行为采取临时性强制措施的权力，目的是维护国有资产的安全完整，保证审计工作的顺利进行。

对被审计单位转移、隐匿、篡改、毁弃会计凭证、会计账簿、财务会计报告以及其他与财政收支或者财务收支有关的资料，转移、隐匿所持有的违反国家规定取得的资产，审计机关有权予以制止，必要时，经县级以上人民政府审计机关负责人批准，有权封存有关资料和资产，对其中在金融机构的有关存款需要予以冻结的，应当向人民法院提出申请。对被审计单位正在进行的违反国家规定的财政、财务收支行为，审计机关有权予以制止，制止无效的，经县级以上人民政府审计机关负责人批准，通知财政部门和有关主管部门暂停拨付款项，已经拨付的暂停使用。采取强制措施权，不得影响被审计单位合法的业务活动和生产经营活动。

（五）建议纠正处理权

审计机关认为被审计单位所执行的上级主管部门有关财政收支、财务收支的规定与法律、行政法规相抵触的，应当建议有关主管部门纠正；有关主管部门不予纠正的，审计机关应当提请有权处理的机关依法处理。这项权力的规定有利于发挥审计在促进规章制度建设中的作用，有利于发挥审计对宏观管理的影响作用。

（六）通报或公布审计结果权

通报或公布审计结果权即审计机关有权向政府有关部门通报或者向社会公布审计结果和专项调查结果。审计机关通报或者公布审计结果和专项调查结果时，应当依法保守国家秘密和被审计单位的商业秘密，遵守国务院的有关规定。审计机关可以向社会公布下列审计事项的审计结果：①本级人民政府或者上级审计机关要求向社会公布的；②社会公众关注的；③法律、法规规定向社会公布的其他审计事项的审计结果。

（七）提请协助权

提请协助权是指审计工作遇到困难时，审计机关请求有关职能部门予以协助的权力。审计机关履行审计监督职责，可以提请公安、监察、财政、税务、海关、工商行政管理等机关予以协助。

三、国家审计机关的管辖范围

审计管辖范围是指审计机关依法对国务院各部门和地方各级人民政府及其各部门的财政收支，国有的金融机构和企业事业组织的财务收支，以及其他依法应当接受审计的财政收支、财务收支的项目审计权限的分工。审计机关及其派出机构应当依据《审计法》以及有关规定确定的审计管辖和分工范围，开展审计和审计调查工作。

具体来说体现为：审计机关的审计管辖范围，根据被审计单位的财政、财务隶属关系或者国有资产监督管理关系确定。审计署专业审计司和派出机构的审计分工按照审计力量与审计任务相适应，有利于提高审计工作效率，节约审计资源的原则确定。审计署根据工作需要统一组织或授权派出机构和地方审计机关对中央被审计单位进行审计，不受已划定审计管辖范围和审计分工的限制。根据工作需要，上级审计机关对下级审计机关审计管辖范围内的重大审计事项，可以直接进行审计；上级审计机关可以将其审计管辖范围内的部分审计事项授权下级审计机关审计，法律、法规另有规定者除外。涉及国家重大机密的军品科研、生产单位，由审计署专业审计司审计。审计机关之间对审计管辖范围有争议的，可以由争议双方协商解决，协商不成的，报请其共同的上级审计机关确定。

四、审计的法律责任

审计法律责任的规定和实施有利于维护国家法律法规的尊严，有利于提高审计监督在国家政治经济生活中的地位和国民经济监督体系中的地位。

（一）被审计单位违反审计法的行为及其法律责任

被审计单位拒绝、拖延提供与审计事项有关的资料，提供的资料不真实、不完整的，或者拒绝、阻碍检查的。被审计单位转移、隐匿、篡改、毁弃会计凭证、会计账簿、财务会计报告以及其他与财政、财务收支有关的资料，或者转移、隐匿所持有的违反国家规定取得的资产。对被审计单位的上述行为，审计机关有权责令改正，可以通报批评，给予警告，拒不改正的，依法追究责任。

（二）被审计单位违反国家规定的财政、财务收支行为及其法律责任

对于本级政府各部门（含直属单位）和下级政府违反预算的行为或者其他违反国家规定的财政收支行为，如转预算内资金为预算外资金，越权与违法减免税收、截留、隐瞒、转移财政收入等，审计机关、人民政府或有关主管部门，在法定职权范围内，依照法律和行政法规的规定，区分情况采取下列措施：责令限期交纳应当上缴的款项，责令限期退还被侵占的国有资产，责令限期退还违法所得，责令按照国家统一的会计制度的有关规定进行处理，其他纠正措施。对违反国家规定的财务收支行为，审计机关除了予以处理外，还可以依法给予行政处罚，主要是罚款和没收非法所得。

对于被审计单位违反国家规定的财务收支行为，如乱挤乱摊成本、隐瞒营业收入、盈亏不实、偷税漏税等，审计机关、人民政府或有关主管部门，在法定职权范围内，依照法律和行政法规的规定，采取与违反财政收支行为相同的处理措施并给予处罚。

（三）被审计单位拒不执行审计机关的审计决定应承担的法律责任

被审计单位对审计机关依法作出的有关财务收支的审计决定不服的，可以依法申请行政复议或者提起行政诉讼；被审计单位对审计机关依法作出的有关财政收支的决定不服的，可以提请审计机关的本级人民政府裁决，本级人民政府的裁决为最终决定。裁决期间审计决定应照常执行。

被审计单位对审计机关作出的处理决定没有异议但又不执行审计决定，审计机关应该责令被审计单位上缴应当上缴的款项，被审计单位拒不执行的，审计机关应当通报有关主管部门，有关主管部门应当依照有关法律、行政法规的规定予以扣缴或者采取其他处理措施，并将结果书面通知审计机关。

（四）对违反审计法和违反国家规定的财政、财务收支行为负有直接责任的个人的法律责任

对被审计单位违反财政、财务收支行为负直接责任的主管人员和其他直接责任人员，审计机关认为应当给予行政处分的，应向被审计单位或者其上级机关、监察机关提出处分的建议，上述部门应将处分的结果书面通知审计机关。审计机关认为构成犯罪的，应向司法机关提出依法追究刑事责任的建议，司法机关应依法追究刑事责任。报复陷害审计人员的，不构成犯罪的，有关部门依法给予行政处分，构成犯罪的，由司法机关依法追究刑事责任。

（五）审计人员滥用职权、徇私舞弊、玩忽职守、泄露秘密的法律责任

如果审计人员违反法律规定，滥用职权、徇私舞弊、玩忽职守或者泄露所知悉

的国家秘密、商业秘密，造成不良后果甚至危害社会的，构成犯罪的，依法追究刑事责任；不构成犯罪的，给予行政处分。审计人员违法违纪取得的财物，依法予以追缴、没收或者责令退赔。

第三节 政府审计人员

一、政府审计人员的组成

政府审计人员是指在审计机关中接受政府指令或委托、依法行使审计监督权、从事具体审计业务的人员。政府审计人员是审计监督行为的执行者，其组成形式和业务素质直接决定着政府审计的质量和效果。

政府审计拥有其特定的审计人员组成结构和形式。根据我国宪法和有关规定，审计署设审计长一人，副审计长若干人。审计长是审计署的行政首长，由国务院总理提名，全国人民代表大会决定人选，国家主席任免，副审计长则由国务院任免。县级以上地方各级审计机关负责人是本级人民政府的组成人员，由本级人民代表大会常务委员会决定任免，副职由本级人民政府任免；审计机关负责人依照法定程序任免，审计机关负责人没有违法失职或者其他不符合任职条件情况的，不得随意撤换。地方各级审计机关负责人、副职的任免、调动和纪律处分，均应事前征得上级审计机关的同意。这些规定在现行政府审计模式下，既有利于地方审计机关与地方政府的业务合作，又有利于保证地方审计机关客观公正地开展审计工作。

政府审计机关审计人员实行专业技术资格制度，审计署和省级审计机关建立专业技术资格考试、评审制度。审计专业技术资格分为初级资格（审计员、助理审计师）、中级资格（审计师）、高级资格（高级审计师）。初级资格、中级资格通过参加全国统一考试，并达到合格标准后获得。高级资格实行考试与评价相结合的方法，考试合格和评价通过后，取得高级审计师的资格。审计机关录用的审计人员，经过专业培训，训练合格后，才能开展审计业务。审计机关的专业人员除由熟悉会计、审计、财务的人员组成，还可根据工作需要临时聘任工程技术人员、经营管理人员、法律工作人员等。

二、政府审计人员的素质要求

社会主义国家的政府审计代表社会公众或所有纳税人对政府、国有企事业及其他公共资源的使用者的受托经济责任实行审计。委托人广泛、审计范围全面、审计业务复杂是政府审计固有的特点，是内部审计、民间审计所不能及的，因此，政府审计人员素质的高低、职业道德遵守情况的好坏，不仅影响政府审计职业的形象，而且关乎政府审计目标能否实现。政府审计人员的素质包括政治素质和业务素质。

（一）政治素质

政治素质是指政府审计人员必须恪守作为社会公众利益的代表、公共资产的维护神的精神理念，奉行《宪法》《审计法》至上的观念。具备较高的思想政治觉悟，自觉贯彻执行国家的各项财经法规和制度、方针、政策。热爱政府审计事业，具有敬业、爱岗、奉献精神。

（二）业务素质

业务素质是指政府审计人员必须具备与履行职责相适应的专业知识和技能。应当熟悉国家有关政策、法律、法规，以及审计、会计和其他相关专业知识；掌握检查财政财务收支账目，搜集证据、评价审计事项的技能；具有调查研究、综合分析、沟通协调和文字表达能力。在我国，不同审计专业职称对应不同的业务素质能力要求，具体如下：

高级审计师应具备的专业知识和业务能力：具有系统、扎实的审计专业和经济理论基础知识，熟悉财政、税务、金融和基建、企业财务管理、会计核算等相关知识。了解国家宏观经济政策和各项经济改革措施，熟悉与审计工作相关的经济法律、法规，通晓《中华人民共和国审计法》和各项配套法规以及有关行业的财务会计制度。了解国内外审计专业的发展趋势、国际审计准则，以及最高审计机关国际组织主要成员国有关审计工作的法律、规范、办法等。能熟练运用基础理论和专业知识，解决审计领域内重要的或关键的疑难问题；能针对审计工作发展的新形势，提出与之相适应的审计工作重点、方式与方法；能解决审计工作与其他工作配合、协调中的重大问题；能够组织、指导中级审计人员学习审计业务，指导、考核其业务工作；能够主持审计科研课题研究工作；具有较强的文字表达能力。熟练掌握一门外语，了解计算机基础知识，掌握计算机操作技能。

审计师应具备的专业知识和业务能力：掌握比较系统的审计专业理论和业务知识，有一定的经济基础理论和经济管理知识以及经济法知识。熟悉并能正确执行国家有关财经方针、政策、法令及规章制度。有较丰富的审计实际工作经验和一定的分析能力，能组织和指导具体审计项目的审计工作并担任主审；能组织实施行业性审计或审计调查；能承担重大专案审计工作任务；具有一定的审计科研能力和文字表达能力。掌握一门外语，了解计算机基础知识，运用计算机完成有关审计业务工作。

助理审计师应具备的专业知识和业务能力：掌握审计专业基础理论和专业知识，掌握经济管理基础知识，基本了解经济法知识。了解并能够正确执行国家有关财经方针、政策、法令及规章制度。掌握有关的审计技术方法，能够承担某个方面的审计工作。初步掌握一门外语，了解计算机基础知识，能运用计算机完成某一方面的审计业务工作。

审计员应具备的专业知识和业务能力：掌握审计专业基础理论和专业知识，了解经济管理和经济法知识。了解国家有关财经方针、政策、法令及规章制度。能协助审计师和助理审计师开展审计业务工作。

三、政府审计人员的职业道德

为了确保政府审计的质量，树立政府审计的职业形象，政府审计机构或人员除了应遵守政府审计准则外，还应自觉践行政府审计人员职业道德。我国审计署非常重视审计人员职业道德建设，1996年审计署颁布了《审计机关审计人员职业道德准则》，并于2001年8月1日做了进一步修改。自2011年1月1日开始执行的《中华人民共和国国家审计准则》第二章对审计人员必须遵守的职业道德做了重新规定，同时2001年修订的《审计机关审计人员职业道德准则》被废止。政府审计人员的职业道德是指政府审计人员在执行审计监督时必须遵守的行为规范，具体包括职业道德的一般原则、独立性、职业胜任能力、应有的职业谨慎等内容。

（一）一般原则

职业道德的一般原则，是审计人员开展审计工作时应遵守的原则性规定。审计人员办理审计事项时，应恪守严格依法、正直坦诚、客观公正、勤勉尽责、保守秘密等职业道德的一般原则。

严格依法就是审计人员应当严格依照法定的审计职责、权限和程序进行审计监督，规范审计行为。正直坦诚就是审计人员应当坚持原则，不屈从于外部压力；不歪曲事实，不隐瞒审计发现的问题；廉洁自律，不利用职权谋取私利；维护国家利益和公共利益。客观公正就是审计人员应当保持客观公正的立场和态度，以适当、充分的审计证据支持审计结论，实事求是地作出审计评价和处理审计发现的问题。勤勉尽责就是审计人员应当爱岗敬业、勤勉高效、严谨细致，认真履行审计职责，保证审计工作质量。保守秘密就是审计人员应当保守其在执行审计业务中知悉的国家秘密、商业秘密；对于执行审计业务取得的资料、形成的审计记录和掌握的相关情况，未经批准不得对外提供和披露，不得用于与审计工作无关的目的。

（二）独立性

审计人员在执行职务时，必须保持应有的独立性，不受其他行政机关、社会团体和个人的干涉。为此，审计人员应达到以下要求：

第一，审计人员遇到下列可能损害审计独立性的情形，应当依法回避：与被审计单位负责人或者有关主管人员有夫妻关系、直系血亲关系、三代以内旁系血亲以及近姻亲关系，与被审计单位或者审计事项有直接经济利益关系，对曾经管理或者直接办理过的相关业务进行审计，可能损害审计独立性的其他情形。

第二，审计人员不得参加影响审计独立性的活动，不得参与被审计单位的管理活动。

第三，审计机关组建审计组时，针对具体情况采取下列措施，避免损害审计独立性：依法要求相关审计人员回避，对相关审计人员执行具体审计业务的范围作出限制，对相关审计人员的工作追加必要的复核程序，其他措施。

第四，审计机关应当建立审计人员交流等制度，避免审计人员因执行审计业务长期与同一被审计单位接触可能对审计独立性造成的损害。

（三）职业胜任能力

审计人员应当具备与从事的审计工作相适应的专业知识、职业技能和工作经验，并保持和提高职业胜任能力。审计人员不得从事不能胜任的业务，还应当遵守审计机关的继续教育和培训制度，参加审计机关举办或者认可的继续教育、岗位培训活动，学习会计、审计、法律、经济等方面的新知识，掌握与从事工作相适应的计算机、外语等技能，不断优化知识结构，更新职业技能，积累工作经验，保持持续的职业胜任能力。为了保障审计工作的顺利进行，补齐审计职业胜任能力的差异，审计机关应当合理配备审计人员，组成审计组，确保其在整体上具备与审计项目相适应的职业胜任能力，以此来保障审计组织整体的胜任能力。

（四）应有的职业谨慎

审计人员执行审计业务时，应当合理运用职业判断，保持职业谨慎，对被审计单位可能存在的重要问题保持警觉，并审慎评价所获取审计证据的适当性和充分性，得出恰当的审计结论。

第四节　政府审计法律规范

政府审计法律规范是指政府审计监督制度建立的法律依据和政府审计机关及其审计人员在审计工作过程中应当遵循的各种审计法规、制度、准则等的总称，包括政府审计法律体系、政府审计法规体系和政府审计准则三个层次。

一、政府审计法律体系

政府审计法律体系是由全国人民代表大会及其常务委员会制定的《宪法》《审计法》和其他与审计有关的法律组成的，是层次最高、法律效力等级最高的审计规范。

《宪法》是国家的根本大法，它主要确定国家根本的政治制度、经济制度、公民的基本权利和义务、国家机构的设置和职权等。我国1982年制定的《宪法》明确规定我国建立国家审计监督制度。之后，虽然经过了1988年、1993年、1999年、2004年与2018年修正，但是关于审计监督制度的内容一直保持不变。《宪法》中有两条专门规定国家审计制度，第九十一条规定："国务院设立审计机关，对国务院各部门和地方各级政府的财政收支，对国家的财政金融机构和企业事业组织的财务收支，进行审计监督。审计机关在国务院总理领导下，依照法律规定独立行使审计监督权，不受其他行政机关、社会团体和个人的干涉。"第一百零九条规定："县级以上的地方各级人民政府设立审计机关。地方各级审计机关依照法律规定独立行使审计监督权，对本级人民政府和上一级审计机关负责。"此外，还有关于审计机关行政首长的地位和任免的相关规定。

《审计法》是1994年8月31日第八届全国人民代表大会常务委员会第九次会议通过的新中国第一部审计法，2006年2月28日第十届全国人民代表大会常务委员会第二十次会议《关于修改〈中华人民共和国审计法〉的决定》修正了1994年通过的《审计法》，于2006年6月1日开始实施。《审计法》是调整和规范审计监督活动的基本法，集中体现和反映了社会对审计监督的根本要求。修正后的《审计法》共7章54条，对我国审计监督的总则、审计机关和审计人员、审计机关职责、审计机关权限、审计程序、法律责任等国家审计的基本制度作了全面规定。总则包括：审计法制定的目的和依据，审计监督的范围和目标，独立性的要求，客观公正地办理审计事项等。审计机关和审计人员包括：国家审计机关的设置，地方审计机关的领导关系，派出机构的设立，审计经费预算的来源，审计人员的专业胜任能力，利害关系的回避，严守秘密，依法审计的法律保护等。审计机关职责包括：财政收支审计职责，财务收支审计职责，经济责任审计职责，通报审计情况和审计结果的职责，其他审计职责，审计署组织领导全国审计职责等。审计机关权限包括：要求报送资料权，检查权，调查取证权，采取强制措施权，建议纠正处理权，通报或公布审计结果权，提请协助权。审计程序包括：依据审计项目计划组建审计组、下达审计通知书，检查会计资料及资产、调查有关单位或个人，审计组向审计机关提交审计报告并附送被审计单位的意见，审计机关审定审计报告、下达审计决定书、出具审计意见书。法律责任包括：被审计单位或个人违反审计法和国家规定的财政、财务收支行为应承担的法律责任，审计人员违反审计法应承担的法律责任。

其他与审计有关的法律主要有两类：一是有关财经法律，主要有《中华人民共和国预算法》《中华人民共和国税收征收管理法》《中华人民共和国海关法》《中华人民共和国中国人民银行法》《中华人民共和国商业银行法》《中华人民共和国会计法》等就审计机关对这些领域的审计监督做了明确规定，同时这些财经法律也是审计机关实施审计后对被审计单位的违法行为进行处理处罚的依据；二是对国家行政活动进行监督管理的法律，主要有《中华人民共和国行政复议法》《中华人民共和国行政处罚法》《中华人民共和国行政诉讼法》《中华人民共和国国家赔偿法》等。政府审计监督活动属于国家的行政行为，审计机关作为国家行政机关，开展审计监督时应该遵守这些法律的规定。

二、政府审计法规体系

政府审计法规体系由国务院制定的有关审计行政法规和地方人民代表大会及其常务委员会制定的地方性审计法规组成。政府审计法规体系是我国层次较高，法律效力等级仅次于审计法律的审计规范。

审计行政法规是国务院根据《宪法》《审计法》及有关法律制定的，在全国范围使用的具有普遍约束力的有关政府审计的规范性文件。其主要有：1997年10月颁布，2010年2月国务院第100次常务会议修订通过的《中华人民共和国审计法实施条例》，1998年6月国务院办公厅印发的《国务院办公厅关于印发审计署职能配置、内设机构和人员编制规定的通知》，2010年12月中央办公厅、国务院办公厅印发的《党政主要领导干部和国有企业领导人经济责任审计规定》。除此之外，国务院还制定有其他与政府审计有关的行政法规、行政措施等，如《罚款决定与罚款收缴分离实施办法》《全民所有制工业企业转换经营机制条例》《国务院关于加强抗灾救灾管理工作的通知》等。

地方性审计法规是地方人民代表大会及其常务委员会在不与宪法、法律、行政法规相抵触的前提下制定的，在本地区范围内适用的有关政府审计的规范性文件。其主要有两种类型：一是地方人民代表大会及其常务委员会制定的专门规定政府审计的地方性法规，如2001年深圳市通过市人大立法出台的《深圳经济特区审计监督条例》；二是地方人民代表大会及其常务委员会制定的与政府审计有关的其他地方性法规。

三、政府审计准则

审计准则是审计机关和审计人员在实施审计过程中应遵守的技术规范，是执行审计业务的职业标准，是评价审计工作质量的基本尺度。政府审计准则是政府审计法律规范内容的进一步细化，具体而言，是《审计法》内容的具体化、细化，是审计实践中贯彻审计法律法规的操作性规范。制定科学的审计准则并严格遵循，对保证审计执业质量、实现审计工作的规范化、维护政府审计和人员的权益、维护社会公众利益、树立政府审计的威信具有重要的作用。

我国审计署自 1989 年开始，就一直致力于审计准则的研究、制定、修订和完善，1996 年起陆续发布了一系列审计准则，2000 年又对已发布的审计准则进行了全面的修订和补充，形成了包括政府审计基本准则、通用审计准则和专业审计准则以及审计指南的层次分明、相互依存、相互补充、内容完整的政府审计准则体系。2010 年我国审计署借鉴最高审计机关国际组织审计准则的制定经验及成文范例，根据我国国家审计的具体特点和工作需要，制定了一个既能满足政府审计工作需要又具体适用的国家审计准则——《中华人民共和国国家审计准则》。该准则颁布后，原来的国家审计基本准则、通用审计准则和专业审计准则以及审计指南被废止。

《中华人民共和国国家审计准则》的内容包括总则、审计机关和审计人员、审计计划、审计实施、审计报告、审计质量控制和责任、附则，共七章二百条。

总则的主要内容包括：制定国家审计准则的目的、依据，审计准则的定义，审计准则的适用范围，被审计单位的责任与审计责任的划分，审计目标，审计范围，审计程序的总体要求。

审计机关和审计人员是对审计机关及其审计人员应当具备的基本资格条件和职业要求所作的规定。其主要内容包括：审计机关执行审计业务应具备的资格条件；审计人员执行审计业务应具备的职业要求，如审计人员应遵守的基本职业道德，独立性的要求，审计人员应具备专业胜任能力的要求，审计人员应合理运用职业判断和保持应有的职业谨慎等。

审计计划是审计机关对本年度审计项目所做的规划。其主要内容包括：审计机关应当根据法定的审计职责和审计管辖范围，编制年度审计项目计划，年度审计项目计划的编制步骤，年度审计项目计划需要调整的情形，上级审计机关对下级审计机关审计项目计划编制的指导，需要编制审计工作方案的情形，审计工作方案的编制、审批和调整，年度审计项目计划执行情况的检查。

审计实施是审计作业阶段应遵循的规定。其主要内容包括：（1）审计实施方案：组成审计组，下达审计通知书，审计实施方案的编制、调整和审定，了解被审计单位及其相关情况，测试内部控制的有效性和安全性。（2）审计证据：审计人员应获取充分、适当的审计证据，审计人员获取审计证据的方法和程序。（3）审计记录：审计人员应当真实完整地编制审计记录，审计记录包括了解记录、审计工作底稿和重要管理事项记录，审计工作底稿的编制方法和内容，审计工作底稿的检查和复核的要求。（4）重大违法行为检查：审计人员需要关注的可能存在重大违法行为的情况及针对重大违法行为采取的应对措施。

审计报告是审计组反映审计结果、提出审计报告以及审计机关审定审计报告时应当遵守的行为规范。其主要内容包括：（1）审计报告的形式和内容：审计机关提交审计报告的程序，审计报告的编制要求，审计决定书和审计移送处理书出具的情形和内容。（2）审计报告的编审：审计组编制审计报告的要求，审计组向审计机关业务部门报送的资料，审计机关业务部门复核的内容和要求，审理机构的审理内容和要求，审计报告和审计决定书的审定和签发。（3）专题报告与综合报告：专题报告与综合报告适用的情形、编制的要求和报送，本级预算执行情况和其他财政收支情况的审计报告需经本级政府首长审定后向本级人民代表大会常务委员会报告。（4）审计结果公布：依照法律审计结果和审计调查结果需要公布和不得公布的信息，审计机关公布审计结果和审计调查结果的要求。（5）审计整改检查：审计机关审计整改检查的内容、整改检查的方式、整改检查报告的内容、整改检查结果的报送。

审计质量控制和责任是审计机关为了督促有关人员严格遵守法律法规和本准则、作出恰当的审计结论和依法进行处理处罚所做的规定。其主要内容包括：审计机关应当围绕审计质量责任、审计职业道德、审计人力资源、审计业务执行、审计质量监控建立审计质量控制制度；审计机关实行审计组成员、审计组主审、审计组组长、审计机关业务部门、审理机构、总审计师和审计机关负责人对审计业务的分级质量控制；审计机关对其业务部门、派出机构和下级审计机关的审计业务质量进行检查的方式、内容和要求。

附则的主要内容包括：不适合本准则的审计机关的工作，地方审计机关可以结合本地实际情况依据本准则规定制定实施细则，本准则的解释权和施行时间。

关键概念

政府审计体制　组织模式　领导关系　行政模式　双重领导　政府审计职责政府审计权限　政府审计法律责任　政府审计人员职业道德　政府审计法律体系政府审计法规体系　政府审计准则

本章小结

政府审计体制包括审计机关的组织模式和领导关系，组织模式是指政府审计机关的隶属关系，组织模式可以划分为立法模式、司法模式、行政模式和独立模式四种类型，我国政府审计的组织模式属于行政模式。领导关系是指地方审计机关与国家审计机关的关系，领导关系主要分为分级领导关系、垂直领导关系和双重领导关系，我国政府审计的领导关系属于双重领导关系。

　　审计职责是审计机关应完成的工作任务，审计权限是审计机关拥有的权力，法律责任是审计监督活动中发生的有关法律责任。依据《审计法》，我国政府审计机关的职责包括财政收支审计、财务收支审计、经济责任审计、通报审计情况和审计结果、其他审计职责；审计权限包括要求报送资料权、检查权、调查取证权、采取强制措施权、建议纠正处理权、通报或公布审计结果权、提请协助权；法律责任包括被审计单位或个人违反审计法和国家规定的财政、财务收支行为应承担的法律责任、审计人员滥用职权、徇私舞弊、玩忽职守或者泄露秘密应承担的法律责任。

　　审计署和地方审计机关负责人的组成、任免的依据是《宪法》，审计人员实行专业技术资格制度，审计专业技术资格分为初级资格（审计员、助理审计师）、中级资格（审计师）、高级资格（高级审计师）。政府审计人员的素质包括政治素质和业务素质，不同专业技术资格的审计人员其业务素质的要求也不同。政府审计人员的职业道德是指政府审计人员在执行审计监督时必须遵守的行为规范，具体包括职业道德的一般原则、独立性、职业胜任能力、应有的职业谨慎和严守秘密等内容。

　　政府审计法律规范包括政府审计法律体系、政府审计法规体系和政府审计准则三个层次。政府审计法律体系是由全国人民代表大会及其常务委员会制定的《宪法》《审计法》和其他与审计有关的法律组成的。政府审计法规体系由国务院制定的有关审计行政法规和地方人民代表大会及其常务委员会制定的地方性审计法规组成。政府审计准则是依据《宪法》《审计法》制定的，目前我国执行的是审计署制定的于2011年开始执行的《中华人民共和国国家审计准则》，其内容包括总则、审计机关和审计人员、审计计划、审计实施、审计报告、审计质量控制和责任、附则等。

复习思考题

　　1.我国政府审计的组织模式属于哪种模式？我国政府审计的领导关系属于哪种领导关系？

　　2.我国政府审计的审计职责主要包括哪些？我国政府审计的法律责任包括哪些？

　　3.简述我国政府审计人员的职业道德内容。

　　4.简述我国政府审计法律规范体系的构成内容。

本章习题

一、单项选择题

　　1.（　　　）不是以本部门的收益为目标，它的唯一目标就是维护政府和全体人民的利益。

　　A.内部审计　　　　　　　　　　B.民间审计

　　C.政府审计　　　　　　　　　　D.国际审计

　　2.我国政府审计体制的领导关系属于（　　　　）。

A.分级领导关系　　　　　　　　　　B.垂直领导关系

C.双重领导关系　　　　　　　　　　D.独立关系

3.印度政府审计体制的领导关系属于（　　　）。

A.分级领导关系　　　　　　　　　　B.垂直领导关系

C.双重领导关系　　　　　　　　　　D.独立关系

4.英国政府审计体制的组织模式属于（　　　）。

A.立法模式　　　　　　　　　　　　B.司法模式

C.行政模式　　　　　　　　　　　　D.独立模式

5.法国政府审计体制的组织模式属于（　　　）。

A.立法模式　　　　　　　　　　　　B.司法模式

C.行政模式　　　　　　　　　　　　D.独立模式

6.我国政府审计机关的组织模式属于（　　　）。

A.立法模式　　　　　　　　　　　　B.司法模式

C.行政模式　　　　　　　　　　　　D.独立模式

7.根据我国宪法和有关规定，审计署应设副审计长（　　　）人。

A.1　　　　　　　B.2　　　　　　　C.3　　　　　　　D.若干

8.（　　　）是层次最高、法律效力等级最高的审计规范。

A.政府审计法律体系　　　　　　　　B.政府审计法规体系

C.政府审计准则　　　　　　　　　　D.政府审计职责

9.审计长是审计署的行政首长，由（　　　）提名。

A.全国人民代表大会　　　　　　　　B.国务院

C.国家主席　　　　　　　　　　　　D.国务院总理

10.如果审计人员违反法律规定，构成犯罪的，依法追究其（　　　）。

A.民事责任　　　　　　　　　　　　B.刑事责任

C.行政责任　　　　　　　　　　　　D.经济责任

二、多项选择题

1.我国政府审计准则，包括下述内容（　　　）。

A.审计机关和审计人员　　　　　　　B.审计计划

C.审计假设　　　　　　　　　　　　D.审计质量控制和责任

2.综观世界各国政府审计体制的组织模式，其主要包括（　　　）。

A.立法模式　　　　　　　　　　　　B.行政模式

C.独立模式　　　　　　　　　　　　D.司法模式

3.政府审计体制的领导关系有（　　　）。

A.分级领导关系　　　　　　　　　　B.垂直领导关系

C.双重领导关系　　　　　　　　　　D.独立关系

4.我国审计署的审计职责包括（　　　）。

A.财政财务收支审计　　　　　　　　B.通报审计情况和审计结果的职责

C.经济责任审计　　　　　　　　　D.组织领导全国审计工作

5.我国政府审计法律规范包括（　　　）三个层次。

A.政府审计法律体系　　　　　　　B.政府审计法规体系

C.政府审计准则　　　　　　　　　D.中华人民共和国预算法

6.审计署的财政收支审计职责主要包括（　　　）。

A.中央财政预算执行情况审计

B.国务院各部门（含直属单位）预算执行与决算审计

C.省级预算执行情况和决算审计

D.其他财政收支审计

7.下列属于地方审计机关审计职责的是（　　　）。

A.财政收支审计　　　　　　　　　B.财务收支审计

C.经济责任审计　　　　　　　　　D.组织领导全国审计

8.审计机关的审计权限包括（　　　）。

A.要求报送资料权　　　　　　　　B.检查权

C.调查取证权　　　　　　　　　　D.采取强制措施权

三、判断题

1.政府审计机关根据工作需要，可以在重点地区、部门设立派出机构，进行审计监督。　　　　　　　　　　　　　　　　　　　　　　　　　　　　（　　　）

2.政府审计机关无权审查财政预算的执行和财政决算。　　　　　　（　　　）

3.美国、英国、日本等国家最高审计机关与地方审计机关之间一般没有领导与被领导的关系，也没有业务指导关系。　　　　　　　　　　　　　　　（　　　）

4.我国政府审计体制的组织模式是独立模式。　　　　　　　　　　（　　　）

5.司法模式下的审计机关由议会领导。　　　　　　　　　　　　　（　　　）

6.双重审计领导体制可以减少地方政府对审计工作的影响，但是会影响审计工作的独立性。　　　　　　　　　　　　　　　　　　　　　　　　　　（　　　）

7.审计机关设置应遵循独立性和权威性原则。　　　　　　　　　　（　　　）

8.审计机关不属于国家政权的组成部分。　　　　　　　　　　　　（　　　）

9.审计专业高级技术资格在参加全国统一考试并达到合格标准后即可获得。（　　　）

10.审计人员在执行职务时，必须保持应有的独立性，不受其他行政机关、社会团体和个人的干涉。　　　　　　　　　　　　　　　　　　　　　　（　　　）

11.审计机关的审计管辖范围，一般是根据被审计单位的财政、财务隶属关系或者国有资产监督管理关系确定的。　　　　　　　　　　　　　　　　（　　　）

四、简答题

1.简述我国政府审计人员的职业道德内容。

2.简述我国政府审计法律规范体系的构成内容。

3.下列审计事项中，哪些属于石家庄市审计局的审计职责？对目前不属于该市局审计职责的审计事项，请分别充分说明理由。

（1）石家庄市财政预算执行情况审计；

（2）栾城区人民政府预算执行情况和决算审计；

（3）石家庄市地方税务局税收征收管理情况审计；

（4）行唐县市同乡财政预算执行情况和决算审计；

（5）人民银行石家庄分行的审计；

（6）市人民法院的财务收支审计；

（7）冀中能源财务收支审计；

（8）河北地质大学财务审计。

五、论述题

从国家治理的角度分析我国政府审计体制的未来走向。

案例解析

国门为谁开——某市海关征收管理审计

监守自盗——某县国库管理审计

第三章　政府审计基本业务流程

学习目标

通过本章的学习，掌握科学地制订审计项目计划并确保审计项目计划的执行，是政府审计工作经常化、规范化和制度化的保证。针对审计项目实施审计时，遵循国家审计准则规定的项目审计流程，是确保审计质量、提高审计工作效率、降低审计成本的程序保证，项目审计流程一般包括准备、实施、终结及审计整改检查四个阶段。

第一节　审计项目计划

一、审计计划概述

（一）审计计划的含义

审计计划是指审计机关对未来一定时期内的审计工作任务作出的统一安排。为了更好地履行审计监督职责、充分发挥审计的作用，各级政府审计机关有必要考虑国家经济建设和廉政建设的要求，配合政府需要着力解决的经济管理中的热点和难点问题，根据现有的审计资源，对一定时期审计工作的指导思想、总体思路、项目安排的特点、重点领域、具体任务、完成措施、时间和步骤等进行事前的具体安排，形成审计计划。

（二）审计计划的种类

按照审计计划涵盖期限的长短，审计计划可以划分为中长期审计计划和短期审计计划。中长期审计计划的计划期一般应在1年以上，大多采用滚动计划法进行编制。我国审计署发布的《"十三五"国家审计工作发展规划》就其内容和性质看，就是一种着眼于中长期的审计计划。短期审计计划，也称年度审计项目计划，其涵盖的期限一般为1年，年度审计项目计划是审计计划的主要形式，是审计机关在本年度开展审计工作的依据。本节下文介绍的审计计划为年度审计计划，也称审计项目计划。

按照编制的主体，审计项目计划可以划分为审计署审计项目计划和地方审计机关审计项目计划。审计署审计项目计划是审计署为履行审计职责而对其计划期内的审计项目和专项审计调查项目作出的具体安排，是审计署在本年度开展审计工作的依据。地方审计机关审计项目计划是地方审计机关为履行审计职责而对其管辖范围内的审计项目和专项审计调查项目作出的具体安排，是地方审计机关在本年度开展审计工作的依据。

按照审计计划的从属关系，审计计划可以分为审计项目计划、审计工作方案和审计实施方案。审计项目计划是审计机关为履行审计职责而对其计划期内的审计项目和专项审计调查项目作出的具体安排，是审计机关在本年度开展审计工作的依据。审计工作方案是审计机关统一组织多个审计组共同实施一个审计项目或者分别实施同一类审计项目时，由审计机关业务部门编制的审计工作方案，是对审计项目的审计目标、范围、内容和重点、组织等方面所做的安排，其目的是为了协调统一行动、完成共同的审计目标和提高审计效率。审计实施方案是由审计组编制的对审计人员具体、详细操作安排的方案，包括项目总体审计方案和具体审计方案，是审计人员审计工作的指南。

二、审计项目的构成及确定和审计项目计划的内容

（一）审计项目的构成及确定

审计项目是指按照被审计单位或被审计的具体对象进行划分的审计活动的种类。审计项目计划中的审计项目按其来源可以分为以下几类：第一，上级审计机关统一组织项目，它是上级审计机关为了更好地发挥审计在宏观调控中的作用，围绕政府工作重心所确定的在所辖区域内由下属各级审计机关统一开展的审计项目，该类项目应作为下级审计机关的必选项目。第二，授权审计项目，它是由上级审计机关授权下级审计机关实施的、属于上级审计机关管辖范围内的审计项目，该类项目同样属于下级审计机关的必选项目。第三，政府交办项目，它是各级政府要求审计机关实施审计的项目，对于该类项目，各级审计机关也必须及时列入项目计划。第四，其他交办、委托或举报项目，如本级人大或政协等交办的项目，纪律检查委员会、监察部门、组织人事部门和业务主管部门委托的项目，审计机关认为应当实施的群众举报项目。第五，自行安排项目，它是指各级审计机关根据自己的审计力量情况，在本机关审计管辖和分工范围内，自行安排开展的审计项目。

审计机关选择审计项目需要遵循下列步骤：第一，调查审计需求，初步选择审计项目。审计需求一般包括：国家和地区财政收支、财务收支以及有关经济活动情况，政府工作的中心，本级政府行政首长和相关领导机关对审计工作的要求，上级审计机关安排或者授权审计的事项，有关部门委托或者提请审计机关审计的事项，群众举报、公众关注的事项，经分析相关数据认为应当列入审计的事项，其他方面的需求。第二，对初选审计项目进行可行性研究，确定初选审计项目的审计目标、审计范围、审计重点和其他重要事项。可行性研究重点调查研究下列内容：与确定和实施审计项目相关的法律法规和政策，管理体制、组织结构、主要业务及其开展情况，财政收支、财务收支状况及结果，相关的信息系统及其电子数据情况，管理和监督机构的监督检查情况及结果，以前年度审计情况，其他相关内容。第三，对初选审计项目进行评估，确定备选审计项目及其优先顺序：项目的重要程度，项目的风险水平，审计项目的预期效果，审计项目的频率和覆盖面，项目对审计资源的要求。

对于审计机关必选的审计项目，可以不经过上述选择步骤，直接列入审计项目

计划。下列项目需要列入必选审计项目：法律法规规定每年应当审计的项目，本级政府行政首长和相关领导机关要求审计的项目，上级审计机关安排或者授权的审计项目。根据中国政府及其机构与国际组织、外国政府及其机构签订的协议和上级审计机关的要求，审计机关确定对国际组织、外国政府及其机构援助、贷款项目进行审计的，应当纳入审计项目计划。

对于预算管理或者国有资产管理使用等与国家财政收支有关的特定事项，符合下列情形的，可以进行专项审计调查：涉及宏观性、普遍性、政策性或者体制、机制问题的，事项跨行业、跨地区、跨单位的，事项涉及大量非财务数据的，其他适宜进行专项审计调查的。

（二）审计项目计划的内容

审计项目计划的核心是审计项目的安排，审计项目一定要按照上级审计机关统一组织项目、授权项目、政府交办项目和自行安排项目的顺序进行安排。审计项目计划可以采取文字的形式，也可以采取表格的形式，或者采用文字和表格相结合的形式。审计项目计划的文字部分主要包括：上年度审计项目计划的完成情况，本年度审计项目安排的指导思想，审计项目计划编制的依据，所确定的主要任务，完成计划的重要措施。表格部分主要列明审计项目的名称、类别、级别和数量，完成计划项目的时间要求和责任单位，被审计单位的名称及其主管部门和所在地区等。另外，采取跟踪审计方式实施的审计项目，审计项目计划还应当列明跟踪的具体方式和要求。专项审计调查项目的审计项目计划应当列明专项审计调查的要求。

【实例3-1】审计项目计划举例。

××省2018年度审计项目计划

一、2018年审计工作的指导思想和总体思路

以习近平新时代中国特色社会主义思想为指导，深入学习贯彻党的十九大精神，认真贯彻落实省委经济工作会议和全国审计工作会议精神，坚持依法审计、文明审计，聚焦打好防范化解重大风险、精准脱贫、污染防治等三大攻坚战，依法全面履行审计监督职责，大力推进审计全覆盖，充分发挥监督保障、督促落实、清障护航和反腐"利剑"作用，促进全省经济的健康运行。

以党的十九大精神为引领，紧扣社会主要矛盾变化和省委、省政府及审计署重点工作，重点围绕中央和省委、省政府重大政策措施落实、防范化解重大风险、精准脱贫、污染防治、财政惠民补贴、保障性安居工程、重大建设项目和领导干部经济责任履行情况开展审计监督，创新审计工作模式，充分利用大数据审计手段，稳步推进审计全覆盖，揭露和查处重大违纪违法问题和发生在群众身边的"微腐败"。

二、编制2018年审计项目计划的主要依据

依据审计法确定的审计工作职责，《国务院关于加强审计工作的意见》（国发〔2014〕48号）、《中共中央办公厅 国务院办公厅印发〈关于完善审计制度若干重大问题的框架意见〉及相关配套文件》（中办发〔2015〕58号）、《审计署关于印发"十三五"国家审计工作发展规划的通知》（审政研发〔2016〕55号）、《审计署关

于印发全国审计机关2018年度工作要点的通知》（审办发〔2018〕3号），《××省人民政府办公厅关于印发××省人民政府落实中共××省委关于进一步加强生态文明建设实施方案任务分解表的通知》《××省政府办公厅关于印发政府工作报告2018年重点工作任务分解的通知》等重要文件，省委、省政府对审计工作的有关要求，以及审计资源的实际情况，编制2018年度审计项目计划。

三、2018年具体审计项目安排

（一）本级预算执行情况审计

1.省级预算执行情况审计

对2017年度省本级政府预算执行情况及决算草案进行审计，促进各项积极财政政策措施的有效落实，加强财政管理、完善预算制度、规范资金分配行为、提高财政资金使用效益。由财政处负责实施，2018年4月底完成。

2.重点部门预算执行情况和决算（草案）审计

对省工业和信息化厅、省卫生厅、省住房和城乡建设厅、省科学技术厅、省水利厅等5个省级部门2017年度预算执行情况和决算（草案）进行审计，分别由金融处、农业处、发展建设处、科教处、农林水处等组织实施，2018年4月底完成。以促进相关部门编制科学的部门预算、严格执行部门预算、部门预算决算公开透明、提高财政资金使用效益。

3.税收收入征管情况审计

对省、市、县（区）地税机关2017年度税收征管情况进行审计，以揭示税收制度漏洞和税收征管的薄弱环节，分析税收政策的执行效果，促进完善税收政策制度和征管体制改革。由财政处负责组织实施，2018年4月底完成。

（二）下级政府财政收支审计

1.直管县财政收支决算审计

对部分直管县财政收支决算进行审计。检查财政收支决算的真实性、合法性，以及财政收支结构变化情况，专项资金使用及效益情况。由财政处负责组织实施，2018年10月底完成。

2.市级财政收支决算审计

2018年，对A地级市和B地级市2016年至2017年度财政收支决算进行审计，重点关注"同级审"的难点和盲点，关注执行统一财税政策情况、上级转移支付资金预算管理和分配使用情况、财政支出结构情况、财政体制运行情况和地方政府债务情况。由财政处负责实施，2018年10月底完成。

（三）重大政府投资建设项目审计

1.重点基础设施投资项目竣工决算和跟踪审计

对省博物馆项目竣工决算进行审计，对W市至Z市高速公路工程项目、S市地铁2、3号线工程项目进行跟踪审计。检查建设资金和工程造价的真实性、合法性、效益性，保障建设资金合理、合法和有效使用。投资处负责实施，2018年4月至12月进行。

2.关系国计民生的政府重大投资项目跟踪审计

统一组织省、市、县审计机关对12个县、市的保障性安居工程建设进行跟踪审计。揭示购买棚改服务和货币化安置、保障性住房分配和管理使用、工程建设和住房分配使用、专项资金供应和管理使用等方面的突出问题，提出整改和加强管理的建议。

投资处负责统一组织协调，各市根据工作方案，制订审计实施方案，组织对本级职责范围内校舍工程的审计，2018年全年进行。

（四）社会保障、教育等民生支出审计

1.企业养老保险基金审计

对2017年度企业养老保险基金进行审计。通过审计，揭露养老金筹集、管理、支出使用各环节存在的问题，提高养老保险基金使用效益。社保处负责制订审计工作方案、汇总审计综合报告，2018年10月底完成。

2.高等院校财务收支审计

对省属4所大学2017年度财务收支情况进行全面审计，通过审计从体制、机制上揭示高等院校普遍存在的问题，促进完善制度，规范管理。科教处负责制订审计工作方案，汇总审计综合报告，2018年9月底完成。

（五）经济责任审计

根据省委组织部委托和政府指令，对5个市县、10个省政府部门、5所高等院校、3家省管企业等党政领导干部实施经济责任审计。在项目实施中，要注意坚持党政同责、同责同审，紧扣领导干部履行经济责任的权责清单，坚持依法审计，客观求实。由经责处负责组织实施，2018年全年进行。

对上述领导干部中的3个市县党政领导干部、省生态环境保护厅厅长、省海洋与渔业厅原厅长等开展自然资源资产的离任审计，与领导干部经济责任审计同步实施。重点关注领导干部贯彻执行生态文明建设方针政策、决策部署和相关法律法规，完成自然资源资产管理和生态环境保护目标，履行有关责任以及相关资金征收管理使用和项目建设运营等情况，促进自然资源资产管理和生态环境保护责任落实。

（六）专项审计调查

1.金融风险专项审计调查

围绕防范化解重大风险，开展省本级和市县地方政府性债务审计、地方金融机构贷款风险审计调查、房地产风险防控专项审计调查，重点关注变相举债、无序举债、违法违规融资担保、违规贷款、违规供地、违规建设销售房地产带来的不安定因素、新的烂尾楼等问题。由金融处负责组织实施，2018年9月完成。

2.财政扶贫资金专项审计调查

开展全省15个市县财政扶贫资金专项审计调查，重点关注产业扶贫、教育扶贫、健康扶贫和危房改造，加大对深度贫困地区和重点群体扶贫工作的审计力度，揭露扶贫资金运用中的腐败问题，促进扶贫资金的使用绩效。由农业处实施，2018

年10月底完成。

（七）交办事项审计

完成省委省政府临时交办事项和审计署授权项目审计。

三、审计项目计划的编制、调整、执行情况的报告与检查

（一）审计项目计划的编制

为保证政府审计项目计划的科学有效和切实可行，审计项目计划编制过程中应遵循以下原则：第一，依法审计、独立监督的原则，在法定职责内自主安排审计项目，排除来自其他行政机关、社会团体和个人的干扰。第二，服务全局的原则，在选择审计项目时，要注意围绕国家和本地区经济工作中心和宏观经济调控重点展开。第三，全面审计与重点审计相结合的原则，安排审计项目时既要注意审计的覆盖面，又要确保重点审计项目不遗漏。第四，量力而行、留有余地的原则，安排审计项目时既要充分利用现有的审计资源，又要适当预留一部分审计资源以应付计划执行过程当中可能会发生的审计风险。第五，协调平衡、避免重复的原则，安排审计项目时既要注意避免将很多项目安排在相同的时间内实施，又要避免出现重复审计的现象。

审计机关编制政府审计项目计划，除上级审计机关统一组织的审计项目外，应当在规定的审计管辖范围内安排。审计署统一组织的政府审计项目计划，由审计署各专业审计司或者派出机构在调查审计需求、进行可行性研究、确定备选项目的基础上，于每年11月提出安排意见，并填制统一印发的审计项目工作量测算报表；审计署计划管理部门对备选审计项目排序、配置审计资源、编制审计项目计划草案，将审计项目计划草案报审计长会议，审计长会议根据审计项目评估结果，确定年度审计项目计划。省级审计机关根据审计署统一组织的审计项目、授权审计项目和当地实际情况，编制本地区政府审计项目计划，并报经本级政府行政首长批准，于每年4月底前报审计署备案。

（二）审计项目计划的调整

经过审批确定的政府审计项目计划，规定了审计机关在一定时期内的工作目标和责任，是审计机关开展审计工作的重要依据。政府审计项目计划一经下达，各级审计机关应当采取积极有效的措施，将审计项目及时下达到审计项目组织和实施单位，执行审计的单位必须认真组织实施。同时，为了完成审计项目规定的审计目标，审计机关应当对确定的审计项目配备必要的审计人力、审计时间、审计技术装备、审计经费等审计资源。

没有特殊情况，政府审计项目计划不应变更和调整。下列情况除外：本级政府行政首长和相关领导机关临时交办审计项目的，上级审计机关临时安排或者授权审计项目的，突发重大公共事件需要进行审计的，原定审计的被审计单位发生重大变化导致原计划无法实施的，需要更换审计项目实施单位的，审计目标、审计范围等发生重大变化需要调整的，需要调整的其他情形。

遇到上述特殊情况，应当按照规定的程序报批，经批准后方可进行调整。具体程序为：第一，审计署统一组织政府审计项目计划的调整，由审计署有关专业审计司提出意见，送审计署办公厅协调办理，报审计署领导审批后，通知有关单位执行。第二，授权地方审计机关政府审计项目计划的调整，由省级审计机关提出意见，报审计署审批。第三，地方政府审计项目计划的调整，由下达计划的审计机关审批。第四，领导交办项目及时报批、调整。

（三）审计项目计划执行情况的报告与检查

为了使审计项目计划真正落到实处，审计机关必须实行审计项目计划执行情况的报告制度。审计署统一组织审计项目计划的执行情况，由审计署有关专业审计司、审计署派出机构和省级审计机关向审计署提出书面报告。报告的主要内容包括：计划执行进度、计划执行中发现的主要问题、措施和建议等。审计署有关专业审计司、审计署派出机构和省级审计机关应当分别于每年7月和次年2月向审计署提出上半年及全年计划执行情况的综合报告。

此外，各级审计机关应当组成审计项目质量检查组，根据有关法律、法规和规章的规定，对本级派出机构或下级审计机关完成审计项目的质量情况进行检查。检查的主要内容包括：计划编制、执行情况报告的及时性、完整性、计划安排的科学性、合理性、计划完成质量及效果等。在检查的基础上，对被考核单位要作出恰当的评价或结论。例如，审计署每年有重点地对中央授权项目的审计质量进行抽查，对未按规定认真履行职责，或审计质量未能达到要求的地方，予以通报批评，并暂停对其授权。凡因审计机关和审计人员工作失职、渎职等造成重大审计质量问题的，要依法追究有关领导和直接责任人员的责任。

四、审计工作方案的编制和调整

（一）审计工作方案的内容及格式

当年度审计项目计划确定审计机关统一组织多个审计组共同实施一个审计项目或者分别实施同一类审计项目时，审计机关业务部门应当编制审计工作方案。

审计工作方案的内容一般包括文字和表格两部分。文字部分主要表述：编制审计方案的依据和目的、审计范围、审计内容及重点、组织分工以及实施进度及汇总报告等。表格部分是根据审计目标和内容，以及汇总分析需要而设计的一些指标，用以填报有关该项目审计情况和问题的数据资料。

【实例3-2】审计工作方案举例。

××省审计厅2017年度省本级预算执行及其他财政收支审计工作方案

根据《中华人民共和国审计法》和《××省各级人民代表大会常务委员会预算审查监督条例》的有关规定，以及省审计厅2018年审计项目计划，为更好地完成2017年度省本级预算执行审计工作，特制订本方案。

一、审计目标

2018年的省本级预算执行审计工作，要坚持"依法审计、服务大局、围绕中心、突出重点、求真务实"的工作方针，以规范预算管理行为、促进增收节支、提高财政资金绩效水平为目标，以预算编制的完整性、科学性和预算执行的真实性、合法性、效益性为主线，以财政、国有资产、民生、环境安全及财政资金使用效益为关注点，把查处问题与促进改革、完善制度、强化管理结合起来，在体制、制度、机制上提出意见和建议。

二、审计范围

1.根据《预算法》《审计法》的规定，今年省本级预算执行审计范围是2017年度省本级一般预算、基金预算和其他财政专户以及预算部门和单位的各项财政收支业务。

2.根据省厅预算执行审计工作计划，统一组织5个部门预算执行项目，包括省工业和信息化厅、省卫生厅、省住房和城乡建设厅、省科学技术厅、省水利厅等5个省级部门2017年度预算执行情况和决算（草案）审计，分别由金融处、农业处、发展建设处、科教处、农林水处等组织实施。

三、审计内容和重点

1.省本级预算执行审计。以预算管理和财政资金分配为重点，分析把握省本级预算编制和执行的总体情况，揭露财政管理中存在的突出问题，从体制机制上进行分析、提出建议，促进完善管理。

（1）关注预算编制的合法性、完整性和科学性。一是审查预算编制的合法性，审查省级安排的教育、科技和农业资金是否达到法定增长比例，其他编制事项是否符合《预算法》等有关法律法规和政策的规定。二是审查预算编制的完整性，有无收支编报不完整等问题。三是审查预算编制的科学性，有无预算项目编制过粗、预算安排没有细化到具体部门和项目、执行中难以操作等问题。

（2）关注预算执行的严肃性和财政资金使用的绩效性、安全性。审查省级预算是否严格按照省人大及其常委会的预算审查决议执行，预算的调整、变更及各预算科目之间的资金调剂是否履行了法定程序；了解政府预决算草案与部门预决算草案的匹配情况；超收收入预算安排是否履行了法定批准程序；分析省级预算支出结构，审查财政资源配置是否科学、合理；预算结转项目资金是否严格按照规定的用途使用，有无随意变更项目、挤占挪用、隐瞒转移资金等问题；分析财政转移支付结构的合理性，审查对下级的各项补助政策是否透明、资金分配是否规范，有无通过上下级结算随意为部门、系统安排资金等问题。

根据2017年度我省经济形势，今年的省本级预算执行审计，在审查预算编制的完整性、科学性和执行的真实性、合法性的基础上，突出对以下方面的监督检查：

一是加强对扩大投资和消费需求增加的项目投资资金的审计。重点关注宏观调控政策落实到位情况，对新增投资项目和重点建设项目的立项审批、投资计划和资金下达、项目建设管理、资金管理进行全方位监督，审查项目资金使用是否合规、合法、安全和有效，防止出现劳民伤财的"半拉子"工程、"豆腐渣"工程和不切实际的形象工程、政绩工程，促进全省新增投资项目的顺利实施。

二是针对我省2017年的财政收入形势，对财政收入的完整性、真实性进行重点检查。加大对重点税源企业及非税收入执收大户的审计力度，审查是否存在为完成经济增长指标而虚收空转、预征财政收入、截留省级收入等问题。税务部门作为省本级预算执行中的重要执收单位，省审计厅负责省税务局预算执行审计，各市、县审计局各自负责本级税务局预算执行审计。

三是关注政府性基金项目设置的合理性和收支管理的规范性、摸清全部基金项目设置、种类、规模、政策和管理办法、预算编制和下达等总体情况，关注是否存在基金应予清理、预算编制不细化、执行不到位等问题，推动科学设置政府性基金项目，逐步规范和细化基金预算管理。

四是关注预算项目支出的绩效性和安全性。从省本级重点支出中选取部分项目对其绩效目标完成情况进行考核。一方面审查项目执行过程中是否存在截留、挤占、挪用和严重损失浪费问题，另一方面对项目执行结果进行综合分析和绩效评价，促进财政资金使用效益的提高。养老保险金审计、国有土地出让收入与土地整治审计按照审计署统一方案执行，再就业资金审计按省厅2018年度项目计划由相关业务处组织实施。

2.部门预算执行审计。（略）

四、审计组织与分工

今年的省本级预算执行审计工作按照统一组织、分工负责、协调配合的原则，采取送达审计与就地审计相结合的方式组织实施。

法治处负责对各审计项目审计程序的合法性进行监控，对审计项目进行监督检查和质量审核，并督促计划的实施，及时向有关业务处收集预算执行审计报告和相关统计资料。

各业务处具体负责预算执行审计项目的组织实施。

财政处负责省厅预算执行审计工作方案的拟订及省本级预算执行"结果报告"、"工作报告"和"整改报告"的起草工作。

监察室负责对各业务处审计纪律执行情况进行检查、监督。

五、时间安排

各审计项目应于2018年5月31日前完成现场审计，并于6月15日前出具审计报告，下达审计决定，同时将审计报告、审计决定等项目相关资料及时交财政处。

审计报告中有关问题的整改情况应于2018年9月30日前交财政处。

（二）审计工作方案的编制、审批和调整

审计工作方案由审计机关业务部门编制，经综合计划部门会签后报所在审计机关批准。审计机关业务部门应当根据年度审计项目计划形成过程中调查审计需求、进行可行性研究的情况，开展进一步调查，对审计目标、范围、重点和项目组织实施等进行确定。

审计工作方案由综合计划部门负责审核，审核审计工作方案时要注意以下几点：审计目的、审计范围及审计重点的确定是否恰当；组织分工、实施进度和汇总报告方式是否可行；表格部分设计的指标是否必要和合理，是否具有可操作性。

审计工作方案经批准后，在审计项目的整个实施阶段都要遵照执行。审计机关业务部门根据审计实施过程中情况的变化，可以申请对审计工作方案的内容进行调整，并按审计机关规定的程序报批。

第二节　审计项目的准备阶段

审计项目的准备阶段，是指从组成审计组到编制审计实施方案为止的这一段时期。准备阶段在整个审计项目流程中居于重要位置，准备阶段的各项准备工作是否充分，直接影响着审计工作能否顺利进行、审计工作效率的高低和预定审计目标能否实现。

一、组成审计组

审计机关应当根据审计项目计划所确定的审计事项，按照其特点和要求，选派适当的审计人员组成审计组，审计组由审计组组长和其他成员组成，审计组实行审计组组长负责制，审计组组长由审计机关确定。审计组组长可以根据需要在审计组成员中确定主审，主审应当履行其规定职责和审计组组长委托履行的其他职责。

成立审计组时，应注意以下三个问题：第一，人员的数量和知识结构。审计机关应根据审计项目的性质、预计工作量、项目的难易程度和完成的时间要求等因素，确定所需的审计人员数量及知识结构。第二，保持审计人员分工的稳定性。为了提高审计效率，在确定审计组成员时，应尽量包括曾经对该类项目进行过审计的人员或以此类人员为主。第三，严格遵守回避制度。为了保证审计工作的客观公正，凡是与被审计单位有利害关系的人员，均不得进入审计组。

二、进行审计前调查

制订审计实施方案是审计准备阶段的核心工作，审计实施方案合理与否，关乎审计工作效率的高低和审计质量的好坏。为了确保审计方案的切实可行，组成政府审计组后，应进行初步的审前调查。其内容包括：第一，被审计期间的宏观经济环境，例如国民经济的景气程度、财政政策、货币政策等；第二，被审计单位所在行业的情况，例如市场供求关系和竞争格局，经营的周期性或季节性，行业的关键指标及统计数据，行业的现状及其发展趋势，行业适用的法律、法规和特定会计准则以及其他特殊惯例，生产经营技术变化等；第三，被审计单位的内部治理结构和经营管理体制，特别是经营业绩的考评办法；第四，被审计单位的生产经营业务流程及其特点；第五，被审计单位内部控制的设置和贯彻情况；第六，被审计单位的财务状况和经营成果等。

审前调查可以采取实地调查，查阅相关资料，走访上级主管部门、监管部门、组织人事部门，在被审计单位召开座谈会等。审前调查一般在送达审计通知书前进行，必要时，也可以在向被审计单位送达审计通知书后进行。

三、开展审前培训

为了使参审人员明确要求，熟悉有关审计依据，正确掌握政策界限，应当组织审前培训。特别是上级审计机关统一组织的审计项目、审计机关首次开展的新型审计项目，或其他一些大型审计项目，审前培训尤其重要。培训内容应当有：有关法律法规和政策的规定，被审单位的核算程序及方法，主要的专业管理规定，以及必要的相关审计技术和方法等。审前培训形式可以多种多样，如编制审计讲解提纲、请专家介绍情况、审计人员互相交流审计方法和经验。同时，在审前培训时，要锁定培训重点，结合行业或专项资金的业务特点，有重点、有针对性地进行深入的分析和研讨，重实用，讲实效。

四、下达审计通知书

审计通知书，也称审计指令，是审计机关通知被审计单位接受审计的书面文件，是审计组执行审计任务、进行审计取证的依据。审计通知书的主要内容包括：被审计单位名称，审计依据、审计范围、审计迄止日期，审计组组长及成员名单，以及对被审计单位配合审计工作提出的要求、审计机关公章及签发日期等。审计机关认为需要被审计单位自查的，应当在审计通知书中写明自查的内容、要求和期限。

【实例3-3】审计通知书的格式。

审计通知书

××（审计机关全称）

对××（项目名称）进行审计（专项审计调查）的通知

××（主送单位全称或者规范简称）：

根据《中华人民共和国审计法》第××条的规定，我署（厅、局、办）决定派出审计组，自20××年×月×日起，对你单位××进行审计（专项审计调查），必要时将追溯到相关年度或者延伸审计（调查）有关单位。请予以配合，并提供有关资料（包括电子数据资料）和必要的工作条件。

审计组组长：××

审计组副组长：××

审计组成员：××（主审）×× ×× ××

附件：××

（审计机关印章）

××年×月×日

按照《审计法》的规定，审计机关应当根据政府审计项目计划的安排，在实施审计3日前，向被审计单位送达审计通知书。遇有特殊情况，经本级人民政府批准，审计机关可以直接持审计通知书实施审计。审计通知书应由审计机关的负责人签发，在发送给被审计单位的同时，还应抄送被审计单位的上级主管部门和有关部门。审计机关在向被审计单位送达审计通知书的同时，还应当书面要求被审计单位的法定代表人和财务负责人就与审计事项有关的会计资料的真实、完整和其他相关情况作出承诺。承诺书可以与审计通知书一起送达被审计单位。被审计单位要对其所作出的承诺承担责任。承诺书经被审计单位法定代表人和财务负责人签字后，应作为审计证据编入审计工作底稿。

五、编制审计项目实施方案

审计项目实施方案是审计组实施审计项目的具体安排和内容，是保证审计工作取得预期效果的重要手段，也是审计机关检查、控制审计质量和审计工作进度的基本依据。审计组应根据审计项目计划的要求，结合对被审计单位基本情况所做的调查，并围绕审计目标来编制审计项目实施方案。

审计项目实施方案的内容包括：编制的依据，被审计单位的名称及基本情况，审计目标，审计范围，审计内容、重点和审计措施（审计应对措施），审计工作要求（审计进度安排、职责分工、审计组内部重要管理事项），预计的审计工作起讫日期，审计组组长、成员及其分工，编制的日期等。

【实例3-4】审计实施方案的格式见表3-1。

表3-1　　　　　　　　　　**审计项目实施方案**

被审计单位名称		审计方式	
审计项目名称		编制人员	
编制依据		编制日期	

被审计单位基本情况：

审计目标、范围、内容和重点：

审计方法和实施步骤：

预定时间：

审计组组长及成员：

人员分工：

部门负责人审批：

主管领导审批：

编制审计项目实施方案应当根据重要性原则，围绕审计目标，确定审计的范围和重点，审计实施方案编制时还应适当留有余地，以便实际情况发生变化时作出相应的调整。审计实施方案经审计组所在部门领导审核，并报审计机关主管领导批准后，由审计组负责实施。

第三节　审计项目的实施阶段

审计项目的实施阶段是审计组进驻被审计单位，就地审查会计凭证、会计账簿、财务会计报告，查阅与被审计事项有关的文件、资料，检查现金、实物、有价证券，并向有关单位和个人调查，以取得证明材料的过程。这一阶段是审计实施方案付诸实施的过程，也是审计目标实现的过程。

一、进驻被审计单位

下达审计通知书后，审计组随即可以进驻被审计单位。在向有关单位人员进行调查取证时，审计人员出示工作证件和审计通知书副本。为了保证审计工作中沟通有效以及审计工作的顺利进行，为了取得被审计单位领导及其工作人员的配合，应当召开由被审计单位负责人、财会人员、相关负责人和审计人员参加的进点会议。在进点会议上需要做好以下事情：审计组要明确审计的目的、范围、内容，审计的时间安排、人员分工，审计的工作纪律，彼此沟通的联系人员和方式等；被审单位要介绍有关情况，包括基本组织结构、规章制度、财务会计工作情况，审计通知书所要求的资料、自查材料的准备情况，拟出面配合审计工作的人员情况以及审计工作条件的初步安排等；被审计单位与审计组要交接有关资料，包括被审计单位的会计凭证、会计账簿、会计报表、有关文件及自查资料等，需特别强调的是必须办理交接手续。

二、了解被审计单位的基本情况

（一）了解被审计单位基本情况的必要性

审计组实施审计时，应当调查了解被审计单位及其相关情况、被审计单位相关内部控制及其执行情况、被审计单位信息系统控制情况等，为审计人员作出下列职业判断提供重要基础：确定职业判断标准，判断可能存在的问题，判断问题的重要性，确定审计应对措施。

通过了解被审计单位的基本情况，确定可供选择的判断标准，考虑作为被审计事项的职业判断标准的适当性。一般的可供选择的判断标准包括：法律、法规、规章和其他规范性文件，国家有关方针和政策，会计准则和会计制度，国家和行业的技术标准，预算、计划和合同，被审计单位的管理制度和绩效目标，被审计单位的历史数据和历史业绩，公认的业务惯例或者良好实务，专业机构或者专家的意见，其他标准。审计人员针对不同的审计事项，选择适当的审计标准，适当的审计标准应该做到：客观、适用、相关和公认。客观是指作为衡量被审计事项的标准应该真实可靠；适用是指判断标准适用于被审计事项；相关是指判断标准与审计结论是相关的，公认是指判断标准为有关各方所认可。

审计人员应当结合适用的标准，分析调查了解的被审计单位及其相关情况，判断被审计单位可能存在的问题。

审计人员应当运用职业判断，根据可能存在问题的性质、数额及其发生的具体环境，判断其重要性。如果存在下列情形，则属于应当关注的重要问题：涉嫌犯罪的问题，法律法规和政策禁止的问题，故意行为所产生的问题，可能存在的问题涉及的数量或者金额较大，涉及政策、体制或者机制的严重缺陷，信息系统设计存在缺陷，政府行政首长和相关领导机关及公众关注的重要问题，其他特别关注的问题。如果需要对财务报表发表审计意见，审计人员可以参照中国注册会计师执业准则的有关规定确定和运用重要性。

审计组应当评估被审计单位存在重要问题的可能性，以确定审计事项和审计应对措施，必要时调整审计实施方案。

（二）了解被审计单位基本情况的具体内容

审计人员可以从下列方面调查了解被审计单位及其相关情况：单位性质、组织结构，职责范围或者经营范围、业务活动及其目标，相关法律法规、政策及其执行情况，财政财务管理体制和业务管理体制，适用的业绩指标体系以及业绩评价情况，相关内部控制及其执行情况，相关信息系统及其电子数据情况，经济环境、行业状况及其他外部因素，以往接受审计和监管及其整改情况，其他情况。

审计人员可以从下列方面调查了解被审计单位相关内部控制及其执行情况：控制环境，即管理模式、组织结构、责权配置、人力资源制度等；风险评估，即被审计单位确定、分析与实现内部控制目标相关的风险，以及采取的应对措施；控制活动，即根据风险评估结果采取的控制措施，包括不相容职务分离控制、授权审批控制、资产保护控制、预算控制、业绩分析和绩效考评控制等；信息与沟通，即收集、处理、传递与内部控制相关的信息，并能否有效沟通的情况；对控制的监督，即对各项内部控制设计、职责及其履行情况的监督检查。

审计人员可以从下列方面调查了解被审计单位信息系统控制情况：一般控制，即保障信息系统正常运行的稳定性、有效性、安全性等方面的控制；应用控制，即保障信息系统产生的数据的真实性、完整性、可靠性等方面的控制。

（三）了解被审计单位基本情况的程序

审计人员可以采取下列方法调查了解被审计单位及其相关情况：第一，询问，书面或者口头询问被审计单位内部和外部相关人员；第二，检查有关文件、报告、内部管理手册、信息系统的技术文档和操作手册；第三，观察有关业务活动及其场所、设施和有关内部控制的执行情况；第四，追踪有关业务的处理过程；第五，分析相关数据。审计人员根据审计目标和被审计单位的实际情况，运用职业判断确定调查了解的范围和程度。审计人员对被审计单位基本情况的了解应贯穿于审计工作过程的始终。

审计人员对于了解到的被审计单位的基本情况应该形成审计工作记录，以此作为支持原来审计实施方案或修改审计实施方案的依据。调查了解记录的内容主要包括：对被审计单位及其相关情况的了解情况，对被审计单位存在重要问题可能性的评估情况；确定的审计事项及其审计应对措施。审计人员应针对调查了解的事项逐项形成审计记录，主要包括被审计单位基本情况、被审计单位内部控制、信息系统控制情况三个方面的记录。

【实例3-5】被审计单位基本情况表的格式见表3-2。

表3-2   **被审计单位基本情况表**

审计名称：   编号：

被审计单位名称		法定代表人	
经济性质		主管部门（单位）	
法定地址		联系电话	
基本情况 注册资金 其中：国家资本金 法人资本金 个人资本金			
生产经营状况			
财务状况 （主要经济指标）			
其他情况			
审计评估			

审计主管：   编制人：   编制日期：

审核人：   审核日期：

审计组组长应该复核了解阶段的记录，以检查对被审计单位情况的了解是否充分，可能存在问题的重要领域的判断是否正确，选用的审计标准是否恰当，准备采取的应对措施是否能够实现预定的审计目标等，最终目的是检查审计实施方案的可行性，确保审计目标的实现。

三、测试内部控制和评价相关信息系统

审计组应当根据对被审计单位内部控制了解的情况，评估内部控制的可信赖程度，决定是否需要测试内部控制的有效性。在下列情况下，必须测试内部控制的有效性：某项内部控制设计合理且预期运行有效，能够防止重要问题的发生；仅实施实质性审查不足以为发现重要问题提供适当、充分的审计证据。在下列情况下，可以直接进行实质性测试：审计人员决定不依赖某项内部控制的，可以对审计事项直接进行实质性审查；被审计单位规模较小、业务比较简单的，审计人员可以对审计事项直接进行实质性审查。测试控制运行的有效性，主要是测试内部控制在各个不同时点是否按照既定设计得以一贯执行，测试的程序与了解内部控制的程序基本相同。

如果被审计单位对日常交易或与财务报表相关的其他数据（包括信息的生成、记录、处理、报告）采用高度自动化处理的情况下，会计信息是以电子形式存在的，此时审计证据是否充分和适当通常取决于自动化信息系统相关控制的有效性和安全性。此时，审计组还应考虑是否检查相关信息系统的有效性和安全性，下列情况下必须检查相关信息系统的有效性、安全性：仅审计电子数据不足以为发现重要问题提供适当、充分的审计证据；电子数据中频繁出现某类差异。审计人员在检查被审计单位相关信息系统时，可以利用被审计单位信息系统的现有功能或者采用其他计算机技术和工具，检查中应当避免对被审计单位相关信息系统及其电子数据造成不良影响。

测试内部控制和评价相关信息系统的直接目的是，检查内部控制是否有效运行，相关信息系统是否安全、有效。最终目的是判断审计实施方案是否科学，是否需要调整。如果发现原审计方案所确定的审计重点、范围、具体实施步骤和方法与测试和评价的结果不吻合，则必须按照规定的程序及时修订审计方案，对实质性测试的范围和重点作出切合实际的调整。修订后的审计方案需经派出政府审计组的审计机关主管领导批准后方可组织实施。

四、对被审计项目进行实质性测试

审计组在完成了对被审计单位内部控制的测试和相关信息系统评价后，即可开始对被审计单位的经济业务进行有重点、有目的的实质性测试。实质性测试是审计人员对各类交易、账户余额列报的真实性进行的测试。实质性测试是项目审计工作的中心环节，它既是审计人员收集、鉴定和综合审计证据的过程，也是审计机关出具审计意见书和作出审计决定的基础。这一阶段的工作主要是正确运用各种审计方法，取得充分适当的审计证据和编制审计工作底稿等。

（一）政府审计的具体目标

政府审计的总体目标是证实被审计单位财政财务收支以及有关经济活动的真实性、合法性和效益性。为了实现政府审计的总体目标，需要将总体目标细化为具体审计目标，依据具体审计目标设计审计程序，获取审计证据。政府审计的具体审计目标是对总体审计目标的细化，是针对审计项目具体内容所确定的审计目的。

具体审计目标包括一般审计目标和个别审计目标。一般审计目标是进行相关项目审计时均应达到的目标；个别审计目标是按每个审计项目分别确定的目标，只适用于特定的审计项目。

就财务审计项目而言，其一般审计目标与审计的总体目标和管理层财务报表认定密切相关。审计的过程就是获取支持管理层财务报表认定的审计证据的过程。被审计单位管理层财务报表认定包括：①存在或发生：存在认定是指资产负债表所列的各项资产、负债和所有者权益在资产负债表日确实存在；发生认定是指财务报表所列的已记录的业务在会计期间确实发生。②完整性：应在财务报告及相关账户中列示的所有业务均已记录。③权利和义务：在特定日期，资产均属被审计单位拥有或控制，负债均属被审计单位的义务。④计价和分摊：资产、负债、所有者权益、收入和费用类账户均正确计量，并以适当的金额列入财务报表。⑤反映和披露：财务报表的组成要素被恰当地分类、说明和披露。

财务审计项目的一般审计目标包括以下几个方面：①总体合理性：记录或列报的金额在总体上的正确性程度。通常是指审计人员使用分析性复核方法或实施适当的审计程序后对被审计单位所记录或列报的金额在总体上的正确性程度所做的估计。②真实性：记录或列报的金额是实际存在或发生的。③完整性：实际存在或发生的金额均已记录或列报。④权利和义务：记录或列报的金额确属本单位所有或所欠。⑤计价正确性：记录或列报的金额经过正确的计量、计算与分摊。⑥截止期正确性：各类业务记录于正确的会计期间。⑦过账和汇总正确性：记录或列报的金额经过正确的过账和汇总，勾稽关系正确。⑧分类正确性：各类业务记录于恰当的账户，列报的金额经过恰当的分类和描述。⑨披露正确性：财务报表正确地反映了记录的金额和有关的披露要求。⑩合法性：记录的各类业务符合法律法规的规定。

（二）审计证据的概念及特征

审计证据是指审计人员获取的能够为证实审计目标、做出审计结论提供合理基础的全部事实，包括审计人员调查了解被审计单位及其相关情况和对确定的审计事项进行审查所获取的证据。

对审计证据进行适当的分类，有利于对审计证据的理解，有利于提高审计工作效率。审计证据中最主要的分类是按其表现形式的不同分类，按审计证据的表现形式分类，审计证据可以划分为实物证据、书面证据、口头证据、视听或电子证据、鉴定和勘验证据及环境证据。其中：①实物证据是以实物形态存在的证据，如固定资产、存货、有价证券和现金等，该类证据通过实际观察或盘点取得，可以确定实物资产的存在性，但不能证实资产的所有权和质量。②书面证据是以书面文件形式存在的证据，如凭证、账簿、报表等，该类证据数量多、来源广。③口头证据是指与审计事项有关的人员提供的言词材料，如内部控制运行有效性的提问，采用特殊会计政策和方法的理由，收回逾期应收账款的可能性等，该类证据的证明力需要得到其他相应证据的支持。④视听或电子证据是以录音带、录像带、磁盘、电子计算机存储形式存在的证据。⑤鉴定和勘验证据是指因特殊需要由审计机关指派或聘请专门人员对某些审计事项进行鉴定而产生的证据，如票据真伪。这种证据实际上是书面证据的特殊形式。⑥环境证据是指对被审计单位产生影响的各种环境事实。如国内外政治经济形式、内部控制情况、管理人员的素质、各种管理条件和管理水平。

　　审计人员获取的审计证据必须具备适当性和充分性两大特征，才能够支撑审计结论。充分性是指审计证据的数量，审计证据的数量要足以支持审计的结论。适当性是指审计证据的质量，审计证据的适当性又包括相关性和可靠性。

　　审计证据的相关性是指审计证据与审计事项及其具体审计目标之间具有实质性联系。证据的相关性包括三层含义：一是审计证据与该审计事项相关，如证实应收账款的存在，需要将审计证据限制在应收账款的范畴，将不属于应收账款的证据，如预收账款、其他应收款排除在外。二是审计证据与某审计事项的具体审计目标相关，如应收账款函证获取的审计证据，只能证明函证应收账款的金额，不能证明未函证应收账款金额的正确性。三是证实同一目标的全部证据能够相互印证，如测试内部控制运行的有效性获取的审计证据，需获取内部控制是否存在、内部控制是否一贯遵守、内部控制是否有效等证据，以形成相互印证的证据群。审计人员在确定审计证据的相关性时，应注意以下两个方面的问题：（1）一种取证方法获取的审计证据可能只与某些具体审计目标相关，而与其他具体审计目标无关。如对存货的盘点，只能证实存货是否存在的命题，不能证明存货的价值。（2）针对一项具体审计目标可以从不同来源获取审计证据或者获取不同形式的审计证据。如证实应收账款存在，可以函证，也可以检查有关账目。

　　审计证据的可靠性是指审计证据真实、可信。审计证据的可靠性通常受其来源和性质的影响，并取决于获取审计证据的具体环境，审计人员可以从下列方面分析审计证据的可靠性：从被审计单位外部获取的审计证据比从内部获取的审计证据更可靠；内部控制健全有效情况下形成的审计证据比内部控制缺失或者无效情况下形成的审计证据更可靠；直接获取的审计证据比间接获取的审计证据更可靠；从被审计单位财务会计资料中直接采集的审计证据比经被审计单位加工处理后提交的审计证据更可靠；原件形式的审计证据比复制件形式的审计证据更可靠。需要说明对于不同来源和不同形式的审计证据不一致或者不能相互印证时，审计人员应当追加必要的审计措施，确定审计证据的可靠性。

（三）获取审计证据的方法

　　《中华人民共和国国家审计准则》第八十八条规定：审计人员根据实际情况，可以在审计事项中选取全部项目或者部分特定项目进行审查，也可以进行审计抽样，以获取审计证据。第一，存在下列情形之一的，审计人员可以对审计事项中的全部项目进行审查：审计事项由少量大额项目构成的；审计事项可能存在重要问题，而选取其中部分项目进行审查无法提供适当、充分的审计证据的；对审计事项中的全部项目进行审查符合成本效益原则的。第二，审计人员可以在审计事项中选取下列特定项目进行审查：大额或者重要项目；数量或者金额符合设定标准的项目；其他特定项目。需要说明的是，选取部分特定项目进行审查的结果，不能用于推断整个审计事项。第三，在审计事项包含的项目数量较多，需要对审计事项某一方面的总体特征作出结论时，审计人员可以进行审计抽样。

审计人员可以采取下列方法向有关单位和个人获取审计证据：第一，检查，是指对纸质、电子或者其他介质形式存在的文件、资料进行审查，或者对有形资产进行审查；第二，观察，是指查看相关人员正在从事的活动或者执行的程序；第三，询问，是指以书面或者口头方式向有关人员了解关于审计事项的信息；第四，外部调查，是指向与审计事项有关的第三方进行调查；第五，重新计算，是指以手工方式或者使用信息技术对有关数据计算的正确性进行核对；第六，重新操作，是指对有关业务程序或者控制活动独立进行重新操作验证；第七，分析，是指研究财务数据之间、财务数据与非财务数据之间可能存在的合理关系，对相关信息作出评价，并关注异常波动和差异。审计人员进行专项审计调查，可以使用上述方法及其以外的其他方法。

（四）编制审计工作底稿

审计工作底稿在审计工作中居于非常重要的位置，具有非常重要的作用。因为审计工作底稿是编写审计报告的基础，是检查审计工作质量的依据，同时也是行使审计复议和再度审计时需要审阅的重要资料。因此，审计人员应当对实施审计的过程、获取的审计证据、得出的审计结论和与审计项目有关的重要管理事项作出记录，真实、完整、及时地编制审计工作底稿，以实现下列目标：支持审计人员编制审计实施方案和审计报告，证明审计人员遵循相关法律法规和审计准则，便于对审计人员的工作实施指导、监督和检查。

依据《中华人民共和国国家审计准则》，审计工作底稿仅指审计人员在实施审计过程中形成的与审计事项有关的工作记录，是审计记录的重要组成部分。除审计工作底稿外，审计记录还包括调查了解记录和重要管理事项记录。调查了解记录是审计组在编制审计实施方案前，对被审计单位及其相关情况进行调查了解作出的记录。重要管理事项记录是指对与审计项目相关并对审计结论有重要影响的管理事项所做的记录，如征求被审计对象或者相关单位及人员意见的情况、被审计对象或者相关单位及人员反馈的意见及审计组的采纳情况，审计组对审计发现的重大问题和审计报告讨论的过程及结论，审计机关业务部门对审计报告、审计决定书等审计项目材料的复核情况和意见，审理机构对审计项目的审理情况和意见，审计机关对审计报告的审定过程和结论等。

审计工作底稿的内容主要包括：审计项目名称、审计事项名称、审计过程和结论、审计人员的姓名及审计工作底稿的编制日期并签名、审核人员的姓名及审计工作底稿的编制日期并签名、索引号及页码、附件数量。其中，审计工作底稿记录的审计过程和结论主要包括：实施审计的主要步骤和方法、取得的审计证据的名称和来源、审计认定的事实摘要、得出的审计结论及其相关标准。

【实例3-6】审计工作底稿的格式见表3-3。

表3-3　　　　　　　　　　　　　　审计工作底稿

索引号：　　　　　　　　　　　　　　　　第　　页（共　　页）

项目名称			
审计（调查）事项			
审计人员		编制日期	

审计过程：

审计认定的事实摘要及审计结论：

审核意见：

审核人员		审核日期	

审计取证单，是支撑审计工作底稿的相关内容的证明材料，是审计过程中获取的说明审计过程和结论的有关资料。

【实例3-7】审计取证单的格式见表3-4。

表3-4   审 计 取 证 单

第　　页（共　　页）

项目名称	某市市长任期经济责任审计			
被审计(调查) 单位或个人	某市环保局			
审计(调查)事项	环境保护政策措施制定情况			
审计 (调查) 事项 摘要				
审计人员		编制日期		
证据 提供 单位 意见		(盖章)		
	证据提供单位负责人 (签名)		日期	

附件：　　页

第四节　　审计项目的终结阶段

审计项目的终结阶段，也称审计报告阶段，是项目审计流程的重要组成部分。该阶段的主要工作有：复核审计工作底稿，编制审计报告并征求被审计单位的意见，审计机关复核和审定审计报告等。

一、复核审计工作底稿

一般地，对于每一审计事项，审计人员都要编制审计工作底稿，有时一个被审计事项可能要编制多份审计工作底稿。因此，在编制审计报告前，审计工作底稿虽然经过编制人之外的其他审计人员的复核，但这一复核只是站在事项本身的角度，不是站在被审计单位的角度，不能直接作为编制审计报告的依据。在审计组起草审计报告前，审计组组长必须完成对审计工作底稿的复核。

审计组组长应当对支持审计报告的审计工作底稿的下列事项进行复核：具体审计目标是否实现；审计措施是否有效执行；事实是否清楚；审计证据是否适当、充分；得出的审计结论及其相关标准是否适当；其他有关重要事项。审计组组长复核支持审计实施方案和审计报告的审计工作底稿，可以根据情况提出如下意见：予以认可；责成采取进一步审计措施，获取适当、充分的审计证据；纠正或者责成纠正不恰当的职业判断或者审计结论。

二、编写审计报告并征求被审计单位的意见

审计工作底稿复核完成后，审计组应讨论编写审计报告提纲，然后依据讨论确定的审计报告提纲草拟审计报告，审计报告草案需在审计组内进行讨论修改，最后由审计组组长进行审定。

（一）审计组征求被审计单位的意见

审计报告在送审计机关前，审计组应就下列问题征求被审计单位的意见：审计组作出的审计评价是否客观；审计组对发现问题的认定是否符合事实、适用的法律法规是否正确；提出的审计意见或建议是否合理有效等。被审计单位应在收到审计报告之日起10日内，将其书面意见送交审计组或审计机关。如果被审计单位、被调查单位、被审计人员或者有关责任人员对征求意见的审计报告有异议，审计组应当进一步核实，并根据核实情况对审计报告作出必要的修改。审计组应当对采纳被审计单位、被调查单位、被审计人员或者有关责任人员意见的情况和原因，或者上述单位或人员未在法定时间内提出书面意见的情况作出书面说明。

（二）审计报告的内容和格式

审计组向审计机关提交的审计报告包括下列基本要素：标题，文号（审计组的审计报告不含此项），被审计单位名称，审计项目名称，内容，审计机关名称（审计组名称及审计组组长签名），签发日期（审计组向审计机关提交报告的日期）。审计报告的内容是政府审计报告的主体部分，具体包括：（1）审计依据，即实施审计所依据的法律法规的具体规定。（2）实施审计的基本情况，一般包括审计范围、内容、方式、实施的起止时间。（3）被审计单位的基本情况，说明与审计目标有关的被审计单位背景信息，一般包括被审计单位、资金或者项目的背景信息，如被审计单位性质、组织结构；职责范围或经营范围、业务活动及其目标；相关财政财务管理体制和业务管理体制；相关内部控制及信息系统情况；相关财政财务收支情况；适用的绩效评价标准等。（4）审计评价意见，该部分主要说明围绕项目审计目标，依照有关法律法规、政策及其他标准，对被审计单位的财政收支、财务收支及其有关经济活动的真实性、合法性、效益性进行评价。（5）以往审计决定执行情况和审计建议采纳情况。（6）审计发现的被审计单位违反国家规定的财政收支、财务收支行为和其他重要问题的事实、定性、处理处罚意见以及依据的法律法规和标准；反映影响绩效的突出问题的，一般应表述事实、标准、原因、后果，以及改进意见；反映内部控制和信息系统重大缺陷的，一般应表述有关缺陷情况、后果及改进意见。（7）审计发现的移送处理事项的事实和移送处理意见，但是涉嫌犯罪等不宜让被审计单位知悉的事项除外。（8）针对审计发现的问题，根据需要提出的改进建议，审计期间被审计单位对审计发现的问题已经整改的，审计报告还应当包括有关整改情况。

（三）审计组起草审计决定书和审计移送处理书

对审计中发现被审计单位违反国家规定的财政收支、财务收支行为，依法应当处理处罚的，审计组应该起草审计决定书。审计决定书是审计机关作出的对被审计单位违反国家规定的财政、财务收支行为依法进行处罚的法律文件。审计决定书的内容主要包括：审计的依据、内容和时间；违反国家规定的财政收支、财务收支行为的事实、定性、处理处罚决定以及法律法规依据；处理处罚决定执行的期限和被审计单位书面报告审计决定执行结果等要求；依法提请政府裁决或者申请行政复议、提起行政诉讼的途径和期限。

审计或者专项审计调查发现的依法需要移送其他有关主管机关或者单位纠正、处理处罚或者追究有关人员责任的事项，审计组应当起草审计移送处理书。审计移送处理书是审计机关作出的对违反财政财务收支行为的有关人员需要移送其他有关主管机关或者单位进行处罚的法律文件。审计移送处理书的内容主要包括：审计的时间和内容；依法需要移送有关主管机关或者单位纠正、处理处罚或者追究有关人员责任事项的事实、定性及其依据和审计机关的意见；移送的依据和移送处理说明，包括将处理结果书面告知审计机关的说明；所附的审计证据材料。根据责任人违法违纪行为的性质，决定需要移送的部门，需要移送的部门可能是检察公安机关、纪检监察机关、主管部门或者政府。

三、审计机关复核和审定审计报告

审计组提交的审计报告草案、审计决定书草案和审计移送处理书，需要经过审计机关业务部门、审理机构和审计机关业务会议或负责人的三级复核或审定，最后提出审计机关的审计报告、审计决定书和审计移送处理书。

（一）审计机关业务部门的复核

审计机关业务部门复核审计组报送的下列资料：审计报告；审计决定书；被审计单位、被调查单位、被审计人员或者有关责任人员对审计报告的书面意见及审计组采纳情况的书面说明；审计实施方案；调查了解记录、审计工作底稿、重要管理事项记录、审计证据材料；其他有关材料。重点复核下列内容：审计目标是否实现，审计实施方案确定的审计事项是否完成，审计发现的重要问题是否在审计报告中反映，事实是否清楚、数据是否正确，审计证据是否适当、充分，审计评价、定性、处理处罚和移送处理意见是否恰当，使用的法律法规和标准是否适当，被审计单位、被调查单位、被审计人员或者有关责任人员提出的合理意见是否采纳，其他。审计机关业务部门复核后，应当出具书面复核意见。审计机关业务部门应当将复核修改后的审计报告、审计决定书等审计项目材料连同书面复核意见，报送审理机构审理。

（二）审计机关审理机构的审理

审理机构以审计实施方案为基础，重点关注审计实施的过程及结果，主要审理下列内容：审计实施方案确定的审计事项是否完成，审计发现的重要问题是否在审计报告中反映，主要事实是否清楚、相关证据是否适当、充分，使用的法律法规和标准是否适当，评价、定性、处理处罚意见是否恰当，审计程序是否符合规定。审理机构根据审理结果，出具审理意见书，审计意见书根据不同的审理结果出具不同的意见：要求审计组补充重要审计证据，对审计报告、审计决定书进行修改。

（三）审计机关业务会议或负责人的审定

审理机构将审理后的审计报告、审计决定书连同审理意见书报送审计机关业务会议或负责人。审计报告、审计决定书原则上应当由审计机关审计业务会议审定；特殊情况下，经审计机关主要负责人授权，可以由审计机关其他负责人审定。审计机关审计业务会议或审计机关负责人的审核为最终审定。如果审计决定书经最终审定，处罚的事实、理由、依据、决定与审计组征求意见的审计报告不一致并且加重处罚的，审计机关应当依照有关法律法规的规定及时告知被审计单位、被调查单位、被审计人员和有关责任人员，并听取其陈述和申辩。

（四）审定后的审计报告、审计决定书、审计移送处理书的格式

【实例3-8】审计机关审计业务会议或审计机关负责人最终审定签发并送达被审计单位、被审计人员和有关责任人员的审计报告的格式。

××××（审计机关全称）

审计报告

×审×报〔20××〕×号

被审计单位：×××××××

审计项目：×××××××

根据《中华人民共和国审计法》第×条的规定，××（审计机关全称或者规范简称）派出审计组，自××年×月×日至××年×月×日，对××（被审计单位全称或者规范简称）××（审计范围）进行了审计，对重要事项进行了必要的延伸和追溯。××（被审计单位简称）及有关单位对其提供的财务会计资料以及其他相关资料的真实性和完整性负责。××（审计机关全称或者规范简称）的责任是依法独立实施审计并出具审计报告。

一、被审计单位基本情况

×××。

二、审计评价意见

×××。

三、审计发现的主要问题和处理（处罚）意见

××。

四、审计建议

××。

对本次审计发现的问题，请××（被审计单位简称）自收到本报告之日起×日（审计机关根据具体情况确定）内，将整改情况书面报告××（审计机关全称或者规范简称）。

（审计机关印章）
××年×月×日

【实例3-9】审计决定书的格式。

××（审计机关名称）关于××（审计范围）的审计决定

××（被审计单位全称或者规范简称）：

自××年×月×日至××年×月×日，我署（厅、局、办）对你单位××（审计范围）进行了审计（专项审计调查）。现根据《中华人民共和国审计法》第四十一条（专项审计调查项目同时引用《中华人民共和国审计法实施条例》第四十四条）和其他有关法律法规，作出如下审计决定：

一、关于××问题的处理（处罚）

××。

二、关于××问题的处理（处罚）

××。

本决定自送达之日起生效。你单位应当自收到本决定之日起×日（审计机关根据具体情况确定）内将本决定执行完毕，并将执行结果书面报告我署（厅、局、办）。

（审计机关印章）
××年×月×日

【实例3-10】审计移送处理书的格式。

××（审计机关名称）关于××（审计范围）的审计移送处理书

××（主送单位全称或者规范简称）：

我署（厅、局、办）在××（审计范围）审计（专项审计调查）中发现，××（单位名称或者人员姓名）××（涉嫌犯罪、违法违规或者违纪行为）。具体情况如下：

××。

依据《中华人民共和国刑法》（或者《中华人民共和国刑法修正案》等刑事法律）第×条的规定，上述行为涉嫌构成××罪，应当依法追究刑事责任。现移送你单位依法处理。请将立案情况及查处结果及时书面告知我署（厅、局、办）。

附件：证明材料××份

（审计机关印章）

××年×月×日

第五节　　审计整改检查阶段

审计整改期，是指自被审计单位收到审计机关审定后的审计报告和审计决定书之日到审计决定书规定的整改结束之日。在这一阶段被审计单位要根据审计决定书和审计移送处理书，完成相关事项的整改和移送处理。审计机关在审计整改期结束后，对被审计单位执行审计决定情况进行审计。审计整改检查，可以督促被审计单位认真执行审计处理决定，可以发现并纠正原审计处理决定存在的不当之处，因此，审计整改检查有利于维护审计机关的权威性和严肃性。

审计整改检查的主体可以是审计机关原审计组人员，也可以另行指派审计人员，但为了提高审计工作的效率，一般应由原审计组成员负责审计整改检查。审计整改检查的时间没有明确的规定，审计机关认为较为适当的时候就可以进行，但距离审计整改期结束后的时间间隔不宜过长；如果是定期审计，审计机关可以结合下一次审计，检查或者了解被审计单位的整改情况，检查或者了解被审计单位和其他有关单位的整改情况应当取得相关证明材料。

整改检查的内容主要包括：执行审计机关作出的处理处罚决定情况；对审计机关要求自行纠正事项采取措施的情况；根据审计机关的审计建议采取措施的情况；对审计机关移送处理事项采取措施的情况。审计整改检查的方式包括：实地检查或者了解；取得并审阅相关书面材料；其他方式等。

审计整改检查结束后，应撰写审计整改检查报告。审计整改检查报告的内容主要包括：检查工作开展情况，主要包括检查时间、范围、对象和方式等；被审计单位和其他有关单位的整改情况；没有整改或者没有完全整改事项的原因和建议。审计机关汇总审计整改情况，向本级政府报送关于审计工作报告中指出问题的整改情况的报告。

关键概念

审计计划　审计项目计划　审计工作方案　审计项目实施方案　审计通知书　审计证据　审计工作底稿　内部控制测试　实质性测试　审计报告　审计决定书　审计移送处理书　审计整改检查

本章小结

审计计划是指审计机关对未来一定时期内的审计工作任务作出的统一安排。审计计划按照其涵盖期限的长短可以划分为中长期审计计划和短期审计计划，按其编制的主体可以划分为审计署审计项目计划和地方审计机关审计项目计划，按其从属关系可以分为审计项目计划、审计工作方案和审计实施方案。

审计项目计划是对审计机关年度审计工作所做的安排，是审计机关开展年度审计工作的依据。审计项目的选择是审计项目计划的核心内容，审计项目按其来源可以分为：上级审计机关统一组织项目，授权审计项目，政府交办项目，其他交办、委托或举报项目，自行安排项目等。对于审计机关必选项目应直接列入审计项目计划，除必选项目外，审计机关还应经过下列步骤选择审计项目：第一，调查审计需求，初步选择审计项目；第二，对初选审计项目进行可行性研究，确定初选审计项目的审计目标、审计范围、审计重点和其他重要事项；第三，对初选审计项目进行评估，确定备选审计项目及其优先顺序。

审计项目流程包括审计项目的准备阶段、实施阶段、终结阶段、审计整改检查阶段。审计准备阶段是指从组成审计组到编制审计实施方案为止的这一段时期，主要工作包括：组成审计组，进行审计前调查，开展审计前培训，下达审计通知书，制订审计项目实施方案。审计实施阶段既是审计实施方案付诸实施的过程，也是审计目标实现的过程，主要工作包括：进驻被审计单位，了解被审计单位基本情况，测试内部控制和评价相关信息系统，对被审计单位进行实质性测试。审计终结阶段是项目审计流程最为重要的组成部分，主要工作有：复核审计工作底稿，编制审计报告并征求被审计单位的意见，审计机关复核和审定审计报告等。审计整改期，是指自被审计单位收到审计机关审定后的审计报告和审计决定书之日到审计决定书规定的整改结束之日。在审计整改检查阶段，被审计单位要根据审计决定书和审计移送处理书，完成相关事项的整改和移送处理。审计机关在审计整改期结束后，对被审计单位执行审计决定情况进行审计。

复习思考题

1. 我国国家审计机关审计项目的来源有哪些？选择审计项目的步骤包括哪些？
2. 我国国家审计机关审计项目计划在什么情况下需要调整？
3. 简述审计项目计划、审计工作方案和审计实施方案的联系和区别。
4. 简述了解被审计单位基本情况的程序。
5. 在什么情况下必须测试内部控制的有效性？在什么情况下无须测试内部控制的有效性？
6. 简述国家审计机关审计证据的特征。
7. 分述全部项目测试和审计抽样测试适用的情况。
8. 审计工作底稿的构成内容包括哪些？
9. 简述审计报告、审计决定书和审计移送处理书的联系与区别。
10. 审计整改检查的主要内容包括哪些？

本章习题

一、单项选择题

1.中长期审计计划的计划期一般应在（　　）以上，大多采用滚动计划法进行编制。

A.半年　　　　　　　B.一年　　　　　　　C.二年　　　　　　　D.三年

2.为保证政府审计项目计划的科学有效和切实可行，（　　）不是审计项目计划编制过程中应遵循的原则。

A.依法审计、独立监督　　　　　　B.服务全局

C.诚实守信　　　　　　　　　　　D.协调平衡、避免重复

3.省级审计机关根据审计署统一组织的审计项目、授权审计项目和当地实际情况，编制本地区政府审计项目计划，并报经本级政府行政首长批准，于每年（　　）报审计署备案。

A.3月底　　　　　　　B.4月初　　　　　　　C.4月底　　　　　　　D.5月初

4.审计署有关专业审计司、审计署派出机构和省级审计机关应当分别于每年（　　）和次年（　　）向审计署提出上半年及全年计划执行情况的综合报告。

A.7月，2月　　　　　B.2月，7月　　　　　C.7月，1月　　　　　D.8月，2月

5.（　　）经被审计单位法定代表人和财务负责人签字后，应作为审计证据编入审计工作底稿。

A.审计通知书　　　B.财务报表　　　C.承诺书　　　　D.授权协议

6.（　　）是项目审计工作的中心环节，它既是审计人员收集、鉴定和综合审计证据的过程，也是审计机关出具审计意见书和做出审计决定的基础。

A.实质性测试

B.了解被审计单位的基本情况

C.测试内部控制和评价相关信息系统

D.进驻被审计单位

7.被审计单位应在收到审计报告之日起（　　）内，将其书面意见送交审计组或审计机关。

A.5日　　　　　　　B.10日　　　　　　　C.15日　　　　　　　D.30日

8.（　　）是审计机关作出的对被审计单位违反国家规定的财政财务收支行为依法进行处罚的法律文件。

A.审计通知书　　　B.审计决定书　　　C.审计移送书　　　D.审计报告

9.（　　）是审计实施方案付诸实施的过程，也是审计目标实现的过程。

A.审计项目计划　　　　　　　　　B.审计项目的准备阶段

C.审计项目的实施阶段　　　　　　D.审计项目的终结阶段

10.审计机关汇总审计整改情况，向（　　）报送关于审计工作报告中指出问题的整改情况的报告。

A.上级政府　　　　B.本级政府　　　　C.下级政府　　　　D.被审计单位

11.利润表项目的认定不包括（　　　　）。

A.存在或发生　　　B.完整性　　　　　C.权利和义务　　　D.计价和分摊

二、多项选择题

1.审计项目计划中的审计项目按其来源可以分为（　　　　）。

A.上级审计机关统一组织项目　　　　　B.授权审计项目

C.政府交办项目　　　　　　　　　　　D.自行安排项目

2.在向有关单位人员进行调查取证时，审计人员应出示（　　　　）。

A.审计通知书　　　　　　　　　　　　B.承诺书

C.工作证件　　　　　　　　　　　　　D.审计通知书副本

3.审计报告的内容是政府审计报告的主体部分，其包括（　　　　）。

A.审计依据，即实施审计所依据的法律法规的具体规定

B.实施审计的基本情况，一般包括审计范围、内容、方式、实施的起止时间

C.以往审计决定执行情况和审计建议采纳情况

D.审计发现的涉嫌犯罪的移送处理事项的事实和移送处理意见

4.审计计划按其从属关系可以分为（　　　　）。

A.审计项目计划　　　　　　　　　　　B.审计工作方案

C.地方审计机关审计项目计划　　　　　D.审计实施方案

5.（　　　　）需要调整审计项目计划。

A.本级政府行政首长和相关领导机关临时交办审计项目的

B.上级审计机关临时安排或者授权审计项目的

C.突发重大公共事件需要进行审计的，被审计单位发生重大变化导致原计划无法实施的，需要更换审计项目实施单位的

D.审计目标、审计范围等发生重大变化需要调整的

6.（　　　　），必须测试内部控制的有效性。

A.某项内部控制设计合理且预期运行有效，能够防止重要问题的发生

B.仅实施实质性审查不足以为发现重要问题提供适当、充分的审计证据

C.审计人员决定不依赖某项内部控制时

D.审计单位规模较小、业务比较简单时

7.审计证据的特征是指审计证据的（　　　　）。

A.充分性　　　　B.适当性　　　　　C.相关性　　　　　D.可靠性

8.政府审计工作底稿的三级复核的复核人包括（　　　　）。

A.审计组长（项目负责人）　　　　　　B.审计组所在部门负责人

C.审计机关专职复核机构　　　　　　　D.本级政府首长

9.同时涉及资产负债表和利润表项目的认定包括（　　　　）。

A.存在或发生　　　　　　　　　　　　B.完整性

C.权利和义务　　　　　　　　　　　　D.计价和分摊

10."真实性"审计目标对应于（　　　　）。

A.资产、负债、所有者权益的存在　　B.交易或事项的发生

C.金额的正确性　　　　　　　　　　D.没有漏列的项目

三、判断题

1.中长期审计计划的计划期一般应在2年以上，大多采用滚动计划法进行编制。（　　　）

2.没有特殊情况，政府审计项目计划不应变更和调整。（　　　）

3.审计机关业务部门根据审计实施过程中情况的变化，可以申请对审计工作方案的内容进行调整，并按审计机关规定的程序报批。（　　　）

4.在下达审计通知书后，审计组应该等被审计单位同意进驻被审计单位后，才可以进驻被审计单位。（　　　）

5.审计人员对被审计单位基本情况的了解应贯穿审计工作过程的始终。（　　　）

6.审计人员获取的审计证据必须具备适当性和充分性两大特征，才能够支撑审计结论。（　　　）

7.具体审计目标包括一般审计目标和个别审计目标，其中一般审计目标是进行相关项目审计时均应达到的目标。（　　　）

8.权利和义务的认定既适用于资产负债表项目，又适用于利润表项目。（　　　）

9.审计组织实行审计组长负责制。（　　　）

10.政府审计报告是审计组对审计事项实施审计后，向被审计单位出具的反映审计工作情况和审计结果的书面文件。（　　　）

11.审计机关在统一组织多个审计组共同实施一个审计项目或分别实施同一类审计项目时，应当编制审计工作方案。（　　　）

12.审计项目计划一般不需要调整，只有在符合一定条件时需要调整，调整时无须审批。（　　　）

13.不管什么情况下，审计机关均需要编制审计工作方案。（　　　）

14.审计工作方案应由审计小组编制。（　　　）

15.审计小组在政府审计法律关系中，不具有审计法律关系主体资格。（　　　）

16.对内部控制实施初评后，如果认为控制系统正常，内控能防止或发现和纠正重大错报或漏报，则应适当降低控制风险的评估水平，并根据所确定的符合性测试范围，转入符合性测试阶段。（　　　）

17.对内部控制实施初评后，如果认为控制设置有限或认为不宜进行符合性测试时，则应停止对内控的符合性测试，而直接转入实质性测试。（　　　）

18.测试控制运行的有效性，是指测试内部控制是否在某一时点按照既定设计得以执行，测试的程序与了解内部控制的程序基本相同。（　　　）

19.审计决定书是审计组作出的对被审计单位违反国家规定的财政财务收支行为依法进行处罚的法律文件。（　　　）

20.审计整改检查的主体一般是审计机关原审计组人员，也可以另行指派审计

人员。　　　　　　　　　　　　　　　　　　　　　　（　　）

四、简答题

1.简要回答审计项目计划、审计工作方案和审计实施方案的区别。

2.审计机关选择审计项目需要遵循哪些步骤？

3.简要回答获取审计证据的总体审计程序。

4.简要回答审计人员获取审计证据的具体程序。

5.简要回答审计报告、审计决定书和审计移送处理书的概念。

6.简要回答财务审计项目的一般审计目标。

五、论述题

论述审计报告、审计结果公告、审计结果报告与审计工作报告的区别。

案例解析

庄严的国徽——某县部门预算
执行情况的审计

无偿使用——某政策性银行资产
负债损益审计

第四章　财政审计

学习目标

通过本章的学习，了解财政审计的概念、对象、特点、方法和内容，掌握本级和下级财政预算执行情况审计的步骤和方法，并初步了解农业专项资金审计、社会保障基金审计、环境保护资金审计等专项审计内容。

第一节　财政审计概述

一、财政审计的概念

财政审计是指国家审计机关根据国家法律和行政法规的规定，对国家财政收支的真实性、合法性和效益性实施的审计监督。随着财政审计的发展，目前我国财政审计已经步入"财政审计大格局"时期，它是传统财政审计的延伸与发展，是审计机关以全部财政资金为内容，以财政管理审计为核心，以政府预算为纽带，统筹审计资源，有效整合审计计划，有机结合不同审计类型，从宏观性、建设性、整体性层次整合审计信息的财政审计工作体系。与传统财政审计相比，"财政审计大格局"最终要实现审计工作的"四个转变"：一是从关注一般预算资金向全方位关注财政性资金转变；二是从财政收入和支出审计并重向以财政支出审计为主转变；三是从以真实合法性审计为主向真实合法性审计与绩效审计并重转变；四是从侧重解决微观层面的问题向注重研究宏观层面的问题转变。

二、财政审计的对象

按照《审计法》的规定，财政审计的主体是各级国家审计机关，财政审计的对象是中央政府和地方各级政府的预算执行情况、地方各级政府的财政决算，以及其他财政收支活动。审计法所称财政收支，是指依照《中华人民共和国预算法》（以下简称《预算法》）和国家其他有关规定，纳入预算管理的收入和支出，以及下列财政资金中未纳入预算管理的收入和支出，具体包括：行政事业性收费，国有资源、国有资产收入，应当上缴的国有资本经营收益，政府举借债务筹措的资金和其他未纳入预算管理的财政资金。

根据《中央预算执行情况审计监督暂行办法》的规定，审计署依法对中央预算执行情况、省级预算执行情况和决算，以及中央级其他财政收支的真实性、合法性和效益性，进行审计监督。中央预算执行审计主要对财政部门具体组织中央预算执行情况、国税部门税收征管情况、海关系统关税及进口环节税征管情况、金库办理预算资金收纳和拨付情况、国务院各部门各直属单位预算执行情况、预算外收支以及下级政府预算执行和决算等七个方面进行审计监督。地方各级审计部门则主要关注财政部门按照各级人民代表大会批准的预算向各部门批复预算的情况；预算执行中调整情况和预算收支变化情况；各部门执行年度支出预算和财政、财务制度，以及相关的经济建设和事业发展情况；有预算收入上缴任务的部门和单位预算收入上缴情况；各级国库按照国家有关规定，办理地方预算收入的收纳和预算支出的拨付情况等方面。

三、财政审计的特点

财政审计是国家审计的基本职责，在国家审计职责结构中居于主体地位，是国家审计发挥作用的载体，引领着国家审计的发展方向。从审计学科体系角度讲，财政审计是一门专业审计，有其独特的审计理论与方法；从审计工作角度讲，财政审计是审计工作的重要组成部分，是对财政收入分配和再分配所实施的监督活动，有其自身的特点。

（一）财政审计主体具有权威性

财政审计作为对公共财政资源进行的审计监督活动，是国家审计的重要组成部分，是由国家委托（授权）实施，以国家授权为依据开展的审计监督活动。财政审计的上述特征与国家审计的权威性紧密相关，它既是财政审计的本质特征，也是财政审计活动得以顺利进行的重要保证。

（二）财政审计客体具有多元性

财政审计所作用的客体不是单一的而是多元的，体现出多元性的特征。这种多元性是由财政审计所承担职责的多元化决定的，财政审计具体包括：各级财政预算执行情况和财政决算及有关的经济活动，同级政府各部门财政、财务收支及有关的经济活动，各级财政和同级政府各部门管理和使用的其他财政收支及有关的经济活动，与财政预算执行和决算有关的事业单位、国有企业的财务收支及有关的经济活动，财政预算执行和财政决算审计中涉及的特定事项和使用专项资金单位的财务收支及有关的经济活动。

（三）财政审计目标具有公共性

财政审计所依托的是政府财政受托责任关系，它是公共受托责任中由政府财政经营和管理的部分。财政审计的目标从公共利益角度来界定，体现了国家意志，以公共利益为基础，从属于公共受托责任目标，以实现和维护公共利益为出发点和落脚点。

四、财政审计的方法

财政审计方法是财政审计方式、手段和技术的总称，是由相互关联的审计方法共同构成的一个有机整体，它贯穿审计过程中的各个阶段。在审计过程中，比较常用的审计方法有：风险评估法、分析性复核法、审核稽查法、审计记录法和审计评价法。

（一）风险评估法

审计人员可以在风险评估过程中确定审计的重点问题和领域，据此实施有针对性的审计程序。具体可以归纳为四个步骤：一是确定可以接受的财政审计风险，二是通过对被审计单位的调查了解评估固有风险，三是通过对内部控制的测评评估控制风险，四是按照审计风险模型确定检查风险，并据此确定实质性测试的范围和重点。

（二）分析性复核法

此方法广泛运用于审计的各个阶段，在准备阶段可以帮助审计人员加深对被审计单位基本情况的了解，有利于确定重点审计领域，从而编制有针对性的审计实施方案。实施中首先根据被审计单位的情况，初步确定重点领域和对象，其次根据各种不同来源的数据估计期望值，再次是对搜集到的数据资料进行计算，并与估计值进行比较，然后在数据分析的基础上，确认调查的重大差异和意外波动发生在哪些领域或者环节，最后是针对分析的结果，确定重点审计领域，对审计方案进行相应的调整。

（三）审核稽查法

审核稽查法是指审查会计资料和相关经济活动资料并获取审计证据时所采取的各种方式和技术，可以分为系统检查方法和审计技术方法两类。系统检查方法是根据被审计单位或者审计资料的系统组成或者构成情况，确定审查顺序和审查范围的方法，如采取顺查法、逆查法等顺序检查法，采用详查法、抽样调查法等范围检查法。审计技术方法是为了搜集审计证据而采取的具体措施和手段，可以分为手工审计方法和计算机审计方法。手工审计方法主要有检查、监盘、查询及函证等；计算机审计方法主要包括模拟数据技术、数据转换技术和程序检查技术等。

（四）审计记录法

审计记录法作为对整个财政审计实施阶段审计活动的描述，主要包括审计取证和工作底稿等。审计记录法有益于全面而系统地反映审计的过程和结果，为形成审计的结论和决定提供依据，为编写审计报告提供完整的资料，同时也有利于确定审计人员行为的恰当性和应负的责任范围。

（五）审计评价法

作为财政审计实施阶段的最后一个环节，审计评价法是形成审计报告的基础。审计人员对获取的审计证据进行整理加工，并与相关标准进行比对，从而作出对财政收支活动真实性、合法性和效益性的判断，同时对所审事项提出意见。其主要包括目标评价法、成本效果法、经济计量法、决策分析法及分析性复核法等。

除上述介绍的方法之外，在审计中也要融入观察、询问、查询等多种方法。通过对比，发现被审单位的做法与国家政策法规不一致的地方，确定审计重点；通过询问被审计单位相关人员，了解业务流程与办事方法，发现问题与内部控制中的漏洞，找到审计切入点；注重对审计中发现线索的分析研究，发掘更深层次的问题。

五、财政审计的内容

传统意义上的财政审计基本内容包括财政资金的征收、分配、管理和使用情况，可以从财政管理体制和审计机关的组织体系角度表述为本级政府预算执行审计、下级政府预算执行和决算审计，以及其他财政审计，也可以从资金类别和管理使用方式的不同表述为预算执行审计、财政决算审计、专项资金审计、转移支付资金审计和国债资金审计等。

财政审计与财政资金密切相关，可以说财政资金走到哪里，财政审计就跟到哪里，财政审计的内容也在适应财政制度和改革的过程中不断地得到充实和完善。

第二节　　本级财政预算执行情况审计

本级财政预算执行情况审计是审计署在国务院总理的领导下和地方各级审计机关在本级政府首长的领导下，对本级预算执行情况的真实性、合法性、效益性进行的审计监督。根据《审计法》第十六条、第十七条的规定，审计机关对本级各部门（含直属单位）和下级政府预算的执行情况和决算以及其他财政收支情况，进行审计监督；审计署在国务院总理领导下，对中央预算执行情况和其他财政收支情况进行审计监督，向国务院总理提出审计结果报告。地方各级审计机关分别在省长、自治区主席、市长、州长、县长、区长和上一级审计机关的领导下，对本级预算执行情况和其他财政收支情况进行审计监督，向本级人民政府和上一级审计机关提出审计结果报告。

一、本级财政预算执行情况审计的原则与目标

本级财政预算执行情况审计作为国家财政管理的一个重要环节，应当有利于政府对本级财政收支的管理和本级人大对本级财政收支的监督；有利于促进参与预算执行的部门依法有效地履行预算管理职权，促进各部门依法行政，严格预算执行；有利于实现本级预算执行和其他财政收支审计监督工作的法治化。本级财政预算执行情况审计的目标在总的指导原则下可以表述为：证实会计资料和其他相关资料是否如实恰当地反映了被审计单位的财政收支状况和相应经济活动的真相；被审计单位的财政财务收支活动和相应经济活动是否符合国家相关的法律、法规的规定；评价相关公共部门主体在进行财政收支活动时对资源的配置是否经济、节约、便利和成本最小；评价政府收支活动是否符合社会的需要和需求、是否符合社会的整体利益。

二、本级财政预算执行情况审计的时间和范围界定

（一）本级财政预算执行情况审计时间的界定

根据我国预算管理制度的规定，年度政府预算编制完成并按法定程序批准后，直至年度决算编制完毕并按法定程序批准之前，属于预算执行的时间。《审计法》规定政府向人大常委会做预算执行情况的审计工作报告，主要目的是加强人大对政

府预算执行情况的审查监督。而人大对政府预算执行情况的审查监督，主要是监督政府的年度财政活动是否符合年度预算确定的范围和方向。这种监督应该是对预算执行全过程及年度预算收支结果的监督，而不是对其中某一阶段及其结果的监督。因此，在整个预算执行时间段内政府财政收支活动的所有内容，都需纳入预算执行审计。

（二）本级财政预算执行情况审计范围的界定

本级财政预算执行情况审计的范围可以根据本级财政预算的组成、本级财政预算执行的组织机构、本级财政预算资金运行的过程来加以确定。

1.根据本级财政预算的组成确定

《预算法》规定，一级政府预算是由本级各部门（含直属单位）预算组成的，同时还包括下级政府向上级政府上解的收入数额和上级政府对下级政府返还或者给予补助的数额。各部门预算由本部门所属各单位预算组成。单位预算是指列入部门预算的国家机关、社会团体和其他单位的收支预算。依据本级预算的组成，本级财政预算执行情况审计的范围包括三个层次：本级政府预算执行情况、部门预算执行情况、单位预算执行情况。

2.根据本级财政预算执行的组织机构确定

我国预算执行的组织机构及各机构的职责是：财政部门在本级政府的领导下，负责具体组织本级预算的执行，税务、海关、国库等国家指定的专门管理机关，参与组织预算执行工作。其中，税务机关主要负责各项税收的征收管理，以及本级政府交办的其他预算收入的征收管理；海关主要负责关税和进口环节税的征收管理，以及保税货物的监管；国家指定中国人民银行经理国家金库业务，主要负责预算收入的收纳、划分和报解以及库款支拨工作。本级政府各主管部门在本级政府领导下，在同级财政部门的指导下，负责本部门的财务收支计划和单位预算执行。依据本级预算执行的组织机构界定，本级预算执行情况审计的范围，包括财政部门具体组织本级预算执行的情况，税务、海关、国库参与组织本级预算执行的情况，本级各部门、各单位的部门、单位预算执行的情况。

3.根据本级财政预算资金运行的过程确定

一级政府的财政行为主要表现为通过征税、发行公债等手段组织收入供政府及有关部门使用。这一行为过程可分为五个阶段：一是预算资金的筹集，即组织预算收入；二是预算资金的分配，即财政部门根据本级人大批准的预算向本级各部门、各单位批复预算；三是预算资金的划拨，即财政部门向本级各部门拨付预算资金，本级各部门向所属单位拨付预算资金；四是预算资金的使用，即基层预算单位按照预算及有关财政、财务制度规定使用资金；五是批复决算，即财政部门根据人大批准的决算进行批复。依据这一运行过程进行界定，预算执行情况审计的范围包括：组织预算收入情况、批复预算支出情况、划拨预算资金情况、预算资金的使用情况和决算批复情况。

三、本级财政预算执行情况审计的主要内容

按照预算执行的组织机构划分，预算执行涉及财政、税务、海关、国库等部门，由于这些部门和单位在预算执行中的职责不同，在本级财政预算执行情况审计中所涉及的内容也有所不同。

（一）对财政部门的审计

根据《预算法》的规定，各级政府财政部门具体编制本级预算、决算草案，具体组织本级总预算的执行，提出本级预算预备费动用方案，具体编制本级预算的调整方案，定期向本级政府和上一级政府财政部门报告本级总预算的执行情况。对财政部门的审计可以着重从以下几个方面入手：

1.预算批复情况

对预算批复情况审计主要是对财政部门向本级政府各部门批复预算情况、年终调整变化情况进行审计。

对预算批复情况审计的内容包括：财政部门向本级各部门批复预算支出的时间是否在本级人大批准预算后30日内；财政部门是否按照本级人大批复的预算足额向各部门批复，有无预留预算指标的情况，预留指标是否公开透明并有专项用途，预留的原因是否合规合理。

预算调整主要是指批准的预算在执行过程中因特殊情况需要增加支出或者减少收入，或举借债务增加的部分变更；预算变化是指预算执行过程中，对个别预算支出项目的追加、追减或支出科目之间的互相留用，不改变整个预算的平衡。对预算调整和预算变化情况审计的内容包括：有无未经批准擅自调整预算的行为；支出预算的追加有无可靠的资金来源，追加预算资金的用途是否符合规定；不同预算科目间的资金需要调剂使用的，是否符合规定并报经批准，尤其注意基建资金不能与流动资金相互调剂、专款不能被挪用、生产性支出不能被非生产性支出挤占。

2.预算收入情况

对预算收入情况审计主要是对财政部门直接组织的非税收入的征管情况和预算收入退库情况进行审计。

财政部门直接组织的非税收入是财政部门按照国家统一政策、制度的规定直接组织的收入。按照国家预算收支科目，由地方财政部门组织的非税收入，包括国有企业上缴利润、基本建设贷款归还收入、罚没收入、行政性收费收入、债务收入、其他收入等。对上述情况的审计主要包括：各项专项收入的收缴依据、收取标准等是否符合相关法律、法规、规章和其他规范性文件的规定，是否做到依法计征、足额入库，有无隐瞒、漏记、转移收入，非税收入收缴各项资金是否在部门财务报表和决算报表上被适当地列示与披露等。

审核财政部门审批和办理预算收入退库情况，主要关注以下内容：企业亏损补贴是否按预算、按实际亏损情况办理收入退库，有无虚列企业亏损补贴，转移财政资金；办理国有企业所得税退库的依据是否合法，有无用非法手段转移预算资金；

有无用冲退收入的办法解决应由支出预算安排的资金。

【实例4-1】至2014年年底，中央非税收入有193.29亿元未收缴入库，包括：国际金融组织贷款还贷准备金利息等61.34亿元，探矿权、采矿权价款中央分成128.76亿元，中央部门资产出租出借或处置收入3.19亿元。此外，抽查地方非税收入征缴情况发现，有3个省少征国有股权出让价款等27.27亿元，8个省收入过渡户中有30.81亿元未及时缴入国库。①

【实例4-2】资料：2019年3月，在对某县财政部门2018年进行审计时发现以下问题：（1）收到暂存款100万元，经批准转作收入，但未有账面记录。（2）收到预算缴款10万元，列作其他应付款（暂存款）。针对上述问题提出审计处理意见。

分析：（1）利用暂存款隐瞒收入，应将暂存款转作收入，即：借：其他应付款1 000 000，贷：一般公共预算本级收入1 000 000。（2）利用暂存款隐匿一般预算收入。少列预算结余，在冲销原有分录后：借：国库存款100 000，贷：一般公共预算本级收入100 000。

3.预算支出情况

主要对本级财政部门组织的本级预算支出情况进行审计。其主要包括：核实本级各项预算支出数同支出列报数的依据是否一致；核实财政支持农业、教育、医疗卫生及科学事业发展资金的投入情况，以及其他支出的主要内容和资金使用情况；财政部门是否严格按照批准的年度预算和用款计划、项目进度拨款，有无随意改变支出用途；重点检查财政部门有无超预算、无预算、超计划、无计划拨款，有无向非预算单位拨款或越级办理预算拨款，有无擅自增加对本机关、本系统拨付资金等情况。

【实例4-3】资料：2020年3月，在对某县财政部门2019年进行审计时发现以下问题：（1）用基金预算结余购买国库券1万元，会计处理为：借：一般公共预算本级支出10 000，贷：国库存款——基金预算存款10 000。（2）县民政局于2019年11月向财政申请借入20万元用于灾民救济的资金，会计处理为：借：一般公共预算本级支出200 000，贷：国库存款——一般预算存款200 000。针对上述问题提出审计处理意见。

分析：（1）支付购买有价证券的资金不得列作支出，购入的有价证券要视同货币妥善保管。在冲销原有分录后：借：有价证券——基金预算结余购入10 000，贷：国库存款——基金预算存款10 000。（2）因为此笔资金在年初预算时未列入计划，只能临时借入，财政经审核批准并下拨。在冲销原有分录后：借：其他应收款——市民政局200 000，贷：国库存款——一般预算存款200 000。

4.补助地方支出情况

主要对税收返还、体制补助、专项补助、结算补助和其他补助的年终决算情况进行审计。其主要包括：核实文件依据是否准确，用于测算的基础数据是否可靠，

---

① 摘自《国务院关于2014年度中央预算执行和其他财政收支的审计工作报告》。

结算办法是否合理，有无随意性大、资金分配不公平、不合理的问题；有无将应由预算安排的支出，在年终通过结算解决的问题；有无采取不正当手法，通过结算为本机关、本系统拨付资金的问题。

【实例4-4】部分专项资金被骗（套）取。审计发现，一些企业和个人采取伪造社保证明、签订虚假合同、虚报职工人数、重复申报等方式，骗（套）取专项资金12.59亿元。其中："关闭小企业中央财政补助"1.03亿元（占抽查企业数的54%、金额的47%）、"国际服务外包业务发展专项"9 181.24万元（占抽查企业数的40%、金额的39%）、"产业化经营中央财政补助"4 210万元（占抽查企业数的39%、金额的37%）、"文化产业发展专项补助"7 100万元（占抽查企业数的9.7%、金额的3.5%）、"产业振兴和技术改造"等中央投资专项2.13亿元（占抽查企业数的81%、金额的63%）、"农机具购置补贴"等涉农专项7.38亿元（占抽查金额的3.2%）。此外，还发现8个省的财政等部门挤占挪用或出借资金等29亿多元，用于楼堂馆所建设、发放补贴或招商引资奖励等。[①]

5.政府债务收支审计

政府债务收支是指政府以各种方式从国内外取得的有偿性收入及本息的偿还。政府债务收支审计主要包括：检查举债是否经过同级人大批准，地方政府举债是否经过中央政府进行；财政部门列报的债务收入是否与实际发行的债务一致，有无隐瞒债务收入；财政部门是否按实际发生的支出列报，有无虚列；财政部门是否据实列报债务发行费用，有无通过债务发行费用截留债务发行收入；审查财政部门是否将发行的债务收入及时足额缴存国库。

6.预算资金平衡情况

主要对本级预算当年收支平衡和资金平衡情况进行审计。其主要包括：财政赤字和债务规模是否超出预算，有无采取虚列收支的办法人为调节赤字和债务规模；资金结存是否真实，暂存暂付是否及时清理，有无将应纳入预算的资金长期挂暂存的问题；有无通过暂存、暂付等往来科目办理资金拨付，以脱离预算监督的问题；有无以预留收入、虚列支出等方式，将预算内资金转入暂存或预算外，逃避监督的问题等。

【实例4-5】某市审计局审计组对该市财政总预算会计进行审计时发现：（1）该市财政局2018年年初收到土地出让金2 200万元，会计处理为：借：国库存款22 000 000，贷：其他应付款——暂存款22 000 000，该年年终该笔资金仍然挂在其他应付款账上。（2）该市下属民政局于2018年10月向财政申请借入200万元用于灾民救济的资金，此笔资金在年初预算时未列入计划，也没有算作临时借入，11月转为支出，会计处理为：借：国库存款——一般预算存款2 000 000，贷：其他应收款——暂付款（市民政局）2 000 000。请对上述业务进行具体的分析。

分析：（1）该财政局将土地出让金收入，挂在其他应付款上，属于隐瞒截留财

---

① 摘自《国务院关于2014年度中央预算执行和其他财政收支的审计工作报告》。

政收入。（2）民政局借入灾民救济资金时，应作临时借入的分录为：借：其他应收款——暂付款2 000 000，贷：国库存款——一般预算存款2 000 000。11月转为支出时所做的分录为：借：一般公共预算本级支出2 000 000，贷：其他应收款——暂付款（市民政局）2 000 000。

（二）对税务系统的审计

税务审计是具有法定审计权限的审计机关，依照国家法律和法规对税务机关的税收工作、财务收支和内部管理进行强制性的全面检查和监督，提出评价意见，并作出具有法定效力评判的审计活动，是一种针对税务机关工作所进行的、具有极强独立性、权威性、强制性的法定监督与评价活动。对税务系统的审计主要有以下几方面：

1.税收计划完成情况

主要对税务系统负责征收的各项税收的征收数、国库入库数、财政部门列报数以及企业主管部门决算汇总数等进行核对分析。一般包括：审查税务部门负责征收的各项税收的入库数、列报数等数据是否真实一致，审查税收收入的实际完成情况及其真实性；分析造成超收或短收的原因，有无隐瞒、截留或挪用税收收入的问题；分析各主体税种的收入情况与构成主体税源的经济增长是否相适应。

【实例4-6】A市审计局2013年3月，在对A市地税局2012年税收计划完成情况进行审计时，采用计算机分析方法，编写查询语句，将税收申报征收表中每个纳税企业12月份的纳税额与11月份的纳税额进行对比分析，将纳税额有异常增长的企业查询出来作为审查的重点。根据查询结果，10家企业被审计人员列为重点审查对象。审计人员查阅了该10家企业的纳税档案，然后直接到企业进行延伸调查，最终查实这10家企业中有7家企业存在着被征收"过头税"的问题。

2.税收政策执行

主要是审查地方政府和税务部门是否按照税法和税收政策的规定，及时、足额地组织税收收入。一般包括：审查地方政府和税务部门有无侵蚀税基和自行改变法定税率，少征税款的情况；审查有无随意变通或自定税收优惠政策、变相扩大减免税范围、增加减免税项目等问题；审查有无逐层下放减免税审批权限，将属于国家和省级的权限下放到基层政府和税务部门等情况。

【实例4-7】一些地方政府自行出台招商引资财税优惠政策，部分财政资金投向不符合相关规定。审计9个省本级、9个市本级和18个县发现，这些地方2013年正在执行的自定优惠政策有202项，包括返还税费、低价供地、无偿建设配套设施等，当年以各种名义向引资企业安排财政补贴1 261.64亿元，其中超过70%投入了竞争性领域。既不能有效发挥财政投入的引导和支持作用，还影响市场公平。如辽宁省和大连市向大连海昌集团有限公司和锐阳（大连）投资管理有限公司拨付的支持并购海外科技型企业补贴2.68亿元，实际用于收购法国的14个葡萄酒庄园。①

---

① 摘自《国务院关于2013年度中央预算执行和其他财政收支的审计工作报告》。

3.税收征管情况

《中华人民共和国税收征收管理法》（以下简称为《税收征收管理法》）规定，我国的税收征收管理制度主要包括税务登记制度、纳税申报制度、账簿凭证管理制度、税款征收制度、税务检查制度、代扣代缴制度、违法处罚制度和税务复议制度等。税收征管审计主要对税务部门执行《税收征收管理法》及各项具体税收法律、行政法规和部门规章情况进行审计。一般包括：税务部门是否依照税收征管法严格税收征管，有无变通征管办法，低税率预征、以缓代免、变相包税，造成税款流失的问题；有无在税收计划完成后不征或缓征税款的情况；税收的征管范围和入库级次是否符合国家统一规定，有无混淆征管范围和入库级次的问题。

【实例4-8】A市审计局在对A市地税局税收征管情况进行审计时，采用计算机分析方法，编写查询语句，将税务登记表中的企业代码和税收申报征收表中的纳税户代码进行对比分析，查找税务登记表中进行过税务登记，但在税收申报征收表中没有纳税申报记录的企业。查询后审计人员发现有4家企业在审计年度中没有纳税申报及纳税记录。经了解，这4家企业均是市级地税部门直接税务管辖的企业，并且未进行过税务变更登记或撤销登记，至今仍在经营当中。

根据审计线索，审计人员直接到这4家企业进行延伸调查，发现存在以下情况：第一，1家企业自2014年成立以来，均未依法向地税部门申报纳税。地税部门的税收征管工作也存在着重大的漏洞，没有履行征税职责，以至于造成税款流失。第二，3家企业原属城区地税部门管辖的纳税企业，撤地设市之后，这3家企业划归市地税局直接管辖，但城区地税局仍然继续对这3家企业征税，征收的税款直接缴入城区国库，造成税款"混库"问题。

4.税收退库情况

税收退库就是将已入库的税款从国库中退还给纳税人或有关单位的过程，主要有出口货物退税、减免退税、误收退税、汇算清缴和结算退税、提取代征代扣手续费等。对税收退库情况的审计则主要是针对税务部门执行税收退库政策及管理使用情况而进行的。一般包括：税务部门的税收退库内容是否符合国家规定，有无自定政策增加退税项目，违规办理超范围退库的问题；有无违反规定，为本部门、本单位办理各项税收超收分成或增长分成退税的问题；有无多提退滞补罚收入和代征、代扣手续费的问题等；税务部门办理退库的预算级次是否符合财政体制的规定，有无混淆预算级次，多退上级财政收入的问题。

【实例4-9】某市地方税务局某分局对某移动通信公司2019年年底已申报入库的个人所得税559.7万元，以"误收退税"的名义退库，2020年1月又重新征收入库。实现用违规退库的手段调节税收进度的目的。

（三）对海关系统的审计

海关是国家关境进出的监督管理机关，各级海关代表国家依照《中华人民共和国海关法》和有关法律、法规的规定，对进出我国关境的运输工具、货物、行李物品、邮递物品和其他物品行使监督管理权力，对进出关境的货物及物品征收关税和其他税费，查缉走私。海关审计，就是审计机关对海关总署及其所属各级海关的关税和其他税费的征收管理活动，以及与税费征管有直接关系的海关监管活动进行的审计监督。其主要包括以下几个方面：

1. 关税及进口环节税征管情况审计

主要审查海关对货物估价、税则归类是否正确；审查报关单是否与进口合同、批文、许可证、发票等相符，所报内容是否与实际进口货物相符，单证是否齐全、正确；是否依法征收、及时足额缴纳税款；是否严格执行进口货物担保制度，有无扩大范围，将不属于担保放行范围的货物予以担保放行的问题；审查凭保证函放行的货物的担保人资格是否合规，海关收取的保证金是否相当于进口货物应纳税费之和，有无不足额收取保证金放行货物，造成存在税款流失隐患的问题；是否严格依法办理缓税、退税；有无隐瞒、截留、挪用税收收入或罚没收入等情况。

2. 关税及进口环节税的减免

关税及进口环节税的减免是指海关根据国家政策和税法的有关规定，按照关税管理权限，对享受关税优惠待遇的进出境货物减免税的制度。审计时，重点审查海关批准的享受减免税政策进口的物品是否在规定的范围之内，进口物资的项目是否符合国家产业政策的规定，有无主管部门的证明或批准文件，是否存在没有文件依据、随意扩大范围给予减免税优惠政策的问题；海关是否严格执行国家规定，有无违反规定、放宽条件、突击审批，以及擅自延长国家明令废止的关税优惠期限，造成税收流失或进口物资冲击国内市场的问题。

3. 保税货物监管

保税货物监管，是指国家对国外进口的货物暂缓征收进口税收，由海关监管，于规定时间内，在海关许可的场所储存、加工、装配后复运出境，或批准内销并办理进口纳税。审计中主要涉及对加工贸易保税货物监管情况的审计、对保税区监管情况的审计、对保税仓库监管情况的审计等。

审查加工贸易保税货物监管情况主要关注：海关是否严格审核企业的有关资料，是否依法对企业的进口货物予以放行，有无越权放行国家限制经营的进口货物的问题，有无监管不严导致加工企业倒卖进口料件，随意串料或用国产料件顶替进口料件，造成税款流失的问题，合同的核销与备案是否符合规定，有无单证不全核销合同的问题，对不能出口的保税料件和加工成品及余料的核销是否准确等。

审查保税区监管情况主要关注：海关是否按规定对从保税区运往非保税区的货物办理补税手续，海关对保税区内生产企业进口料件运往非保税区进行委托加工的监管是否合规，是否按规定办理登记备案和核销手续。

审查保税仓库监管情况主要关注：海关是否按规定核发相关登记证书，有无对不符合条件的申请单位核发登记证书的问题，是否按期核查保税仓库报送的保存货物的收、付、存等情况，处理问题是否合规，对储存期满仍未转为进口也不复出境的保税货物，是否按规定进行变卖等处理，是否按规定对保税仓库所存货物的短少部分办理补税手续，保税仓库有无将非保税货物存入保税仓库，或将保税仓库中的货物擅自转卖等问题。

【实例 4-10】2020 年，审计署 W 特派办对 B 海关 2019 年度的税收征收管理、减免税管理和保税货物监管情况进行了审计。审计组发现：（1）B 海关将应按整车税则归类的进口汽车按零部件归类，少征或擅自减免关税及进口环节税收 202 万元。（2）由于海关内部控制没有有效运行，海关人员对登记手册和报送清单上的货物不及时核销，以及对以担保方式购销货物而未缴纳的税费不及时清缴等原因，造成某出口加工企业报送员利用职务之便，非法买卖报关单，获利 30 万元，帮助某走私集团走私加工原材料 5 400 万元。（3）由于该海关内部控制未有效运行，出口企业报关出口资料不全，某服装企业虚构外销业务骗取出口退税无法在该海关查证。（4）审计通过实地监盘，发现价值近 400 万元依法扣留的货物，在未经海关关长审批的情况下被擅自处理，收入不入账。

（四）对国库的审计

国库审计，指审计机关依据国家法律、行政法规和各种部门规章制度，针对国库部门办理预算资金收纳、划解和拨付的真实性、合法性进行的审计监督。其主要关注以下几个方面：

1. 预算收入缴纳与划分

主要审查国库是否准确及时地收纳各项预算收入，有无由于国库监督不力、审核把关不严，造成延迟上缴库款或开设过渡户延迟上缴等问题；审查国库是否按照财政管理体制的规定，将预算收入在中央与地方以及地方各级财政之间进行正确的划分；审查支库及支库以上国库机构，是否及时向财政部门和上级国库报告和解缴库款，有无延迟上缴等问题。

2. 预算收入退库

主要审查国库办理的预算收入退库项目是否符合规定范围，有无审核把关不严、超越权限审批等情况；审查国库办理的预算收入退库是否真实及所退款项的去向，有无退给财税部门谋取小团体利益的问题；审查国库是否存在把关不严，办理财政机关自批自退的退库事项等。

3. 预算资金拨付

主要审查国库是否按照预算级次拨款，有无办理财政部门超越预算级次，或向无预算领拨关系的单位拨款；审查国库是否按照款项用途拨款，有无办理财政部门擅自改变用途，或模糊预算内外界限的拨款；审查资金拨付是否及时，使用会计科目是否正确，数字是否真实、准确等。

【实例 4-11】某县审计局根据本级预算执行情况审计的要求，对本县国库进行了审计，审计发现：（1）人民银行国库股内部控制不力，税收收入入库不及时，转移国库收入 215 万元用于城市信用社的贷款周转业务和分管国库股的副行长夫人开办的金店资金周转。（2）人行国库股长与税务局局长、税务局计会股股长和分管国库股的人行副行长、财政局分管局长一伙，钻了 1994 年国地税分家后，税收退库审批手续不严的漏洞，自 2002 年以来，采取虚开《收入退还书》方式骗取国库退税212万元。（3）该县会计管理中心核算员利用职务便利和部门支出审批上的漏洞，虚开支票转出部门存款资金158万元用于合伙投资金店。

（五）对本级部门单位的审计

1.预算批复

在对财政部门批复的预算数进行核实的基础上，对主管部门向所属预算单位批复的预算情况进行审计。其主要检查主管部门是否向所属预算单位及时批复预算，有无预留待分配预算指标或将待分配预算变更用途的问题等。

2.转拨预算资金

主要检查主管部门和预算单位是否按照预算和财政制度的规定转拨资金，有无不及时拨付，挤占、挪用预算资金的问题；有无超越预算级次拨款和向非预算单位拨款的问题等。

3.预算资金使用

主要检查基层预算单位和主管部门机关是否按照预算及有关制度规定的用途使用预算资金。重点检查资金的使用方向是否合理，是否符合规定的开支范围和标准，有无挪用财政专项资金的问题；评价资金的使用是否达到应有的社会行政效果等。

4.部门单位上缴预算收入

主要审查有预算收入上缴任务的部门、单位是否依照法律、行政法规，及时、足额地将应上缴的预算收入按规定的预算级次、科目、缴款方式和期限缴入国库；有无截留、挪用或者拖欠等问题。

【实例4-12】2015年1月至3月，审计署对民政部2014年度预算执行和其他财政收支情况进行了审计，审计发现的预算执行中存在的主要问题为：（1）未经批准自行调剂使用预算资金128.39万元。①2014年，民政部本级在项目经费中列支基本支出27.74万元；所属机关服务局在公车购置和运行费中列支聘用人员工资等支出43.19万元。②2010年至2014年，所属一零一研究所在科研项目经费中列支公务接待费45.86万元，其中2014年1.23万元。③2013年至2014年，所属信息中心在基本支出中列支应由职工缴纳的个人所得税11.60万元，其中2014年9.36万元。（2）2014年，民政部本级的11个会议未在定点饭店召开；2个三类会议人数分别超过规定标准58人和16人。（3）2014年，所属一零一研究所未经公开招投标，直接确定1家公司开发数据查询系统，涉及金额135万元。①

第三节　对下级财政预算执行情况和决算审计

《审计法》第十六条规定，审计机关对本级各部门（含直属单位）和下级政府预算的执行情况和决算以及其他财政收支情况，进行审计监督，《预算法》第七十

---

① 摘自审计署2015年第24号公告《中央部门单位2014年度预算执行情况和其他财政收支情况审计结果》。

二条也作出相应规定，各级政府审计部门对本级各部门、各单位和下级政府的预算执行情况、决算实行审计监督。对下级政府预算执行情况审计是审计机关依照国家法律、行政法规对下级政府预算执行的真实性、合法性和效益性进行监督的行为，可以通称为"上审下"；对下级政府财政决算审计是上级审计机关对下级政府财政收支决算的真实性、合法性、效益性进行监督的行为。审计机关对下级政府预算执行情况和决算实行审计监督，是财政审计的一项基本内容。

一、对下级财政预算执行情况和决算审计的必要性与原则

（一）对下级财政预算执行情况和决算审计的必要性

1.其是本级财政预算执行情况审计的补充和深化

根据我国实行统一领导、分级管理的财政管理方式，各级政府在负责组织本级预算执行的同时，也对本地区的预算执行和财政管理工作担负着领导责任。如果只单纯审计本级预算执行，则或者本级政府在领导和管理财政收支工作中存在的问题得不到充分揭露，或者属本级政府责任但暴露在下级的问题难以得到彻底纠正，或者上下级利益连带关系及资金管理、使用的深层次问题得不到揭示，审计结果相对较为片面。因此，必须将对下级政府的预算执行和决算审计，作为本级预算执行审计监督的有机组成部分和重要补充，使其成为一个统一的整体，全面反映本级政府及财税部门组织本级预算执行和领导、管理本地区财政工作全局的情况以及存在的问题。

2.有利于本级人大加强对财政收支的监督

将对下级政府预算执行情况和决算审计结合到本级预算执行情况审计中，能使审计工作报告的口径、内容与政府向人大提出的预算执行情况报告的口径、内容相适应，便于各级人大全面了解掌握本地区财政工作的总体情况，加强对政府财政收支管理的监督。

（二）对下级财政预算执行情况和决算审计的原则

对下级财政预算执行情况和决算审计需要适应"分税制"财政管理体制的要求，做到"事权、财政管理权和审计监督权相统一"，并依照上述原则来确定审计范围、选择审计内容、明确审计重点。属于下级政府事权和财权范围内的财政收支事项，由下级政府的审计机关通过本级预算执行情况审计去监督。下级政府在预算执行和决算中执行预算和税收法律制度的情况，以及上级补助管理使用情况，既是下级政府预算执行情况审计的内容，同时也是"上审下"必须监督的内容。

二、下级财政预算执行情况和决算审计的主要内容

对下级财政预算执行情况和决算审计侧重于检查违反国家政令统一、损害上级财政利益和关系国家财政工作全局的问题，它主要包括对税收、非税收入、财政收入退库、财政支出、财政结算资金等的审计。

（一）税收审计

对下级财政预算执行情况和决算审计时，所涉及税收审计的内容，主要是地方税务局负责征收和管理的各项税收的征管情况。其中包括：

1.税收计划的执行及任务完成情况审计

主要审计税收计划中各税种的税收指标是否全面完成，分析各税种超收和短收的原因；税收计划的各税种指标完成情况是否真实，有无采取提前征收等方式虚列收入以增加税收的问题。

2.税收政策的执行情况审计

作为税收审计的一项重要内容，此项审计着重审查税收机关是否严格执行国家税收法律、法规和各项制度，主要包括：有无直接或与当地国家税务局联合批准减免税的问题；有无擅自制定规定从销售收入中征收各种基金、地方附加费的问题；有无违反税法规定，超越管理权限，随意增加减免税项目、扩大减免税范围、延长减免税期限、停征应征税种、超额度多减免税收的问题；是否按照先征后退的原则办理减免税退付，有无采取抵扣或降低征税比例的办法减少税收收入的问题；有无自行设立各种名目税收周转金的问题。

3.税收征管情况审计

主要审查地方税务机关是否依照法律规定在税收征管的范围内依法及时组织税收，有无擅自改变征管范围，变更征管和入库级次等问题；地方税务机关是否严格执行税收征管办法，及时为纳税人办理纳税登记手续，有无漏征错征的问题；有无对纳税人的纳税申报进行严格审查，有无因审核把关不严，造成少计少征税额，影响中央或上级财政收入的问题；审查税款收入是否及时征收并足额缴库，有无以缓代免、应征不征的问题；税款入库级次划分是否正确，有无侵占中央财政收入或上级财政收入的问题；税务机关是否存在开设过渡户，人为调节税收进度的问题。

4.税收提退情况审计

主要审计地方税务机关办理的各项提退是否属于国家规定的范围，是否符合其权限；税务机关是否严格按规定、按比例、按范围提取提留各类分成，有无不按规定、扩大范围、超比例提取分成，侵占税收收入的问题。

（二）非税收入审计

非税收入，是指除税收以外，由各级政府、国家机关、事业单位、代行政府职能的社会团体及其他组织依法利用政府权力、政府信誉、国家资源、国有资产或提供特定公共服务、准公共服务取得并用于满足社会公共需要或准公共需要的财政资金。其主要有政府性基金收入、专项收入、彩票资金收入、行政事业性收费收入、罚没收入、国有资本经营收入、国有资源（资产）有偿使用收入和其他收入。

上级审计机关对下级政府非税收入审计时，重点检查政府各职能部门、各单位是否按照国家规定将非税收入及时、足额地按规定的预算级次上缴财政，有无截留、坐支的问题；相关部门有无越权批准设立收费、基金项目，超范围、超标准、超法定时限收费的问题；财政部门对各部门、各单位上缴的非税收入，是否纳入预算管理，是否存在挂预算暂存、预算外暂存等科目，在预算之外进行收付核算，逃避监督的问题。

（三）财政收入退库审计

地方退库项目主要是指：按规定可以从预算收入中退库拨补的国有企业计划亏损补贴和按照先征后退政策所退的增值税、消费税、企业所得税等各项税收，以及由于技术性差错需办理的退库和改变企业隶属关系办理财务结算所需要的退库。各级财政必须严格按照财政部批准的退库项目办理收入退库，不得擅自设立退库项目。审计的重点是：

1. 企业计划亏损补贴

主要检查财政部门是否严格按照国家规定，办理企业计划亏损补贴，有无假借企业亏损补贴名义解决不属于计划亏损补贴范围的问题；有无擅自扩大政策性亏损补贴范围或提高补贴标准的问题；有无以弥补企业计划亏损为名，通过退库将财政资金转到预算外的问题；有无对计划外亏损和超计划亏损给予补贴的问题，有无将各种政策性价格补贴混入计划亏损补贴中，从收入中退库的问题。

2. 先征后退各项税收的退库情况

先征后退是税制改革后，为了保证新旧税制的平稳过渡，维护政策的连续性，支持企业发展，在一定期限内对一些特定行业和项目实行的一项特殊政策。审计机关审计时，重点要检查先征后退范围是否符合国家规定，退税依据是否真实、完整，退税的级次是否符合财政管理体制的规定等。

3. 预算收入项目更正

主要审计财政部门更正预算收入科目的依据是否真实并符合制度规定，有无以差错更正为名，挤占中央财政或上级财政收入的问题。

（四）财政支出审计

对下级政府财政支出情况的审计主要检查以下内容：

1. 支出列报是否真实

审计核实各项预算支出数同支出列报依据是否一致，有无采取以虚列支出的方式，转移财政资金的问题。

2. 执行法律和财政政策情况

重点检查财政对农业、教育、科技的投入增长是否符合有关规定，是否高于经常性收入的增长，有无不能确保农业、教育、科技等财政投入正常增长的问题；预算收入超收部分的使用是否符合规定，是否用于减少财政赤字、解决历史遗留问题、增加对农业的投入、支援经济不发达地区和少数民族地区；是否贯彻国家有关财政政策，从严控制财政支出等。

3. 转移支付资金的管理和使用情况

转移支付资金主要有两大类型，即没有规定其使用方向和具体使用项目的一般性转移支付，以及规定了使用方向或具体使用项目的专项转移支付。对一般性转移支付要重点检查是否按规定拨付资金，了解其结余情况，有无转作预算外管理的问题；对专项转移支付要检查是否坚持专款专用原则，有无挪作他用弥补公用经费开支等问题。

（五）财政结算资金审计

财政结算资金是指中央财政和地方财政、上下级财政之间，在财政管理体制确定以后，由于客观情况变化，企业、事业单位隶属关系调整，财政收支转移等原因在年终需要统一结算的资金。其主要包括：体制结算、专项拨款结算、企业事业单位上划下划结算、因国家采取的财经政策措施而影响上下级财力变动所需要的单项结算和上下级垫付往来款的结算。重点可以从以下几个方面进行审计：（1）审查每一个结算事项文件的依据是否准确，基础数据是否可靠，结算办法是否合规，结算数据是否真实，有无结算基础不实的问题。（2）审查税收返还的结算。对结算事项应区分不同情况有重点地进行检查。以分税制体制税收返还收入结算为例，应重点检查增值税、消费税两税收入有无虚增虚减的问题。（3）审查地方有无采取不正当手法，通过结算为财政、税务系统增加各项经费的问题。

（六）结转资金与结余资金审计

财政拨款结转资金（以下简称结转资金）是指当年支出预算已执行但尚未完成，或因故未执行，下年需按原用途继续使用的财政拨款资金。财政拨款结余资金（以下简称结余资金）是指支出预算工作目标已完成，或由于受政策变化、计划调整等因素影响使工作终止，当年剩余的财政拨款资金。

以中央部门为例，结转资金审计中需注意以下规定：基本支出结转资金原则上结转下年继续使用，用于增人增编等人员经费和日常公用经费支出，但在人员经费和日常公用经费间不得挪用，不得用于提高人员经费开支标准；关注结转下年的资金是否改变了用途，确需调整结转资金用途的，是否经财政部审批；中央部门连续年度安排预算的延续项目，有结转资金的，在编制以后年度预算时，是否做到根据项目结转资金情况和项目年度资金需求情况，统筹安排财政拨款预算等。结余资金审计中应注意：对某一预算年度安排的项目支出连续两年未使用，或者连续三年仍未使用完形成的剩余资金，视同结余资金管理；中央部门项目支出结余资金，在统筹用于编制以后年度部门预算之前，原则上不得动用；因特殊情况需在预算执行中动用项目支出结余资金安排必需支出的，应报财政部审批；中央部门的项目支出结余资金必须在年度预算执行结束、结余资金已实际形成后，才可在编制以后年度预算时统筹使用，对在年度预算执行中，因项目已完成或终止形成的剩余资金，未经财政部批准，不得直接在编制下年预算时安排使用。

第四节　　其他财政收支审计

《审计法》第十六条对审计机关职责作出规定，审计机关对本级各部门（含直属单位）和下级政府预算的执行情况和决算以及其他财政收支情况，进行审计监督。《中华人民共和国审计法实施条例》第十五条也对审计机关职责作出了相应规定，审计机关对本级人民政府财政部门具体组织本级预算执行的情况，本级预算收入征收部门征收预算收入的情况，与本级人民政府财政部门直接发生预算缴款、拨款关系的部门、单位的预算执行情况和决算，下级人民政府的预算执行情况和决算，以及其他财政收支情况，依法进行审计监督。经本级人民政府批准，审计机关对其他取得财政资金的单位和项目接受、运用财政资金的真实性、合法性和效益性，依法进行审计监督。

按照我国现行审计监督管理体系，审计机关对其他财政收支审计监督主要围绕中央和地方两个层次，以财政预算执行情况审计（包括财政决算审计）和部门财务收支审计为依托，分别组织实施。其主要包括：一是对中央级其他财政收支进行审计监督，主要是在中央预算执行情况审计的基础上，对财政部及中央各部门（含直属单位）管理的财政性预算外资金和基金的管理使用情况进行审计监督；二是对地方其他财政收支进行审计监督，主要是结合财政收支决算审计，对地方政府各部门管理的财政性预算外资金的管理使用情况进行审计或审计调查。

地方审计机关对其他财政收支审计的内容包括：一是对地方本级其他财政收支进行审计监督，主要是结合地方同级预算执行情况审计，对同级财政部门以及同级各部门（含直属单位）管理的财政性预算外资金和基金的管理使用情况进行审计监督；二是对下级地方政府其他财政收支进行审计监督，主要是结合财政收支决算审计，对下级政府各部门管理的财政性预算外资金和基金的管理使用情况进行审计或审计调查。

一、农业专项资金审计

农业是通过培育动物植物取得产品的社会生产部门，我国的农业包括种植业、林业、畜牧业、副业和渔业。农业专项资金是财政支农投入政策的主要实现形式，是指各级政府预算内安排的支援农业生产、农村经济发展、促进农民增收的各种专项资金。

（一）农业专项资金审计的概念

农业专项资金审计是指审计机关依法对国家或地方各级人民政府支持农业和农村经济发展的资金收支的真实性、合法性、效益性进行监督的行为。按资金来源划分，审计涉及的农业专项资金主要有以下几类：一是国家或地方财政在一般预算中安排的，用于维持农业事业的正常运行，专项发展某些与农业、农村、农民有关项目的农业事业资金和专项资金；二是国家或地方财政在基金预算中安排的农业专项基金；三是国家或地方政府及其有关部门用掌管的预算外收入专项安排的预算外农业专项资金；四是通过农业银行等金融机构专项安排的用于农业的政策性农业专项贷款；五是国家通过双边或多边合作取得的国际组织或外国政府援助用于农业的国外援款。

（二）农业专项资金审计的目的和作用

农业专项资金审计是国家审计机关特别是基层审计机关的一项重要业务工作，其目的主要是为了加强对农业专项资金的管理，保证农业专项资金发挥其应有的效益。

1.监督各级财政部门按照政府预算的农业配额足额安排农业专项资金

审计机关在预算执行审计中，从专业的角度对财政部门是否足额安排农业专项资金进行审计检查，纠正挤占挪用农业专项资金的行为，促使农业专项资金从源头上得到保证，同时也维护预算的严肃性和人代会制度的权威性。

2.严格农业专项资金的拨付管理，防止挤占挪用

使用分散，管理部门多，拨付环节多、途径长是农业专项资金的特点。审计机关针对农业专项资金的特点，通过对农业专项资金的管理、拨付进行审计，促进有关部门加强管理，保证资金能够如数到达使用单位或农民手中，防止跑冒滴漏；同时监督相关部门，按照资金既定的用途分配使用，防止挤占挪用；并严厉查处虚报冒领、贪污私分等违法行为。

3.促进农业专项资金的合理使用，保证发挥应有的效益

农业专项资金是国家财政为发展农业安排的专项资金，应当合理使用，保证其发挥应有的效益。审计机关通过对农业专项资金的审计，监督有关部门按照批准数额向计划内项目分配资金，不得层层截留抵扣，不得向计划外项目分配资金；监督资金使用单位加强管理，保证项目目标的实现，最终落实党中央、国务院关于加强农业的政策，促使农业发展、农民增收、农村繁荣。

（三）农业专项资金审计的主要内容

农业专项资金审计的内容主要是审查预算资金安排、预算外资金筹集安排、政策性贷款安排的合法性和合规性，审查资金拨付投放是否及时，资金管理是否严格，资金使用是否取得预期效益等。其具体内容有：

1.农业总体投入审计

农业总体投入审计就是要检查各级政府和资金主管部门是否认真贯彻了国家的农业投入政策，审计的范围是各级财政和政策性银行投入的农业专项资金，包括财政预算内直接对农业的投入、非经营性农业基本建设投资、银行发放的低息或财政贴息农业贷款、各级计委下达的以工代赈资金等。

农业总体投入审计主要从资金投入、所占比重等方面，关注整体情况，内容主要包括：了解掌握农业专项资金的来源、总量、投向情况，上级拨款和本级投入的比例，本级农业投入占同级财政经常性收入比重的变化，农业基本建设投资在本地区基本建设总投资中比重的变化，本级农业发展基金的征集、分配、使用情况；审查财政和其他主管部门有无截留、挤占挪用支农资金的问题；检查专项贷款的投入总量，长期贷款所占数量和比重，农业贷款有无用于非农业项目；以工代赈的资金或物资的实际投入是否合理、适用，有无挪用或损失浪费现象。

农业专项资金管理使用易出现的问题主要有：财政预算内投入农业的资金总量不能保持稳定增长；农业发展基金筹集政策执行不力，已征的农业发展基金有被财政占用或用于非农业的现象；相当一部分县未安排农业基本建设投资或配套不力，中央关于县级政府机动财力应主要用于农业的要求贯彻不力；资金管理使用方面存在违纪违规和损失浪费等。

2.农业综合开发资金审计

为了提高粮、棉、油等主要农产品的生产能力，促进传统农业向现代农业转

变，国家1988年起实施了农业综合开发的举措。国家每年为农业综合开发投入巨额资金，且逐年增长，惠及全国千余县。为促进国家和地方农业综合开发资金投入到位，提高资金使用效益，国家审计机关开展针对农业综合开发资金的审计，通过审计手段帮助追回被挤占挪用的资金，督促地方配套资金和银行贷款到位，积极配合开发项目的验收，促进了各地项目计划的完成，使资金管理得到加强，农业综合开发资金审计已经成为国家验收的必经程序。

农业综合开发资金审计的主要内容有：国家农业综合开发办公室立项批准的项目实施情况；地方财政按照要求的比例安排配套，以及资金下拨是否及时，有无滞留占用或挤占挪用的情况；专项贷款的数额、投向、利率是否严格执行规定；审查项目按期完成情况，有无因管理不善造成资金损失浪费的问题。

审计中易发现的问题主要有：地方资金管理部门和使用单位滞留占用、挤占挪用、虚报冒领财政资金，擅自改变专项贷款投向、随意提高利率发放专项贷款的问题；地方没有按计划足额落实财政配套资金，金融机构没有按照信贷计划发放专项贷款，将农业综合开发贷款的指标挪作他用等问题。

3.扶贫资金审计

我国还有一部分农民由于生产生活条件恶劣，缺少劳力、资金、生产技术，或因天灾人祸等原因，尚未摆脱贫困境地。党中央和国务院十分重视扶持贫困地区尽快改变面貌，中央与地方政府逐年增加扶贫资金的投入。这些扶贫资金的投入和国家制定的各项扶贫政策，有力地促进了贫困地区的经济发展，加快了贫困地区脱贫致富的步伐。

为促进国家各项扶贫政策的落实和扶贫资金的合理、有效使用，审计署多次组织了大范围的扶贫资金审计。审计主要关注的问题是：地方财政部门及有关主管部门有无挤占挪用扶贫资金用于发放工资或弥补行政经费、建房购车等问题；有无擅自改变扶贫贷款用途，提高利率，预扣利息等问题；审查地方配套资金能否及时到位，是否存在省将配套任务逐级下派，县级财政无力支付，配套落空，项目无法实施的情况；扶贫贷款有无明显偏离扶贫目标，扶富不扶贫；是否存在地方将支援不发达地区发展、以工代赈等无偿财政性资金实行有偿使用，借机收取占用费，影响财政性资金用于基础设施建设等问题。

4.水利建设资金审计

水利建设资金是中央和地方政府用于江河堤防建设、防汛岁修、城市防洪、小型农田水利、水土保持、水资源工程建设等方面的专项资金。资金主要有两个来源，一是财政安排的水利基本建设支出、水利事业费；二是中央及地方各级政府建立的水利建设基金。

水利建设资金审计的主要内容是：审查评价水利建设资金的筹集、投入、分配、管理和使用情况，监督国家相关政策的落实情况，促进各级政府及财政、计划、水利等部门和银行等金融机构、水利建设资金的使用单位各司其职，提高资金的使用效益和效率。审计水利基本建设支出、水利事业费，主要审查是否按照预算要求足额安排了资金，有无未完成预算安排或挪作他用的情况；资金是否用在了批准的项目上，有无擅自改变项目，将生产性资金用于弥补行政经费等非生产性项目；项目支出是否真实、合法，有无虚列支出的问题；项目立项是否合规，是否按照计划完成并能够正常发挥作用，是否发挥正面的社会效益等。审计水利建设基金，主要审查各级政府是否按要求建立了水利建设基金征集制度，是否按规定足额征集并纳入预算管理；使用方向是否符合要求，项目支出是否合规合法，本年结余资金是否全部结转下年使用等。

农业专项资金涉及的内容比较多，除上述之外还有农业科技三项费用、农业科研等多项资金，并且随着国家支农惠农政策的不断完善，资金的种类会越来越多，涵盖范围会越来越广，为更好地监督资金的管理与使用，也会围绕资金的征收、投入、分配、管理与使用几个方面加强对各项资金的审计，在审计实践中可以结合各项资金的具体使用条例对资金进行审计。

二、社会保障审计

我国社会保障制度是以国家或政府为主体，依据法律规定，通过国民收入再分配，对社会成员在暂时性或者永久性失去劳动能力以及由于各种原因生活发生困难时给予物质帮助，保障其基本生活的制度。

（一）社会保障审计的概念

《审计法》第二十三条规定，审计机关对政府部门管理的和其他单位受政府委托管理的社会保障基金、社会捐赠资金以及其他有关基金、资金的财务收支，进行审计监督。

社会保障审计是指审计机关对政府部门管理的和社会团体受政府部门委托管理的社会保障资金财务收支的真实性、合法性、效益性进行的审计监督。其主要包括：养老、医疗、失业、农村养老、工伤、生育等社会保险基金，住房保障以及各项社会救济、社会福利、优抚安置和社会捐赠资金等。

（二）社会保障审计的意义和作用

社会保障审计在监督各项社会保障基金管理、使用的基础上能够保证社会保障资金的安全与完整，对充分发挥社会保障资金使用的经济效益与社会效益，保障养老、医疗、失业等社会保险制度及住房制度改革的顺利实施，保障人民群众基本生活的权益，促进我国现代社会保障体系的建立与完善具有深远的意义。

社会保障审计在经济社会中发挥着积极的作用，一是监督并促进社会保障制度的作用得到更好的发挥，有利于深化企业改革，减轻企业负担，提高企业经济效益和竞争力，为建立现代企业制度打下基础；二是有利于促进建立统一的社会保障管理机构，提高社会保障事业的管理水平，形成社会保障基金筹集、运营的良性机制；三是有利于强化社会服务功能，保持社会稳定，促进政治和经济体制改革的顺利进行。

（三）社会保障审计的主要内容

社会保障涉及的资金种类繁多，以下仅以几项资金为例介绍社会保障审计需关注的主要内容。

1.社会保险基金审计

社会保险基金由企业职工基本养老保险基金、失业保险基金、农村养老保险基金、职工基本医疗保险基金和其他社会保险项目的基金构成。社会保险基金具备法律强制性、社会政策目的性、政府干预性和社会化精算测定四个特点。

（1）企业职工基本养老保险基金审计。

企业职工基本养老保险基金，是指按照国家规定，由企业和职工个人分别按工资总额及缴费工资的一定比例缴纳，为保障职工离退休后的基本生活而筹集的专项基金。基本养老保险的覆盖范围包括国有企业、城镇集体企业、外商投资企业、城镇私营企业和其他城镇企业及实行企业化管理的事业单位。

对企业职工基本养老保险基金审计的主要内容是：

①基金征收审计。企业职工基本养老保险基金主要通过向职工所在企业征集、职工个人缴纳、政府补贴及基金增值收入四个渠道征集。审计的内容和重点为：养老保险管理部门、社会保险经办机构是否按规定项目和标准，及时、足额地征收养老保险基金，有无擅自调整征收比例，减免征收养老保险基金的问题；相关部门有无转移或隐瞒基金收入，私设"小金库"的问题；企业养老保险基金有无隐瞒工资总额和职工人数，造成漏缴，有无将个人缴纳的养老保险基金在成本中重复列支，故意拖欠或拒绝缴纳养老保险基金，有无将应缴养老保险基金截留，用于企业其他开支等情况。

②基金管理审计。基本养老保险基金必须存入财政部门在国有商业银行开设的社会保险基金财政专户，实行收支两条线管理，专款专用，任何部门、单位和个人均不得挤占挪用，也不得用于平衡财政收支。审计的内容和重点为：相关部门、单位与个人有无以各种形式将养老保险基金挪作他用，如用于对外投资、弥补行政经费和平衡财政预算等；管理及经办机构的年度决算、账簿、凭证是否真实合法，内控制度是否健全有效，养老保险基金是否安全、完整，其保值增值是否合法、合规等。

③基金支出审计。目前基本养老保险基金支付的项目主要有：离休费、退休费、退职生活费、退休职工死亡丧葬补助费、退休职工死亡后的供养直系亲属抚恤及救济费等。审计主要关注：养老保险管理部门及社保经办机构是否依法及时、足额支付基本养老金；是否按规定编制预算、计划，资金调度和用款计划是否按程序报批；相关部门有无虚列支出，转移资金和挤占挪用等问题，是否存在擅自扩大或缩小开支范围的问题；领取养老金的人员是否已参加养老保险并符合离退休条件，有无虚报冒领养老金的情况等。

（2）失业保险基金审计。

失业保险基金是根据国家规定，按照工资总额的一定比例缴纳，为保障劳动者因非本人自愿的原因失去工作，中断收入，对其失业期间的基本生活和实现再就业，给予一定物质补助的专项基金。

对失业保险基金审计同样主要关注基金的征收、管理和支出三个方面：

①基金征收审计。失业保险基金的四个主要来源是城镇企业事业单位及其职工缴纳的失业保险费、失业保险基金的利息、财政补贴和依法纳入失业保险基金的其他资金。审计主要关注：失业保险管理部门、社保经办机构是否存在未经有关部门批准，擅自提高或降低失业保险费征收比例的问题，有无隐瞒、转移基金收入，私设"小金库"的问题，企业有无隐瞒工资总额，少缴失业保险费等问题。

②基金管理审计。可参照本节企业职工基本养老保险基金管理审计内容。

③基金支出审计。审计的内容和重点：失业保险管理部门、社保经办机构是否依法及时、足额拨付失业保险金，发放标准是否符合规定，有无擅自扩大或缩小失业保险金支付范围，随意变动支付标准的问题；有无虚列支出、转移资金及挤占挪用等违纪问题；有无虚报冒领失业保险金的情况等。

（3）农村养老保险基金审计。

我国农村社会养老保险制度，是国家保障农村老年人口基本生活的社会保障制度。从1991年开始组织试点以来，农村养老保险逐步推进发展，对于深化农村改革、保障农民利益、解除农民后顾之忧、落实计划生育基本国策、促进农村经济发展和社会稳定都具有深远的意义。

审计的内容和重点：审查农村养老保险管理机构是否按国家有关规定，督促保险费及时足额上缴，并确保给付金额准确无误，及时、足额下拨；审查有无错发、拖欠及克扣现象，有无挤占挪用保险基金等违纪问题；管理机构是否将基金与单位经费分户储存，分账管理，专款专用，有无混淆资金的情况；是否按规定标准和方法核算并足额下拨责任金和调剂金，有无混淆支出的问题；其财务管理、内控制度是否健全有效，管理服务费的提取是否符合规定比例，其年终结余是否按规定结转；农村养老保险基金的保值增值是否合规、合法。

（4）职工基本医疗保险基金审计。

职工基本医疗保险基金是依照国家法律、法规的规定向用人单位和职工个人收缴的，以及通过其他方式形成的用于职工基本医疗保障的专项基金。城镇职工基本医疗保险制度工作从1999年年初正式启动，1999年年底基本完成。基本医疗保险的覆盖范围是国有企业、城镇集体企业、外商投资企业、城镇私营企业和其他城镇企业、国家机关、事业单位、民办非企业单位、社会团体。

对职工基本医疗保险基金的审计应注意以下问题：社保经办机构是否依法筹集职工基本医疗保险费；医疗保险基金的支付是否按个人账户和社会统筹基金规定的支付范围分别核算，有无互相挤占；审查医疗服务待遇的落实情况，如治疗人数、服务项目、用药标准、费用估算方式、违反合同的责任等；社保经办机构有无虚列支出、转移资金和挤占挪用基本医疗保险基金等违纪问题；对职工基本医疗保险基金管理运营的审计要点参照本节企业职工基本养老保险基金管理审计内容。

2.住房公积金审计

住房公积金是指国家机关、国有企业、城镇集体企业、外商投资企业、城镇私营企业及其他城镇企业、事业单位、民办非企业单位、社会团体及其在职职工缴存的长期住房储金。住房公积金的管理实行住房公积金管理委员会决策、住房公积金管理中心运作、银行专户存储、财政监督的原则，应当用于职工购买、建造、翻建、大修自住住房，任何单位和个人不得挪作他用。

审计过程中关注重点为：审查有关机构和部门是否严格按规定的范围、基数和比例归集住房公积金，有无擅自增加基数、提高比例为职工缴纳住房公积金，虚报职工人数、冒领财政补贴的问题；审查各单位、部门是否按规定给予补贴，补贴资金的来源及数额是否正确；审查有关部门有无未经批准擅自动用住房公积金、挪用住房公积金搞其他基本建设或生产经营等；审查住房公积金是否按规定管理，其增值收入的取得是否符合规定，有无不及时入账、违规取得收入、隐瞒转移收入、私设"小金库"的问题；住房公积金管理中心是否按规定从住房公积金增值收益中提取管理费用，按财政部门批准的预算上缴财政后，再予以拨付使用。

3.抚恤和社会福利救济费审计

抚恤和社会福利救济费是我国由国家财政支撑的对达不到基本生活水平的人群及特殊人群的社会保障资金，包括低收入人群、困难人群、孤老残幼、精神病人和军烈属、伤残军人、退伍军人等，其中优抚安置属于国家的特殊保障，保障的目标应当高于当地群众平均生活水平。

审计的重点是：审查民政部门是否按照规定的标准和程序发放抚恤和社会福利救济费，有无擅自扩大开支范围、调整发放标准、侵害接受对象权益等问题；审查发放手续是否健全、内部控制制度是否有效，有无挤占挪用、以权谋私、贪污挪用等问题；审查救灾支出是否专款专用，主管部门是否及时安排拨付资金，并用于地方灾后重建和解决灾民生活困难；审查接受抚恤和社会福利救济费的对象是否符合国家有关规定的条件，有无弄虚作假、冒名顶替等问题。

4.社会捐赠资金审计

社会捐赠资金是指国内国外政府机构、企业、事业单位、社会团体、民间组织和个人以及国际组织向我国科学研究、文化教育、抗灾救灾、社会福利、社会公益事业、社会慈善事业提供的各种形式的资金或实物。

对社会捐赠资金审计的主要内容：接收捐赠款、物的手续是否完备、合规，是否账款、账物相符，有无实行专户核算；是否存在多户存储、隐瞒账户、私设"小金库"等问题；管理部门对接收的捐赠实物是否进行妥善保管，是否及时结转资金增值收入，接收的外汇捐赠资金是否及时结汇；分配、发放、使用捐赠款、物的手续和制度是否健全有效，有无中间环节过多，层层截留、挤占、挪用、私分或虚列支出等，致使捐赠资金不到位等问题。

三、环境保护资金审计

环境是指围绕人群的空间及其中可以直接或间接影响人类生活和发展的各种自然因素和社会因素的总称。所谓环境保护，就是人类维护自然要素的有序与完整，保持与其良好依存关系的活动。

（一）环境保护资金审计的概念

环境保护资金是各级政府环境保护相关部门管理和使用的除机构经费外的财政性资金。纳入国家审计机关审计范围的，主要是各级财政部门和企业事业单位投入的、各级政府向有关部门单位和群众征收的用于环境保护方面的资金，包括环境保护事业资金、环境保护专项资金、财政贴息的专项贷款、向排污单位和个人收取的资金、国外援款等。审计机关依法对这些资金收支的真实性、合法性、效益性进行监督。

（二）环境保护资金审计的目的和作用

政府环境审计出现的最根本原因在于政府在环境保护中承担的责任，环境问题是审计机关关注的主要问题之一。环境保护工作的综合性特征，决定了审计机关不仅能参与到环境保护的事业当中，同时还能够发挥非常重要的作用。一是审计部门作为独立的第三方，对环保资金的有效使用进行监督，能够监督有关部门按照预算安排使用环境保护资金，不得将其挪用于其他方面，并能帮助加强环境保护资金管理，从整体上保证监督到位，防止跑冒滴漏；二是能够确保环境保护资金按照规定的用途使用，厉行节约，减少浪费，保证项目目标的实现，使其充分发挥应有的效益；三是推动环境保护国策的全面落实，保护和建设好环境，实现环境的可持续发展。

（三）环境保护资金审计的主要内容

环境保护资金审计的主要内容是审查各级财政安排、筹集资金的合法性与合规性，资金分配拨付投放是否及时，主管部门及使用单位是否对资金实行了严格的管理，环境保护项目是否按期完成，能否发挥应有的作用，取得预期的环境效益等。鉴于环境保护资金与项目密切相关的使用特点，对于环境保护资金审计内容的阐述有别于前两项专项资金，在资金审计的同时引入了关于项目工程管理和项目运行效益方面的审计内容，在审查资金真实性的同时，关注项目的效益性和效果性，开展绩效审计。

1.项目资金管理情况

环境保护资金涉及的项目主要有排污费、环境保护专项补助经费、育林基金、防沙治沙专项资金、生态林建设资金和天然林保护资金等。审计中，着重从环境保护资金的征收、管理、支出几个方面予以关注：审查环保部门是否按国家或地方规定的标准办理，有无随意减免少收或巧立名目多收取的问题；环保部门是否将收取的各项费用和基金及时上缴国库，有无坐支、截留、挪用等问题；相关部门的内部控制是否健全，是否将收费纳入财政专户管理；资金是否按预算安排和计划使用，是否实行项目管理，并按计划或进度拨付，需要地方配套的项目资金是否配足，资金是否按规定的用途和范围使用，有无挪用于其他项目或弥补公用经费开支；预付工程款结存较大的项目主管部门和项目单位有无利用关联企业套取建设资金，通过虚假的施工结算转移、侵吞资金的问题；有无恶意拖欠工程款并分析拖欠原因等。

2.项目工程管理情况

主要审计主管部门和项目单位组织实施的污染防治项目，自立项审批到计划下达、设计与概算、招投标、工程款结算、竣工决算等工程管理全过程的情况。重点关注和检查：项目立项申报审批环节中有无重复申报、多头申报等虚报冒领的问题；概算的批复是否明确，调整与执行是否符合相关规定，有无自行提高建设标准、扩大建设规模和变更建设内容等问题；项目单位的招投标是否合规，施工企业中标后有无将工程违法分包或层层转包等问题；项目单位的内部控制制度是否健全；项目竣工决算手续是否完备，财产是否及时交付使用，有无形成账外资产；有关部门在项目实施中的各类收费是否合规，有无乱收费、乱摊派的现象。

3.项目运行效益情况

主要审计已投入使用的环境保护项目运行效益情况，并且作出客观评价。重点关注和检查：有无因决策失误和管理不善造成重大损失浪费或工程质量隐患问题；项目设施是否达到设计能力，如经治污设施处理后的污染物能否达到国家规定标准；对采取BOT等市场方式运作的污染防治项目，重点审计项目业主变更后的国有资产权益维护情况，是否存在国有资产流失、给予BOT运营商固定回报的问题，是否存在地方政府或其控股的投资企业为BOT运营商或其他市场化运作企业违规担保等问题。

关键概念

财政审计　本级预算执行情况审计　对下级预算执行情况审计　税收审计　海关审计　国库审计　财政结转资金　财政结余资金　农业专项资金审计　社会保障审计　环境保护资金审计

本章小结

财政审计是审计机关依法对国务院各部门和地方各级人民政府及其各部门的财政收支的真实性、合法性和效益性进行的审计监督活动，主要包括本级政府预算执行审计、对下级政府预算执行情况和决算审计，以及其他财政审计。财政审计的主体是各级国家审计机关，财政审计的对象是中央政府和地方各级政府的预算执行情况、地方各级政府的财政决算，以及其他财政收支活动。财政审计主要关注财政资金的征收、分配、管理和使用情况。财政审计的常用方法有：风险评估法、分析性复核法、审核稽查法、审计记录法和审计评价法。

本级财政预算执行情况审计是审计署和地方各级审计机关在国务院总理和本级政府首长的领导下，对本级预算执行情况的真实性、合法性、效益性进行的审计监督。本级财政预算执行情况审计的范围可以根据本级预算的组成、本级预算执行的组织机构、本级预算资金运行的过程来加以确定。按照预算执行的组织机构划分，预算执行审计主要涉及财政、税务、海关、国库等部门。

作为财政审计的一项基本内容，对下级财政预算执行情况和决算审计既是本级预算执行审计的补充也是深化。对下级政府预算执行情况和决算审计侧重于检查违反国家政令统一、损害上级财政利益和关系国家财政工作全局的问题，其主要包括对税收、非税收入、财政收入退库、财政支出、财政结算资金等的审计。

审计机关对其他财政收支审计监督以财政预算执行情况审计（包括财政决算审计）和部门财务收支审计为依托，对地方政府各部门管理的财政性预算外资金的管理使用情况进行审计或审计调查。其他财政收支审计涵盖的内容比较多，有农业专项资金审计、社会保障审计、环境保护资金审计等。

财政审计是国家审计的基本职责，在国家审计职责结构中居于主体地位，以国家授权为依据开展审计监督。财政审计与国家政策联系紧密，在课程学习和日后的实践中可以多参阅与预算、税务、海关及财政专项资金有关的政策、法规、实施条例，了解掌握审计重点。

复习思考题

1.什么是财政审计？财政审计自身有哪些特点？

2.本级财政预算执行情况审计与对下级财政预算执行情况和决算情况审计的关系是什么？二者在实际操作中有哪些区别？

3.简述本级财政预算执行情况审计的主要内容。

4.简述其他财政收支审计的内容，并从资金的征收、管理、分配使用几个方面来梳理农业专项资金、社会保障资金、环境保护资金的审计关注点。

本章习题

一、单项选择题

1.审查会计资料和相关经济活动资料并获取审计证据时所采取的方式和技术是（　　　）。

　　A.风险评估法　　　　　　　　　B.分析性复核法

　　C.审核稽查法　　　　　　　　　D.审计评价法

2.审计机关对关税征收情况进行审计，不包括（　　　）情况。

　　A.海关估价　　　　　　　　　　B.关税税则归类

　　C.报关单　　　　　　　　　　　D.局部调整税率

3.审计机关对国库进行审计的内容不包括（　　　）情况。

　　A.预算资金使用　　　　　　　　B.预算收入退库

　　C.预算收入缴纳和划分　　　　　D.预算资金拨付

4.预算收入退库审计，应审查国库是否将库款退给（　　　）。

　　A.缴款单位　　　　　　　　　　B.财政部门

　　C.税务部门　　　　　　　　　　D.财政、税务部门

5.税收政策执行审计作为税收审计的一项重要内容，检查（　　　）执行国家税收政策法规的情况。

A.地方政府和税务部门　　　　　　　B.财政部门

C.地方政府　　　　　　　　　　　　D.税务部门

6.财政部门组织预算执行情况审计不包括（　　　　）。

A.财政部门预算批复情况审计　　　　B.财政部门预算收入管理情况审计

C.财政部门预算支出管理情况审计　　D.税收计划完成情况审计

7.下列选项中不是对税务系统的审计内容的是（　　　　）。

A.税收计划完成情况　　　　　　　　B.税收政策执行

C.保税货物监管　　　　　　　　　　D.税收征管情况

8.预算资金拨付是对（　　　　）的审计内容。

A.财政部门　　　　　　　　　　　　B.国库系统

C.海关系统　　　　　　　　　　　　D.税务系统

9.下列不是本级财政预算执行情况审计范围的是（　　　　）。

A.本级政府预算执行情况　　　　　　B.部门预算执行情况

C.单位预算执行情况　　　　　　　　D.下级预算执行情况

10.企业计划亏损补贴是对（　　　　）的审计。

A.税收　　　　　　　　　　　　　　B.财政收入退库

C.财政支出　　　　　　　　　　　　D.财政结算资金

二、多项选择题

1.财政审计自身的特点包括（　　　　）。

A.权威性　　　　　　　　　　　　　B.多元性

C.强制性　　　　　　　　　　　　　D.公共性

2.财政审计的内容包括（　　　　）。

A.部门预算执行情况审计　　　　　　B.下级政府决算执行审计

C.本级预算执行审计　　　　　　　　D.下级政府预算执行审计

3.下列说法正确的是（　　　　）。

A.各级政府预算执行情况由下级审计机关进行审计

B.各级政府的决算由本级审计机关进行审计

C.各级政府预算执行情况主要由本级审计机关进行审计

D.各级政府的决算由上级审计机关进行审计

4.本级财政预算执行情况审计的主要内容包括（　　　　）。

A.预算批复情况　　　　　　　　　　B.预算收入情况

C.预算收入退库情况　　　　　　　　D.预算支出

5.其他财政收支审计不包括（　　　　）。

A.税收审计　　　　　　　　　　　　B.农业专项资金审计

C.社会保障审计　　　　　　　　　　D.结转资金审计

三、判断题

1.我国财政审计的审计方式主要有"同级审"和"上审下"。　　　　　　（　　　　）

2.审计记录法作为对整个财政审计实施阶段审计活动的描述，主要包括审计取证和工作底稿等。　　　　　　　　　　　　　　　　　　　　　　　（　　　）

3.从财政管理体制角度，财政审计内容分为预算执行审计、财政决算审计、专项资金审计、转移支付资金审计和国债资金审计等。　　　　　　　　（　　　）

4.财政部门向本级各部门批复预算支出的时间是在本级人大批准预算后15日内。　　　　　　　　　　　　　　　　　　　　　　　　　　　（　　　）

5.根据我国预算管理制度的规定，年度政府决算编制完成并按法定程序批准后，直至年度预算编制完毕并按法定程序批准之前，属于预算执行的时间。　　　　　　　　　　　　　　　　　　　　　　　　　　　（　　　）

6.本级财政预算执行情况审计的范围包括本级政府预算执行情况、部门预算执行情况、单位预算执行情况三个层次。　　　　　　　　　　　　（　　　）

7.审查地方政府和税务部门是否按照税法和税收政策的规定，及时、足额地组织税收收入是对税收计划完成情况的审计。　　　　　　　　　　　（　　　）

8.税务部门办理退库时可以越级退库多退上级财政收入。　　　　（　　　）

9.对下级财政预算执行情况和决算审计时，所涉及税收审计的内容，主要是地方税务局负责征收和管理的各项税收的征管情况。　　　　　　（　　　）

10.农业专项资金审计是指审计机关依法对国家或地方各级人民政府支持农业和农村经济发展的资金收支的真实性、合法性、效益性进行监督的行为。　（　　　）

四、简答题

1.财政审计的组织方式是什么？

2.简述预算批复情况审计的内容。

3.简述政府预算平衡情况审计的内容。

五、案例分析题

1.在以下所列事项中，L县审计局可直接进行审计的有哪些事项？对其中不属于该审计局职责范围的，请具体分析。

（1）L县财政决算审计。

（2）L县下属A镇财政决算审计。

（3）L县预算执行情况审计。

（4）L县人民银行中心支行财务审计。

2.审计组对2019年度S市市级预算执行情况进行了审计。其主要审计了S市财政局具体组织执行市级预算情况，市地方税务局税收征管情况等。在审计过程中，审计组在该单位发现如下事项及会计处理分录，试分析存在的问题并进行更正。

（1）该财政局向省财政厅借款1 200万元，其分录为：

借：国库存款　　　　　　　　　　　　　　　　　　　12 000 000

　　贷：一般公共预算本级收入　　　　　　　　　　　　　　　　12 000 000

（2）1月23日，该财政局拨给市工商局下月行政经费13万元，其分录为：

借：与下级往来   130 000

　　贷：国库存款   130 000

（3）2月12日，经市政局批准，借给M县财政处临时周转资金75万元，其分录为：

借：其他应收款——暂付款   750 000

　　贷：国库存款   750 000

3.审计组对B市财政总预算会计进行审计时发现：B市财政局某年6月借给N单位150万元，其分录为：

借：其他应收款——暂付款   1 500 000

　　贷：国库存款   1 500 000

初步掌握N单位确实存在，但与B市财政局是否存在经费领拨关系，尚未查明。审计组又发现，不久后，该笔"暂付款"转作预算支出，其分录为：

借：一般公共预算本级支出   1 500 000

　　贷：其他应收款——暂付款   1 500 000

若你作为审计人员，请谈谈如何对上述业务继续进行审计。

4.2020年3月，在对某财政部门2019年财务进行审计时发现以下问题：

（1）收到暂存款100万元，经批准转作收入，但未有账面记录。

（2）收到所属企业20万元税款，但未收归国库。

（3）划拨10万元的经费给某部门，经查该部门有预算上缴任务。

（4）资源税入库60万元，经查实列入一般预算收入的资源税为10万元，其余账款在暂付款挂账。

（5）收到预算缴款10万元，列作暂存款。

（6）利息支出10万元。

5.某市审计局审计组对该市财政总预算会计进行审计时发现，该市财政局2019年年初收到土地出让金2 200万元，其分录为：

借：国库存款   22 000 000

　　贷：其他应付款——暂存款   22 000 000

当年年终，该笔资金仍然挂在暂存款账上。

与此同时，该市下属民政局于2019年10月向财政申请借入200万元用于灾民救济的资金，此笔资金在年初预算时未列入计划，也没有同时算作临时借入，11月转为支出，其分录为：

借：国库存款——一般预算存款   2 000 000

　　贷：其他应付款——暂付款（市民政局）   2 000 000

要求：

（1）请你对上述业务进行具体的审计分析。

（2）提出进一步进行审计的详细方案。

（3）写出民政局的正确处理分录。

六、论述题

从不同的角度论述本级财政预算执行情况审计范围的界定。

案例解析

骗贷有"高招"——某商业银行资产
负债损益情况的审计

亿元国有资产"公转私"黑幕是如何
揭开的——国有企业改制审计

第五章　金融审计

学习目标

通过本章的学习，掌握金融审计的内涵，能够将其与金融监管相区分。了解中央银行的主要业务和职责，熟悉中央银行审计的依据，掌握中央银行财务收支审计的重点及审计的具体方法和思路；了解商业银行审计、保险业务审计、证券业务审计的基本含义、审计内容和审计程序，并能比较三种审计之间的区别与联系；掌握商业银行审计、保险业务审计、证券业务审计的基本审计思路。

第一节　金融审计概述

一、金融的含义及金融机构

金融就是资金的融通。金融是货币流通和信用活动以及与之相联系的经济活动的总称。广义的金融泛指一切与信用货币的发行、保管、兑换、结算、融通有关的经济活动，甚至包括金银的买卖，狭义的金融专指信用货币的融通。

金融的内容可概括为货币的发行与回笼，存款的吸收与付出，贷款的发放与回收，金银、外汇的买卖，有价证券的发行与转让，保险、信托、国内、国际的货币结算等。

从事金融活动的机构主要有银行、信托投资公司、保险公司、证券公司、投资基金，还有信用合作社、财务公司、金融资产管理公司、邮政储蓄机构、金融租赁公司以及证券、金银、外汇交易所等。

二、金融审计的含义及任务

金融审计，是指审计机关对国家金融机构财务收支的真实性、合法性和效益性进行审计监督的一种经济监督活动。其主要是对国家金融机构执行信贷计划、财务计划以及与财务收支有关的各项经济活动及其经济效益等进行的审计监督。金融审计是我国政府审计的主要组成部分，在国家金融监督体系中处于非常重要的地位，在维护金融安全、防范金融风险，强化金融管理、打击金融领域的违法犯罪活动等方面发挥着重要的作用。

金融审计的主要任务是依法加强对金融机构的审计监督，揭示金融机构资产、负债、损益的真实情况，揭露和纠正违规违法从事金融业务活动行为，促进金融机构加强管理、健全制度、依法合规经营、提高经济效益，为深化金融改革、稳定金融秩序、防范和化解金融风险、保障国民经济健康发展服务。

三、金融审计的对象、目标和主要内容

（一）金融审计的对象

我国《宪法》规定："国务院设立审计机关，对国务院各部门和地方各级政府的财政收支，对国家的财政金融机构和企业事业组织的财务收支，进行审计监督。"

按照《审计法》的具体要求，金融审计是对中央银行的财务收支、银监会等监管机关预算执行情况、国有和国有资本占控股或者主导地位的金融机构的资产、负债和损益进行的审计监督。本章根据金融机构的特性及目前审计的实际状况，重点介绍中央银行、国有商业银行、证券公司、保险公司审计。对金融监管机关的审计是国家预算执行审计的一部分，其审计的目标、内容和方法与预算执行审计相同；政策性银行、信托投资公司审计的目标、内容和方法与商业银行及证券公司等金融企业审计有相似之处，故不再赘述。

（二）金融审计的目标

金融审计的总体目标，是通过对国有金融机构的财务收支以及资产、负债、损益的真实性、合法性、效益性的审计监督，以促进防范风险、提高效益、规范管理为目标，推进建立安全高效稳健的金融运行机制，促进金融监管机构依法履行职责。

按照金融审计的总体目标，结合金融企业的特点和市场运行环境，国有商业银行等金融企业审计的具体目标可确定为以下八个方面：

（1）真实性，指金融企业各项业务所形成的、列示于资产负债表中的各项资产、负债、所有者权益以及有关表外科目在资产负债表日确实存在，列示于利润表的各项收入和支出在会计期间内确实发生。

（2）完整性，指金融企业发生的所有业务均已按规定记入有关账簿并列入财务会计报告。

（3）正确性，指金融企业各项业务均已正确地记入相关账户，业务交易金额和账户余额记录正确。

（4）所有权，指金融企业各项业务所形成的、列示于资产负债表中的各项资产确实为企业所有，各项负债确实为企业所欠。

（5）合法性，指金融企业各项业务活动符合法律法规的要求。

（6）计价，指金融企业各项业务所形成的各项资产、负债、所有者权益、收入和支出等要素均已按适当方法进行估价和计量，列入财务会计报告的金额正确。

（7）截止，指金融企业各项业务均按规定正确地记录于恰当的会计期间。

（8）分类与披露，指金融企业各项业务所形成的、列示于财务会计报告上的各要素均已被适当地加以分类，财务会计报告恰当地反映了账户余额或发生额，披露了所有应该披露的信息。

（三）金融审计的主要内容

按照《审计法》的要求，并结合当前我国金融业发展的实际状况，金融审计的主要内容为以下五个方面：

1.检查资产质量

核实金融企业资产质量的真实性，揭露掩盖不良资产的各种手法，评价资产质量，对新增的不良款项应分析原因，明确责任，有针对性地提出改进意见。

2.检查业务经营合规性

对各项业务流程进行内部控制调查和测试，评价信用评级、统一授信、贷款发放、责任追究等各项内部控制的健全性和有效性，注意发现管理漏洞和薄弱环节，并提出完善、改进和加强管理的具体建议；全面审核新发生业务的合规性，重点揭露有无违反业务操作程序，违规放贷、内外勾结诈骗金融企业资金。对形成的不良资产，应查明原因，明确责任；检查银行各类业务的风险性，重点揭示金融企业潜在的财务风险，对各类业务的现实及潜在风险进行分析，从制度上和管理上提出防范和规避风险的建议。

3.检查盈亏真实性

重点检查计息是否准确，呆账核销是否真实，有无人为调整盈亏；是否存在截留转移收入，挤占挪用资金，虚列支出以及私设"小金库"等问题；检查固定资产的真实性，核实以前年度账外购置固定资产的清理纠正情况。

4.检查重大经营决策

审查重大经营决策的程序及结果，重点检查银行内部人员，尤其是主要领导有无违反程序或因决策失误造成重大损失浪费的问题。

5.揭露重大违法违纪案件线索

对被审计单位及个人严重违反《中华人民共和国会计法》等财经法规，情节严重、性质恶劣的；对违规经营、严重渎职等造成重大损失或浪费的；对挪用、侵吞、私分国有资产，涉嫌贪污、受贿的；对以各种方式骗取金融企业资金的，应作为重点内容查深、查透、查实。通过落实责任人，及时移送司法机关，打击金融领域的违法犯罪活动，促进廉政建设。

四、金融业务发展对金融审计的影响

与一般企业审计相比，除业务内容的不同之外，金融审计还受到金融业务以下特征的影响：

1.金融业务综合化

在我国，金融业务综合化经营，主要是指商业银行不仅能经营传统业务，还能经营原属于证券、投资银行、保险、信托公司的业务，以及衍生金融业务。传统的金融业务经营内容出现了交叉，业务界限逐渐模糊，这种金融交易结构的复杂化，使金融活动的透明度降低，增大了审计风险。

2.金融活动国际化

金融活动国际化是经济全球化在金融领域的表现。信息、交通技术的发展，使一国金融活动越出国界与世界各国金融业务融合在一起成为现实。这就要求金融审计人员不仅要了解国内的有关情况，对国际形势也应有清醒的认识。

3.金融交易电子化

目前我国银行以网络为基础，在本系统内能够为客户提供跨行、跨地区的金融服务；证券行业经营机构已全部实现了计算机网络化运营。这对从事金融审计的人员的计算机水平提出了比较高的要求，必要时还需借助专家的帮助。

4.金融产品多样化

过去的几十年是环球金融市场借助信息技术急速扩张的阶段，另外全球贸易自由化的趋势和现实也使金融业在世界范围的竞争达到白热化。商业银行业务除了传统的存、贷业务外，一些新的金融产品，包括新形式的衍生产品，如掉期合约、风险转移产品、资产抵押证券、外汇交易基金等纷纷登场，某些创新产品甚至成为金融市场的新兴主流金融工具。金融创新对金融审计的技术和方法提出了更高的要求。

5.金融服务个性化

当社会财富积累和经济全球化发展到一定程度之后，企业和居民需要通过个性化金融服务实现资产保值增值，回避市场风险。这就要求金融审计也应对不同的业务采取更有针对性的审计操作。

第二节 ‖ 中央银行审计

一、中央银行审计概述

中央银行审计是指政府审计机关，以国家的法律法规、制度为准绳，依据大量的会计和统计资料，运用审计原理和技术，对中央银行财务收支和相关经济活动的真实性、合法性和效益性进行检查、评价和鉴证。将来的审计重点还将发展为对人民银行的费用分配等核算活动和执行货币政策等履行央行职能情况进行分析探讨；对人民银行财务收支行为、履行央行职能的经济效益和社会效益进行指标测评，提出提高效益的办法。

（一）中央银行的职责与业务

中央银行作为国家经济的重要调控部门，在一国金融体系中处于中心环节，成为信用制度的枢纽。中央银行是经济体系中最为重要的组成部分，是经济运行的轴心，在社会经济发展中发挥着不可替代的作用。

中央银行的职责主要有：发布与履行与其职责有关的命令和规章；依法制定和执行货币政策；发行人民币，管理人民币流通；监督管理银行间同业拆借市场和银行间债券市场；实施外汇管理，监督管理银行间外汇市场；监督管理黄金市场；持有、管理、经营国家外汇储备、黄金储备；经理国库；维护支付、清算系统的正常运行；指导、部署金融业反洗钱工作，负责反洗钱的资金监测；负责金融业的统计、调查、分析和预测；作为国家的中央银行，从事有关的国际金融活动；国务院规定的其他职责。

中央银行的主要业务包括：为执行货币政策，要求银行业金融机构按照规定的比例交存存款准备金；确定中央银行基准利率；为在中国人民银行开立账户的银行业金融机构办理再贴现；向商业银行提供贷款；在公开市场上买卖国债、其他政府债券和金融债券及外汇；依照法律、行政法规的规定管理国库；代理国务院财政部门向各金融机构组织发行、兑付国债和其他政府债券；组织或者协助组织银行业金融机构之间的清算系统，协调银行业金融机构相互之间的清算事项，提供清算服务；根据执行货币政策的需要，对商业银行发放不超过一年的贷款；中国人民银行不得对政府财政透支，不得直接认购、包销国债和其他政府债券；不得向地方政府、各级政府部门提供贷款，不得向非银行金融机构以及其他单位和个人提供贷款，但国务院决定中国人民银行可以向特定的非银行金融机构提供贷款的除外；不得向任何单位和个人提供担保。

（二）对中央银行审计的依据和方法

1.对中央银行审计的依据

对中央银行进行审计的主要依据有：

①《中华人民共和国中国人民银行法》第四十条规定：中国人民银行的财务收支和会计事务，应当执行法律、行政法规和国家统一的财务、会计制度，接受国务院审计机关和财政部门依法分别进行的审计和监督。

②《审计法》第十八条规定：审计署对中央银行的财务收支进行审计监督。中国人民银行及其分支机构都属于我国最高审计机关即审计署的审计对象，不可授权下级审计机关审计，必须由审计署统一组织对中央银行的审计监督工作，审计工作由审计署及其派出机构具体实施。

③由于中央银行财务是国家财政预算的一部分，开展中央银行财务收支审计，应当根据《预算法》、《中华人民共和国会计法》（以下简称《会计法》）和相关会计准则的规定检查其会计账务处理的正确性以及财务收支的合法性、合规性。

④开展中央银行财务收支审计，还应当依据《审计法实施条例》以及中央银行为了履行宏观调控职能所制定的一系列相关规定和办法进行科学决策，重视内部管理，提高管理效率，从而完善中央银行的内部制约机制。

2.对中央银行审计的方法

审计署对中央银行财务收支进行审计监督，主要采取行业审计的方式对重要审计事项进行专项审计。实施审计时，以抽样审计为主，并运用计算机辅助审计技术。对中央银行审计常用的基本方法包括基本审计方法和专门的技术方法。

（1）基本审计方法。

从账户入手审计是中央银行审计取证的主要方法之一，是其他审计方法有效实施的前提。总结我国近年的审计工作经验，账户入手审计方法是审计的基础方法。

账户入手审计，一般是指审计机关以中央银行的账户为起点，查证相应的会计科目，监督财政、财务收支真实性、合法性和效益性的审计活动。它既是审计监督的重要内容，又是我国审计工作的基础方法，从账户入手审计，有利于查清被审计单位资金的来龙去脉，有利于全面、系统的审计监督。

　　中央银行是管理金融的国家机关，是特殊的银行，其货币结算、资金调拨等不单纯反映在银行存款账户中，相当一部分资金活动还反映在往来账户中。因此，对中央银行自身行政经费审计和对其所属的企事业单位财务收支的审计，从银行存款账户入手，可以完全掌握资金总体情况。但对中央银行业务收入和支出的审计，必须同时注意从往来账户入手，才能够全面掌握资金运动的总体情况。特别是对联行往来和金融机构往来账户进行重点审计。联行往来是指同一银行内所属各行之间的资金账务往来。联行往来账户集中反映了银行办理货币结算和资金调拨的全过程。金融机构往来，是指各银行跨系统的资金划拨、款项汇划，以及办理货币结算而相互代收、代付款项所发生的资金账户往来。中央银行金融机构往来账户反映金融机构与中央银行存贷资金及利息收付等资金往来。

　　（2）专门的技术方法。

　　专门的技术方法可分为内部控制测评、实质性测试、专项审计调查、计算机审计方法等取证方法。内部控制测评，是对中央银行的内部控制进行调查、测试和评价。它的基本步骤包括调查和描述中央银行内部控制、初步评价内部控制情况、内部控制测试、最终评价内部控制。实质性测试是对中央银行各项业务及其所影响的财务报告项目余额进行的详细检查和分析性复核。实质性测试中一般使用抽样审计方法。专项审计调查是指审计机关通过审计方法对与中央银行财务收支活动有关的特定事项进行的专门调查。计算机审计方法，是利用计算机技术对电算化会计核算系统进行检查。计算机审计方法又分为：第一，绕过计算机审计。绕过计算机审计是指审计人员用传统的手工方式对计算机系统的输入与输出结果进行审计，判断其处理过程的正确性。第二，对计算机信息系统进行审计。对计算机信息系统进行审计是指对计算机信息系统程序设计、系统功能、数据处理过程及相关控制进行审计，重点强调对计算机数据处理过程内部控制的审计。计算机信息系统审计主要有数据检验技术和平行模拟技术。第三，计算机辅助审计技术。计算机辅助审计技术是指以计算机为工具完成某些审计工作的方法。计算机辅助审计技术主要有通用审计软件、嵌入审计模块技术、审计管理和作业自动化技术等。第四，网络审计技术。网络审计技术是指利用网络技术将中央银行的会计信息数据与审计机关的网上审计中心联结起来，通过审计软件对这些财务信息数据实施网上实时审计，包括对计算机网络系统及环境的审计以及利用计算机网络进行辅助审计。

　　（三）中央银行审计的主要内容

　　审计署对中央银行审计监督的内容有：一是审查在金融业务活动中发生的各项财务收支及结果的真实性、合法性和效益性；二是审查中央银行每个会计年度是否将其收入减除该年度支出，按照国家核定的比例提取总准备金后的净利润全部上缴中央财政。具体表现：

　　1.中央银行财务收支情况的审计

　　中国人民银行实行独立的财务预算管理制度，其预算经国务院财政部门审核后，纳入中央预算，成为国家预算的重要组成部分。《审计法》规定：审计署对中央银行的财务收支进行审计监督。《审计法实施条例》规定：审计署向国务院总理提出的中央预算执行情况审计结果报告，应当包括中央银行财务收支情况。按照法律赋予的职责，审计署每年应当组织力量对中央银行预算执行情况进行审计。审计对象主要包括中国人民银行总行机关（含国家外汇管理局）和一、二级分行及其支行。审计的主要内容包括：

①按照财政部批准的财务收支计划向所属分支机构批复财务收支计划的情况、财务收支计划执行中调整的情况和财务收支变化情况。审查中央银行是否按照财政部批准的财务收支计划层层下达，是否存在超额度下达计划等问题。

②审查会计资料的真实性。通过对中央银行会计凭证、账簿、报表情况的审查，确认会计资料是否真实，有无在系统预算之外设立财务收支账户。

③审查中央银行各项财务收入的完整性。审查各项业务收入和各项利息收入的计算、反映以及入账情况，利息收入的计算是否准确无误，有无截留、少列收入等问题。

④审查中央银行各项财务支出的合规性。审查各项利息支出的计息范围、利率和按实列支情况，各项业务支出开支标准，各项管理费用的开支范围和提取标准，各专项支出在限额内使用和专款专用情况，是否有以预提、摊销等名义虚列支出的情况，以及是否有向所属或被监管单位集资、摊销费用和虚列支出的情况。

⑤审查其所属事业单位年终利润并入财务决算的情况。

⑥审查中央银行系统汇总决算反映的财务收支计划执行情况时，重点审查预算收入是否完成计划，预算支出是否控制在财务支出计划限额内，以及盈利解缴或亏损拨补、总准备金提取和使用情况等。

2.内部管理与内部控制情况测评

审查中央银行内部控制和内部管理控制程序的健全性、相关性、制约性和有效性，以及各项内部控制执行情况。

3.其他财务收支情况的审计

主要审查中国人民银行（含国家外汇管理局）系统专项贷款、专项资金或基金的财务收支情况以及中央银行所属的事业单位的财务收支情况及所属的企业（含挂靠的企业单位和企业化管理的事业单位），如中国印钞造币总公司和中国金币总公司各项资产的形成和运用，各项负债的形成和偿付以及由此产生的财务收支情况。

二、财务计划审计

财务计划审计主要是通过审查财政机关批准的年度财务计划和调整财务计划的批件、对本级和各分支行核批的年度财务计划和调整财务计划的批件、汇总后的本级年度财务报告等资料，审查财务计划的编制是否符合财务制度的要求，内容是否完整，依据是否可靠，程序是否规范，财务计划的考核是否严格，是否发挥了计划的指导与促进作用。

中国人民银行财务收支计划是以货币形式对一定时期内财务活动引起的财务收入与支出以及财务成果等进行的规划。按照预算管理制度的要求，中国人民银行各级行每年要编制财务收支计划，并逐级上报，由总行汇总报财政部批准后层层分解落实，并按计划进行控制管理。财务收支计划作为全行业业务经营计划的重要组成部分，是财务预算管理的重要内容之一，是考核全行财务收支的主要依据；同时也是对中央银行进行财务审计的主要内容。财务收支计划是综合性计划，应当根据信贷收支计划、存贷款利率、机构人员、费用开支等的增减变化，并参照以往各项收支规律进行编制。审计财务计划编制时，应从计划编制的内容是否齐全、计划编制的依据是否可靠两方面进行重点审计。

（一）审计财务收支计划内容是否完整

中国人民银行财务收支计划的主要内容应当包括两部分：财务收入和财务支出。财务收入包括利息收入和业务收入。财务支出包括利息支出、业务支出、管理费用、专项支出和其他支出。以上收支相抵后为利润或亏损。审计财务收支计划应当对计划的内容逐项核实，检查有无遗漏的项目或是否列入了不应列入的内容。

（二）审计财务收支计划编制的依据是否真实

编制财务收支计划应体现中国人民银行的业务特点，按照既保证业务发展需要，又节约费用开支的原则，根据年度信贷收支计划、各项业务需求、机构人员和费用开支标准等情况，参照上年财务收支规律，考虑物价调整及其他政策性因素，采取预测、计算等方式，按会计科目、账户及使用说明逐项编制。其中各项利息收入和支出是财务收支计划的主体，对整个计划的实现具有决定性作用，因此审查各项利息收支必须以当年信贷收支计划、存贷款计划、利率档次为依据，确保数据可靠。此外，各项费用开支是财务计划的重点内容，它关系到财经纪律的执行和成本核算，应当从机构人员变化、业务范围变化、费用开支范围和标准等方面检查各项费用是否符合制度规定，各项税金及其他支出是否按财经法规正确编制。

三、财务收入审计

中国人民银行财务收入包括利息收入和业务收入两大部分。财务收入的管理要求是：①各项贷款必须按照央行规定的利率计收利息，不准擅自调高或调低利率，以达到减少或增加利息收入的目的。低息和贴息贷款的利差，除国务院批准由中国人民银行补贴的项目外，实行谁批准、谁补贴的办法，各级行不得自行增加低息、贴息项目。②各级行的财务收入要严格按照国家政策和有关规定准确计算，认真核实，真实反映。按规定收取的各项收入，应全部列入有关科目核算，不得截留或挪作他用。③财务收入发生多收或少收时，应由有关人员提出依据，经会计主管人员审核批准，从有关账户退还或补收。各项财务收入发生后，根据其内容正确使用有关账户，会计分录应当为：

借：××科目

　　贷：利息收入（或业务收入）

财务收入的审计主要是以会计凭证、账簿、报表为依据，根据存贷款利率和财务制度的有关规定，审查各项收入是否完整、真实、正确。审查核算手续是否严密，账务处理是否正确，内部控制是否健全，有无管理不严、账务不清、计算错误，漏收、少收利息收入或业务收入等情况。有无转移财务收入、故意不进账或弄虚作假甚至营私舞弊等影响财务收入的违法行为。

（一）利息收入的审计

利息收入是指以资产形式存在的各类资金按国家规定的利率计收的利息，包括金融机构再贷款利息收入、再贴现利息收入、邮政汇兑资金往来利息收入和其他利息收入等。

1.再贷款业务审计

再贷款是中央银行向商业银行和政策性银行发放的贷款，也是中央银行运用基础货币向商业银行和政策性银行以多种方式融通资金的总称。其包括年度再贷款、短期再贷款和再贴现等。

再贷款业务审计的内容主要包括：再贷款总量的确定与分配情况，审批权限管理、限额控制，审批、发放、收回程序。

①对总行再贷款总量的确定与分配情况审计时，核对"再贷款额度通知书"及相关文件，查看短期再贷款总量的确定与分配，是否符合各地实际情况及银行的经营情况，是否用于解决银行支付清算的临时头寸不足。

②对短期再贷款审批权限进行审计时，通过调阅"再贷款额度通知书"、相关批件、短期再贷款管理台账、借款合同、借款借据以及下级行再贷款申请的审批资料等，检查是否符合以下规定：第一，发放期限超过20天的短期再贷款，必须报经总行批准；第二，分行可审批期限不超过20天的短期再贷款；第三，经分行授权，省会城市和副省级城市中心支行，可审批期限不超过20天的短期再贷款；第四，其他中心支行，可审批期限不超过7天的短期再贷款；第五，县（市）支行不得审批短期再贷款。

③对贷款对象、条件和用途的审计。央行短期再贷款的对象仅限于辖区内具有法人资格的商业银行和全国性或区域性商业银行。短期再贷款的借款人应具备的基本条件是：在当地中国人民银行设立了准备金存款账户；具有法人资格的借款人，应足额存放法定存款准备金；不具有法人资格的，应在申请贷款之前3个月内未发生透支行为；资信情况良好，能按期归还短期再贷款；央行规定的其他条件。

分行发放期限超过20天的短期再贷款，应采取质押担保的方式，而且仅限于辖区内具有法人资格的商业银行。分行发放的短期再贷款只能用于解决借款人同城票据清算和联行汇差清算的临时头寸的不足以及其他短期流动性的不足。

④对贷款操作程序和内部控制的审计：央行应建立完善的短期再贷款操作手续，明确有关业务部门的职责，定期组织业务检查。总行对分行的短期再贷款业务实行按月考核。检查贷款申请、贷款审查、贷款发放和贷款收回这些环节是否按规定进行。

2.再贴现业务审计

再贴现是商业银行以其持有的未到期贴现票据向中国人民银行申请贴现，通过转让贴现票据取得中国人民银行再贷款的融资行为。其审计的内容包括再贴现总量的分布和分配情况是否合理，审批权限的管理，限额的控制，再贴现的审批、发放和收回程序等。

①调阅总行有关会议记录、文件以及所批"再贷款额度通知书"，检查再贴现资金总量的确定是否合理，数额的分配是否适合当地商业信用的发展状况。

②对再贴现申请人资格条件进行审计。再贴现的票据目前只有商业汇票，再贴现申请人必须是银行，并且具有较强的支付能力，能按时足额缴纳存款准备金。

③对再贴现会计处理合规性的审计。审计时应当检查、调阅再贴现申请书及所附资料，查看是否对商品交易合同、贴现申请人与出票人之间的增值税发票、贴现凭证、汇票及背书转让复印件等再贴现申请资料的真实性、合法性进行严格审查。调阅再贴现申请书、审批表、再贴现凭证，检查再贴现期限是否控制在贴现期限内，并执行中国人民银行总行发布的再贴现利率；检查是否按照规定权限，对受理的再贴现申请，由经办人员审查提出初审意见，报部门负责人和分管行长逐级、逐笔审查、审批并签署意见。

3.利息收入审计

是否正确计算利息收入是中央银行财务收支审计的重点。审计利息收入应从计息范围、利率档次、计算方法和收账情况等方面检查利息收入是否正确、完整、合法。

①计息范围的审计。对再贷款、再贴现、邮政汇兑资金往来等账户，应逐户检查应收利息的计息范围是否正确，应收利息有无低估漏列或高估虚构的情况。

②利率档次的审计。审查各类贷款（含再贴现）及邮政汇兑往来资金的利率使用是否正确时，应检查各项利率往来是否按人民银行总行规定的利率正确计收利息，有无擅自变动利率导致减少或虚增利息收入的情况。对低息和贴息贷款的利差，除国务院批准由人民银行补贴的项目外，检查各级行有无自行增加低息、贴息项目的贷款。

③计息方法的审计。审查计息方法是否正确时，应检查是否按规定日期办理计息，有无擅自提前或推后计息的情况。审计利息收入是否正确、完整，应分别把按季计息、逐笔计息和当时收息三种类型分开，分别审查核实。

（二）业务收入的审计

业务收入是指中国人民银行在行使中央银行职能，实施货币政策过程中所产生的利息收入以外的各项业务收入，包括金银业务收入、手续费收入、证券业务收入、罚款净收入及其他收入等。审计业务收入时，要检查各项收入是否按规定计算，计算是否正确，入账是否及时，有无错漏、截留和转移私分的问题。

1.金银业务收入审计

中国人民银行在办理金银收售过程中发生的升色、升秤等的收益和办理金银配售中发生的差价收入均应全部计入营业收入，不得转移截留。首先，检查升色、升秤是否正确，价差是否准确，有无情况不实、弄虚作假的现象。其次，检查账实是否相符，管理控制制度是否严密。最后，检查金银业务收入是否全部及时入账，有无隐瞒或截留、转移的问题。

2.手续费收入审计

中国人民银行为金融企业办理业务可按规定收取一定的手续费。审计时应当检查各项业务手续费是否按规定的收费标准收取,有无擅自扩大或缩小收费范围,有无改变收费标准以及错收、漏收、多收的情况;全部收入是否及时入账,有无转移收入,私设"小金库"的情况。

3.罚款收入审计

主要检查该收取的罚款是否有漏收、错收或故意不收的情况。如果发生退还罚款,要检查其理由是否正当,是否经有权审批人签章。重点检查收取的罚款收入是否转移账外而不作收入处理。

4.金融机构往来收入审计

金融机构往来收入是中央银行与各商业银行之间的资金往来发生的利息收入。由于这类资金数额较大,对中央银行收入的构成影响也大。因此,应作为审查重点。

①计息范围的审查。审查各项往来资金是否全部按规定计息,有无遗漏或错记的情况。

②利率使用情况审查。审查各项资金是否按规定正确使用有关利率档次,有无随意混淆新、旧利率的情况,有无违反利率政策、随意抬高或降低利率的情况。

③利息收入入账情况的审查。对金融机构往来收入审查的重点在于各项利息收入是否及时入账,有无弄虚作假、转移收入的情况。

5.金融市场收入和外汇调剂市场收入审计

金融市场收入和外汇调剂市场收入指中央银行在行使宏观调控职能时产生的金融市场拆借资金利差收入、外汇调剂差价收入。审计时,重点检查金融市场、外汇调剂市场利差收入核算的正确性,有无故意将利息收入、外汇调剂收入列入往来科目中,有无增加支出的情况,年终是否并入了中国人民银行大账的收入。

四、财务支出和盈余缴拨审计

财务支出作为中国人民银行财务管理的重要内容,主要包括利息支出、业务支出、管理费用、专项支出及其他支出等内容。财务支出的管理要求:①各项财务支出实行分类核算,利息支出按实列支。业务支出、其他支出由总行核定预算,分行在预算内组织辖区实施,按实列支。管理费用由总行核定指标,分行在指标内掌握开支。专项支出按照核定的专项支出指标和专项预算拨款的方式进行管理。②财务支出必须划分界限,应在管理费用中列支的费用不能列入业务支出和其他支出,应在专项支出中列支的费用不能列入业务支出、管理费用和其他支出。③各行要加强财务支出的管理,在满足正常业务支出、保证业务发展需要的同时,努力增收节支,严格按预算管理,提高资金使用效果。各项财务支出发生后,应当根据其内容正确使用有关科目,会计分录应为:

借:利息支出(或有关科目)

贷：××科目

审计财务支出，应严格按照《审计署关于中央银行财务审计的实施办法》和中国人民银行财务制度有关规定执行，不得擅自扩大财务支出范围、开支标准和随意摊销，以维护财经纪律和提高管理水平。

（一）利息支出审计

利息支出是对中央银行的负债按国家规定利率计付的利息，它包括金融机构存款利息支出、保险企业存款利息支出、邮政储蓄存款利息支出、邮政汇兑资金利息支出、债券利息支出和其他利息支出等。利息支出审计应当审查各项利息支出是否按国家规定的计息范围、利率档次计付各类存款利息，有无错计、漏计情况，有无弄虚作假、转移利息情况。

（二）业务支出审计

中国人民银行在行使中央银行职能、实施货币政策过程中所发生的业务费用支出，即为业务支出，它包括货币发行费、钞币印制费、安全防卫费、邮电费、电子设备运转费、调研信息费、印刷费、业务宣传费、租赁费、修理费、金银业务支出、手续费支出、证券业务支出、咨询费和其他业务支出等。审计时重点检查各项费用开支的范围和标准是否依据规定执行。审查各项费用支出是否按规定按实列支、费用计算比例是否按规定执行，有无擅自改变比例的情况；计算数据是否真实、准确，有无多计、错计；支付、审批的手续是否严密和有无预提的情况；审查修理费使用是否合理，有无应由专项支出负担的费用列入修理费支出，业务支出是否按实列支，有无虚报、预提的问题。

（三）管理费用审计

管理费用指办公经费、个人经费及其他公用经费支出，包括会议费、差旅费、劳动保护费、水电取暖费、低值易耗品购置费、保险费、职工工资、工会经费、职工教育费、职工福利费、外事费、绿化费、公杂费、业务招待费及其他管理费用等。

审计个人经费时注意是否按规定如实列支，有无扩大工资范围虚报多列，或不按规定比例和范围多提、重提、多用的情况。审计公用费用时注意是否按规定正确列支，有无擅自扩大开支范围、提高开支标准、变相发放钱物、挤占公用费用等情况。对专项支出审计时，应当检查是否按中国人民银行总行核定的专项支出指标使用。

（四）盈亏缴拨情况审计

按照人民银行财务管理办法，各级中国人民银行每一会计年度的各项财务收入扣抵年度各项财务支出后，所得盈亏要在年终决算后全额逐级汇总上划总行，亏损由总行审核后逐级拨补。全行净利润经财政部批准提取准备金后，由总行全部上缴中央财政。如发生亏损首先由历年提取的总准备金弥补，不足弥补的部分由中央财政拨补。

审计盈亏解缴的重点在于检查盈亏总额的真实性、合法性，这是对中国人民银行进行财务收支审计的重要环节。它对维护国家法纪和财经政策，考核利润的实现情况，分析利润增减变化的原因，促进人民银行加强内部管理，具有重要意义。

盈亏审查，总的来说就是要查明盈亏是否真实、正确、合法和合理。具体地说，有以下几个方面：第一，审计盈利或亏损的真实性、正确性、合法性。第二，揭露和纠正盈利或亏损中存在的错误和弊端，监督中国人民银行更好地遵守财经法纪。第三，审查中国人民银行内部控制制度的健全性、有效性，监督盈利总额的准确性并及时地上划，对发生的亏损要真实反映。

【实例5-1】2013年11月至2014年3月，审计署对人民银行2013年度财务收支情况进行了审计，重点审计了人民银行总行本级及所属太原中心支行等15家分支机构和7家企事业单位，并对有关事项进行了延伸审计。

审计发现的主要问题如下：（1）预算执行中存在的主要问题。①2013年，所属广州分行等15家分支机构未经批准，在公用经费和项目支出中列支人员经费14 855.98万元；所属深圳中心支行等13家单位未经批准，在公用经费、项目支出之间相互调剂使用资金1 220.37万元。②扩大支出范围或提高开支标准。2013年，总行机关使用预算资金弥补事业单位经费缺口1 340.71万元；2013年，所属武汉分行等10家分支机构扩大范围列支专项经费7 770.65万元；2012年至2013年，总行机关等单位在公用经费中超比例列支工会补贴共271.2万元，其中2013年121.2万元；2013年，太原中心支行和总行机关事务管理局在公用经费或项目支出中列支应由职工个人或其他单位承担的费用共747.18万元；2013年，武汉分行、总行机关和广州分行超范围超标准列支会议费、招待费等共79.20万元。③2013年，兰州中心支行和武汉分行无依据发放奖金补贴或违规购买商业医疗保险等共计129.31万元。④总行机关等6家单位存在以拨代支等问题1 702.71万元，其中2013年1 637.05万元；成都分行等单位为完成预算执行进度虚列支出共计6 789.45万元，其中2013年415.3万元。此外，还存在预算编报不准确、公务用车管理不到位、未按规定执行政府采购程序等问题。（2）其他财务收支中存在的主要问题。①2011年至2013年，所属南京分行等15家单位将地方政府以经费补助或奖励等名义拨付的资金在往来科目核算，少计收入15 832.5万元，其中2013年13 228.32万元。②2009年至2013年，所属成都分行等11家单位将房屋出租、固定资产处置等其他收入在往来科目核算或直接冲减当期费用，少计其他收入3 436.18万元，其中2013年1 620.19万元。此外，还存在财务管理不合规、固定资产购建和使用管理不到位等问题。（3）直属企业中国金币总公司和中国印钞造币总公司及下属子公司存在的主要问题。（略）①

---

① 摘自《人民银行2013年度预算执行情况和其他财务收支情况审计结果》。

第三节　　　　商业银行审计

一、商业银行审计的目标

目前，我国的金融体系由四部分组成：一是中央银行，即中国人民银行；二是商业银行，如中国工商银行、中国农业银行、中国银行、中国建设银行、交通银行、光大银行、华夏银行、招商银行等；三是政策性银行，如国家开发银行、中国进出口银行等；四是各类非银行金融机构，如保险公司、证券公司、租赁公司等。本节讲述商业银行审计。

《审计法》第十八条明确规定："审计署对中央银行的财务收支，进行审计监督。审计机关对国有金融机构的资产、负债、损益，进行审计监督。"因此，商业银行审计是审计机关对国有商业银行或国有股份商业银行的资产、负债、损益的真实性、合法性和有效性的审计。

商业银行资产按其流动性可分为流动资产、长期投资、固定资产、无形资产和其他资产，其中体现商业银行特色的资产包括：贷款、存放同业、存款准备金。商业银行负债按其流动性可分为流动负债、应付债券、长期准备金和其他长期负债等，其中体现商业银行特色的负债包括：存款、同业存放等。

商业银行损益是商业银行在一个会计期间经营货币商品而产生的最终的经营成果。其总体构成内容与一般企业相同，包括营业利润、利润总额和净利润三个部分，计算公式也与一般企业相同。具体构成内容则与一般企业有所不同，如体现商业银行特色的营业收入包括利息净收入、金融机构往来收入、手续费收入、汇兑收益等，再如体现商业银行特色的营业支出，包括利息支出、手续费支出等。

本节论述限于体现商业银行特色的资产、负债和损益的审计，其他商业银行资产、负债和损益的审计请参考其他章节相关内容，本节不再赘述。

商业银行审计的目标包括：审计与评价商业银行内部控制的健全性和有效性；审查资产负债的真实性、合法性和有效性；审查损益的真实性和合法性；审核会计报表填列的真实性、合法性；法定准备金制度和存贷款利率的真实性和合法性；审计与评价商业银行的内部控制。

二、现金业务的审计

现金业务审计的内容中包括对"库存现金"和"贵金属"科目的审计。之所以将贵金属归于此类，是因为贵金属的保存、流通特性与现金非常相似。

（一）常见问题

银行由于日常要处理大量的现金收付业务，会存有大量现金。另外，银行中也会保存黄金、白银等贵金属。现金控制体现在现金收付、运送和保管过程中。贵金属的控制主要体现在其计量、计价、保管的过程中。容易出现的问题包括：现金短失；相关账目出现错误；相关业务的责任制的缺陷甚至缺失；在办理相关业务的过程中违反国家法规。

（二）内部控制的测试

对现金业务的内部控制测试主要体现为以下内容：

（1）金库管理。在非营业时间里，所有的货币、贵金属是否都锁进金库或保险柜；金库是否装备有合格的防盗防抢报警等装置；金库的开启是否由定时锁控制，金库是否在每个营业日都最晚打开、最早锁闭；金库备用现金箱是否置于一个由双层锁保护的特别隔间内；金库中备用现金的动用是否由双人监管，共同记录等。

（2）出纳员岗位职责管理。各出纳员是否持有自己的现金并对该现金的货币名称和金额进行了记录；出纳员是否在其经手的交易凭证和现金封条上签字或盖章；收到顾客现金时，出纳员是否向顾客提供收据；出纳员在工作上是否受到严格监督，是否实行出纳岗位轮换制度；出纳员的职责是否限制在办理出纳交易的范围内，是否禁止其办理自己私人支票的收付业务，是否允许其接收非本国货币作为其现金的一部分，是否禁止出纳员接触除库存现金日记账之外的其他会计账簿等。

（3）现金岗位安全管理。每个出纳员的工作岗位是否都装备了防盗防抢报警装置；每个出纳员在金库中是否都拥有属于自己的隔间，以用来隔夜储存自己持有的现金；每个出纳员的工作岗位是否都备有上锁的现金保管设施，以供出纳员离岗时存放现金；顾客存取现金的营业网点是否装有防弹玻璃等防弹设施；对运钞出纳员和大额现金交易网点是否进行了特别的安全防护等。

（4）资金限额管理。对出纳员是否建立和实施了现金限额制度；各分支机构所持有的现金总额是否维持在合理的最低水准；出纳员对其持有的超额周转现金是否进行特别的防护。

（5）现金核查管理。所有出纳员的现金总额是否每天都与中央复核部门所加总的现金总额核对相符；出纳员所持有的现金是否定期由指定专人进行突击核点，对核点情况是否记录保存；在每个出纳员度假之前或突然离岗超过一天以后，是否对该出纳员的现金进行清点。

（6）长短款管理。出纳长短款项是否按日结清；是否记入按出纳员设置的出纳长短款账户，以反映各出纳员累计发生的出纳长短款总金额；出纳经理是否审核现金出纳长短款账户。

（7）贵金属的计价、记账管理。贵金属是否全部入账；初始及期末按成本与可变现净值孰低计量时的计量、入账价值是否正确；期末按成本与可变现净值孰低计量时价格标准的判断依据是否充分。

（三）实施实质性测试

在对银行的内部控制进行测试之后，可以根据对内部控制的初步判断，开始安排实质性测试。实质性测试的内容和步骤如下：

（1）清点出纳系统的全部现金，对出纳员持有的现金及金库的贵金属进行突击清点，观察和验证出纳员是否遵守了安全和控制制度。

（2）清点备用现金并将之与出纳员报告的现金总额及"库存现金"总账余额进行试算平衡；将金库中清查到的贵金属种类和数量与明细账及总账核对。

（3）全面评价现金控制制度的充分性、有效性和效率性以及出纳运作的质量。

三、贷款业务审计

贷款业务是我国商业银行的一种传统业务，商业银行贷款是我国商业银行最主要的资产，其利息收入也是商业银行最主要的经营收入。通过对贷款业务的审计，可以强化商业银行的内部控制，促使商业银行认真贯彻执行国家的货币信贷政策，坚持信贷管理原则，进而提高信贷资产质量，增强商业银行防范和化解金融风险的能力。

商业银行贷款按贷款期限的长短可划分为短期贷款、中期贷款和长期贷款；按贷款的保障程度可分为信用贷款、抵押贷款、质押贷款、保证贷款和贴现；按贷款用途可分为流动资金贷款和固定资产贷款；按贷款投向可分为工业贷款、农业贷款和商业贷款等。按贷款的风险程度，可将贷款分为正常贷款、逾期贷款、呆滞贷款和呆账贷款"四分类"，后三类贷款统称为不良贷款。国际上普遍采用的贷款"五级"分类管理，即将贷款分为正常、关注、次级、可疑和损失五大类，其中正常类和关注类贷款为正常贷款，次级类、可疑类和损失类贷款为不良贷款。2003年4月银监会成立后，要求按国际通用的五级分类法统计和披露不良贷款数据。正常类贷款：借款人能履行合同，有充分把握按时足额偿还本息。关注类贷款：尽管借款人目前有能力偿还贷款本息，但存在一些可能对偿还产生不利影响的因素。次级类贷款：借款人的还款能力出现明显问题，依靠其正常经营收入已无法保证足额偿还本息。可疑类贷款：借款人无法足额偿还本息，即使执行抵押或担保，也肯定造成一部分损失。损失类贷款：在采取所有可能的措施和一切必要的法律程序之后，本息仍然无法收回或只能收回极少部分。

商业银行的贷款业务流程主要包括：信贷关系的建立与贷款申请，对借款人信用等级的评估，贷款调查与项目评估，贷款初审与贷款审批，签订借款合同与贷款发放，贷后检查与贷款项目管理，贷款本息回收与贷款展期，不良贷款的监管与资产保全等。上述业务活动涉及的主要会计凭证与会计记录包括：贷款担保（抵押）文件、抵押品与质押品明细文件等信贷管理系统电子文件，各类贷款科目的总账、分户明细账及年末余额表，授权授信管理、审贷分离等内部控制和信贷管理文件，信贷工作台账、贷前调查报告、贷后检查报告和项目分析报告等信贷工作档案；商业银行的会计报表和会计账簿。了解和熟悉商业银行的贷款业务流程和涉及的主要会计凭证和会计记录，是审计人员进行贷款业务审计的前提和基础。

（一）常见问题

银行贷款业务的常见问题是：借新还旧粉饰财务报表，通过多次更换借据、借新还旧的形式，将不良贷款从形式上变成正常贷款并计算利息，隐瞒逾期贷款信息造成虚假还贷还息现象；违反贷款操作规程、不开审贷会或超越授权额度等发放贷款；贷款信息不完全、不准确，对同一贷款户的贷款过于集中，或在贷款金额受到限制的情况下，对同一借款人采用分次形式发放贷款，或通过借款人的关联企业分户发放贷款；来自外部的欺诈行为，如借款人使用虚假资料，编造虚假贷款用途，编制虚假财务报表，以伪造的证券作为抵押品，以及对抵押品进行挪用或转换等骗取贷款；来自内部的欺诈行为，如银行内部人将借款人偿还的贷款本息有意记错账户，以截留和挪用借款人归还的本息，或侵吞抵押品、捏造虚假贷款等；贷款利息计算不符合规定，如不按规定计收罚息、用错利率，有的银行利用利息计算及表内、表外应收利息的记载来调节盈亏；以呆账准备金的计提与核销来调节利润。

（二）内部控制的测试

对贷款业务内部控制的测试包括：综合管理制度层面的测试和贷款业务层面的测试。

对业务综合管理制度层面的测试主要包括如下内容：

（1）商业银行是否建立了各级审贷委员会，贷款业务是否遵循了审贷分离的原则，是否遵循了贷款的集体审批制度；

（2）贷款业务的管理和经营是否实行了主责任人和经办责任人分离制度；

（3）贷款发放和使用是否遵循了《票据法》《担保法》《经济合同法》等有关规定，是否符合安全性、流动性和效益性的原则，是否符合资产负债比例管理的要求；

（4）贷款的投放方向是否符合国家的产业政策；

（5）是否建立了统一规范的借款人信用等级评定制度；

（6）对接受信用服务的客户，是否核定了最高风险限额，是否实行超限额否决制度；

（7）授信业务是否实行了分类管理、分级审批制度；

（8）授信政策是否符合国家有关法律和外部监管部门的规定；

（9）是否制定了信贷战略目标；

（10）是否设立独立的授信风险管理部门予以把关；

（11）授信岗位分工是否合理、职责是否明确；

（12）是否制定了各类授信业务品种的统一管理办法，明确规定了各项业务的内容。

对贷款业务层面的测试主要包括如下内容：

（1）贷款申请测试。检查借款人是否按照要求提供了完整、真实的档案资料，借款人是否按照规定填写借款申请书或书面的申请；

（2）信用等级评估测试。结合信用评估资料检查对借款人的信用评级是否符合规定程序，检查评定的依据和测算是否真实准确；

（3）贷前调查测试。结合贷前调查报告和记录，检查是否认真检查了借款人的资格，是否核实了借款人的资产、负债、实收资本和损益，是否深入了解了借款人的担保情况、信贷风险及贷款的综合效益。

（4）贷款初审和审批测试。结合贷款审批表检查是否按规定的审批程序进行，有无越级审批或没有贷前调查的审批，是否体现了贷款调查、贷款审批和贷款发放的分离原则。

（5）签订借款合同的测试。结合借款合同和其他相关合同检查借款合同是否与贷款审批意见一致，借款合同要素是否齐全，借款合同中的利率是否符合中国人民银行的规定，借款合同是否与保证、抵押合同相一致，抵押物是否经过评估且是否为《担保法》中禁止的抵押担保物，质押物与贷款核定是否合理且质押物是否存在重复抵押，抵押、质押物保管登记簿及台账是否清楚完整。

（6）发放贷款测试。检查贷款发放是否在贷款手续办妥后进行，"借款借据""贴现凭证"要素填写是否齐全、完整且加盖借款人的法定公章，抵押和质押权凭证是否办理登记并在贷款期间予以妥善保管。

（7）贷后检查测试。结合贷后检查报告及记录，检查商业银行是否建立并执行贷后跟踪检查制度，贷后检查是否经常有效，是否及时、全面、客观地反映了借款人及保证人的信用状况，是否对借款人因改组、改制造成贷款变化的情况进行详细检查和落实，对即将到期或逾期贷款本息是否及时向借款人或保证人催收，展期原因是否真实和展期是否符合规定，"借新还旧"是否符合中国人民银行的条件和标准，有无自定标准的情况。

（8）收回贷款本金测试。通过有关凭证检查商业银行是否在贷款将到期时及时向借款人发出还款通知单抑或催收通知单，借款合同到期时不能还款时是否通过发函抑或依法起诉等形式促其尽快归还贷款且加收罚息，借款人违约时是否依法追究其违约责任。

（9）收回贷款利息测试。结合有关账证检查基准贷款利率和浮动利率的选用是否符合规定，贷款利息收入、应收利息和表外应收利息的计算是否正确，利息收入的确认是否符合会计准则的收入实现条件，会计处理是否正确。

（10）不良贷款的监管与资产保全措施的测试。是否建立贷款的质量监管制度，是否建立不良贷款责任认定和清收的激励机制，是否按规定的程序对不良贷款进行认定并按时上报上级行抑或同级中国人民银行，是否对不良贷款及时采取债务重组、补办抵押或依法催收等资产保全措施，是否按照国家的有关规定提取呆账准备金并按照呆账冲销的条件和程序冲销呆账贷款并保留对借款人和担保人的追索权。

（三）实施实质性测试

贷款的实质性测试包括贷款业务合规性、贷款余额真实性、贷款质量和贷款效益的实质性测试。

贷款业务合规性的实质性测试主要包括如下内容：

（1）贷款调查的实质性测试。借款人是否具备贷款的资格和条件，贷款发放手续是否齐全，贷款投向是否符合国家产业政策和信贷政策，贷款用途是否符合有关规定。

（2）贷款审批的实质性测试。贷款审批是否体现了贷款审批环节之间的制约关系和贷审分离的原则，有无越级审批和未经信贷调查的审批，有无逆程序或变相逆程序审批信贷业务；是否存在化整为零发放贷款或以短期贷款名义发放中长期贷款以及借名贷款现象。

（3）贷款发放的实质性测试。是否存在对关系人发放贷款的情形，是否存在因对关系人发放贷款而放松申请贷款条件的情形，是否存在继续向自办公司注入信贷资金的情形。

（4）贷款入账的实质性测试。下级行的贷款总额是否控制在上级行下达的贷款规模之内，有无通过假委托贷款或将新发放贷款隐藏在其他科目中等问题，是否存在以贷收息经营行为。

（5）抵押和质押的实质性测试。是否按规定办理对保证人、抵押（质押）人的抵（质）押、财产共有人的承诺以及办理保险等审查、估值、产权转移、登记保管等手续，抵押和质押担保登记手续是否齐全合规，其估价是否真实合理，是否达到抵押率界限规定。

（6）贷款利率的实质性测试。贷款期限和利率是否符合中国人民银行的规定，有无擅自提高或降低利率和通过展期等手段进行贷款违规操作的行为。

（7）贷后检查的实质性测试。结合抽查信贷人员贷后调查记录、对借贷人履行情况的分析资料和贷款五级分类资料，确定贷款银行发放贷款后是否对借款人进行五级分类、分类是否恰当；贷款检查是否执行双人原则；是否定期抑或不定期更新信贷档案的相关资料。

（8）票据贴现的实质性测试。票据贴现是否具有真实的商品交易，有无商品交易合同和增值税发票。

（9）贷款和贴现资金去向的实质性测试。贷款和贴现资金的使用是否符合借款合同规定的用款方向，有无诈骗银行贷款转移至国外和用于个人挥霍，或挪用贷款去投资股票、期货而造成损失的现象。

（10）外汇贷款的实质性测试。外汇贷款是否符合规定的条件，是否按外管局的规定办理外汇贷款登记，延伸检查借款人是否按规定的用途使用外汇贷款。

（11）贷款管理指标的实质性测试。有关贷款管理的指标是否控制在中国人民银行规定的指标内。

贷款余额真实性的实质性测试主要包括以下内容：

（1）贷款本金的真实性。贷款资产各项目账面余额是否真实存在、所有贷款是否均已记账及各项贷款的增减变动是否准确地计入相关账户，有无账外资产或虚增贷款等现象，有无将贷款虚转到其他科目。

（2）逾期贷款的真实性。过期贷款是否及时转入逾期贷款账户，并按逾期贷款收息的有关规定收取利息；有无借新还旧，将不良贷款人为转成正常贷款，隐瞒不良资产的情况。

（3）贷款利息的真实性。对各种贷款的应收利息，应审查其是否严格按照收入实现的原则进行核算，账面余额是否真实，有无将表内、表外应收利息对转，调节利润的现象。

（4）呆账准备金的真实性。审查呆账准备是否按规定基数和比例计提，如2012年7月1日实施的《金融企业准备金计提管理办法》中明确规定，对于正常类贷款，计提比例为1.5%；对于关注类贷款，计提比例为3%；对于次级类贷款，计提比例为30%；对于可疑类贷款，计提比例为60%；对于损失类贷款，计提比例为100%。同时审查呆账准备的核销是否履行合法手续，有无随意核销的问题；有无利用呆账准备人为调节利润的情况。

贷款质量的实质性测试主要包括以下内容：

（1）检查贷款分类制度的执行情况。商业银行是否按照人民银行颁布的《贷款风险分类指导原则》对所有贷款至少每半年进行一次划分，是否将借款正确划分为正常、关注、次级、可疑和损失五大类，是否存在以借款人的信用评级代替贷款分类的现象，是否定期编制不良贷款和关注类贷款监测清单。

（2）检查贷款结构和不良贷款情况。在对贷款分类制度执行情况审查的基础上，通过以下比率的审查可以衡量贷款质量：第一，分类结果与全部贷款余额占比的审查，不良贷款占全部贷款余额的比率（不良贷款包括次级、可疑和损失三类），该比率反映了贷款质量存在问题的严重程度；正常与关注贷款占比（关注贷款属于基本正常贷款），该比率反映了贷款的安全程度。第二，加权不良贷款余额与核心资本加上准备金占比的审查，该比率反映银行资本可能遭受损失的程度，或银行消化这些损失的能力。

（3）检查不良贷款的管理情况。商业银行是否建立了专门的不良贷款管理部门，是否对不良贷款实施了跟踪管理；是否建立了不良贷款的识别制度，包括不良贷款的预警系统和贷款分类制度；是否建立了处理不良贷款的程序，即分析原因，采取对应措施；是否及时充足地提取了呆账准备金。

贷款效益的实质性测试是审计机关对国有商业银行信贷资产的微观、宏观所取得的效益进行的审计监督活动。目前，主要的考核指标有：贷款收益率，即贷款利息收入总额与贷款平均余额的比率；贷款周转率，即各类贷款累计回收额与贷款总额的比率；贷款损失率，即呆账损失额与贷款平均余额的比率等。

【实例5-2】2013年5月20日，某商业银行某分行甲支行行长洪某审批，信贷员柳某经办，向刘某、沈某、王某、张某、季某、季某姐姐、陈某、汪某、曹某9人各发放贷款4万元，共计36万元，到期日均为2014年5月3日，现已逾期。该9笔贷款的借款申请书、借款合同、借款借据上的借款人与保证人的签名和指模均系同一人所为，属借冒名贷款。上述贷款资金中7笔28万元，当天通过现金转存入叶某个人账户（当天该户共存入30万元，其中转存28万元），叶某于5月26日支取现金。根据这一线索，经进一步查实，该商业银行共有30笔120万元借冒名贷款。

上述做法不符合《关于切实加强信贷风险防范工作的若干意见》（×商业银行〔200×〕××号）第三条第五项"加强信贷管理，规范信贷业务操作程序与行为……严禁借名、冒名、搭车贷款"的规定。

【实例5-3】2014年3月22日，某商业银行某分行甲支行营业部经支行风险管理小组（成员：支行行长顾某、副行长王某、副行长刘某、信贷科科长周某、信贷科副科长朱某）通过，营业部主任金某审批，副主任王某审查，信贷员严某经办，向某制衣有限公司（法定代表人卓某）发放保证贷款500万元。经查，贷款发放时，卓某为甲支行客户张某担保贷款180万元（到期日2013年2月25日）已起诉。

上述做法不符合《商业银行内部控制指引》（中国银行业监督管理委员会令2007年第6号）第五十五条"商业银行应当建立完善的客户管理信息系统，全面和集中掌握客户的资信水平、经营财务状况、偿债能力和非财务因素等信息，对客户进行分类管理，对资信不良的借款人实施授信禁入"的规定。

【实例5-4】基本情况：（1）201×年4月至201×年12月，××实业发展公司法定代表人采用假出资的方式成立多个没有自有资金的空壳公司；（2）这些公司通过提供虚假报表、假合同、公司相互担保的方式骗取银行贷款。

违规过程：

（1）××银行××分行营业部下辖的9个支行累计向××实业发展公司及其关联企业发放贷款41笔，其中人民币贷款38笔，全额21 550万元，美元贷款3笔，金额297万美元。

（2）银行在发放贷款过程中，有关支行负责人在明知企业信用等级低，不具备贷款条件，且信贷人员对贷款提出书面异议的情况下，依然对该公司及其关联企业发放贷款。

（3）201×年9月，原市分行副行长××在既未召开本行审贷会，又无正常审核手续的情况下，超越审批权限，一次批准向××实业发展公司贷款5 600万元。

（4）贷款发放后，该行信贷人员明知企业将贷款挪作他用，也不采取措施制止。经审计查实，在××实业发展公司及其关联企业骗取的贷款中，目前已形成不良贷款10 058万元。

四、存放同业和同业存放业务审计

"存放同业"账户核算银行存放于境内、境外银行和非银行金融机构的款项。"同业存放"科目核算银行吸收的境内、境外金融机构的存款。虽然另外一个科目"存放中央银行款项"科目核算的内容与前两个科目在性质上并不完全相同，但因为它们同属银行款项的对外存放，因此也归于这类业务，一起进行审计。

（一）常见问题

银行存放同业与同业存放业务中常常出现以下问题：挪用存放同业资金，并导致存放同业账户出现透支情况；账务上漏记存放同业资金或同业存放资金；备付金准备不足；存放同业账户上资金闲置过多；从同业存放账户或存放同业账户中错误付款或重复付款，且款项无法追回，导致资金损失；伪造汇票不能识别。

（二）内部控制的测试

对存放同业和同业存放业务的内部控制测试主要体现为以下内容：

（1）不相容职务及业务记录管理控制。是否指定专人负责支用存放同业账款；账户调节人员是否被禁止拥有支取存放同业账款的权利；是否禁止调节人员处理现金、现金项目或有价证券，是否禁止其进行账务处理；是否把资金调拨职责、授权职责和账户调节职责分离开来，一人一职；对空白汇票是否实行共同保管。

（2）业务授权管理控制。对各授权人员的身份及权限范围是否进行了明确的规定；所有汇票是否都进行事先编号，且根据不同的账户行（即汇票的付款行）编制不同序列的号码；在采用签字盖印机签署汇票的情况下，是否对签字机进行特别控制；本行关于存放同业事项的政策是否由董事会制定和批准执行；本行的开户行是否经董事会批准指定。

（3）往来业务管理控制。在同业存放账户项下发生借记（即付款）事项时，是否向有关代理行（即在本行存入款项的其他银行）编发正式的借记通知书（即付款通知书）；在存放同业账户下是否向代理行提供贷记通知书（即收款通知书）。

（4）对账管理控制。存放同业账户的收付款通知书、已付汇票和对账单是否直接寄给本行独立的账户调节部门（或岗位）；定期向代理行寄发对账单，将对账单直接寄给代理行的对账部门；是否建立日常的账户调节制度；是否指定了一名职员或监督员负责定期正确地调节账户；是否保持完整的账户调节记录，并由监督人员进行审核；对利息支付、收入的计算、记录、审核是否有专人负责；对本行的每一开户行是否都设有一个存放同业明细账户与之对应；是否根据对账单的差异项目定期进行逐个调节，以列出每个差异项目的发生日期和金额；是否对对账单的更改进行审核。

（5）账户头寸分析管理控制。在存放同业账户中是否只存有有限的资金，以供代理行对盖印签字的汇票进行付款；是否由高级经理人员对本行头寸表进行审核，根据向代理行提供的服务范围对同业存放余额进行具体分析，确保本行从代理行账户中所获利益大于本行存放代理行资金的机会成本和本行的服务费用；是否在存放同业账户中保留必要的余额，并定期将余额情况向主管账户头寸的官员进行汇报，以便将多余的头寸进行投资，或对不足的头寸进行拆借补足；是否根据既定的频率计划，对存放同业账户定期进行调节；是否制定了账户平均余额方针，用以指导确定在每个开户行中存放的平均余额；对本行有关存放同业与同业存放的政策是否每年审议一次；是否制定了有关核销调节项目的方针。

（6）汇票签发管理控制。汇票的签发、承兑签发后六个月未清偿的汇票是否置于特别控制之中；是否将已付汇票逐一或按总额与对账单进行比较核对。

（三）实施实质性测试

通过分析内部控制决定实质性测试的范围和具体实施办法。

（1）确认"存放同业"、"同业存放"及"存放中央银行款项"账户总账、明细账余额及各账户余额是否合乎要求。

（2）确认存放同业账户的调节表相关金额。

（3）审核存放同业账户和同业存放账户的活期余额。

（4）确认存放同业账户定期余额产生的利息收入和同业存放账户定期余额产生的利息支出的实际金额与计算金额相符。

五、存款业务审计

存款作为商业银行的一项主要负债，是区分商业银行与其他商业机构的重要标志，也是商业银行生存及规模扩展的决定力量。同时，存款业务涉及社会的每一个单位、组织和个人，与国家的政局稳定和经济发展密切相关。另外，中国人民银行通过提高或降低存款利率的货币政策，鼓励或抑制存款，对国民经济健康发展进行宏观调控。因此，存款业务审计是商业银行审计不可或缺的一项重要内容。

商业银行存款，按资金性质可分为单位存款、个人储蓄存款和财政性存款三类。单位存款是指企业、事业、机关、部队和社会团体等单位在金融机构办理的人民币存款，按期限可分为活期存款、定期存款、通知存款、协定存款。个人储蓄存款是指城乡个人存入商业银行的节余或待用的资金，其又可以分为活期存款、定期存款、定活两便存款和个人通知存款。财政性存款是指财政部门拨付和待缴财政的资金，财政性存款主要有四种：（1）财政拨付的机关、团体、部队和事业单位款项；（2）代理各种国债发行和兑付的款项；（3）代理国家金库的经收和上解款项；（4）中央国家机关预算限额支出的款项。商业银行作为代理机构，必须将财政性存款全部划归中央银行，不得将其用作自身放贷的资金来源。本节论述限于单位存款和个人储蓄存款的审计。

商业银行存款业务涉及的主要业务活动包括开户、存款、取款、结算、结息、对账及销户等。银行存款业务活动涉及的主要会计凭证与会计记录包括：单位存款的电子文件，如地区号表、机构代码表、客户代码表、账户信息文件、存款类账户分户账、分户账明细、交易流水账、定期存款分户账、币种表、利率表等；个人储蓄系统的电子文件，如储蓄机构代码表、科目代码表、活期（定期）账户主档（账户信息文件）、储蓄总账、储蓄流水账、余额表、计息文件、储蓄报表等；储蓄存款和单位存款的管理文件和操作规程；业务状况表、储蓄存款报表、重要空白凭证领用登记簿、开销户登记簿和大额取现登记簿；存款科目总账、分户明细账以及利息支出科目总/分账；应付利息计提清单及计提办法的文件；其他相关的会计凭证。了解和熟悉商业银行存款业务流程和涉及的主要会计凭证和会计记录，是审计人员进行贷款业务审计的前提和基础。

（一）常见问题

单位存款业务常见问题：账户管理监督不严格，造成多头开户；活期存款各账户的使用不符合规定，账户科目用错，没有记载临时存款账户的有效期限；对客户存入的款项不入账，挪用客户资金，或存取款有意串户，截留客户资金；支付存款金额、计付利息有误，或为吸收存款，擅自提高（或变相提高）存款利率；银行内部对存单等空白重要凭证及印鉴管理不严，导致内部员工盗用空白凭证或印鉴诈取客户资金；通过改变计算机系统的计息积数（如改变计息的起止日期、改变计息的范围）、利率等办法，多计或少计利息支出来调节利润，或内部专业人员通过修改程序，将多计的利息转入其个人的账户等；为了完成指标任务，人为控制月末、年末存款基数，或通过突击发放贷款等形式虚增存款，产生派生存款；公款私存，商业银行内部以储蓄方式设立小金库；缺乏对存款客户基本情况和资金来源的了解，导致客户利用账户从事洗钱等活动。

个人储蓄业务常见问题：不严格执行储蓄原则与要求，拉存款；重要空白凭证（储蓄存单）保管不慎；对储蓄存款业务不正确入账，有意串户，挪用客户资金；错计、错付储蓄利息，变相提高或降低利率，造成息外付息或有意减少成本支出等；计算机操作下，超越授权，密码管理不严或未经批准擅自改动账户文件信息，造成经济损失。金额记错又不当日对账，手续不规范，尤其是单人临柜柜员制情况下以及办理"实名制"下储蓄特殊业务时引起纠纷，甚至导致银行资金损失。隐瞒有关已清账户、新开账户、透支账户或未收妥款项的信息；挪用长期不动户（休眠账户）的资金；储蓄账户与个人银行结算账户相混淆，办理转账结算业务。

（二）内部控制的测试

商业银行存款业务的内部控制一般应做到银行凭证制单与记账分开，及时制单、记账；银行空白凭证与印鉴分开管理，且有安全的储藏保管环境；及时索取银行对账单，由非银行出纳进行对账并编制余额调节表，调整后与银行相符；银行存款开支有严格的审批程序，银行收款及时、准确。具体而言，对单位存款业务的内部控制测试主要包括如下内容：

（1）存款开户的测试。审查商业银行是否执行了账户核准制度，开户审批制度及手续是否健全；审查开户单位是否符合规定的开户条件，开户资料和手续是否完备，银行账户会计科目的使用是否正确等；审查商业银行为开户单位办理的临时存款户是否符合规定，资金的来源和用途是否正常；审查出纳、会计和复核人员是否实行了严格的不相容职务分离等。

（2）资金收付的测试。审查存款是否贯彻了"双人临柜、账实分管、印章凭证分管控制"的原则，单人临柜的是否对临柜人员实施了有效的监督与控制；是否将单位存款与居民个人的储蓄存款分开核算；对单位存款是否审查客户资金来源的真实性和合法性；是否按资金性质和用途分别开立相应的活期存款户（即基本账户）、定期存款户和临时账户，且分别记账核算；对取款业务，现金支付是否坚持了"现金收入先收款后记账、现金付出先记账后付款"的原则，转账业务是否坚持了"先借后贷、一笔一清、双线复核"的原则，是否贯彻了"谁的钱进谁的账"的原则；对于通存通兑业务，审查是否属于通存通兑所规定的范围，当出现单边账时必须严格按照有关业务的规定处理；所有存取款业务均按照规定的程序办理，并将其记录在正确的会计期间；审查银行是否每天将存款日记账与业务凭证进行核对，存款日记账与存款总账是否调节相符，是否定期进行存款余额的试算平衡；存款日记账是否做到了由出纳人员或其他指定的专门人员负责登记或输入，"当日结账且双线核对"，营业终了轧账时，出纳结出的库存现金是否与会计人员当天的账务轧平相符，且无遗留隔夜票的现象。

（3）未达账项的测试。审查商业银行是否建立了完善的与客户对账制度，并按月向客户发送银行存款对账单；是否在规定的时间内同存款单位对账；当对账双方账目不符时，银行是否查明原因，确定是入账时间差异抑或是记账错误。

（4）存款利息的测试。审查单位定期（活期）存款是否严格执行国家规定的利率；是否正确计算利息支出且将其记录在正确的会计期间；是否建立了完善的计算机计息程序，对错账冲正和串户调整等特殊情况，能否确保计算机调整的计息积数的正确性。

对储蓄存款业务层面的内部控制测试主要包括如下内容：

（1）储蓄账户开立的测试。审查商业银行对储户是否实行实名开立账户，户名和身份证号码是否真实；开销户和变更是否遵守双人经办并经主管会计签字的制度，是否建立了开销户登记簿并及时登记。

（2）储蓄存款收付的测试。审查是否存在"以贷吸存"的现象；是否存在虚增或转移存款，公款转存储蓄，违反国家利率吸储，搞存款竞赛并滥发奖金；所有存取款业务是否均按规定程序办理并记录在正确的会计期间；对大额存单签发、大额存款支取是否实行分级授权和双签制度；对从单位存款账户转入储蓄存款账户的交易和大额取现是否实行严格的审查；是否建立并严格执行存款备付金制度、存款业务及会计档案管理制度、储蓄业务定期抑或不定期查库制度。

（3）储蓄存款利息计算的测试。审查是否按国家规定的利率来计算各类储蓄存款的利息；利息支出计算是否正确并将其记录在正确的会计期间；是否设立了完善的计算机计息程序，对错账冲正和串户调整等特殊情况，能否确保计算机调整的计息积数的正确性。

（三）实施实质性测试

单位存款业务的实质性测试：

（1）实施分析性复核。将本年单位存款余额与上年余额进行对比、对本年单位存款各月的增减变动情况进行分析，分析有无异常，查明异常的原因；计算利息支出与单位存款金额的比率，分析是否存在支付高息或隐瞒存款的情况，或者未提应付利息或虚增存款的情况；获取商业银行上级行下达的存款考核目标和奖惩办法，查明有无为了完成上级行下达的任务而人为调整存款的现象。

（2）检查存款余额的真实性。通过计算机检索年末、月末前后时间段内企业存款和"汇出汇款""内部往来""同业往来""应收应付"等会计科目的流水账，重点关注大额资金的去向，查找年末、月末有无故意漏记或多记存款而低估和高估负债；审查有无在年末为压低存款基数或为完成指标而利用"汇出汇款""内部往来""同业往来""应收应付"等会计科目调增调减企业存款。

（3）检查资金收付的合法性。检查商业银行是否自身违规开立账户，是否虚拟或盗用企业账户，从事账外经营；对当年销户和余额为零的账户，检查大额资金的收付、销户原因和销户资金的去向；对临时存款和应解汇款大额资金收付以及异常现象应重点审查资金收付的合法性。

（4）检查是否存在公款私存的现象。通过审查对单位存款账户和储蓄存款账户的资金划转和其他汇入资金的划转情况，检查除了对员工个人的正常工资支出之外，是否存在着将企业的基本业务资金转为储蓄存款的现象；通过对单位存款账户的"开户登记簿"等资料真实性的审查，发现有无公款私存现象。

（5）检查是否存在超限额保留外汇以及超期限使用外汇账户的现象。审查经常项目和资本项目外汇账户的收支范围是否符合外汇管理的规定，有无超限额保留外汇以及超期限使用外汇账户的现象。

（6）审查财政性存款。检查有无将财政性存款混作一般存款或储蓄存款的问题，检查商业银行是否及时足额将财政性存款划缴当地中国人民银行。

（7）对单位存款业务检查是否有账外存款。重点抽查存款超速增长或变动异常的时段，对照"在中央银行存款"科目的有关凭证和存款分户账，逐笔进行核对，检查是否存在采用串户的手法，挪用客户资金并私自存放账外的问题。

（8）检查存款利息支出。以账簿和凭证为依据，检查计息范围、利率、计息期、计息方法是否符合规定，有无错计、漏计和重复计算等差错；计息积数的计算是否准确，有无虚增或减少积数，套取利息或少计利息的现象；银行的应收未收利息、应付未付利息是否全部无误地转入有关损益账户；利息是否转入正确的存款人存款账户，有无用现金支付单位存款利息的问题；核对不同期限的存款余额，核实是否将不同期限的存款余额进行调整以达到调节利息支出进而达到调节利润的最终目的；审查实际发生利息支出是否存在不冲应付利息科目，直接列利息支出科目导致重复列支利息的情况；抽查利息支出冲减数，对大额利息支出的冲销数，年末"应付利息""利息支出"科目大笔整数的发生数和红字冲减数。调阅原始凭证，审查有无虚列、人为调节利润情况；有无用利息收入直接冲减利息支出以偷逃税金问题。

储蓄存款业务的实质性测试：

（1）审查商业银行是否遵守了"存款自愿、取款自由、存款有息、为储户保密"的原则。

（2）储蓄业务操作方面主要审查：储户开立账户是否符合实名制规定；有无未经人民银行批准而擅自增设储蓄种类的现象；办理超过规定金额的现金收付业务或支取现金业务，是否经过授权才能办理，大额取现是否有严格的登记审批制度；存取款业务是否见折见面、是否符合操作规范、对付款业务是否贯彻"先记账，后付款"的原则；空白凭证、存单是否置于监督控制之下。

（3）储蓄业务核算方面主要审查：有关账簿、登记簿的设置和记载是否完整正确，尤其应审查"挂失登记簿""重要空白凭证登记簿""差错事故登记簿"等是否认真记载并妥善保管；所有的存取业务是否按规定程序办理，并记录在正确的会计期间，从单位存款账户转入储蓄存款账户的交易是否严格审查；银行是否按制度要求编制有关报表，数据是否正确无误，重点是审查营业汇总日报表编制是否正确，各科目余额是否与分户账余额相一致。

（4）实施分析性复核。将本年储蓄存款余额与上年余额进行对比分析，对本年储蓄存款各月的增减变动情况进行分析，若有异常增减变动，则应重点查明原因；

计算储蓄利息支出与储蓄存款金额的比率，分析是否存在支付高息或隐瞒存款的情况，或者未提应付利息或虚增存款的情况；获取商业银行上级行下达的存款考核目标和奖惩办法，查明有无为了完成上级行下达的任务而人为调整储蓄存款的现象。

（5）检查储蓄存款的真实性。调阅储蓄会计传票，审查原始凭证填制的正确性和合法性；调阅储蓄账簿，审查账簿登记的正确性；调阅储蓄业务报表，审查营业日报表（或日记表）各科目余额是否与分户账余额一致，并抽查部分数字、相互核对并予以验证；调阅存款业务会计报表、存款科目总账和分户账，通过总分核对和账表核对以发现可能存在的问题。

（6）检查储蓄利息支出。审查银行是否按国家统一规定的利率标准计息，是否有为竞争拉存款而变相提高利息或损害储户的利益降低利率标准等违纪的现象。对各种储蓄存款的利息计算分别进行审计，对定期储蓄计息进行审计主要包括以下几点：①检查储蓄存款的计算是否符合《中国人民银行关于人民币存贷款计结息问题的通知》的规定。②利率使用的检查。如定期储蓄提前支取应按活期储蓄存款利率计算，到期支取按存入日约定的利率计算，过期支取的储蓄存款，其定期部分应按约定利率计付利息，超过定期部分则按活期储蓄存款计付利息等。③审查利率使用和利息计算是否正确，特别是在利率调整后是否按规定计息，计息积数是否正确，提前或过期支取的储蓄计息是否按规定执行；具体的计息是否正确，还要结合各种储蓄的计息方法。④审查计算机计息程序是否完善。如错账冲正、串户调整，计算机调整的计息积数是否正确。⑤审查有无从利息支出中开支不属于利息支出范围的费用支出。

【实例5-5】上市公司东北高速连同其子公司在中国银行（以下简称中行）哈尔滨分行河松街支行近3.3亿巨额存款人间蒸发，涉案的河松街支行行长高山已于2005年1月3日潜逃加拿大。高山窃取存款的手段主要是相当一部分资金在企业存入银行之初，就被通过"背书转让"的形式转到其他账户上了，根本未进入企业最初开立的账户。

所谓"背书转让"，就是持票人在票据的背面签字或作出一定的批注，表示对票据作出转让的行为。背书转让需要持票人盖有其相应印鉴，并与企业当初预留印鉴相符，方可实现转让。企业存在河松街支行的票据能被背书转让无非两种可能：一是企业相关人员与高山串谋，表面上在河松街支行开有账户，但企业支票一经划出，即通过背书转让或者其他转账方式转至其他账户用作他途。在此需要高山配合的，是向企业出具虚假的存款凭证和对账单，维持资金仍在企业的中行账户上的假象。二是在客户不知情的情况下，在开立账户之初，其预留印鉴即被高山调换成其控制的印鉴。具体安排是：银行上门为企业办理开户手续，然后中途把企业预留印鉴偷换。这样，企业账户的支配权一开始就掌握在高山手里，可以任意调度资金。

每当企业有大笔资金存入，高山便通过派人进行上门服务的方式，在把支票取回银行途中，就可把企业支票通过背书的方式逐笔划入他所控制的账户，且每笔都不大，分别进入不同账户；然后再通过这些账户把钱转出。同样，对于企业方面，高山出具的仍是虚假的存款证明和对账单。有银行业者估计，高山涉嫌挪用客户资金的手法复杂，而且作案时间很长，若没有企业内部配合，相信难以维持。东北高速的董事长张晓光涉嫌挪用公款被刑事拘留、东北高速黑龙江分公司党委书记兼经理李百川出走国外，间接证明企业亦涉嫌合谋。

（四）检查存款准备金和备付金是否合规

（1）审查存款准备金的缴存范围和比例。

（2）复算存款准备金的应缴数和备付金的应保留数。

在确定商业银行的各项存款真实余额的基础上，对照中国人民银行现行的缴纳存款准备金比例和备付金额数，复算出商业银行在审计期间各月应缴纳存款准备金和应保留的备付金数额。

核对商业银行在中国人民银行的存款账户上的存款准备金和备付金实际余额情况，如果应缴或者应保留数大于实际金额数，则表明商业银行存在着少缴、漏缴存款准备金或存款备付金不足的问题。

六、营业收入与营业成本的审计

商业银行营业收入与营业成本的构成内容不同于一般企业，决定了商业银行营业收入与营业成本的审计内容与方法也不同于一般企业，因此本节论述限于商业银行营业收入和营业成本的审计，其他损益的审计不再赘述。

（一）营业收入的审计

商业银行的营业收入主要包括利息净收入、金融机构往来收入、手续费及佣金收入、投资收益、公允价值变动收益、汇兑收益和其他业务收入等。对营业收入的审查主要是检查营业收入的真实性，并对核算手续的严密性、正确性、及时性进行审查。其审计要点是：

（1）审查营业收入的真实性。其主要审查是否根据收入的性质，按照收入确认的条件，合理地确认和计量各项收入；营业收入与商业银行的业务经营活动密切相关，是对外提供劳务所获得的收入，营业收入真实性的审查还要注意是否分清营业收入与营业外收入、投资收益、资本性收入的界限。

（2）审查核算手续的严密性。其主要审查营业收入的内部控制是否健全，对收取的现金是否逐笔当时由客户直接向出纳交费，对记账的营业收入是否及时记入有关科目；代理收取的手续费或推销费有无错漏、截留和转移、私分等问题；对收取的罚款是否按规定计收，并全部及时入账，有无漏收、错收或故意不收的情况；对退还的罚款，其理由是否正当，是否经有权审批人签章，有无截留和私分等问题。

（3）审查营业收入计算的准确性。其主要审查以下内容：贷款收息范围是否全面，贷款利率使用是否正确，计息方法是否正确，计算是否准确；各项业务手续费是否按规定的收费标准和收费范围收取，有无擅自扩大或缩小收费范围，改变收费标准的情况；审查金融机构往来的资金存欠是否全部计息，有无遗漏或错计的情况；审查外汇买卖收益是否全部入账，有无随意改变外汇牌价或收益不入账的问题等。

（4）审查营业收入的及时性。其主要审查以下内容：各种贷款按户计算利息后，是否从其存款户中主动扣收，及时入账，如企业单位账面资金不足，利息不能入账时，是否及时列入"到期未收贷款利息"表外科目核算，并督促借款单位尽快筹集资金交还利息，做到随时有款随时扣收，保证贷款利息及时收账；审查各项手续费收入是否及时入账，有无转移收入、私设"小金库"的情况；审查金融机构往来的资金拖欠是否及时清算，有无故意拖欠不及时清算的现象；审查其他营业收入是否及时全部入账，有无不入账、转移、私分等问题。

（二）营业成本的审计

营业成本是指商业银行从事业务经营活动过程中发生的与业务经营有关的各项支出，它包括商业银行在筹集资金、运用资金以及回收资金全过程中所发生的耗费，如利息支出、金融企业往来支出、手续费支出、业务及管理费、其他业务支出、汇兑损失等。营业成本的审计包括一般性审查和具体内容的审查。

营业成本的一般性审查是指营业成本的审查原则，是对不同成本支出的共同性审查内容。营业成本的一般性审查主要从以下几个方面进行：

（1）审查成本管理是否严格执行《企业财务通则》和《金融保险企业财务制度》，是否建立和健全成本管理制度；会计部门是否切实加强成本的监督、控制和考核，并经常进行预测和分析。

（2）审查是否严格遵守成本开支范围，各项成本支出是否在成本开支范围之内，有无随意摊提成本费用，擅自提高开支标准，扩大开支范围，挥霍国家资财等问题。

（3）审查成本核算是否遵循了一致性原则，审查相同的成本核算内容不同期间采取的处理方法是否前后一致，以便对企业各成本核算期的成本项目进行相互比较分析，从中找出导致企业成本增减变化的原因，为提高成本管理水平提供依据。

（4）审查成本核算是否划清了资本性支出与收益性支出的界限；本期成本与下期成本的界限；成本支出与营业外支出的界限。

（5）审查营业成本与营业收入的计算是否保持了配比的原则。

（6）审查是否加强成本控制，正确处理按比例计提的支出和按比例控制的支出。按规定比例提取使用的费用项目：职工福利费、工会经费、职工教育经费、呆账准备金、投资风险准备金和坏账准备金、未决赔款准备等。按规定比例控制使用的支出有：代办储蓄手续费、代办保险业务手续费、业务宣传费、防灾费和业务招待费等。

营业成本具体内容的审查是指对营业成本具体构成内容的审查，主要从以下几方面进行审查：

（1）对利息支出的审查。

对单位存款的利息支出主要审查对吸收的各种企业存款是否按规定的计息范围、利率档次及计息方法定期结计利息；各存款户的利息计算是否正确；利息支出账户的支出数与转入存款单位账户的利息数是否相符，有无虚支转移和以现金支付利息等情况。

对储蓄存款的利息支出主要审查对吸收的活期、定期储蓄是否根据不同的储蓄种类和存期按照规定的利率档次计付利息；对定期储蓄的提前支取和过期支取；是否按《储蓄管理条例》的规定计息、各种储蓄存款利息计算是否正确；利息支出是否按规定办理支付手续；定期储蓄是否按规定正确提取应付利息，支出时是否全部转入应付利息账户，有无虚增利息支出的情况等。

对其他利息支出的审查：除上述存款利息支出外的其他存款利息支出。如个体利息支出、金融债券利息支出及信托存款利息支出等，是否按规定的利率和计息方法正确计付利息，无多付、少付、虚付、转移和私分等问题。

（2）对金融企业往来支出的审查。

金融企业往来支出是金融企业联行、金融企业与中央银行以及同业之间发生资金往来而支付的利息，它包括全国联行往来支出、省辖联行往来支出、同业往来支出和人民银行往来支出等。对银行往来支出审查的内容是审查金融机构往来的各种利息支出是否按规定的利率和方法计付利息，如对于采用主动计付利息和对方主动划收利息方法计算的利息，审查其计算是否正确，是否及时核对，有无多计、错计等情况；支付利息的账务处理是否正确，有无虚列支出等问题。

（3）对手续费支出的审查。

手续费支出是商业银行委托他人办理金融业务而支付的劳务费用。审查时应根据有关单据，看是否符合规定，手续是否健全，有无巧立名目变相列支的情况，特别是储蓄代办费支出，应在代办储蓄存款年平均余额的12%之内控制使用，应付代办手续费一律以代办单位（或人员）吸收储蓄存款的上月平均余额为基数，划分档次、分档计付，控制比例随余额的增加相应递减；代办储蓄平均余额应扣除银行职工在代办储蓄业务中从事吸储、复核和管理工作应分摊的储蓄存款余额；审查有无超标准使用、超范围报销的情况，切实贯彻"实付实销不许预留"的原则。

（4）对业务及管理费的审查。

业务及管理费是金融企业在业务经营及管理过程中发生的各项费用。该费用的内容多、范围大、政策性强，是审计的重点。审查时可按费用项目（即营业费用分户账）逐户逐项审查，也可按费用性质，分为个人费用、公用费用和业务性费用进行分类审查。

对个人费用支出的审查。个人费用支出是指职工工资、劳动及待业保险费、劳动保护费、职工福利费、职工教育经费和工会经费等用于个人方面的费用支出。审查时，主要检查各项个人费用支出是否按规定如实列支，如职工工资是否根据劳动工资计划和有关政策规定发放，有无扩大工资范围、扩大工资开支标准等问题；职工福利费、工会经费、职工教育经费等是否按规定比例计提和使用，无多提、重提、先用后提等情况。

对公用费用支出的审查。公用费用支出是指外事费、安全防卫费、车船燃料费、取暖费、水电费、差旅会议费、宣教费、低值易耗品购置费、修理费、咨询费、绿化费和公杂费等费用支出。审查时主要检查各项公用费用是否按规定正确列支，有无擅自扩大开支范围，提高开支标准等情况。

对业务性费用支出的审查。业务性费用支出是指业务招待费、电子设备运转及科研费、业务宣传费、会计出纳费、印制及用品费、钞币运送费、邮电费、租赁费、资产摊销费和税金等各项费用支出。其主要审查是否按规定如实列支，有无弄虚作假、巧立名目变相列支等问题。如业务招待费的实际发生金额是否突破控制比例；电子设备运转及科研费有无列支与电子设备运转和科研无关的费用；业务宣传费是否在规定的比例内控制使用；其他费用的列支是否真实、符合有关规定，有无错计、漏计或多计等问题；房产税、车船使用税、土地使用税和印花税等的计税范围、计税依据和计税方法是否正确，有无不按规定计算，错缴、漏缴的问题。

（5）对其他业务支出的审查。

其他业务支出是商业银行除利息支出、金融企业往来支出、手续费支出、业务及管理费、汇兑损失和税金及附加以外，属于营业范围内的支出，它包括各种准备金、固定资产折旧和其他营业性支出等。其主要审查各种准备的计提依据和计提比例是否正确，有无不提、少提和错提的问题；固定资产折旧是否采用规定的方法按季计提，计提范围和计提方法是否正确；有无多计、少计、重计和漏计等现象。

（6）对汇兑损失的审查。

汇兑损失是金融企业进行外汇买卖和外币兑换业务而发生的损失。其主要审查汇兑损失的计算是否真实、损失的原因是否清楚，账务处理是否正确，有无虚列支出，乱列项目扩大成本的问题。

除了对以上银行主要业务的审计之外，还要注意审计地方商业银行股份制运作的规范性。如组织机构中股东大会、董事会、监事会的设立和行长的任职资格问题，公司章程是否对公司股东、董事、监事、行长具有约束力的问题；股东大会的职权、议事方式、表决程序的合法、合规性问题。另外还有所有者权益中各项资本成分的数量及比重、资本充足率问题，资本公积、盈余公积的获得、提取、使用是否符合法定要求及利润分配的行为是否合法、顺序是否合规，未分配利润是否真实等问题。

【实例5-6】审计署2014年对交通银行股份有限公司（以下简称交通银行）2013年度资产负债损益情况进行了审计，重点审计了总行和北京等9家分行，以及交银金融租赁有限责任公司（以下简称交银租赁）等6家直属公司。审计发现的主要问题：

（一）经营绩效方面。

1.财务收支方面。

其主要问题是：（1）部分损益事项核算不实。其中：太平洋信用卡中心和交银施罗德基金管理有限公司2008年至2013年多计支出4.03亿元；上海分行2011年至2012年少计收入9 951万元。（2）部分账务处理不规范。其中：总行和广东、江苏、上海、浙江4家分行2009年至2013年营销费用列支不规范，涉及金额1.74

亿元；江苏、湖北分行存在串用会计科目等问题，涉及金额 10.98 亿元；总行和广东、湖北、山东、深圳 4 家分行存在报销入账发票审核不严格问题，涉及金额 1 064.41 万元。此外，总行和上海、江苏分行等分支机构、子公司还在工资总额之外向员工发放交通、通讯补贴和购买年金保险等共计 14.59 亿元。

2.贯彻执行党和国家有关经济方针政策和决策部署方面。

其主要问题是：总行和北京、广东、浙江分行以及交银租赁通过表外理财、远期信用证、融资租赁等业务变相为客户融资，未纳入信贷规模管理。

（二）风险管控方面。

1.重大经济决策方面。（略）

2.业务经营管理方面。

其主要问题是：（1）在法人贷款管理方面，广东、江苏、上海、湖北、浙江等分行 2008 年至 2014 年违规向不符合贷款条件的项目和企业发放贷款 37.57 亿元；山东和浙江分行 2010 年至 2014 年违反规定程序发放贷款 2.7 亿元；北京分行 2009 年至 2012 年共有 12.86 亿元贷款支取方式及用途不合规。此外，还有部分分行存在执行贷款"三查"制度不严、管理制度缺失以及风险管理不到位等问题；钢贸贷款和远期买入业务也面临较大风险。（2）在票据、信用证业务管理方面，北京、广东、江苏、湖北 4 家分行 2012 年至 2013 年违规办理无真实贸易背景票据等业务 14.90 亿元；广东、江苏、湖北 3 家分行 2011 年至 2013 年违规办理信用证业务 2.28 亿元。（3）在个人贷款管理方面，交通银行 2008 年至 2013 年违反国家差别化信贷政策，发放不符合贷款利率或首付比例要求的个人住房贷款 4 266 笔，共计 24 亿元；北京、浙江分行 2010 年至 2012 年违规发放其他个人贷款 0.65 亿元。（4）在存款业务管理方面，江苏、山东和上海分行 2012 年至 2013 年通过"以贷揽存"等方式违规办理存款业务 1.89 亿元。

3.内部管理方面。（略）

（三）廉洁从业方面。（略）①

第四节　　非银行金融机构审计

对非银行金融机构的审计主要指对国有全资及控股的保险业和证券业等非银行金融机构的审计。

一、保险业务审计

保险业务审计是审计机关依法对保险公司的会计资料及其所反映的相关业务、财务收支情况进行的监督和审查核实。

（一）保险业务审计概述

1.保险业务审计的内容

保险业务审计包括以下内容：审查保险展业、防灾和理赔工作是否做到合法、

---

① 摘自《交通银行股份有限公司 2013 年度资产负债损益审计结果》。

合理、真实和有效；审查财务收支和各项经济活动是否正确、真实与合法；审查是否管好用好流动资金；对固定资产管理进行审计监督；对专项基金进行审计监督；对保险企业偿付能力进行审计监督；对内部控制制度的健全、有效及执行情况进行监督检查。

2.保险业务审计的主要风险

保险公司业务审计的风险源于保险公司业务的特点：

①由于保险公司的产品是保险合同，而与合同相关的是一系列不确定性问题，这些问题一直到保险合同到期才能有确定的答案。以寿险合同为例，寿险合同期限一般很长，与其相关的实际死亡率、投资回报率和通货膨胀率与订立保单时的预期常常会出现较大的差距，从而为保险公司的经营带来较大的风险；财险合同也面临预期损失率与实际损失率发生重大偏差的经营风险。这些业务的不确定性为审计判断带来了较大的风险。

②由于保险资金投资结构的不断变化，投资渠道也日益多元化，这在加大保险资金和保险公司经营风险的同时也增加了审计风险。

③由于保险行业有准备金、其他负债准备金和再保险准备金的要求，需要充足、可靠、客观地提取各类准备金，以具备足够的偿付能力，并实现风险转移的有效性，这也是保险公司业务审计中的一个重要风险点。

④保险公司复杂的管理体制和业务经营既增加了保险公司的经营风险，也加大了审计风险，形成了复杂的审计难点。

（二）保险业务审计的具体内容

1.保险业务内部控制测试

（1）在产品开发方面，主要测试：是否成立产品开发领导和决策机构，并明确精算责任人和法律责任人的责任；是否建立并实施产品开发管理程序，并对新产品的开发、论证、审核等进行控制，对产品的销售、盈利和风险情况进行定期跟踪分析。

（2）在销售管理方面，主要测试：是否建立并保持书面程序，对销售人员或机构的甄选、签约、解约、薪酬、考核、档案、品质管理、宣传材料管理等进行控制；是否定期对销售人员进行专业培训和职业道德教育，建立销售人员失信惩戒机制；是否对于销售过程中已识别的风险，建立并保持控制程序，并将有关程序和要求及时通报销售人员或机构，确保其遵守寿险公司相关的控制要求；是否建立并实施客户回访制度，按照有关规定确定客户回访范围和内容，对客户反馈信息进行分析整改并定期跟踪。

（3）在核保核赔管理方面，主要测试：是否建立明确的核保核赔标准，并实施权责明确、分组授权、相互制约、规范操作的承保理赔管理机制；是否明确核保核赔人员的适任条件，定期对核保核赔人员进行培训，确保核保核赔人员具有专业操守并勤勉尽职。

（4）在服务质量管理方面，主要测试：是否建立并实施业务操作标准和服务质量标准；对销售、承保、保全、理赔等活动的服务质量进行规范管理，并建立客户服务质量考评机制和咨询投诉处理程序，对咨询投诉处理中发现的问题进行核实、分析、反馈，以进行整改和跟踪监督。

（5）在再保险管理方面，主要测试：是否建立并实施科学的分保管理流程，建立职责分明、互相制约的分保机制，合理确定自留额和分保方式，确保及时、足额进行分保。

（6）在会计处理方面，主要测试：是否对不相容职务进行了规定并实施定期或不定期轮岗制度；是否保持了完整、准确的会计记录，并及时、完整、准确地提供会计信息，建立、健全财务会计系统；会计处理是否遵循国家财政部门的统一规定；是否对资金进行了统一管理，严格控制费用开支，实行财务双签制度；是否定期核对库存现金和银行存款账户，保证库存现金和银行存款的安全；是否建立了独立的内部稽核审计部门，制定了完善的稽核审计制度，并配备一定比例的专职稽核审计人员。

2.实施实质性测试

在对保险业务内部控制分析评价的基础上，进行实质性测试，具体包括：对各账户余额进行试算平衡，核对明细账、总账余额；选取具有代表性的保险样本核对有关保险合同、保费收取凭证、理赔和退保支付凭证、跟踪记录、投资业务有关凭证等内容；直接与经纪人、客户确认保单相关金额；审查所有的大额非正常项目（包括退保、理赔及出现与客户发生纠纷的项目）；对重要保险项下的合同、单据进行大比例抽查；对保费收入、赔款支出、未决赔款、险种结构、责任限额、案均赔款、损失率等数据进行核实和分析，对经营状况、险种盈亏、业务流程的管理情况作出客观评价。

此外，对保险准备金的审计要作为一个专门的重要内容进行。在《企业会计准则》所规定的会计科目及报表中，对保险业务的准备金有比较详细的划分。其包括"长期健康险责任准备金"科目、"应收分保未到期责任准备金"科目、"应收分保未决赔款准备金"科目、"应收分保寿险责任准备金"科目、"未到期责任准备金"科目、"未决赔款准备金"科目、"寿险责任准备金"科目、"应收分保长期健康险责任准备金"科目、"存出资本保证金"科目、"一般风险准备"科目。在对这些科目进行审计时除了要注意科目金额的核对外，还应该计算、分析其提取比例，并与相关规定相对照，审核其合规性。

二、证券业务审计

（一）证券业务审计的风险

1.政策不完备引发的风险

由于我国证券业发展比较晚，证券业政策、法规不完善且相对变化频率较快，这不仅给证券公司的经营带来很大的风险，也给审计依据、方法、标准等方面带来风险。

2.证券公司违规引发的风险

由于我国证券业发展的特殊历史条件、相关法律建设的现状及证券业巨大利润的诱惑，使得我国股市发育尚不成熟，证券公司有意无意地违规成为普遍现象。这势必使审计人员面临更大的审计风险。

3.证券业务本身的风险

根据《中华人民共和国证券法》的规定，证券公司必须将其证券经纪业务、证券承销业务、证券自营业务和证券资产管理业务分开办理，不得混合操作。由于证券公司内部管理薄弱，这个原则得不到完全、严格地遵循，因此也会产生风险。

4.因规避各种税收产生的风险

由于我国各地有一定的税收优惠自主权，因此出现了一些证券公司为了纳税的原因将收入转到亏损的总部或营业部，或将收入转到对证券公司的所得税有优惠政策的城市的营业部，而在经营所在地不办理任何手续，以达到隐藏经营收入和其他应税收入的目的。

5.计算机技术带来的审计风险

计算机在该业务范围内的广泛覆盖，一方面对审计人员的计算机水平提出了较高的要求，另一方面也因程序本身的人为问题或程序缺陷造成的问题加大了审计风险。

（二）证券业务审计的内容

与原来相比，在《企业会计准则》之下，会计科目和各科目的核算内容都有很大的改变。

1.证券业务内部控制测试

（1）公司经营的合规性测试，主要包括：公司（包括证券营业部，下同）是否有经营经纪业务的许可；重要岗位（如证券营业部负责人、财务主管和电脑主管等）是否在回避的基础上实行委派制和定期轮换制；公司负责经纪业务管理的高级管理人员是否有相应的证券从业资格；公司拨付下属证券营业部的营运资金总额是否超过其注册资本金的80%；公司对所属营业部的客户交易结算资金的管理模式是否适合公司的实际经营状况、保证资金安全；公司的网络系统是否能随时反映或掌握所属营业部的交易情况（即时的或隔天的）；公司下属证券营业部是否以合资、合作方式设立，是否存在以承包、租赁方式经营的情况，是否有伪造、涂改、出租、出借、转让许可证的行为；公司下属证券营业部是否下设证券服务部，下设的证券服务部是否获得中国证监会的批复；公司是否下设其他远程服务终端，其远程服务终端是否以合资、合作方式设立，是否存在以承包、租赁方式经营的情况，其他远程终端是否有演变成营业场所的情况等。

（2）经纪业务控制情况测试，主要包括：开户客户开户证件是否合法，开户手续是否齐全；客户资料的保存是否完备；是否存在法人以个人名义开立账户的情况，是否存在个人开立多个股票账户或资金账户的情况，客户的股票账户和资金账户是怎样的对应关系，对应关系是否明确；开户资金的存取程序和授权有无审批制度；开户取款是否三证齐全；公司有无为客户保密的具体措施；公司办理经纪业务是否有统一制定的证券买卖委托书供委托人使用，采取其他委托方式的是否作出委托记录；公司接受证券买卖的委托是否根据委托书载明的证券名称、买卖数量、出价方式、价格幅度等，按照交易规则代理买卖证券；买卖成交后，是否按规定制作买卖成交报告单交付客户或定期寄送对账单并保证其真实性；公司接受委托卖出证券是否为客户证券账户上实有的证券；公司有无以任何方式对客户证券买卖的收益或者赔偿证券买卖的损失作出承诺；是否以交易佣金分成（返佣）等不正当竞争方式吸引投资者；证券交易的收费是否合理，是否公开收费项目、收费标准和收费办法；交易是否如实进行记录，是否有虚假记载；营业部是否存在向客户融资的行为；公司是否存在将客户的证券借与他人或作为担保物的行为。

（3）投行业务控制情况测试，主要包括：公司是否建立投行业务的风险责任制；公司投行业务是否根据投行业务和证券品种的不同制定不同的操作流程、作业标准和风险防范措施；公司投行业务是否存在内核程序；公司是否建立发行人质量评价体系；公司承揽业务时是否为客户提供资金或替客户贷款提供担保。

（4）自营业务控制情况测试，主要包括：公司经纪业务是否与自营业务、资产管理业务严格分开，是否有制度做保证；公司自营业务有无明确的授权、审批程序；公司自营业务的决策程序和操作程序，自营业务的管理部门、操作部门、资金结算部门与会计核算部门是否相互分离、相互监督；公司自营业务所使用的账号，是否以个人账户进行操作；公司有无挪用客户交易结算资金用于自营业务；公司自营业务的核算方法是否符合准则要求；公司转入下属营业部的自营资金和自营证券是否单独核算；公司自营业务有无保密措施；公司有无从其他金融机构或企业拆借资金的情况。

（5）资产管理业务控制测试，主要包括：公司有无专门部门负责资产管理业务，是否统一承揽业务；公司有无以任何方式对客户受托资产的收益或者赔偿代管理资产的损失作出承诺；受托资金的投资形式是否合法；公司受托资金投资是否有授权、审批程序；资产管理业务的管理部门、操作部门、资金结算部门与会计核算部门是否相互分离、相互监督；公司受托资产投资股票、债券所使用的账号，是否以个人账户进行受托资产投资业务；公司受托资金是否专户存放，并与股民保证金分开。

2.实施实质性测试

在对证券业务内部控制测试的基础上，进行实质性测试，具体包括：对各账户余额进行试算平衡，核对明细账、总账余额；选取具有代表性的业务样本核对有关开户、投资、保管，跟踪记录有关凭证等内容；直接与相关银行、经纪人、客户确认相关金额；审查所有的大额非正常项目（包括开户、交易项目）；对大额客户的交易单据、记录进行大比例抽查、核对；对证券承销业务收入、受托客户资产管理业务收入、利息收入、投资收益等收入的金额、结构进行核实和分析，对经营状况、业务盈亏、业务流程的管理情况作出客观评价。

对《企业会计准则》重新划定核算范围的专业性科目，包括"客户资金存款""结算备付金""拆入资金""拆出资金""衍生金融负债""交易性金融资产""卖出回购金融资产款""衍生金融资产""代理买卖证券款""代理承销证券款""存出保证金""一般风险准备""代理买卖证券业务净收入""证券承销业务净收入""受托客户资产管理业务净收入""代理兑付证券"等进行重点核定。

关键概念

中央银行审计　财务收入审计　财务计划审计　财务收支和盈余缴拨审计　商业银行审计　现金收入审计　存款审计　贷款审计　存放同业和同业存放业务审计　营业收入审计　营业成本审计　保险业务审计　证券业务审计

本章小结

金融审计，就是审计机关对国家金融机构财务收支的真实性、合法性和效益性进行审计监督的一种经济监督活动。其主要是对国家金融机构执行信贷计划、财务计划以及与财务收支有关的各项经济活动及其经济效益等进行的审计监督。金融审计的总体目标，是通过对国有金融机构的财务收支以及资产、负债、损益的真实性、合法性、效益性的审计监督，以促进防范风险、提高效益、规范管理为目标，推进建立安全高效稳健的金融运行机制，促进金融监管机构依法履行职责。

中央银行掌握着货币供应的源头，又处于金融体系的核心，维护着清算系统的正常运行。中央银行的活动关系着社会经济生活的各个方面，影响着千家万户的经济利益，加强对中央银行的审计监督十分必要。对中央银行审计常用的基本方法包括基本审计方法、专门的技术方法、基本审计方式。审计署对中央银行审计监督的内容有：一是审查在金融业务活动中发生的各项财务收支及结果的真实性、合法性和效益性；二是审查中央银行每个会计年度是否将其收入减除该年度支出，按照国家核定的比例提取总准备金后的净利润全部上缴中央财政。

商业银行审计中实施的重点包括：审查资产负债管理的有效性和真实性；审查损益的真实性；审查有价证券业务的真实性、合法性；审核会计报表填列的真实性、合法性；法定准备金制度和存贷款利率的真实性、合法性；审计与评价商业银行的内部控制。

保险业务审计包括以下内容：审查保险展业、防灾和理赔工作是否做到合法、合理、真实和有效；审查财务收支和各项经济活动是否正确、真实与合法；审查是否管好用好流动资金；对固定资产管理进行审计监督；对专项基金进行审计监督；对保险企业偿付能力进行审计监督；对内部控制制度的健全、有效及执行情况进行监督检查。

证券业务审计中可能面临的审计风险主要包括：政策不完备引发的风险；证券公司违规引发的风险；证券业务本身的风险；因规避各种税收产生的风险；计算机技术带来的审计风险。证券业务审计的基本程序包括对证券业务内部控制的审计以及证券业务的符合性测试和实质性测试。

复习思考题

1.金融审计的目标和特征有哪些？

2.中央银行财务收支审计的主要依据有哪些？

3.中央银行财务计划审计的要点有哪些？

4.中央银行财务收入审计主要包括哪些内容？

5.如何通过商业银行审计提高商业银行应对金融危机的实力？

6.保险业务审计的主要风险是什么？造成这些风险的主要原因是什么？

7.证券业务审计的主要风险是什么？如何通过审计降低风险？

本章习题

一、单项选择题

1.（　　　）属于审计具体目标的完整性。

A.金融企业各项业务均按规定正确地记录于恰当的会计期间

B.财务会计报告恰当地反映了账户余额或发生额，披露了所有应该披露的信息

C.金融企业各项业务均已正确地记入相关账户，业务交易金额和账户余额记录正确

D.金融企业发生的所有业务均已按规定记入有关账簿并列入财务会计报告

2.金融审计的主要内容不包括（　　　）。

A.检查资产质量　　　　　　　　　B.检查业务经营合规性

C.检查重大经营决策　　　　　　　D.揭露违法违纪案件线索

3.中央银行业务收入的审计重点是（　　　）。

A.金银业务收入　　　　　　　　　B.手续费收入

C.罚款收入　　　　　　　　　　　D.金融机构往来收入

4.金融机构往来利息收入入账情况的审查重点在于（　　　）。

A.审查各项往来资金是否全部按规定计息，有无遗漏或错记的情况

B.各项利息收入是否及时入账，有无弄虚作假、转移收入的情况

C.审查各项资金是否按规定正确使用有关利率档次

D.有无违反利率政策、随意抬高或降低利率的情况

5.（　　　）不属于贷款业务层面的内部控制测试。

A.授信业务是否实行了分类管理、分级审批制度

B.检查是否认真检查了借款人的资格

C.检查评定的依据和测算是否真实准确

D.利息收入的确认是否符合会计准则的收入实现条件，会计处理是否正确

6.（　　　）属于贷款质量实质性测试的内容。

A.检查是否存在对关系人发放贷款的情形

B.检查贷款和贴现资金的使用是否符合借款合同规定的用款方向

C.检查是否定期编制不良贷款和关注类贷款监测清单

D.检查贷款利息收入总额与贷款平均余额的比率

7.对单位存款业务的内部控制测试不包括（　　　）。

A.存款开户的测试　　　　　　　　B.资金收付的测试

C.存款利息的测试   D.储蓄存款利息计算的测试

8.保险业务内部控制测试，在核保核赔管理方面，主要测试（   ）。

A.是否建立并实施客户回访制度

B.对产品的销售、盈利和风险情况进行定期跟踪分析

C.是否建立明确的核保核赔标准

D.建立销售人员失信惩戒机制

9.证券业务审计的实质性测试，主要测试的内容包括（   ）。

A.公司有无专门部门负责资产管理业务，是否统一承揽业务

B.选取具有代表性的业务样本核对有关开户、投资、保管，跟踪记录有关凭证
等内容

C.公司自营业务有无明确的授权、审批程序

D.公司有无挪用客户交易结算资金用于自营业务

10.利息收入的审计中利息档次的审计不包括（   ）。

A.检查各项利率往来是否按人民银行总行规定的利率正确计收利息

B.检查各级行有无自行增加低息、贴息项目的贷款

C.检查是否按规定日期办理计息，有无擅自提前或推后计息的情况

D.有无擅自变动利率导致减少或虚增利息收入的情况

二、多项选择题

1.对中央银行审计的专门的技术方法可分为（   ）。

A.内部控制测评   B.实质性测试

C.审计专项调查   D.计算机审计方法

2.计算机审计方法又分为（   ）。

A.绕过计算机审计   B.对计算机信息系统进行审计

C.计算机辅助审计技术   D.网络审计技术

3.短期再贷款的借款人应具备的基本条件是（   ）。

A.在当地中国人民银行设立了准备金存款账户

B.不具有法人资格，但已足额存放法定存款准备金

C.不具有法人资格的，应在申请贷款之前2个月内未发生透支行为

D.资信情况良好，能按期归还短期再贷款

4.利息收入审计中，对于计息方法的审计应该按照（   ）的类型分开，进行
审计核查。

A.按月计息   B.按季计息

C.逐笔贷放   D.当时收息

5.对业务综合管理制度层面的测试主要包括（   ）。

A.是否制定了信贷战略目标

B.授信岗位分工是否合理、职责是否明确

C.检查商业银行是否建立并执行贷后跟踪检查制度

D.检查贷款发放是否在贷款手续办妥后进行

6.贷款的实质性测试包括（　　　）。

A.贷款总额真实性测试　　　　　　　　B.贷款业务合规性测试

C.贷款质量的实质性测试　　　　　　　D.贷款效益的实质性测试

7.下列属于储蓄存款利息计算的测试的内容有（　　　）。

A.利息支出计算是否正确并将其记录在正确的会计期间

B.是否在规定的时间内同存款单位对账

C.是否建立开销户登记簿并及时登记

D.审查是否按国家规定的利率来计算各类储蓄存款的利息

8.对营业收入审查主要是检查营业收入的（　　　）。

A.准确性　　　　　　B.合理性　　　　　　C.及时性　　　　　　D.严谨性

三、判断题

1.实质性测试中一般使用抽样审计方法。　　　　　　　　　　　　（　　　）

2.内部控制测评，是对中央银行的内部控制进行测试和评价。　　　（　　　）

3.中央银行的财务收支计划是综合性计划。　　　　　　　　　　　（　　　）

4.中国人民银行财务收支计划主要内容应当包括两部分：财务收入和财务支出。财务收入指利息收入、业务收入，财务支出指利息支出、业务支出。以上收支相抵后为利润或亏损。　　　　　　　　　　　　　　　　　　　　　　　（　　　）

5.分行发放期限超过20天的短期再贷款，应采取抵押担保的方式，而且仅限于辖区内具有法人资格的商业银行。　　　　　　　　　　　　　　　　（　　　）

6.再贴现的票据目前只有商业汇票，再贴现申请人是银行和企业，并且具有较强的支付能力，能按时足额缴纳存款准备金。　　　　　　　　　　　　（　　　）

7.出纳长短款项应按日结清，但不需要计算出纳长短款总金额。　　（　　　）

8.存款业务是我国商业银行的一种传统业务，商业银行存款是我国商业银行最主要的资产。　　　　　　　　　　　　　　　　　　　　　　　　　　（　　　）

四、简答题

1.简述金融审计的总体目标和具体目标。

2.简述商业银行现金业务的实质性程序。

3.简述单位存款业务的内部控制测试中，存款开户测试的主要内容。

4.简述商业银行的营业收入包括哪些及其审计要点。

五、案例分析题

1.资料：审计署驻沈阳特派办在对工行某支行审计时发现，该行于1999年12月对某民营企业发放贷款1 800万元，截至2002年8月末，该笔贷款已累计欠息241.5万元。该民营企业的工商执照2001年、2002年连续两年未进行年检，已被公告吊销。至此，该笔贷款本息均难以追回，银行将其划入可疑类贷款。该民营企业骗取银行贷款的主要手段是：（1）编制虚假财务报表。该企业的银行贷款档案有两份报表，一份是某公司1999年9月的会计报表，该报表反映该公司的资产总额为1 932万元，实收资本为800万元；另一份公司的会计报表反映的企业资产总额为4 913万元，实收资本为3 000万元。银行对贷款的可行性评估报告所引用的会计报表是后者。（2）抵押设备价值无从考证。该项贷款是以抵押形式发放的，银企双方在工商局办理抵押登记时，银行根本没有核查设备原始发票，被抵押的设备也未经中介机构评估，只是将相关设备笼统作价办理抵押登记，并将无实物形态的电力增容费也作为抵押物。（3）贷款未按合同规定用于购置机器设备。贷款到企业账户后，大部分资金被挪作他用。其中，提取现金816.8万元，转入与购置设备明显无关的单位267.3万元，购置个人住房、汽车、书画支出合计86万元，转入他人名下60.6万元，归还欠款等其他支出合计507.6万元。

该民营企业之所以能够从银行顺利骗得1 800万元贷款，究其原因，固然有借款企业利用编造虚假会计报表的手段欺骗银行的因素，而更主要的是银行有关部门的工作人员不负责任。如果银行在信贷管理中的任何一个环节，如贷前认真调查，贷款评估实事求是；贷中严格审查，对抵押设备价值认真考察和评估；贷后跟踪检查，监督贷款按合同约定用途使用，则银行都能避免贷款被骗。

请回答下列问题：

（1）结合上述资料，简述质押贷款的实质性测试。

（2）贷款未按合同规定用于购置机器设备，大部分资金被挪作他用，简述针对该问题应该展开的审计工作。

（3）该企业的银行贷款档案有两份报表，银行对贷款的可行性评估报告所引用的会计报表是资产总额和实收资本较高的后者。这一做法是否正确，并列举不少于6项内部控制测试中涉及的审计方法。

2.资料：审计署2014年对交通银行股份有限公司（以下简称交通银行）2013年度资产负债损益情况进行了审计，重点审计了总行和北京等9家分行，以及交银金融租赁有限责任公司（以下简称交银租赁）等6家直属公司。审计发现的主要问题：

（一）经营绩效方面。

1.财务收支方面。其主要问题是：

（1）部分损益事项核算不实。其中：太平洋信用卡中心和交银施罗德基金管理有限公司2008年至2013年多计支出4.03亿元；上海分行2011年至2012年少计收入9 951万元。

（2）部分账务处理不规范。其中：总行和广东、江苏、上海、浙江4家分行2009年至2013年营销费用列支不规范，涉及金额1.74亿元；江苏、湖北分行存在串用会计科目等问题，涉及金额10.98亿元；总行和广东、湖北、山东、深圳4家分行存在报销入账发票审核不严格问题，涉及金额1 064.41万元。此外，总行和上海、江苏分行等分支机构、子公司还在工资总额之外向员工发放交通、通讯补贴和购买年金保险等共计14.59亿元。2.贯彻执行党和国家有关经济方针政策和决策部署方面。其主要问题是：总行和北京、广东、浙江分行以及交银租赁通过表外理财、远期信用证、融资租赁等业务变相为客户融资，未纳入信贷规模管理。

（二）风险管控方面（略）。

（三）廉洁从业方面（略）。

根据上述资料，回答以下问题：

（1）营业成本具体内容的审查主要从几方面进行？

（2）上海分行少计收入，说明营业收入的真实性存在很大问题，简述对营业收入的真实性的审计重点。

（3）部分账务处理不规范中，主要存在营销费用列支不规范问题，简述对业务及管理费的审计重点。

案例解析

"硕鼠"窃财 难逃审计法眼
——央企法定代表人经济责任审计

四进"鲁山"国有企业审计——审计署
广州特派办查处鲁山公司操纵股市案
始末

第六章　国有企业审计

学习目标

　　通过本章的学习，要求了解国有企业审计的范围和目标；熟悉各业务循环内部控制及控制测试；掌握国有企业财务审计的程序和方法，各业务循环中主要账户的实质性测试。

第一节　国有企业审计概述

一、国有企业审计的范围

　　一般而言，国有企业审计主要包括两个方面：一是对企业财务收支（资产、负债、损益等）的真实性、合法性和效益性审计；二是对国有企业及国有控股企业领导人的任期经济责任审计。对国有企业及国有控股企业领导人的任期经济责任审计将在第十一章论述，本章只论述国有企业财务收支审计。

　　对于国有企业财务收支审计，我国的《审计法》第二十条规定："审计机关对国有企业的资产、负债、损益，进行审计监督"。《审计法》第二十二条还规定："对国有资本占控股地位或者主导地位的企业的审计监督，由国务院规定"。同时，按照《中华人民共和国审计法实施条例》的有关规定，审计机关对国有资产占控股地位或者主导地位的企业依法进行审计监督，包括：国有资本占企业资本总额50%以上的企业；国有资本占企业资本总额的比例不足50%，但是国有资产投资者实质上拥有控制权的企业。

二、国有企业审计的目标

　　国有企业财务审计的目标是对国有企业会计信息特别是损益的真实性、收支活动的合法性实施监督，对国有企业经营活动的效益性进行评价，对国有企业经营活动的合规性进行审计。具体而言，财务审计的一般目标包括：记录或列报的金额在总体上是合理的；记录或列报的金额是实际存在或发生的；记录或列报的金额确属本单位所有或所欠；记录或列报的金额经过正确的计量、计算与分摊；各类业务记录于正确的会计期间；记录或列报的金额经过正确的过账和汇总，勾稽关系正确；各类业务记录于恰当的账户，列报的金额经过恰当的分类和描述；财务报表正确地反映了记录的金额和有关的披露要求；记录的各类业务符合法律法规的规定。

三、国有企业审计的程序

　　国有企业财务收支审计的程序遵循一般的项目审计流程，即第三章论述的审计的准备、实施、终结及审计整改检查四个阶段，具体内容见第三章所述，此处不再介绍。本章只介绍国有企业财务收支审计的核心程序，即了解内部控制、内部控制测试、实质性测试和审计评价。

（一）了解内部控制

了解内部控制的目的是评价内部控制设计是否合理，评价内部控制是否得到执行。判断内部控制设计是否合理的标志是一项控制单独或连同其他控制是否能够有效地防止、发现或纠正各类交易、账户余额、列报存在的重大错报。内部控制得到执行是指内部控制存在且正在被审计单位使用。如果国有企业的内部控制设计合理并正在得到执行，则应该进行内部控制有效性的测试；反之，不应进行内部控制有效性的测试，而应直接进行实质性测试。同时应针对内部控制的薄弱环节，提出改进管理、加强内部控制的建议。

（二）内部控制测试

内部控制测试的目的是测试内部控制在各个不同时间点是否按照既定设计得到一贯执行，测试内部控制是否长期有效。经过对内部控制的了解和测试，可以评价被审计单位现行的内部控制的可信赖程度，确定对实质性测试的影响。经过了解和测试，如果对内部控制满意，可进行有限的实质性测试；如果不满意，应了解有无适当的补救措施。如果有，可以进行有限的实质性测试；如果没有，则应进行广泛的实质性测试。

（三）实质性测试

实质性测试的目的是对各业务循环涉及的主要账户余额及其反映的经济业务是否真实、合法实施检查，以发现账户余额、交易及列报是否存在重大舞弊。通过实质性测试最终实现国有企业财务审计的目标。

（四）审计评价

审计人员应当根据不同的审计目标，以审计结果为基础，对被审计企业财务收支真实性、合法性和效益性发表评价意见，具体包括会计信息质量的评价、重大经济决策的评价、企业综合绩效的评价、资产质量的评价和国有资本保值增值的评价。

四、国有企业财务审计的方法

国有企业财务审计的方法是指在财务审计整个过程中审计人员采用的各种手段，包括了解被审计单位及其环境、内部控制测试、实质性测试所采用的方法。

（一）了解被审计单位及其环境的方法

了解被审计单位及其环境的主要目的是为了评价国有企业财务报表的整体合理性、评估可能存在重大错报的领域、确定审计测试的重点等，最终目的是制订合理的审计实施方案。了解被审计单位及其环境所采用的方法包括调查询问、分析性程序、观察和检查。

（二）内部控制测试的方法

内部控制测试是审计人员对准备信赖的内部控制运行的有效性进行测试，以确定实质性测试的范围。内部控制测试的方法包括：询问、观察、检查、重新执行。

（三）实质性测试的方法

实质性测试是在内部控制测试的基础上，检查财务报表项目或账户余额的真实性。实质性测试的方法包括：检查记录与文件、检查有形资产、观察法、询问法、函证法、计算法和分析性程序。

第二节 财务收支审计

为了高质量、高效率地开展财务审计工作，对国有企业财务收支，一般按照业务循环开展审计：第一，了解各业务循环的内部控制；第二，进行各业务循环的内部控制测试；第三，进行各业务循环账户的实质性测试；第四，对企业资产、负债、损益的真实性、合法性和效益性作出审计评价。

一、销售与收款循环审计

（一）销售与收款循环审计的目标

销售与收款循环的审计目标是，证实营业收入的真实性、计价与分类的正确性、完整性，证实销售退回、折让与折扣的合法性及记录的准确性，证实营业收入记录截止期的正确性。证实应收款项的真实性、计价与分类的正确性、完整性、过账和汇总的正确性，确认坏账损失的真实性。

（二）销售与收款循环内部控制

销售与收款循环内部控制的关键点包括：

（1）授权审批控制。这一循环的关键审批程序有三个：第一，在销货发生之前，对于赊销额度应进行适当授权，在授信额度内一般批准，超过限额则应由更高级别的主管人员来负责审批；第二，未经正常的审批不得发出货物；第三，销售价格的确定、销售方式与结算方式的选择、销售折扣折让与销货退回等均需企业有关部门负责人员的审批。

（2）职责分离控制。这一环节应分离的职责有：批准赊销信用与销售相互分离，批准赊销信用与发货开票相互分离，发送货物与开票相互分离，发送货物与记账相互分离，收取货款与销售收入、应收账款记录相互分离，批准销售退回与折让业务和记账业务相互分离，批准坏账与收款业务、记账业务相互分离，编制和寄送客户对账单与收款业务、记账业务相互分离，执行内部检查与业务办理、记录相互分离。

（3）凭证记录控制。对销售通知单、出库单、发票、贷项通知单等各种凭证预先进行编号；销售部门、仓储部门及时登记销售、保管实物账；财务部门及时登记发出商品登记簿、产成品明细账和应收账款。在货款收账通知单到达后，登记销售及银行存款等账户。

（4）实物控制。一方面，限制非授权人员接近存货，货物的发出必须有经批准的销货单；对于退货，由收货部门进行验收并填写验收报告和入库单。另一方面，限制非授权人员接近各种记录和文件，防止伪造和篡改记录。

（5）定期核对并向客户寄出对账单。一般核对工作由非记账人员进行，核对内容包括销售明细账和总账、财务部门的财务账和销售、仓储部门的实物账，核对误差报经审批后予以处理。建立应收账款的核对和催收制度，每月由独立的人员负责向客户寄送对账单，促使客户在发现双方往来余额不正确后及时更正；定期检查，确定账龄较长的欠款，在必要的情况下，调整这类客户的信用额度。

（三）销售与收款循环内部控制测试

销售与收款循环内部控制测试的内容包括：

（1）了解并描述该循环的内部控制。通过收集和检查与该循环有关的资料、文件，结合实地观察采用适当的方法，包括调查表法、流程图法、文字描述法加以描述，并将其纳入审计工作底稿。

（2）检查不相容职责的划分。走访、观察信用部门与应收款项处理部门是否独立，或分别由不同的人员负责；抽取销售退回或折让发票，审查其是否由业务记录以外的人员批准；验证坏账冲销是否经过收款业务、记账业务以外的人员批准；了解应收款项账簿记录人员与出纳员的职责分工。

（3）测试制度执行情况。向有关人员调查、询问、实地观察、抽验有关文件资料，测试检查有关发票制度、发货制度、结算制度的实际执行情况，如抽查销售发票副联是否附有发运凭证、订货单，销售发票是否经授权审批，评价内部控制的健全性和有效性，揭示违反规定的做法。

（4）审查销售合同。采用抽查法对销售合同签订的必要性、签约的程序和形式的合法性、合同内容的完整性、合同中有关双方权利和义务条款的明确性以及合同的履行情况等进行审查和评价。

（5）观察对账单是否按期寄出。通过观察对账单寄出情况，掌握该环节控制的执行情况。

（6）审查有关凭证上内部核查的标记。审查销售业务记录的会计凭证及明细账，评价内部核查的有效性。

（7）抽查账龄分析表。在测试时，应抽查账龄分析表，检查其是否按期编制，对于超过还款期限，且金额较大的客户，应追查有无信用调查报告与批准文件，是否由独立部门或人员进行调查和批准。

（8）审查销货折扣与收款的合理性。通过查阅制度与询问方式，了解被审计单位销货折扣事项，同时抽验部分应收款项账簿记录和销货发票与相应的银行存款日记账或库存现金日记账核对，揭露不符合折扣政策的项目。

（9）审核坏账损失的账簿记录及相应的手续。对于数额较大的坏账损失要加以验证，查明有无经过正式的批准，是否由企业授权的主管批准，批准的原因是什么，坏账损失的计算依据是什么，揭露某些人员利用记录坏账损失、坏账准备账户的方式贪污现金的行为。必要时，对已注销的应收款项可采取函证方式加以证实。

（四）主要账户的实质性测试

与该循环相关的账户包括："主营业务收入""应收账款""其他应收款""应收

票据""应交税费""预收账款""主营业务成本""销售费用""税金及附加""其他业务收入""其他业务成本"等。

（1）主营业务收入审计。采用比率分析、趋势分析等分析性程序，检查主营业务收入的总体合理性，如将本期毛利率与上期或行业平均毛利率比较，分析营业收入与营业成本是否配比；抽取主营业务收入明细账中的若干笔业务，按结算方式的不同与相关账户进行对比，并追查至发票与发货记录，检查主营业务收入的真实性；索取产品出库存根、销售发票副本和各种收入明细账，相互核对，审查有无混淆主营业务收入与其他业务收入、营业外收入的界限，检查收入分类的正确性；从发货部门的档案中选取部分发运凭证，追查至有关的销售发票副本和主营业务收入明细账，查明有无未入账的销售业务，检查主营业务收入的完整性；检查决算日前后一周或十天的有关收入记录，核对、比较有关的发票、运单以及收据，检查发票开具日期、记账日期、发货日期是否在同一会计期间，确认收入截止是否正确；获取产品价格目录，验证售价是否符合价格政策，尤其关注关联方及关系密切的客户产品价格是否合理；审查销货退回、销售折扣与销售折让是否经过批准，账务处理是否正确，注意有无利用销货退回虚增营业收入的情况。

【案例 6-1】资料：2020 年 4 月，某审计组对乙公司 2019 年度财务收支情况进行了审计。在对销售与收款循环审计时发现以下情况：第一，审计人员在调查了解相关会计政策时获知，因近年来原材料成本不断上涨，产成品成本呈逐年上升趋势。2019 年，乙公司将产品销售成本的结转方法由原来的先进先出法改为加权平均法。第二，乙公司某主要产品的销售毛利率为 6%，审计人员经调查了解，发现该类产品的行业平均毛利率为 15%。第三，审计人员对应收账款明细账进行审查时发现，2019 年 6 月 30 日，乙公司收回以前年度已核销坏账 320 000 元，所作会计分录为：借：应收账款 320 000，贷：主营业务收入 320 000；借：银行存款 320 000，贷：应收账款 320 000。

针对情况一，审计人员决定进一步了解发出存货计价方法变更的合理性，是否经过批准，初步分析计价方法的变动可能导致当年营业利润减少或年末存货余额减少。如果计价方法变动合理，应建议乙公司在会计报表附注中说明存货计价方法变更的原因及其对本期财务状况和经营成果的影响。针对情况二，审计人员判断，乙公司该类产品毛利率低于行业平均毛利率的原因可能有产品单位成本高于行业平均水平或者产品售价低于行业平均水平。应进一步查明毛利率低的具体原因，如果是成本高，建议被审计单位在优化产品工艺流程、改进成本管理方面采取具体措施。如果是销售价格低，应该建议被审计单位在提高产品质量、拓宽销售渠道方面查明原因，采取措施。针对情况三，审计人员判断这种情况会导致 2019 年度主营业务收入被高估，建议被审计单位调账。

（2）应收账款审计。重点审查有无虚增应收账款，少提坏账准备，虚假确认坏账损失。采用比率分析、趋势分析等分析性程序，检查应收账款的总体合理性，决定审查的重点，如计算坏账准备占应收账款的百分比，与上期比分析坏账准备提取是否充分等。抽取部分债务人单位进行函证，检查债务人是否存在，所列金额是否正确，一般选取函证对象时应关注金额较大、拖欠时间较长、以前函证发现重大差异的客户。取得或编制应收账款账龄分析表，确定应收账款的可收回性、坏账准备提取的正确性。

二、采购与付款循环审计

（一）采购与付款循环审计的目标

采购与付款循环审计的目标是，证实商品采购中应付款项和预付款项的总体合理性，采购业务形成的负债的真实性和完整性，采购与付款截止期的正确性。另外还需证实固定资产的真实性和完整性、固定资产的所有权、固定资产分类的正确性、固定资产计价的正确性，证实固定资产交易事项的合法性，证实固定资产折旧方法选用的合规性及其计算的正确性。

（二）采购与付款循环内部控制

采购与付款循环关键控制点包括：

（1）职责分工控制。采购申请与批准采购相互独立，申请采购与采购部门相互独立，批准采购与申请采购相互独立，采购审批、合同签订、合同审核相互独立，验收部门与财会部门、采购部门相互独立，应付款项记账员不能接触现金、有价证券和其他资产。

（2）授权审批控制。企业内部建立分级采购批准制度；只有经过授权的人员才能提出采购申请；采购申请经独立于采购和使用部门以外的被授权人的批准，以防止采购部门购入过量或不必要的商品，或者为取得回扣等个人私利而牺牲企业利益；签发支票要经过被授权人的签字批准，保证货款是以真实金额向特定债权人及时支付。

（3）文件记录控制。收到购货发票时，财会部门应将发票上所记的商品规格、数量、价格、条件及运费与订购单、验收单上的有关资料核对相符后入账；对关键性凭证要预先编号，由经手人按编号归档保存，并由独立人员定期检查存档文件的连续性；订购单中要有足够的栏目和空间，详细反映订货要求；建立付款凭单制，以付款凭单作为支付货款的依据；设置采购日记账，及时完整记录所有采购业务；对每一供应商设立应付款项明细账，并与总账平行登记。

（4）独立检查。由独立于业务经办的人员对卖方发票、验收单、订购单、请购单进行独立检查，确保实际收到的商品符合订购要求。

（5）实物控制。一方面，对已验收入库的商品的实物控制，限制非授权人员接近存货。验收部门人员应独立于仓库保管人员，同时加强对发生的退货的实物控制，货物的退回要有经审批的合法凭证。另一方面限制非授权人员接近各种记录和文件，防止伪造和篡改会计资料。特别应注意对支票的实物控制，不得让核准或处理付款的人接触；未签发的支票应予以安全保管；作废的支票予以注销或另加控制，防止重复开具支票。

（三）采购与付款循环内部控制测试

（1）了解并描述采购与付款业务的内部控制。通过查阅物资采购、仓库保管、付款等方面的制度文件，走访并实际观察采购、仓库、验收和财会等部门，了解企业采购与付款循环各方面的制度是否健全、手续是否完备；观察相关职责分离是否得到执行。结合了解的实际情况，采用适当的方法，包括调查表法、流程图法、文字描述法加以描述，并将其纳入审计工作底稿。

（2）抽查部分采购业务。从采购部门的业务档案中抽取订货单样本，索取采购业务的各种文件资料，沿着采购业务的正常程序加以追踪，进行相关的检查与验证。检查与验证的内容包括：核对请购单与订购单是否一致，请购单是否经过适当的授权人批准，订购单是否连续编号；核对采购合同上确定的价格、付款日期与财会部门核准的条件是否一致；检查合同是否经过有关部门审查，核对卖方发票上所购物品的数量、规格、品种与合同是否一致；抽验部分付款凭单，检查其是否附有请购单、订购单、验收单，付款凭单和验收单是否连续编号，验证验收环节的有效性和计算的正确性；核对采购合同、卖方发票、验收单与入库单是否一致；检查购入材料计价正确与否，被审计单位采用永续盘存制核算时，复核计价的正确性。

（3）付款环节的测试。审计人员可通过查询、观察、检查、重复执行内部控制等措施对有无资金支出进行测试，其步骤与方法是：检查合同，审核付款是否经过批准，支票是否与应付凭单一致，付款后是否注销凭单，是否由经过授权批准的人员签发；检查支票登记簿的编号次序，与相应的付款明细账和银行存款日记账核对，审查其金额是否一致；观察编制凭证和发票、签发支票与保管支票的职责分配是否符合内部牵制原则；检查付款支票样本，确定资金支付是否完整地记录在适当的会计期间。

（4）固定资产内部控制测试。通过检查固定资产管理制度和有关文件，询问有关人员，以及实施观察等方式了解内部控制情况，并记录于工作底稿；验证新增固定资产的各种手续是否齐全，如有无构建计划、可行性研究报告、概算预算及审批文件，审批文件上授权签章是否符合规定的级别；索取固定资产的验收报告，验证其验收部门工作的独立性，验收报告填写的内容是否全面，必要时抽查实物加以核对；索取固定资产报废、出售、对外投资、调出等手续，如报废通知单、出售调出计划、对外投资可行性论证等，审查各种审批手续是否齐全，抽查固定资产使用记录，确定报废、出售、调出、对外投资的适当性；检查固定资产管理部门、使用部门有无明细账和卡片，是否一物一卡，随时登记增减变动并定期与财会部门的账簿记录核对。

（四）主要账户的实质性测试

与该循环相关的账户包括："应付账款""其他应付款""预付账款""应付票据""固定资产""累计折旧"等。

1.应付账款审计

证实应付账款的总体合理性。采用比率分析、趋势分析等分析性程序，检查应付账款的总体合理性，决定审查的重点，如计算应付款项占采购金额的比率、应付款项占当年流动负债的比率，如果计算出的比率与上年相比，明显减少，说明有可能漏列负债。

抽查应付账款明细账，证实应付账款的真实性。重点抽取下列明细账户以验证应付账款的真实性：贷方发生数额较大或账面余额累计数较大的账户，长期挂账未能结清的账户，积欠已久而突然全部结清的账户，同一账户应付已付业务发生频繁的账户，具有特殊交易的账户，提供资产担保的账户，关联单位的账户。

函证应付账款，证实应付账款的真实性。选取可能存在异常的明细账户进行函证，重点选取下列明细账户进行函证：应付款项金额较大、欠账时间较长，账证不符、余额为零、往来频繁、变动很大的账户。

查找未列报或未入账的应付账款。应付账款审计的重点目标是证实有无低估负债，为此实施的审计程序主要有：审查决算日以后货币资金支出的主要凭证，查明货币资金支出业务是否确实为了偿付决算日的负债；追踪决算日后若干天的购货发票，关注购货发票的日期，审查相应的收货记录，查明其入账时间是否正确，有无推后截止期的情况；从年末前发出的验收单追踪到应付款项账户，可以查明该项负债是否反映在应付款项中；审核卖方对账单，追查应付款项明细表；审核决算日后数周内应付款项账单及原始凭证，查明是否属于本期应计负债；结合材料、物资和劳务费用业务进行审查，确定有无未入账负债。

2.固定资产审计

编制或取得固定资产及累计折旧分类汇总表，通过分析有关比率及有关项目变动趋势，确定固定资产和累计折旧的总体合理性，如将固定资产总值除以全年总产量，与以前年度相比较，查明有无未注销的已减少的固定资产或查明有无闲置的固定资产；将本年度计提折旧额除以固定资产总值，与上年计算数比较，确定本年度折旧额的计算有无错误。

检查固定资产的取得凭证，如发票、账单等，证实不同途径取得的固定资产入账价值是否符合企业会计准则的规定，计价是否正确。如对于购入的固定资产，审计人员应审查其入账价值是否按实际支付的买价、相关税费以及使固定资产达到预定可使用状态前所发生的可归属于该项资产的运输费、装卸费、安装费和专业人员服务费等计价；再比如对于融资租入的固定资产，审查其入账价值是否按租赁协议确定的设备价款、运输费、途中保险费、安装调试等支出计价，有无将规定的费用项目漏记、错记或多记，以及混淆经营租赁与融资租赁界限的情况。

监盘固定资产，与固定资产明细账、固定资产卡片进行核对，检查账实是否相符，证实固定资产的真实性。一般对房屋、建筑物等无移动性的固定资产，可以重点抽查验证；对安装使用设备，可以在小范围内抽查验证；对可移动的固定资产，需在较大范围内抽查验证。

对实存于企业的固定资产，需收集各种原始凭证，验证其所有权是否属于企业。初次审计时，需收集各种凭证，如契约、产权证明书、财产税单、发票等，以确定固定资产确实属企业所有；再次审计时，可视内部控制情况，抽取一部分资产记录与资产本身进行查对，特别对记录中的一些增减项目进行查对。

对于固定资产的减少，应重点检查是否存在未做会计记录的固定资产减少业务。审查时应注意检查减少固定资产是否经授权批准，结合固定资产清理、待处理财产损溢等账户，抽查固定资产账面转销额是否正确，会计处理是否正确。

3.固定资产折旧及减值准备的审计

采用比率分析、趋势分析等分析性程序，检查固定资产折旧的总体合理性，决定审查的重点，如计算本期计提折旧额占固定资产原值的比例，并与上期比较，分析本期计提折旧额的合理性。通过审查折旧计算单和累计折旧账户，检查折旧政策和方法前后期是否一致。复核本期固定资产折旧费用的计提与分配，检查应计提折旧的固定资产是否都已计提，不应计提折旧的固定资产有无计提折旧的情况。核实折旧率的选用是否正确，折旧额的计算是否正确。

当由于市价持续下跌，或技术陈旧、损坏、长期闲置等原因导致可收回金额低于账面价值，应将可收回金额低于其账面价值的差额作为固定资产减值准备。对固定资产减值准备的审查要点主要有：确定减值准备计提方法及比例的适当性和计提额是否充分；确定减值准备增减变动情况是否记录完整；确定固定资产减值准备账户期末余额的正确性；结合累计折旧账户，确认已计提减值准备的固定资产是否按照账面价值和尚可使用寿命调整折旧计提金额。

【案例6-2】资料：2020年4月，某审计组对丙公司2019年度财务收支情况进行了审计。在对采购与付款循环审计时遇到以下情况：第一，审计人员准备对固定资产实施监盘时，丙公司提出如下建议：对房屋、建筑物等固定资产，重点抽查验证；对已安装使用的固定资产，在小范围内抽查验证；对可移动的固定资产，在小范围内抽查验证；对异地使用的固定资产，不再抽查验证。第二，审计人员对监盘结果与固定资产明细账进行核对时发现，丙公司一台安装使用的设备未在固定资产账面反映。经进一步审计查明，该设备已投入使用1年，仍记录在"在建工程"科目中。第三，审计人员发现丙公司固定资产账面记录M汽车1辆，但没有找到实物。经询问丙公司财务经理得知，该车1年前以经营性租赁方式出租给R供应商使用，因丙公司尚欠R供应商20万元货款，R供应商一直未支付租金，丙公司也未做租金收入的账务处理。

针对情况一，审计人员不能接受被审计单位的建议是：对可移动的固定资产，在小范围内抽查验证；对异地使用的固定资产，不再抽查验证。因为以上情况存在虚构固定资产的可能性都比较大。针对情况二，审计人员应提出的审计意见是：应转作"固定资产"，并补提自投入使用以来应计提的折旧。针对情况三，审计人员进一步向R供应商证实并获取相关证据，如果财务经理所言属实，在不考虑其他因素的情况下，审计人员判断丙公司做法对其2019年度财务报表的影响是少计其他业务收入。

三、生产与存货循环审计

（一）生产与存货循环审计的目标

生产与存货循环审计包括产品生产业务审计和存货审计。产品生产业务审计的目标是要证实：产品成本的真实性，成本形成的合规性，截止期的正确性，计价的正确性和成本会计处理的正确性。存货业务审计的目标是要证实：存货的真实性、所有权与完整性，存货计价的正确性，存货采购和销售业务的合法性，存货账务处理和存货记录截止期的正确性。

（二）生产与存货循环内部控制

生产与存货循环的内容包括生产成本计算和存货的管理。其主要涉及计划、仓库、财会、生产、销售、人力资源等诸多部门，与其他循环——采购与付款循环、销售与收款循环、薪酬业务循环的内容有一定的交叉。生产与存货循环的内部控制包括：

（1）职责分工控制。该循环的主要职责有：采购与验收材料、储存保管存货、制订审批生产计划、领用材料生产产品、分配归集产品的成本费用、检验和存出产成品、盘点存货、会计记录等。这些职责应当有明确的分工：采购部门与验收、保管部门相互独立，防止购入不合格材料；存储部门与生产或使用部门相互独立，防止多领材料或存货被盗；生产计划的制订与审批相互独立，防止生产计划不合理；产成品生产与检验相互独立，防止不合格产品入库和售出；存货的保管与会计记录相互独立，防止篡改会计记录，财产流失；存货盘点由独立于保管人员之外的其他部门人员定期进行，保证盘点的真实性。

（2）授权审批控制。由被授权的企业领导审批生产计划、经批准下达生产通知单、经批准领料、产品完工经检验入库、产品发出经核准的发出通知单方可办理、存货报废经专门小组审批、存货盘盈或盘亏的账务处理由被授权人批准、会计方法变更由企业财务主管批准等。

（3）成本控制。制订成本计划和费用预算或控制目标、严格审核原始凭证、设置生产与存货总账及明细账并进行核算、选择适当的成本计算方法科学计算产品成本、进行生产与存货成本分析、建立成本和费用的归口分级管理控制制度等。

（4）永续盘存制。设置存货明细账对存货收、发、结存进行及时反映，根据有关会计凭证逐日、逐笔登记各种存货的收、发、结存数量和金额，随时反映结存数量和金额；设置存货总分类账对存货收、发、结存数量和金额及时汇总和记录，并将明细账置于总账的控制之下；经常核对总账与明细账、存货账面结存数与实际库存数，保证账账、账实相符；永续盘存记录由财会部门而不是仓储部门负责，以使管物与管账两个不相容职责相互分离。

（5）实物控制。限制非授权人员接近存货，定期盘点、检查存货管理情况，保管与记录严格分工等。

（三）生产与存货循环内部控制测试

（1）调查了解生产与存货内部控制。通过查阅企业关于存货保管、存货领用、成本会计等方面的制度文件，了解控制环境；走访并实地观察生产部门、仓库、验收部门以及财会部门的工作，了解企业生产与存货管理各方面的制度是否健全，手续是否完备。经过调查了解，运用文字报告、内部控制调查表、流程图等方式，将内部控制情况描述记录于审计工作底稿。

（2）检查不相容职责的分离。观察审查生产与存货管理的各个环节上，采购部门与验收、采购部门与保管部门、计划部门与生产部门、存货保管与盘点、生产与验收、存货保管与记录、存储与销售等是否独立，对企业控制环境、会计准则的应用进行评价。

（3）抽查部分存货入库、出库业务，追踪其业务处理。根据重要性原则，抽取部分业务文件，测试各控制环节的执行情况，授权、审核、计量、记录等控制环节是否真正发挥了作用。如销售合同有无被授权人签字，出库单有无领料部门主管批准的签字等。

（4）抽查盘点记录。抽查若干月份的盘点记录，审查盘点的范围、组织方式、盘点结果与账面金额是否一致，盘点是否由企业内部审计人员或仓库保管员以外的人员监督执行。

（5）产品生产、成本管理制度执行情况的审查。采用审阅法、实地观察法，检查企业是否编制生产计划或进行预算控制，检查生产通知单是否连续编号，成本的归口分级管理制度执行情况如何。

（6）对成本核算和会计入账环节的审查。检查生产与存货业务会计科目是否健全，成本会计制度是否合理，抽查材料费用、工薪费用、制造费用的分配的合理性，抽查成本计算单，检查其记录的正确性；观察有无独立人员检查账簿记录的正确性，对企业会计准则的应用进行评价。

（四）主要账户的实质性测试

与该循环相关的账户包括："存货""生产成本""制造费用"等。

1.生产成本审计

（1）运用分析方法检查产品成本的合理性。

通过分析被审计单位重要的比率和成本变动趋势，查明有无异常变动及实际数与预算数的差异有无异常情况等，如分析比较近期各年度和本年各个月份主要产品生产成本和存货余额及其构成的变动情况，以评价生产成本和期末存货余额及其构成的总体合理性；分析比较各月材料和产品成本差异率，判断是否存在人为调节生产成本和存货余额的可能；分析比较近期各年度和本年度各个月份产品生产成本总额及单位生产成本，以判断本期生产成本的总体合理性；分析比较近期各年度和本年度各个月份制造费用总额及其构成，判断制造费用及其构成的总体合理性；分析比较近期各年度和本年度各个月份直接材料费用，判断直接材料费用的总体合理性。

（2）存货加工成本的审计。

存货加工成本包括直接材料、直接人工以及按照一定方法分配的制造费用等。

审计时应抽取生产成本明细账、制造费用明细账和其他有关明细账，检查产品成本开支范围的合法性，证实企业是否严格区分了计入产品成本费用和不应计入产品成本费用的界限，查明有无乱挤乱摊成本和转移成本的问题。

直接材料费用的审查：抽取成本计算单、领料单、材料费用分配表等，分析比较同一产品不同期间的直接材料费用，检查有无异常的情况，如有异常，应进一步查明直接材料耗用量的真实性和合法性、查明材料计价的正确性、查明直接材料费用分配的正确性。①耗用量的审查应注意是否混淆了产品成本费用和非产品成本费用的界限，对于多领未用材料和生产中的废料、边角料是否办理了退库手续。②计价的审查应注意：成本差异率是否依规定按材料类别或品种计算，成本差异率计算的正确性，发出材料应负担的成本差异是否按当月成本差异率计算，期末结转入库材料的成本差异的正确性等。③直接材料费用分配的审查应注意直接材料费用分配方法是否合理，前后期间是否一致，直接材料费用分配结果是否正确。

直接人工费用的审查：抽取成本计算单、工薪费用分配表等，分析比较同一产品不同期间的直接人工费用，检查有无异常的情况，如有异常，应进一步查明直接人工费用计算的正确性，查明人工费用分配标准与计算方法的适当性，核对是否与工薪费用分配表中该产品分配的直接人工费用相一致。结合对工薪业务循环的审查，抽查直接人工费用会计记录及处理的正确性。

制造费用的审查：通过审阅制造费用明细账和相应的记账凭证，查明制造费用的合规性，即查明制造费用明细账中有无列支期间费用、福利性支出等非制造费用，有无列支非本部门、单位的制造费用；查明制造费用的真实性，即选取制造费用明细账中金额较大的业务、容易与其他费用支出相混淆的项目（如折旧费、修理费）、有提取或开支标准的项目等，检查是否实际发生、是否符合规定的开支或提取标准；查明制造费用的截止是否正确，确定有无跨期入账的情况。检查是否根据企业的生产类型、生产组织特点和工艺流程，选择科学合理的分配方法，是否存在随意改变分配方法来调节产品成本的问题，分配标准（生产工时、生产工人工资、机器工时）资料是否真实正确，分配结果及账务处理是否正确。

辅助生产费用的审查：通过审阅各辅助生产车间"生产成本——辅助生产成本"并与有关费用分配表、记账凭证核对，确认所列费用是否属于本车间发生的、应由基本生产车间和企业管理部门承担的费用，有无列支在建工程承担的费用；查明费用的截止是否正确，确定有无跨期入账的情况。检查是否根据各辅助生产车间的特点选择科学合理的分配方法，是否存在随意改变分配方法来调节产品成本的问题，分配依据（劳务及产品供应量）资料是否可靠，分配结果及账务处理是否正确。

（3）在产品和产成品成本的审计。

在产品成本审计包括在产品数量的审计和在产品计价的审计。第一，在产品数量的审查：对在产品数量的审查一般选用抽查法，对选取的在产品需要采用调节法，推算盘存期在产品的应存数，盘存期在产品应存数量=审计期在产品实存数量+盘存期至审计期产品完工数量－盘存期至审计期产品投产数量。然后将计算出的盘存期在产品应存数量同期末计算在产品成本时的盘存记录进行比较，如基本一致，即可确认盘存期在产品数量基本正确；反之，即可推断存在一定错误或弊端。可能存在的错误或弊端是以估计数代替盘存数、以账面结存数作为实际结存数、或利用在产品数量调节产成品成本。第二，在产品计价审查包括计价方法合理性、运用一致性和计算的正确性，其中合理性的审查是检查企业是否根据在产品数量的多少、各月在产品数量变化的大小、各月费用比重的大小等选用恰当的在产品计价方法，如在原材料在产品成本中所占比重大且为一次全部投入的情况下，应采用在产品成本只计算原材料费用的方法。

产成品成本审计包括产成品数量的审查和产品成本计算的审查：第一，产成品数量的审查。将生产部门的"产量统计单"与财会部门的"产品成本计算单"相核对，确认产品数量的一致性。第二，产品成本计算的审查。审查时应以企业生产特点和管理要求为依据，判断企业产品成本计算方法的合理性，如对于大量大批单步骤生产，或虽系多步骤生产但生产规模较小不要求计算分步骤成本的，应该采用品种法。综合采用审阅、核对、复算等方法验证产品成本计算的正确性。

2.存货审计

计算存货周转率，存货周转率=销售成本/平均存货，将不同期间的存货周转率比较或与同行业其他企业比较，分析判断企业的销售能力、存货有无积压、存货余额存在错弊的可能性；分析是否存在存货成本项目发生变动、存货核算方法变动、存货跌价准备计提基础变动等情况。

实施存货监盘形成存货盘点记录，必要时在监盘的基础上对部分存货实施抽盘验证盘点记录的正确性，将存货监盘记录和有关存货明细账核对，证实账实是否相符，如出现不符，应做出盘盈、盘亏记录，并建议查找原因；监盘过程中应注意鉴定各种存货的所有权（有无代管、代销、代加工的存货），查验存货的质量（有无过期、失效、毁损的存货）。

存货计价的审查从存货入库、存货出库和存货跌价准备等三个方面进行：（1）存货入库计价的审查包括自制存货计价审查和采购材料计价审查，自制存货计价审查前文已有论述，采购材料计价审查的要点包括：材料采购成本的构成项目是否包括买价和所有的采购费用，采购费用项目是否合规完整，有无混淆采购费用与管理费用之间界限，多列或少列采购费用的情况；材料采购费用需要分摊的，注意审查是否按所购各种材料的买价或重量进行正确分摊。（2）存货出库计价审查的要点包括：生产领用材料的品种、规格、数量与生产计划是否相符，有无超计划领用，超计划领用是否经过授权批准；在实际成本计价情况下，应审查生产领用材料的计价方法是否符合会计准则的规定，是否遵循了一贯性原则，发出材料的计价是否正确；在计划成本计价情况下，应审查其材料成本差异的分摊是否正确；产成品出库审查的要点是分析产成品销售成本与销售收入的变动趋势是否一致，在分析一致的基础上对一些主要种类的产成品，核实其销售数量与产成品成本结转数量，并根据不同的计价方法，验证其结转额的正确性。（3）存货跌价准备审计的要点：审查前后各期存货跌价损失有无异常变动，是否存在利用跌价损失人为调节成本费用的情况；按单个存货项目或按存货类别（数量较多单价较小的存货），了解是否存在存货可变现净值低于存货成本的迹象，出现减值迹象时，是否计提了跌价准备，存货跌价准备转销是否合理；抽查部分计提存货跌价准备的项目，检查其决算日后销售价格是否低于存货原始成本。

四、薪酬业务循环审计

（一）薪酬业务循环审计的目标

薪酬业务循环审计的目标是要证实薪酬业务的真实性、完整性、合法性，工资结算的完整性，工资分配的正确性。

（二）薪酬业务循环内部控制

薪酬业务循环的内部控制包括：

（1）职责分工控制：人力资源管理、工资结算、统计与财会部门相互独立，防止虚列支出和连贯性错误；人员调配单的编制与审批相互独立，防止虚增人数和工资级别；考勤记录与审批相互独立，防止多计和错计出勤天数；工资单的编制与审核相互独立，防止多计和错计应发工资；工资结算汇总表的编制与审核相互独立，防止多计和错计总人数和应发工资；产量及工时记录与审核相互独立，防止多计或少计产量和工时；生产统计报表编制与审核相互独立，防止虚报，错报产品产量和质量；工资费用分配表编制与审核相互独立，防止工资分配发生错误；工资保管与记录相互独立，防止篡改记录，冒领工资。

（2）授权控制：薪酬业务循环中的编制用工计划、人员调配、考勤及工时统计、工资结算和分配、签发支票提取现金等业务，必须依据上述步骤，经企业授权或经主管人员审查批准后方可进行下一步处理。

（3）文件记录控制：为了有效控制薪酬业务，设计一式多联、预先连续编号的原始凭证分别由不同的部门进行分权管理，如产量与工时记录、工资单等一式几联，由不同部门参与控制；人员调配单、考勤记录、工资结算汇总表、记账凭证等，需经专人审核，保证业务处理的真实和正确。

（4）限制非授权人员接近待领工资和薪酬业务会计资料。

（三）薪酬业务循环内部控制测试

控制的具体测试内容包括：

（1）检查工资计算汇总环节：抽查人员调配单，检查是否经人力资源管理部门主管签发、是否连续编号；抽查考勤单，检查有无工资发生部门主管签字；抽查工资单，了解是否连续编号，有无工资主管审签；检查工资单上工资计算的正确性；核对调配单与考勤单记录的人员及工资是否相符；检查加班加点记录与主管签署的加班费汇总表是否相符；抽查若干月份工资汇总表，复核工资汇总表是否正确，检查工资汇总表是否经授权审批，检查应付工资总额与工资费用分配表数字的一致性；实地抽查部分员工，查明其是否确在本企业工作，如已离开本企业则需要管理部门证实；观察考勤、调配、工资结算、工资发放是否由相互独立的部门完成。

（2）检查工资支付环节：抽查付款凭证，了解工资支付后，付款凭证上是否加盖"付讫"印鉴；检查待领工资明细表送交前，是否经工资发生部门主管审核；检查实发工资总额与银行付款凭证及银行对账单是否相符；待领工资明细表编制与审核是否相互独立；待领工资保管与待领工资明细表编制是否相互独立。

（3）检查工资费用分配：抽查产量与工时记录，检查是否经编制人和生产部门主管签字、审核；检查生产统计报表送交前，是否经编制人和统计部门主管签字、审核；工资费用分配表编制后，是否经财会部门主管审核；产量和工时记录与审核是否相互独立；生产统计报表编制与审核是否独立。

（4）抽查账务处理：抽查工资分配转账凭证是否连续编号、是否经财会部门主管审核；抽查记账凭证，查明有无编制人、审核人员的签字；观察稽核人员实施稽核业务的过程；检查扣款依据是否正确，代扣款项的账务处理是否正确；抽查部分应付工资明细记录，与记账凭证核对是否相符；抽查应付福利费的提取是否正确。

（四）主要账户的实质性测试

（1）运用分析方法检查应付职工薪酬的总体合理性：分析比较近期各年度和本年度各个月份职工薪酬变动情况，判断其变动有无异常；将本年度产品生产成本中直接人工费用与前期比较，查明其异常波动原因；将本年度管理费用中人工费用与前期比较，如有变动应取得管理当局有关员工工薪变动的决议。

（2）审查工资总额的真实性、合法性：查阅有关记录、资料，查明在册员工总数的真实性，注意是否存在虚列员工名额，人为调节成本、费用，隐匿利润，偷漏企业所得税的现象。检查、复核工资结算表和工资结算汇总表，逐级审查工资计算及汇总的正确性，如对于计时工资主要检查考勤记录与工资结算表是否一致、根据每位职工的工资等级或标准复核日工资率的正确性，验算计算结果；再如，对于各种奖金、各种津贴，需审查发放范围和规定标准是否符合规定。

（3）审查工资分配的正确性：企业每月的应付工资需要按照员工所从事的工作性质和工资用途，分配计入有关成本、费用。抽查工资结算汇总表与工资费用分配表的一致性，并复核工资费用分配表中各项数据的正确性；重点查明是否划清收益性支出与资本性支出的界限、生产经营性支出与营业外支出的界限以及生产成本与期间费用的界限。

五、筹资与投资循环审计

（一）筹资与投资循环的审计目标

（1）资本投入包括实收资本和资本公积，资本投入的审计目标：证实投入资本的真实性；证实投入资本的完整性；证实企业投入资本业务发生的合法性；证实投入资本分类的正确性；证实投入资本记账与汇总的正确性。

（2）盈余公积和未分配利润的审计目标：证实盈余公积的真实性；证实盈余公积的完整性；证实盈余公积的合法性；证实盈余公积分类的正确性；证实盈余公积计价的正确性。

（3）投资审计目标：证实投资及投资收益的真实性与所有权；证实投资入账的完整性；证实投资的合法性；证实投资计价的正确性，记账和过账的正确性。

（二）筹资与投资循环内部控制

筹资与投资循环的关键控制点包括：

（1）职责分工控制。筹资、投资决策和执行相互独立，防止舞弊的发生；筹资、投资业务执行和记录相互独立，以相互牵制；筹资、投资业务执行与财会部门监督相互独立，防止资金管理失控；财会部门内部对资金收付、记录、复核相互独立，以保证业务处理正确无误；盈余公积核算、复核由不同人员完成，有关明细账与总账记录分开，便于核对账面记录的一致性，避免发生错弊。

（2）授权控制。所有的资本交易事项，如股本交易的股票登记、发行、减资或增资等，都必须由企业最高权力机构事先审批与授权；最高管理机构制定举债政策及内部批准程序；对筹集的资金进行投资时，必须进行可行性研究，决策后授权财会部门执行；偿还债务时，要有正式的授权审批程序；盈余公积的提取和使用按国家有关规定，由股东大会或董事会做出决定办理，盈余公积中各部分的使用经董事会的授权批准。

（3）资本循环过程需设计或取得原始凭证，作为控制业务的重要措施。

（4）审核控制。企业对资本金的筹集、留存、增减情况和股息、红利的分配都应定期进行检查清理；对实物资产应定期或不定期盘点检查。

（5）限制非授权人接触实物文件和实物资产。实物文件包括筹资计划、筹资协议或合同、股东会决议、董事会纪要、总经理办公会纪要、企业各级领导人批示、投入实物资产验收单、股票或债券发行批件、发行委托书、投资研究方案、投资协议、借款合同、账册凭证等；实物资产包括股票、股权证书、债券、支票、机器设备等。

（三）筹资与投资循环内部控制测试

（1）资本投入内部控制测试。第一，了解与描述资本投入业务的内部控制，包括了解公司治理结构及机制，包括股东会、董事会、监事会、总经理等权责分配制衡情况，了解公司章程、财会制度、业务审批等情况。第二，查阅董事会颁布的有关章程、制度，测试章程、制度中各项内容是否在国家相关法令、制度范围内；企业所规定的资本金筹集、使用、变更和清算等事项的办理程序是否符合国家规定的程序与方法；章程与制度中是否明确授权有关部门与人员负责资本投入交易事项的办理，并注意了不相容职务的划分；其他有关规定，如股东会决议、董事会纪要等有关投入资本的约束规定等。第三，查阅股票发行的有关文件，如公司章程、股东大会或董事会决议、工商行政管理部门的审批文件、股票发行记录以及政府有关法令，通过检查上述文件，检查内部控制的执行情况。第四，对股本账户（或实收资本账户）每一项增减变动情况核实有无正式的董事会批准文件，收取证据纳入永久性审计档案。再次审计时，只对新的变动加以核实。

（2）盈余公积和未分配利润内部控制测试。第一，了解并描述与盈余公积有关的内部控制，审计人员应收集、检查与利润形成和分配有关的文件、资料，结合调查、询问，在了解相关内部控制流程及控制环节的基础上，将盈余公积和未分配利润的内部控制描述出来；第二，了解盈余公积核算过程职责的划分，通过实地观察和询问，确定企业在处理盈余公积业务中不相容职务是否分离，有关人员是否职责分明，有无越权办理的情况；第三，查阅规章制度、文件、岗位责任制，询问有关人员，确立企业是否建立了完备的利润计算制度、营业外收支控制制度，完整的记录和核算制度，了解上述制度的执行情况；第四，检查决算日损益核算的会计记录，验证期末利润的结转是否按照有关制度规定的程序，及时办理了各项手续；第五，查阅公司章程、制度，了解企业对盈余公积业务处理的规定是否符合国家有关规定；第六，查阅公积金的提取与使用的有关批准文件，了解企业在盈余公积提取与使用方面的内部控制情况。

（3）举债筹资业务的内部控制测试。第一，了解并描述与举债筹资业务有关的内部控制，在了解相关内部控制流程及控制环节的基础上，将举债筹资业务的内部控制描述出来。第二，查阅制度、实地观察、抽查有关文件资料，测试内部控制的执行情况：走访管理部门，了解举债筹资的过程，查明企业是否把提出问题、确定目标、拟订方案、评估选优等程序作为举债决策程序；了解举债程序是否符合规定；抽查明细记录，确定企业是否按计划举债并签订举债合同、契约，有无资金担保，是否按计划使用资金；了解借款经办人员与记录人员是否独立；抽查负债记录，查明举债的审批手续；了解债务利息计算、记录、复核、支付业务人员职责分工情况。第三，抽查、核对负债形成和偿还的有关记录和文件，验证发生日期与其记录日期是否接近或一致，金额是否正确，确定记录控制的有效性。第四，查询财会部门人员，了解债务资金取得以后是否与债权人或受托人定期对账，出现差异是否采取措施处理。

（4）投资业务内部控制测试。第一，了解并描述投资内部控制，在了解相关内部控制流程及控制环节的基础上，将投资业务的内部控制描述出来。第二，抽查投资项目的文件记录，审计人员根据投资项目的重要性，索取部分项目的文件记录，追踪检查投资管理各环节的控制情况，检查投资立项环节内部控制的有效性，如有无投资申请报告，有无对接受投资单位的信用调查报告，有无投资所需资金及未来效益的可行性分析，有无经过企业最高领导认可，如股东大会正式审批手续等。第三，抽查投资项目的会计记录，审计人员从每种形式投资的明细账记录中选取一部分投资业务，先核实其与原始凭证在证券名称、买卖日期、证券编号、购入成本或售价等方面是否相符，再进一步与总分类账核对是否一致，各项会计处理是否完整，以检查投资核算控制的有效性。第四，索取并审阅企业内部的证券盘点报告，如果企业定期对证券进行盘点，审计人员应对其报告进行检查，包括盘点人员是否具有独立性，盘点的方法是否适当，盘点结果与会计账面记录是否一致等，以检查企业对证券实物控制的有效性。

（四）主要账户的实质性测试

与筹资与投资循环相关的账户包括："实收资本""资本公积""其他综合收益""盈余公积""未分配利润""短期借款""长期借款""应付债券""长期应付款""借款费用""长期股权投资""投资性房地产""债权投资""其他债权投资""交易性金融资产""持有待售资产""投资收益""本年利润""营业外收入""营业外支出"等。

（1）实收资本审计。

实收资本账户业务量不大，一般在年度内没有变动，所以对发生的资本变动可采用全面详细的审查方法。

①审查实收资本的真实性。将实收资本明细表与记账凭证、原始凭证相互核对，检查实收资本是否存在。对于发行股票筹资，应检查股票登记簿和股东名单，或向证券保管机构发函询证；对于货币资金投资，应向开户银行发函询证，查明货币资金是否入账，是否以被投资企业的名义或以被投资企业为担保人向银行借款；对于以外币出资的，审查是否按规定采用合同约定汇率进行折算；对于实物投资，应索取有关所有权或使用权的证明文件，查明房屋、建筑物的产权是否属于投资者，投资者与企业是否按规定办理了产权转移手续；对于无形资产投资，应审查无形资产有无合法的证明文件，例如专利权证书、商标权证书等，审阅投资者与企业签订的作价协议等文件。

②审查实收资本账户记录的完整性。将实收资本明细账与备查簿、有关经济文件核对，证实实收资本增减记录的完整性。

③审查实收资本增加的合法性。审阅账册、凭证等，查明企业的注册资金数额是否符合国家有关规定，有无以借入资金顶替资本的情况，有无抽取、侵占国家资本的情况；企业注册资金是否与其经营范围和经营规模相符，是否符合《公司法》等法律的要求；审查各投资者是否根据规定投足资金，投入资本是否按时全部到位，有无违约情况；审查出资形式的合法性，验算资本投入额，查明有形资产与无形资产投入比例是否符合规定；审查资产估价的合法性，根据规定，非货币性资产投入时应进行资产评估；有外商投资时，应索取国家商检部门出具的商检报告，以确定有关投资业务的合法性。审查减少实收资本的合法性，查明有无以下问题：擅自减资，将货币资金返还原汇出单位；投资方以借款为名向接受投资企业借款，或长期占用其资产，变相抽回资金；投资者以短期借款取得货币资金，取得营业执照后则将资金抽回，归还借款；违反规定，将固定资产折旧、无形资产摊销、财产损失或其他支出冲减资本金，从而影响资本金的完整性。

④审查实收资本业务账务处理的正确性。审查实收资本账户及其他有关账户及凭证等，查明溢价发行的溢价收入扣除发行费用的余额是否全部记入资本公积账户；审查企业是否按照投资双方确认的价值确认有关资产账户和实收资本的入账价值；将资本公积、盈余公积转作资本的账务处理，所有者权益总额不变，但各投资者明细账的资本数额应按其原有投资的比例增加，审计人员应注意其处理的正确

性；将明细账余额与总账余额核对，确定二者是否相等，将总账余额与财务报表数额核对，确定其是否一致。

（2）资本公积审计。

①审查资本公积的真实性和完整性。第一，资本溢价的审查，对于有限责任公司，审阅投资合同、协议、公司章程及账簿记录、凭证，确定资本溢价的真实性，审查企业创立后投资者追加资本时，投入资本转为实收资本和资本公积的比例的合理性，计价和账务处理的正确性；对于股份有限公司，审查股本溢价发行是否合法，是否经过有关部门批准，是否按股票面值作为股本、超出股票面值的溢价收入扣除股票发行费用（减股票发行期间产生的利息收入）作为资本公积。第二，拨款转入的审查，拨款转入是指企业收到国家拨入的专门用于技术改造、技术研究等的拨款项目完成后，按规定转入资本公积的部分，应检查政府批文、拨款凭证及项目完成记录和项目决算书等，查明其真实性和完整性。第三，其他资本公积的审查，当公司发行的可转换公司债券按规定转换为股本时，审查企业是否按照该项可转换公司债券的权益成分的金额，转入资本公积。

②审查资本公积使用的合法性。依据资本公积账户的借方发生额，核对有关凭证和账户，查明资本公积使用的合法性。其主要审查资本公积转增资本时，查明有无企业权力机构的正式决议，有无有关政府部门的批准文件，经办手续是否完备；审查有无将资本公积中的准备项目用于转增资本；审查有无挪用资本公积的情况。如将股本溢价收入用来发放现金股利，将资本公积用于集体、职工福利，或利用资本公积进行各种营私舞弊活动。

（3）其他综合收益审计。

其他综合收益，是指企业根据会计准则的规定未在当期损益中确认的各项利得和损失。

①审查企业是否以扣除相关所得税影响后的净额，在利润表上单独列示各项其他综合收益项目；审查企业是否按以后不能重分类进损益的其他综合收益项目和以后将重分类进损益的其他综合收益项目在利润表上分别列报。

②检查资产负债表日，企业是否对以公允价值计量且其变动计入其他综合收益的金融资产按公允价值计量，所产生的利得或损失，除减值损失或利得和汇兑损失之外，是否均计入其他综合收益；企业将一项以摊余成本计量的金融资产重分类为以公允价值计量且其变动计入其他综合收益的金融资产的，其原账面价值与公允价值之间的差额是否计入其他综合收益；自用房地产或作为存货的房地产转换为以公允价值模式计量的投资性房地产在转换日公允价值大于账面价值的部分，是否计入其他综合收益。

③审查企业将一项以公允价值计量且其变动计入其他综合收益的金融资产重分类为以摊余成本计量的金融资产或以公允价值计量且其变动计入当期损益的金融资产的，是否将之前计入其他综合收益的累计利得或损失转出，并进行正确的会计处理；企业在终止确认一项以公允价值计量且其变动计入其他综合收益的金融资产

时，之前计入其他综合收益的累计利得或损失是否从其他综合收益中转出，计入当期损益。

④对于采用权益法进行核算的长期股权投资，检查投资企业是否对被投资单位除净损益以外所有者权益的增加或减少，相应调整长期股权投资的账面价值和其他综合收益。

（4）盈余公积和未分配利润审计。

①盈余公积的审查。审查与利润形成有关的各项因素是否真实合法；审查法定盈余公积提取的顺序和比例是否符合国家的法律或行政规章，计提法定盈余公积的基数应是税后利润，税后利润应为抵补被没收的财物损失、支付各项税收的滞纳金和罚款、弥补企业以前年度亏损（超过税前补亏期限）之后的差额；审查法定盈余公积使用是否合法，转增股本时，是否办理了转增手续，是否按股东原有比例结转，有无侵蚀其他股东股本的情况。审查任意盈余公积的提取是否在分配股利或利润之前，是否按公司章程或股东会决议提取和使用。

②未分配利润的审查。审查未分配利润的真实性，核对"利润分配——未分配利润"账户与资产负债表和所有者权益变动表是否一致；审查未分配利润的合规性、合法性和正确性，审查利润分配是否符合国家规定和董事会方案或股东会决议纪要。

（5）借款审计。

借款包括短期借款和长期借款。

①借款审计的要点包括：

审查借款期末余额的真实性。审查有关借款的账簿记录、借款凭证及有关文件，确定借款业务的真实性；将借款总账余额与其明细账核对，确定其一致性，如有不符应查明原因；利用银行借款对账单与短期借款余额核对，并编制调节表进行核对；如果期末余额较大或有关业务的内部控制存在薄弱环节时，向贷款银行或其他有关债权人进行函证，检查所列期末余额的真实性。

向被审计单位的所有开户银行进行函证，检查借款的完整性、分类的正确性，长期借款抵押、担保情况，函证一般结合银行存款的审计进行。对于抵押，应了解抵押资产是否确实存在，其所有权是否确为企业所有，资产及实际状况是否与借款合同规定一致；对于担保，以收入作担保借款时，充做担保的收入是否可靠；借款有担保人时，查明担保人是否符合法定要求。

根据借款的有关资料，了解利息支出、利率及利息支付期限等，验证利息支出是否合理。

审查借款偿还的真实性、及时性和合规性。审查账簿记录，验证短期借款账户借方发生额同有关付款凭证（如支票存根）是否相等；还款日期与借款合同内容核对，确定还款的及时性；如果逾期偿还，需查明原因和责任。

②对于长期借款应实施下列程序检查有无未入账的负债：

查阅企业管理当局的会议记录，了解企业决定筹集的全部债务资金的来源；向被审计单位索取债务说明书；向债权人函证负债金额；分析利息费用账户，当实际支出利息大于账面应付利息时，应查明有无付款利息来自未入账的长期负债。

对于长期借款还应审查合同履行情况。根据长期借款合同有关条款，查明金融机构是否按合同规定及时向借款单位发放贷款；借款单位对借款的使用和归还是否符合合同的规定，借款的用途和使用是否合理、合法，是否达到预期使用目标，企业有无违约行为。

（6）应付债券审计。

取得或编制有关应付债券的利息、溢价或折价等账户的分析表，审查利息费用、应付利息、溢价或折价摊销的计算是否正确。审查应付债券形成的有关凭证及偿还的记录，验证其期末余额是否真实；函证应付债券期末余额的真实性。查阅企业发行债券收到货币资金的收据、汇款通知单、送款登记簿及相关的银行对账单和债券存根簿，确定债券发行收入是否实际收到，入账金额是否完整；如果有部分债券尚未发行，审计人员应予以监盘或函证保管机构，查明未发行的数额是否与账面记录一致，应收数额与实收数额是否一致，以证实有无售出债券而不入账的问题。向被审计单位索取有关文件资料，查明发行债券是否有国家政权管理部门的正式批文，是否有公司权力机构的正式决议；发行债券的条件是否符合我国《公司法》和其他法律法规的要求。审核用来偿还债券的支票存根等原始凭证，验证利息费用计算，核对应付债券账户借方发生额与已偿还债权数额是否相符，查明债券偿还的真实性。

（7）长期股权投资审计。

①核查投资计价的正确性。审查投资的有关账户，核查投资入账计价是否符合会计准则：同一控制下的企业合并形成的长期股权投资，是否在合并日按照取得合并方所有者权益在最终控制方合并财务报表中的账面价值的份额作为长期股权投资的账面价值；非同一控制下的企业合并形成的长期股权投资，是否按照确定的企业合并成本作为初始投资成本。非企业合并形成的长期股权投资，是否按照会计准则的规定，区分支付现金、发行权益性证券、非货币性交易、债务重组等不同取得方式，正确确定长期股权投资的初始投资成本。

②验证投资收益。企业进行长期股权投资的记账方法有成本法和权益法两种，验证投资收益的要点：成本法和权益法的选用是否符合有关规定，成本法和权益法是否随着在被投资企业股权份额的变化而做出正确调整，按成本法或权益法进行的账务处理是否正确，成本法和权益法转换时的账务处理是否正确。

③投资收回、出售与转让的审查。对于投资收回，应审查是否及时收到了款项，是否已增加了银行存款，并冲减了原投资账户；对于投资转让，应审查转让、出售是否及时入账；以其他投资方式与其他单位联营、投资的资产，在联营期满或联营单位宣告解散的情况下，应注意收回投资的实务形态是否由联营各方协商确定，收回投资价值量减少是否合理，减少的价值是否作为投资损失处理。

④长期股权投资减值准备的审查。审查长期股权投资减值准备的计算依据是否

恰当，计提金额是否充分；查明减值准备增减变动的记录是否正确、完整；查明减值准备的期末余额是否正确。

（8）交易性金融资产、债权投资和其他债权投资的审计。

《企业会计准则》将金融资产分类为以摊余成本计量的金融资产、以公允价值计量且其变动计入其他综合收益的金融资产、以公允价值计量且其变动计入当期损益的金融资产，分别在债权投资、其他债权投资和交易性金融资产账户核算。审计时应注意是否按照《企业会计准则》将金融资产做了正确划分，划分为不同类型的金融资产是够符合该类资产规定的条件。

交易性金融资产、债权投资和其他债权投资审计的共同点是：获取股票、债权和基金等交易流水单及被审计单位投资部门的交易记录，与明细账核对，检查会计记录的完整性；监盘实物凭单，并与相关账户核对，如有差异，应查明原因，并作出记录或进行适当调整；向相关金融机构函证投资期末数量以及是否存在变现限制（与存出投资款一并函证），检查投资的真实性；抽取投资增减变动的相关凭证，检查其原始凭证是否完整合法，会计处理是否正确。

对于交易性金融资产，需要审查资产负债表日是否按公允价值与账面价值之间的差额列入"公允价值变动损益"账户，交易性金融资产收回时，应将公允价值与账面价值之间的差额，由"公允价值变动损益"账户转入"投资收益"账户。对于债权投资，需要计算验证债权投资收益的正确性，即在资产负债表日按实际利率法和摊余成本计算的投资收益，与"投资收益"账户反映的金额是否相符；当其账面价值大于未来现金流量现值，是否计提减值准备且计提是否充分。对于其他债权投资，应审查资产负债表日是否按公允价值计量，该类金融资产所产生的利得或损失，除减值损失或利得和汇兑损益之外，是否计入其他综合收益；处置时，是否将原计入其他综合收益对应处置部分的金额转出，计入投资收益；按照规定企业可以在初始确认时，将非交易性权益工具投资的股权类投资，指定为以公允价值计量且其变动计入其他综合收益的金融资产，该指定一经做出，不得撤销，审计时应注意企业是否遵守了这一规定。

六、货币资金循环审计

（一）货币资金循环审计的目标

货币资金循环审计的目标是要证实货币资金余额的真实性和所有权、证实货币资金业务记录的完整性及证实货币资金收付业务的合法性，证实外币计价的准确性，证实货币资金分类的正确性、过账和汇总的正确性。

（二）货币资金循环的内部控制

货币资金循环的内部控制措施包括：

（1）职责分工控制。采购、销售、劳动工资、其他零星收支与财会部门相互独立，防止作弊；收入单据的开具与审核相互独立，防止贪污或挪用；支出和报销单据的编制、审批、审核相互独立，防止虚列支出；收付款结算办理与审核相互独立，防止差错和舞弊；支票的签发与出纳相互独立，防止虚列支出、贪污或挪用；

出纳与会计相互独立，分管货币资金收支和记录，防止收入不入账，虚列支出，贪污或挪用；记账凭证的编制与审核相互独立，防止连贯性差错；库存现金、银行存款日记账的登记与总账相互独立，防止连贯性差错；由出纳员以外人员编制银行存款余额调节表和对现金进行稽核，防止连贯性差错；支票与印章应由不同的人保管，防止管理失控。

（2）授权审批控制。有效的控制要求货币资金的各项业务均应由主管领导授权或审查批准后才可办理，建立报销审批、审核制度。送交财会部门前，采购合同、付款结算凭证、收款结算凭证、支出单据、支票使用等，须经主管部门领导审批，防止差错、挪用资金、贪污等。

（3）文件和记录控制。出纳员与会计人员根据审核后的原始凭证填制连续编号的收、付款记账凭证，及时办理收、付款业务，并在原始凭证上加盖"收讫"或"付讫"戳记，签字盖章以示收付完成。同时，出纳员应及时按顺序登记库存现金与银行存款日记账，做到日清月结。

（4）监督控制。会计人员在办理各项货币资金收付款业务，以及进行会计核算的时候，都要审核经济业务内容的合法性、业务处理手续的合规性、原始凭证内容的完整性、真实性，审核后要签字盖章；通过对账保证总账与日记账、企业账与开户银行账的一致性。

（5）限制接近资产控制。设置现金、支票、账簿保管设施，防止失窃；出纳员主管现金和银行单据的收付与保管，要限制其他人的接近；现金的收取和支付要尽可能集中办理，收到的现金要及时解缴银行，防止坐支现金。

（三）货币资金循环的内部控制测试

（1）调查了解货币资金内部控制。通过走访、询问、实地观察、阅读文件等方式了解被审计单位内部控制情况并加以描述，对中小企业内部控制可采用文字说明，对规模较大的企业可采用流程图或调查表形式描述。

（2）抽查收款凭证。选择一定数量的收款凭证，核对收款凭证与账户记录日期和金额、银行对账单、应收账款等相关明细账的有关记录是否相符；核对收到金额与销售发票等相关凭证的一致性等。

（3）抽验付款凭证。抽查部分货币资金付款凭证，验证各项货币资金的付款业务是否经过适当的审批、授权与审核。其主要包括：检查有无审批授权人的签章；验证签章人是否符合授权的层次与范围；核对库存现金或银行存款日记账记录的付款金额是否正确；核对付款凭证与银行对账单的一致性；核对付款凭证与购货发票、应付账款明细账的一致性；对重要的货币资金付款业务，有必要检查其控制功能执行效果，如查验付款业务的合法性，检查会计处理的正确性，包括金额的计算、会计科目的使用等，以此验证货币资金审批授权控制与审核控制的效能发挥情况。

（4）抽查一定期间库存现金、银行存款日记账并与总账核对。抽查一定期间库存现金、银行存款日记账，检查库存现金日记账和银行存款日记账记录、加总的正确性，并与相应的总账核对，检查其每月金额的一致性，对账账不一致的情况有无调整与说明。

（5）抽查银行存款余额调节表与库存现金盘点表。抽查企业是否定期编制银行存款余额调节表，至少抽查两个月的银行存款收支记录，逐笔核对银行对账单，验证企业银行存款余额调节表编制的正确性；银行存款余额调节表是否由独立人员及时编制、企业是否及时调节差异。抽查库存现金盘点表，与相应月份的库存现金日记账核对，验证一致性，并核实溢缺现金的处理是否符合规定。

（6）实地观察、检查账簿凭证，检查不相容职务的划分。抽查银行存款余额调节表，了解编制人签章是否为出纳员以外的人员；抽查日记账记录与相应的会计凭证，凭证上是否有会计人员的审核签章；支票保管、登记与印章的保管是否分别由不同人员负责；各项货币资金的收、付程序有无明确的制度规定，如差旅费报销手续、借支现金手续等。

（7）检查货币资金收付凭证的管理情况。对货币资金收付款原始凭证如存款单、现金支票、转账支票、付款委托书、银行结算凭证，检查其是否有专人保管，是否按顺序使用，是否有发票签发登记簿，作废的凭证是否加盖了"作废"戳记，并妥善保管，有无开出空白支票、空头支票等情况。

（四）库存现金与银行存款的实质性测试

（1）运用分析方法检查货币资金的总体合理性。对不同期间的库存现金与银行存款余额进行趋势分析；分析应收利息收入与银行存款累计余额的比率，判断利息收入的合理性，检查是否存在高息资金拆借，确认银行存款余额是否存在，利息收入是否已经完整记录；定期存款占银行存款的比例、存放在非银行金融机构的存款占银行存款的比例，判断有无非法集资问题及存款的安全性。检查所有的运营报告和内部审计报告，以此为基础了解现金与银行存款可能发生的潜在变化和风险；了解贷款或债券协议是否对现金使用和运营资金比率有一定的限制，分析这些限制及其对审计计划的意义。

（2）库存现金监盘。监督盘点库存现金的目的是证实库存现金的真实性。监盘库存现金的步骤是：第一，监盘前的准备工作包括由出纳员将现金全部放入保险柜暂作封存，同时要求出纳员将全部凭证入账，结出当日库存现金日记账余额，填写"库存现金出纳报告书"；了解企业除封存在保险柜的库存现金外，是否还有库存现金在办理现金收付业务的其他部门或其他人员手中；对库存现金监盘采取突击式监盘，对于所有的库存现金，无论存放何处，应同时全面地进行清点；库存现金监盘一般安排在营业前或营业终了后，避开现金收支的高峰时间。第二，监盘过程，出纳员填制"库存现金出纳报告书"或"库存现金余额表"在会计主管人员和审计人员在场的情况下清点库存现金，并做出记录，会计主管人员和审计人员在旁观察监督，必要时进行复查。第三，监盘结束时，出纳员清点库存现金以后，应由其填制"库存现金盘点表"，该表由出纳员、会计主管、审计人员共同签字，作为审计工作底稿。

（3）现金与银行存款收付业务的审查。

①现金收付业务的审查。第一，抽查审阅至少1至2个月的库存现金日记账记录。审阅时应注意库存现金日记账摘要栏，检查收付业务是否合法，有无超出规定的结算范围；审阅库存现金日记账金额栏，检查其现金收付金额是否过大，是否超过了国家规定的收支限额；审阅对应科目栏，检查各项现金收付业务涉及的会计科目是否正确；审阅库存现金每日余额，看其是否超过了规定的限额，对于超出部分，是否及时解缴银行；审查有无坐支现象；审查库存现金日记账是否按日期序时登记，揭示前后日期颠倒、故意调剂，以掩饰错弊的情况。第二，原始凭证的审查。根据库存现金日记账的抽查结果，有针对性地对金额大的原始凭证加以审查，审查原始凭证所反映的现金收付业务的合法性以及凭证本身有无被涂改或伪造的情况；审计人员在对收款、付款原始凭证审查时，应与记账凭证核对，包括内容、金额的一致性，所附原始凭证的张数的正确性等，注意揭露利用原始凭证二次报销、在记账凭证上故意多计支出或少计收入金额等情况。第三，审计人员应审查决算日前后一段时间内现金收支的原始凭证，检查现金收支截止期的正确性，注意有无跨期处理事项。第四，如果企业存在现金溢缺事项，审计人员应对所有现金溢缺情况给予关注。应审查现金溢缺的会计处理及相关凭证是否合法有效。

②银行存款的审查。第一，审核银行存款日记账记录。抽取部分银行存款日记账记录加以审核，依次验算其加总额的正确性；核对银行存款日记账与总账余额是否相符；对于日记账反映的下列业务重点审查以验证其合法性：只记金额而无详细摘要，一收一付或一收多付、多收一付、数额相等而日期相差不远的收付事项，开出现金支票但不符合现金结算范围，收付款凭证未按顺序记账。

③检查银行存款余额调节表以证实银行存款账面余额是否存在。重点抽查收支业务较为频繁的银行账户，选择其12月和1月至11月中的任何1至2个月的银行存款余额调节表进行检查。对于企业已收付、银行尚未入账的事项，检查相关收付款凭证，并取得期后银行对账单，确认未达账项是否存在，银行是否已于期后入账；对于银行已收付、企业尚未入账的事项，检查期后企业入账的收付款凭证，确认未达账项是否存在，企业是否已于期后入账。对于未达账项，还应注意审查其所反映的经济业务是否合法。

（4）函证银行存款余额验证其真实性。在审计过程中向有关开户银行函证，以验证被审计单位的银行存款余额是否真实、是否存在未入账的银行借款；为了实现银行存款的函证目的，审计人员应向企业在本年存过款（含外埠存款、银行汇票存款、银行本票存款、信用卡存款、信用保证金存款）的所有银行，其中包括存款账户已注销的银行，因为有可能存款账户已注销，但仍有银行借款或其他负债存在。对于审计人员已直接从某一银行获得了银行对账单和所有已付支票的，仍应向这一银行进行函证。

（5）核实货币资金收支的截止期。财务报表上所列示的银行存款余额应包括当年最后一天下午所收到或付出的银行存款，而不应包括其后所发生的。审查时应注意有无人为地多列银行存款，决算日不结账，将决算日后收到的银行存款计入财务报表的情况。例如，年终前未解缴银行的收入汇票与支票或在途存款列入了银行存款，其均属于提前入账、高估银行存款的错误。

【实例6-3】根据《审计法》的规定，审计署2014年对神华集团有限责任公司（以下简称神华集团）2013年度财务收支情况进行了审计，重点审计了神华集团本部及中国神华能源股份有限公司（以下简称神华股份公司）、神华宁夏煤业集团有限责任公司（以下简称神宁集团）等4家二级单位，并对有关事项进行了延伸和追溯。审计发现的主要问题：

（一）经营业绩方面

1.财务收支方面

（1）2009年至2014年，神华集团及下属神宁集团等28家单位提前确认销售收入、违规发放奖金补贴、未按规定编制合并财务报表等，造成收入多计20.27亿元，成本费用多计23.91亿元、少计14.94亿元，由此导致6年间多计利润11.30亿元（2013年多计利润10.15亿元）。

（2）2012年至2013年，下属神华亿利能源有限责任公司黄玉川煤矿（以下简称黄玉川煤矿）账外发放奖金348万元，其中2013年180万元。

2.贯彻执行国家宏观经济政策与决策部署方面

（1）2010年至2012年，下属神宁集团违规批准所属单位投资宾馆酒店项目，截至2013年年底累计投资10.02亿元，其中2013年2.81亿元。

（2）2009年，下属神华股份公司神东煤炭分公司未取得探矿权，即委托外部单位开展地质勘查并支付勘查费用5 000万元。

3.内部管理方面

（1）2012年至2013年，下属陕西国华锦界能源有限责任公司（以下简称国华锦界公司）等4家单位在未取得相关部门批准的情况下，以低于国家规定标准少计提安全生产费28.46亿元，其中2013年19.71亿元。

（2）2010年至2014年，下属神华杭锦能源有限责任公司（以下简称杭锦能源公司）违规开展外购煤炭的销售业务，获利2.21亿元。

（3）2009年至2013年，下属国华锦界公司等2家单位超范围使用维简费和安全费4.80亿元，其中2013年1.61亿元。

（4）2013年，下属神宁集团违规批准所属房地产公司对外投资9 492.85万元。

（5）2009年至2013年，下属神华股份公司、神宁集团等6家单位在工程项目管理中，存在违规直接指定工程分包商、未按规定进行公开招标等问题，涉及94个项目、合同金额24.34亿元（其中2013年33个项目、合同金额11.61亿元）。

（6）截至2014年2月底，下属黄玉川煤矿建设项目资本金投入未达到规定比例，少投入资本金7.65亿元。

（7）2011年至2013年，下属神华物资集团有限公司等4家单位对零备件供应商的资质审核不严，与提供伪造代理授权书的供应商签订了16份购销合同，涉及金额 8 086.03 万元，其中 2013 年 699.36 万元。

（8）2011 年，下属神华股份公司哈尔乌素煤矿在未上报国资委同意的情况下，向地方政府支付 1 亿元赞助费。

（9）2010 年至 2013 年，下属杭锦能源公司等 3 家单位存在违规向下属房地产公司提供资金支持、为职工集资建房项目垫付工程款、无偿向系统外单位提供车辆等问题，涉及金额 14.39 亿元。

（二）发展潜力方面

（1）2009 年至 2013 年，神华集团下属 48 家煤矿超核定生产能力违规开采煤炭 4.84 亿吨，其中 2013 年超采 1.41 亿吨。

（2）2009 年至 2013 年，神华集团下属 10 家煤矿在煤炭开采所需要的证照不齐的情况下，违规开采煤炭 2.02 亿吨，其中 2013 年违规开采 0.33 亿吨。

（3）2009 年至 2013 年，神华集团下属 8 个项目未经核准违规先行开工建设，截至 2013 年年底累计完成投资 101.49 亿元，其中 2013 年 29.14 亿元。截至 2014 年 6 月底，上述项目仍未取得核准。

（4）2010 年至 2014 年，下属神宁集团等 2 家单位的部分煤矿和项目存在环保问题整改不到位、未按规定重新编制并上报环境影响报告和水土保持方案、未获得环境影响评价批复即开工建设的问题。

（三）廉洁从业方面

2012 年至 2013 年，下属神华甘泉铁路有限责任公司 4 名高管人员违反内部规定超标准乘坐飞机头等舱共计 87 次。①

关键概念

国有企业审计　财务收支审计　业务循环内部控制　内部控制测试　实质性测试

本章小结

国有企业审计主要包括两个方面：一是对企业财务收支（资产、负债、损益等）的真实性、合法性和效益性审计；二是对国有企业及国有控股企业领导人的任期经济责任审计。

国有企业财务审计，是指审计机关按照《审计法》及其实施条例和《国有企业财务审计准则》规定的程序和方法对国有企业（包括国有控股企业）资产、负债、损益的真实性、合法性、效益性进行审计监督，对被审计企业会计报表反映的会计信息依法作出客观、公正的评价，形成审计报告，出具审计意见和决定。

国有企业财务审计一般按照企业的业务循环来实施，国有企业的业务循环包括销售与收款循环、采购与付款循环、生产与存货循环、薪酬业务循环、筹资与投资

---

① 摘自《神华集团有限责任公司 2013 年度财务收支审计结果》。

循环和货币资金循环等。每个业务循环的审计都是按照下列程序组织实施的：第一，明确具体审计目标；第二，了解各业务循环的内部控制；第三，进行各业务循环的内部控制测试，第四，进行各业务循环主要账户的实质性测试；第五，对企业资产、负债、损益的真实性、合法性和效益性作出审计评价。

复习思考题

1.简述财务收支审计的审计目标。

2.简述经济责任审计的审计目标。

3.简述财务收支审计的审计程序。

4.简述财务收支审计的审计方法。

5.简述销售与收款循环主要账户实质性测试的内容。

6.简述采购与付款循环主要账户实质性测试的内容。

本章习题

一、单项选择题

1.国有企业财务收支审计的目的是检查企业资产、负债、损益的真实性、合法性和（　　　）。

A.公允性　　　　　　B.公正性　　　　　　C.效率性　　　　　　D.效益性

2.审计人员审查决算日前后一周或十天的营业收入记录，并核对相关销售发票、运单等原始凭证，其主要目的是（　　　）。

A.证实营业收入的合理性　　　　　　B.证实营业收入的完整性

C.证实营业收入的合法性　　　　　　D.证实营业收入的截止期

3.在审查应收账款过程中，控制函证过程的人员应是（　　　）。

A.财务主管　　　　B.出纳人员　　　　C.审计人员　　　　D.销售人员

4.审计人员对应收账款进行函证时，下列情形中可采用消极函证的是（　　　）。

A.认为被函证人能认真处理询证函　　　B.预计应收账款记录差错率较高

C.应收账款余额较大　　　　　　　　　D.有理由相信欠款可能存在争议

5.下列各项中，违反采购与付款循环内部控制要求的是（　　　）。

A.采购申请经独立于采购部门以外的被授权人批准

B.企业内部建立分级采购批准制度

C.签发支票要经过被授权人的签字批准

D.由采购人员取得供应商对账单并与应付款项明细账核对

6.下列各项中，属于运用分析方法检查固定资产折旧费用合理性的是（　　　）。

A.核对累计折旧账户明细账与总分类账

B.计算本年度计提折旧额占固定资产原值的比例，并与上年度相比较

C.审查折旧费用账务处理的正确性

D.审查财务报表附注中披露的折旧方法

7.在实施生产与存货内部控制测试时审计人员对存货保管情况要（　　），检查领料单、出库单等单据与相应的请领、销货通知之间的一致性。

A.核对账目

B.实地考察

C.审查票据

D.检查原始凭证

8.在实施货币资金内部控制测试时，审计人员需要检查库存现金日记账、银行存款日记账与（　　）是否一致。

A.银行存款明细账

B.科目余额表

C.银行对账单

D.总账

9.下列各项中，可以帮助审计人员发现被审计单位未入账银行借款的审计程序是（　　）。

A.分析利息费用账户

B.审查借款的使用和归还是否符合借款合同的规定

C.了解借款的决策程序是否符合被审计单位的内部规定

D.审查各项借款在财务报表中的分类和反映是否恰当

10.为验证投资者以实物出资的固定资产所有权，下列各项中，审计人员应当采取的最有效审计程序是（　　）。

A.检查固定资产明细账是否记录该固定资产

B.检查该固定资产减值准备的计提是否合理

C.检查该固定资产的折旧政策是否符合会计准则的要求

D.检查投资者与被审计单位是否按规定办理了产权转移手续

11.下列关于库存现金监盘的表述中，错误的是（　　）。

A.应采取突击方式进行监盘

B.出纳和会计主管应在盘点表上签字

C.由出纳自行盘点，会计主管和审计人员在旁边观察监督

D.对存放于不同地点的现金，应分别安排不同的监盘时间

12.证实实收资本的真实性是指（　　）。

A.确认实收资本是否及时入账

B.确认实收资本账户余额是否确实存在，金额是否实际发生

C.确认实收资本的筹集是否符合规定程序

D.确认实收资本明细账是否与总账相符

13.审计人员在审查股票投资时采用的下列程序，不属于实质性审查程序的是（　　）。

A.审查股票投资的审批手续是否完备

B.审查股票投资的核算方法是否恰当

C.向证券登记结算机构函证持股数量

D.审查交易费用的账务处理是否正确

14.审计人员检查被审计单位投资方有无以被审计单位为担保人向银行借款，

并以该借款向被审计单位投资，是为了查明（　　　）。

A.投入的货币资金是否为投资方所有

B.实收资本账户记录是否完整

C.投入资本是否按时足额到位

D.货币资金投资是否及时入账

15.下列各项中，属于投资业务内部控制测试程序的是（　　　）。

A.编制长期股权投资明细表，并与财务报表、账簿记录相核对

B.审查财务报表附注中是否充分披露与投资业务相关的信息

C.向管理层核实交易性金融资产的持有目的

D.抽取投资项目文件记录，审查立项环节的手续是否完备

二、多项选择题

1.财务收支审计的核心程序包括（　　　）。

A.了解内部控制　　　　　　　　　B.内部控制测试

C.实质性测试　　　　　　　　　　D.审计评价

2.在运用分析方法检查营业收入的完整性时，审计人员可以实施的程序有（　　　）。

A.计算本期主要产品的销售额和毛利率，并与上期比较

B.比较本期各月营业收入的波动情况

C.比较本期各月营业收入的实际数与计划数

D.计算本期存货周转率，并与上期比较

3.应收账款函证回函确认的金额与函证的金额有差异，可能存在的原因有（　　　）。

A.购销双方登记入账的时间不同　　　B.一方或双方记账错误

C.被审计单位弄虚作假　　　　　　　D.购销双方存在争议

4.审计人员审查发现被审计单位当年部分销售货物被退回，销售业务已做账务处理而销售退回业务未做账务处理，不考虑其他因素，被审计单位可能存在的问题有（　　　）。

A.虚减营业收入　　　　　　　　　B.虚增营业收入

C.少计存货　　　　　　　　　　　D.虚增营业成本

5.为查找决算日前未入账的应付账款，审计人员应审查的决算日后若干天的原始凭证有（　　　）。

A.货币资金支出凭证　　　　　　　B.采购订单

C.购货发票　　　　　　　　　　　D.验收单

6.被审计单位对自行建造固定资产业务所做的下列账务处理中，审计人员认为错误的有（　　　）。

A.将建造固定资产试运转所发生的费用计入管理费用

B.将建造固定资产借款所发生的利息支出全部计入财务费用

C.将完工并达到预定可使用状态的在建工程转入固定资产

D.将建造固定资产试运转中各项收入扣除税金后计入营业外收入

7.下列各项中,属于应在库存现金盘点表中反映的事项有( )。

A.盘点日库存现金日记账结余数　　B.盘点日银行存款日记账结余数

C.实际库存现金监盘数　　D.库存现金溢缺情况

8.为核实银行存款收付的截止期,审计人员可以实施的审计程序有( )。

A.抽查决算日前后开出的现金支票,审查支出内容是否符合现金结算范围

B.检查决算日前收到,但决算日前未送存银行的支票的入账日期

C.检查决算日后银行对账单中第一周的银行存款收入记录,并与银行存款日记账核对

D.查验决算日签发的最后一张支票序号,并检查此序号前支票的发出和入账日期

9.为测试被审计单位投资立项环节内部控制的有效性,审计人员应关注的内容有( )。

A.是否编制和提交投资申请

B.是否对接受投资的单位开展信用调查

C.是否对投资所需资金及未来效益进行可行性分析

D.是否履行适当的授权审批程序

10.审计人员在审查短期借款期末余额真实性时,可采用的实质性审查程序有( )。

A.审查有关凭证和文件,确定借款业务是否真实发生

B.取得银行对账单,与短期借款账簿记录核对

C.对照借款合同相关条款,检查是否存在逾期借款并查明原因

D.向有关债权人进行函证

三、判断题

1.国有企业财务收支审计的目的是检查企业资产、负债、损益的真实性、合法性和效益性。　　( )

2.了解内部控制的目的是测试内部控制在各个不同时间点是否按照既定设计得到一贯执行,测试内部控制是否长期有效。　　( )

3.询问、观察、检查、重新执行、分析性程序等均属于内部控制测试的方法。　　( )

4.抽取一定的货运文件样本,并与相关的销售凭证核对,检查已发出的货物是否均已向客户开具发票属于实质性测试程序。　　( )

5.预计应收账款记录差错率较高时,审计人员应该采用消极式函证。　　( )

6.通过直接向应收账款债务人进行肯定式函证,可以证实应收账款余额是否正确。　　( )

7.通过清查盘点程序可以证实被审计单位是否存在虚增或少列固定资产的情况。　　( )

8.由出纳员根据审核后的凭证登记库存现金日记账符合货币资金业务内部控制的职责分工要求。　　( )

9.由出纳员编制银行存款余额调节表符合货币资金业务内部控制的职责分工要求。　　　　　　　　　　　　　　　　　　　　　　（　　）

10.宣告发放股票股利不会导致被审计单位当年所有者权益总额发生变动。
　　　　　　　　　　　　　　　　　　　　　　　　　　（　　）

11.因为多数舞弊企业往往存在低估应付账款的情况，所以函证不能保证查出所有未入账的应付账款。　　　　　　　　　　　　　　　　　（　　）

12.索取内部证券盘点报告，检测盘点人员是否具有独立性，属于筹资与投资循环控制测试程序。　　　　　　　　　　　　　　　　　　　（　　）

13.索取或编制投资明细表，复核加总并与合计数核对相符，属于筹资与投资循环实质性审查程序。　　　　　　　　　　　　　　　　　　（　　）

14.未签发的支票由专人予以妥善保管，属于采购与付款循环中的实物控制措施。　　　　　　　　　　　　　　　　　　　　　　　　　（　　）

15.向债权人函证应付款项数额，属于采购与付款业务内部控制测试程序。
　　　　　　　　　　　　　　　　　　　　　　　　　　（　　）

四、案例分析

（一）资料：2020年3月，某审计组对乙公司2019年度财务收支进行了审计。有关主营业务收入审计的情况和资料如下：

1.审计人员为分析主营业务收入的总体合理性实施了以下程序：

（1）将2019年度财务报表分析计算的毛利率与行业平均毛利率相比较。

（2）将2019年度主营业务收入的变化趋势与行业趋势相比较。

（3）将2019年度各月主营业务收入的实际数与预算数相比较。

（4）将2019年度不同产品的毛利率水平相比较。

2.审计人员执行分析程序发现，乙公司2019年产品售价没有变动，但销售收入与上年相比有较大幅度增长，且各月的收入水平均衡。以前年度7至10月是销售旺季，其收入通常达到全年收入的80%以上。2019年7至10月的销售收入与以前年度同期相差不大。乙公司管理人员对2019年销售收入大幅度增长及各月收入水平趋于均衡的情况做出如下解释：

（1）公司采取有效的成本控制措施，促使产品成本进一步降低。

（2）公司提出有效的淡季营销策略，引导消费者改变了消费习惯。

（3）公司拓展海外市场，有效改善了淡季的销售业绩。

（4）公司对销售部门工作人员采取了更有效的淡季销售激励措施。

3.对营业收入进行实质性审查时，审计人员决定重点审查乙公司是否存在虚增主营业务收入的情况。

4.审计人员发现，乙公司2020年2月18日有一笔金额为500万元的销售退回记录，该笔销售原记录于2019年12月12日的主营业务收入明细账中。审计人员对该笔销售和退回业务的真实性进行了审查。

5.审计人员发现2019年乙公司新增了客户B公司。1至6月B公司为乙公司带来 60% 以上的营业收入，7 至 12 月乙公司没有来自 B 公司的营业收入。截至 2019年年底，乙公司应收 B 公司账款余额为 1 000 万元。

要求：根据上述资料，为下列问题从备选答案中选出正确选项。

1. "资料 1"中，能够有效分析乙公司 2019 年度主营业务收入总体合理性的程序有（   ）。

A.将 2019 年度财务报表分析计算的毛利率与行业平均毛利率相比较

B.将 2019 年度主营业务收入的变化趋势与行业趋势相比较

C.将 2019 年度各月主营业务收入的实际数与预算数相比较

D.将 2019 年度不同产品的毛利率水平相比较

2.针对"资料 2"，乙公司相关人员的说法中，能够解释销售收入大幅度增长情形的有（   ）。

A.公司采取有效的成本控制措施，促使产品成本进一步降低

B.公司提出有效的淡季营销策略，引导消费者改变了消费习惯

C.公司拓展海外市场，有效改善了淡季的销售业绩

D.公司对销售部门工作人员采取了更有效的淡季销售激励措施

3.针对"资料 3"，审计人员为审查乙公司是否存在虚增主营业务收入的情况，应重点审查的文件资料和账簿有（   ）。

A.销售发票   B.销售合同

C.发运凭证   D.主营业务收入明细账

4.针对"资料 4"，审计人员对该笔销售和退回业务的真实性进行审查时，应采取的审计程序有（   ）。

A.向该笔销售业务对应的客户函证   B.检查销售合同和货运凭证

C.检查退货审批单和退货入库记录   D.检查销售信用审批手续

5.针对"资料 5"，对于来源于 B 公司的营业收入，审计人员应采取的进一步审计程序有（   ）。

A.检查有关销售合同和发票

B.检查有关货运凭证和收款凭证

C.询问相关人员，了解 B 公司在 7 至 12 月没有与乙公司业务往来的原因

D.向 B 公司发函，要求回函说明 2019 年与乙公司发生的采购业务及年底应付款项的金额

（二）资料：2020 年 3 月，某审计组对丙公司 2019 年度财务收支进行了审计。有关固定资产审计的情况和资料如下：

1.审计人员对丙公司设备采购环节内部控制进行了重点调查，了解到以下情况：

（1）采购部门确定设备需要量，提出设备购置申请书，报送设备管理部门。

（2）设备管理部门根据申请书，会同财会部门、计划部门编制设备采购计划。

（3）采购计划经批准后，设备管理部门下达采购通知单，交采购部门执行。

（4）采购的设备到货后，由采购部门组织验收合格后提交设备管理部门。

2.审计人员审查2019年度增加的固定资产时发现以下情况：

（1）4月，调增了一项原有固定资产的入账价值。

（2）7月，自行建造完成并达到预定可使用状态的一条生产线投入使用。

（3）9月，新增一台设备，采购后即采取经营租赁的方式将其出租给外单位使用。

（4）12月，集中采购了一批不需安装的机器设备并投入使用。

3.审计人员询问4月份调增固定资产入账价值的原因时，丙公司不同管理人员作出如下多种解释：

（1）同类固定资产的市场价格大幅上升。

（2）以前年度计提的固定资产减值准备被转回。

（3）原入账价值中未包含购入固定资产的增值税进项税额。

（4）原按暂估价值入账，待收到购货发票后按实际价格调增。

4.对于9月份出租给外单位使用的设备，审计人员实施了下列审计程序：

（1）检查固定资产卡片。

（2）索取设备租赁合同。

（3）向设备承租方发函询证。

（4）核实设备采购合同、发票和付款凭证。

5.审计人员审查2019年度减少的固定资产时发现以下情况：

（1）3月，盘亏笔记本电脑10台，盘亏损失未经审批直接计入营业外支出。

（2）5月，用一台机器设备对外投资入股，账面净值与公允价值的差价计入投资收益。

（3）8月，对一条生产线进行改扩建，账面净值转入在建工程。

（4）10月，将销售部门使用了一年的汽车进行报废处理，固定资产清理净损失计入销售费用。

要求：根据上述资料，为下列问题从备选答案中选出正确选项。

1."资料1"中，丙公司与设备采购有关的内部控制措施存在缺陷的有（　　）。

A.采购部门确定设备需要量，提出设备购置申请书，报送设备管理部门

B.设备管理部门根据申请书，会同财会部门、计划部门编制设备采购计划

C.采购计划经批准后，设备管理部门下达采购通知单，交采购部门执行

D.采购的设备到货后，由采购部门组织验收合格后提交设备管理部门

2."资料2"中涉及的固定资产，丙公司在2019年均计提了折旧，审计人员初步判断不应计提折旧的是（　　）。

A.调增了入账价值的固定资产

B.达到预定可使用状态投入使用的生产线

C.以经营租赁的方式出租给外单位使用的设备

D.12月集中采购并投入使用的机器设备

3.针对"资料3",审计人员认为合理的解释是（　　　　）。

A.同类固定资产的市场价格大幅上升

B.以前年度计提的固定资产减值准备被转回

C.原入账价值中未包含购入固定资产的增值税进项税额

D.原按暂估价值入账，待收到购货发票后按实际价格调增

4.针对"资料4"，审计人员实施的审计程序中，能够有效确认该设备所有权的有（　　　　）。

A.检查固定资产卡片

B.索取设备租赁合同

C.向设备承租方发函询证

D.核实设备采购合同、发票和付款凭证

5.针对"资料5"，审计人员初步判断丙公司账务处理错误的有（　　　　）。

A.盘亏笔记本电脑10台，盘亏损失未经审批直接计入营业外支出

B.用一台机器设备对外投资入股，账面净值与公允价值的差价计入投资收益

C.对一条生产线进行改扩建，账面净值转入在建工程

D.将销售部门使用了一年的汽车进行报废处理，固定资产清理净损失计入销售费用

（三）资料：2020年3月，某审计组对丙公司2019年度财务收支进行了审计，有关投资与筹资循环审计的情况和资料如下：

1.审计人员在对筹资与投资循环内部控制进行调查时了解到：

（1）生产、研发和投资等部门根据各自业务发展需要提出资金需求，交财会部门统筹制定筹资计划。

（2）以发行债券方式筹集资金时，报经总经理批准后执行。

（3）重大投资项目决策前，需要进行可行性研究。

（4）对外投资协议等原始文件由投资部集中管理，财会部门根据投资部的分析报告作出相关账务处理。

2.在对丙公司举债筹资业务内部控制进行了解的基础上，审计人员拟实施如下审计程序：

（1）检查相关文件证实举债业务职责分工情况。

（2）询问财会部门人员是否与债权人定期对账。

（3）向债权人函证负债金额，分析函证结果差异。

（4）检查举债筹资手续是否齐全。

3.审计人员在分析所有者权益项目变动时发现，2019年年末丙公司资本公积余额较去年明显减少，会计人员解释主要原因是：2019年经股东大会决议以资本公积转增股本，向股东出借资金数额较上年有所增加，向股东分派了现金股利，利润减少导致资本公积提取金额降低。

4.审计人员在审查实收资本项目时发现，2019年8月，丙公司引入新的战略投

资者，A公司以一项作价700万元的专利技术投资。审计人员拟实施以下审计程序：

（1）索取相关专利权证书。

（2）检查丙公司与A公司签订的投资协议。

（3）向有关部门查询该项专利技术的所有权。

（4）分析该项无形资产的摊销方法是否恰当。

5.审计人员在审查长期应付款项目时发现，2019年3月，丙公司与某资产公司签订融资租赁合同，租入一条程控生产线，租赁开始日租赁资产公允价值为520万元，最低租赁付款额为600万元，最低租赁付款额现值为515.42万元，丙公司在租赁租金协商和签订租赁合同期间发生的可归属于租赁项目的手续费、差旅费为1万元，丙公司编制的会计分录如下：

（1）借：固定资产——融资租入固定资产　　　　　　　5 154 200

　　　　财务费用　　　　　　　　　　　　　　　　　845 800

　　　　　贷：长期应付款——应付融资租赁款　　　　　　　　　6 000 000

（2）借：管理费用　　　　　　　　　　　　　　　　10 000

　　　　　贷：银行存款　　　　　　　　　　　　　　　　　　10 000

要求：根据上述资料，为下列问题从备选答案中选出正确选项。

1."资料1"中，不符合内部控制要求的为（　　）。

A.生产、研发和投资等部门根据各自业务发展需要提出资金需求，交财会部门统筹制定统筹计划

B.以发行债券方式筹集资金时，报经总经理批准后执行

C.重大投资项目决策前，需要进行可行性研究

D.对外投资协议等原始文件由投资部集中管理，财会部门根据投资部的分析报告作出相关账务处理

2.针对"资料2"，审计人员拟实施的程序中，属于举债筹资业务内部控制测试程序的为（　　）。

A.检查相关文件证实举债业务职责分工情况

B.询问财会部门人员是否与债权人定期对账

C.向债权人函证负债金额，分析函证结果差异

D.检查举债筹资手续是否齐全

3.针对"资料3"，审计人员认为丙公司会计人员的解释中合理的为（　　）。

A.经股东大会决议以资本公积转增股本

B.向股东出借资金数额较上年有所增加

C.向股东分派了现金股利

D.利润减少导致资本公积提取金额降低

4.针对"资料4"，审计人员拟实施的审计程序中，能验证无形资产投资真实性的为（　　）。

A.索取相关专利权证书

B.检查丙公司与A公司签订的投资协议

C.向有关部门查询该项专利权的所有权

D.分析该项无形资产的摊销方法是否恰当

5.针对"资料5",审计人员认为丙公司该笔业务会计处理对当期财务报表的影响为（　　　）。

A.低估固定资产价值 　　　　B.低估长期应付款

C.虚增财务费用 　　　　D.虚增管理费用

案例解析

"无假不成市"
——某上市公司财务报告审计

"最后一窃"
——某国有企业破产清算审计

第七章　行政事业单位审计

学习目标

通过本章的学习，了解行政事业单位审计的概念、目的和意义；熟悉行政事业单位预算收支、财务收支的内容，专项资金审计、行业审计和专项审计调查的内容；掌握行政事业单位审计的主要类型、特点和方法。

第一节　行政事业单位审计概述

一、概念

行政事业单位审计是审计主体依法对行政事业单位的财政、财务收支及其相关经济业务活动进行审查，以监督、评价其真实性、合法性和效益性的独立经济监督活动。理解这一概念需要从以下几个方面着手：

（一）审计主体

行政事业单位审计的主体是国家审计机关、社会审计组织和内部审计机构，而以国家审计机关为主。与本级人民政府财政部门直接发生预算缴款、拨款关系的国家机关、军队、政党组织、社会团体和事业单位，其财务收支的外部审计由国家审计机关进行，是国家审计机关的法定职责。与本级人民政府财政部门没有缴拨款关系的事业单位和社会团体，其财务收支的外部审计由社会审计组织进行。所有行政事业单位都可以设置内部审计机构进行内部审计。

（二）审计对象

行政事业单位审计的对象或客体，是行政事业单位的财政财务收支。

行政单位是进行国家行政管理、组织经济建设和文化建设、维护社会公共秩序的单位，主要包括国家权力机关、行政机关、司法机关、检察机关以及实行预算管理的其他机关、政党组织等。事业单位是指为了社会公益目的，由国家机关举办或者其他组织利用国有资产举办的，从事教育、科技、文化、卫生等活动的社会服务组织，事业单位大体可以分为"全额事业单位""差额事业单位""自收自支事业单位"三类。

凡是与本级人民政府财政部门直接发生预算缴拨款关系的行政单位的财政财务收支和与本级人民政府财政预算有财务收支关系的事业单位的财务收支都是政府审计机关的审计对象。同时政府审计机关还应对国家机关、事业单位和社会团体为履行或代为履行政府职能，按照国家有关规定收取、提取和安排使用的未纳入预算管理的财政性资金实施审计。

（三）审计目标

行政事业单位审计的目标是保证行政事业单位财政财务收支的真实性和合法性，提高财政性资金的使用效益。行政事业单位审计的目标具有两个方面的含义：首先，保证财政财务收支的真实性和合法性与提高财政性资金的使用效益是行政事业单位审计目的的两个层次。提高资金的使用效益是审计的最终目的，而保证被审计单位财政财务收支的真实性和合法性是达到这一最终目的的关键所在。其次，这两个层次的目的又是统一的整体，真实性和合法性本身也是效益性的重要方面，被审计单位只有按法律、法规的规定使用资金，才能使资金发挥预期的效用，否则资金的效益就无从谈起，真实性、合法性与效益性在具体的审计项目中应该是统一整体的不同方面。因此，审计中应首先对财政财务收支的真实性和合法性进行检查，在此基础上，对财政性资金使用效益进行评价。

二、主要类型

（一）按审计内容分

我国所有行政事业单位已于2019年1月1日起，全面推行统一的政府会计准则和政府会计制度。依据政府会计准则和政府会计制度的规定，我国行政事业单位会计按其功能分为政府预算会计和政府财务会计，将来还会推行政府成本会计。因此，行政事业单位审计的目标、对象、内容和方法需要做出相应的调整。依据修改后的政府会计准则和政府会计制度，行政事业单位的审计应该包括预算审计、财务审计和成本审计三个部分，预算审计是对行政事业单位的预算收入、支出及结余等真实性、合法性和效益性的审计，财务审计是对行政事业单位的资产、负债、净资产、收入和费用等真实性、合法性和效益性的审计，成本审计是对行政事业单位的费用成本的真实性、合法性和效益性的审计。

（二）按审计范围分

按审计范围的不同，行政事业单位审计可分为全面审计、专项资金审计和专项审计调查。全面审计是指政府审计机关对行政事业单位的财务收支审计、经济效益审计以及其他方面问题的审计，是综合性质的审计。专项资金审计是审计机关对专项资金收支的真实性、合法性和效益性进行的监督活动，专项审计的对象既包括财政安排的经费、纳入预算管理的财政性资金，也包括未纳入预算管理的财政性资金，常见的有教育经费审计、科技经费审计、行政性收费和罚没收入审计等。专项审计调查是指审计机关在其职责范围内，对与国家财政收支有关的特定事项开展专项审计调查。

（三）按审计规模分

按审计规模的不同，行政事业单位审计可分为对单个审计对象的审计和行业审计。对单个审计对象的审计，顾名思义是对某个审计对象及其所属单位的审计。行业审计是指审计机关根据需要，在其权限内组织各级审计机关对该范围内某一相同类型的单位或某项专项资金的收支情况自上而下地同步开展的有重点的审计。

三、特点

（一）政策性强

从审计角度看，行政事业单位财务收支都有政策规定和预算控制，大多来源固定，专款专用，且掌握的专项资金项目多、资金量大，每项专项资金分配使用都是用来落实相应政策的，因此行政事业单位工作具有较强的政策性。

（二）突出合法性和效益性

查错纠弊、促进规范、评价效益是审计机关肩负的三大任务，真实性、合法性和效益性是国家审计的三大目标。如上所述，行政事业单位审计具有很强的政策性，因此要突出合法性的审计目标。效益性是建立在资金运动的真实性、合法性基础上的，角度和层次更高，更具宏观性和全局性，是行政事业单位审计的重要目标。

（三）兼具本级预算执行审计与财务审计双重属性

虽然行政事业单位的经济业务与企业相比相对简单，但行政事业单位审计既属于本级预算执行审计的重要组成部分，又属于行政事业单位的财务审计。

四、常用审计方法

（一）审查书面资料的方法

（1）顺序检查法，包括顺查法和逆查法。顺查法是指按照经济活动运行的步骤或时间的先后顺序依次审查会计资料及其他资料的方法。逆查法是指逆经济活动运行的步骤或时间的顺序来审查会计资料及其他资料的方法。

（2）范围检查法，包括详查法和抽查法。详查法是指对被审计单位一定时间内全部或一部分经济活动的有关资料进行全面的、细致的、彻底的审查的一种方法。它适用于被审计单位内部控制制度和核算工作质量较差的审计项目，以及经济业务简单、会计资料较少的审计项目。抽查法是指从被审计单位一定时间内全部或某一部分经济活动的有关资料中抽取一部分为样本进行审查，据以推断总体资料的正确性、公允性的一种方法。它适用于审计样本数目繁多的审计项目。

（3）资料检查法，包括审阅法、核对法、查询法、分析法。审阅法是指审计人员对被审计单位的会计资料及其他资料进行仔细审查和详细阅读，以判断这些资料所反映的经济活动是否符合国家规定。审阅法主要审查以下会计资料：原始凭证、记账凭证、会计账簿、会计报表和其他资料，在采用审阅法时要注意审查会计资料的合法性、合规性。核对法是指在相关的资料之间进行相互对照比较，以确定其内容是否一致，记录是否正确。核对法主要进行证证核对、账证核对、账账核对、账单核对、账表核对、表表核对。通常审阅法要和核对法结合使用。查询法是指通过查对和询问来取得必要资料，以获得真实可靠的审计证据的方法。查询法包括询问法和函证法。函证法有两种类型，即肯定式函证法和否定式函证法。两种函证方法使用的条件不同，要注意其使用条件。分析法是指通过对审计事项的相关指标对比、分析、评价，以便发现其中有无问题或异常情况，为进一步审计提供线索。

（二）证实客观事物的方法

盘存法，包括直接盘存法和间接盘存法。直接盘存法是指由审计人员亲自到现场盘点实物，以确定其实有数额的方法。间接盘存法是指审计人员通过观察盘点借以确定实物实有数额的方法。

调节法是指为验证某一项目数据的正确性，使两个独立和各自分离的相关数据，通过调整而趋一致的审计方法。调节法主要应用于证实财产物资账实是否相符，证实相关数据是否趋于一致。

观察法是指审计人员亲临审计现场对被审单位的经济管理及业务活动进行实地观察，借以查明被审事项的事实真相。观察法适用于观察内部控制制度的执行情况及观察经济业务的运作过程。

鉴定法是指通过物理、化学技术鉴别等手段来确定实物资产的性能、质量和书面资料真伪的一种方法。

五、审计的意义

行政事业单位审计在维护法律尊严、促进党风廉政建设、为改革开放和宏观调控服务等方面发挥了重要的作用。

行政事业单位审计的意义主要表现在：

（1）保障国有资产的安全和完整。通过审计，摸清行政事业单位的财政财务收支规模、来源渠道和使用方向，发现和揭露行政事业单位财政财务收支活动中存在的违法违纪问题，防止国有资产流失。

（2）促进廉政建设。通过审计，可以发现和揭露以权谋私、贪污腐败等问题，严肃财经法纪，促进党风廉政建设。

（3）提高财政性资金的使用效益。通过审计，可以发现和揭露资金使用不合理或损失浪费的问题，提出审计建议，促进被审计单位加强管理，提高财政性资金的使用效益。

（4）为国家宏观调控服务。这一作用主要体现在两个方面：①保证国家宏观调控政策的落实。行政事业单位必须正确使用行政事业经费，才能保证行政事业单位行政管理职能和服务职能的实现，通过审计，督促行政事业单位合法、合理、有效地使用预算内、预算外资金，发现行政事业单位在执行国家法律法规、方针政策中存在的问题，保证国家宏观调控措施的落实和国民经济的持续、稳定、健康发展。②为国家制定宏观政策提供依据。通过审计，能够掌握行政事业单位财政财务收支活动的真实情况，发现宏观经济管理中带有普遍性的问题，为国家有关部门制定政策提供可靠的信息。

第二节　行政事业单位预算收支审计

一、行政事业单位预算收支的主要内容

根据现行制度，国家对行政事业单位的管理包括全额预算管理、差额预算管理

和自收自支管理。对全额预算管理单位实行多种形式的预算包干、结余留用、超支不补的预算管理办法，对差额预算管理单位实行核定收支、定额（或定项、差额）补助、增收节支留用、减收超支不补的办法，对自收自支管理单位实行核定收支、增收节支留用、减收超支不补的办法。无论何种预算管理办法，行政事业单位都要根据以前年度预算执行情况、本年度收入增减因素，以及行政事业单位业务活动的需要等，编制收入预算和支出预算。依据预算请领经费，按批准的预算组织实施，并定期向财政部门、主管部门或上级预算单位报告预算执行情况。

（一）行政事业单位的预算收入

行政事业单位的预算收入是指单位在预算会计年度内依法取得并纳入预算管理的现金流入，预算收入按收付实现制原则确认。预算收入包括财政拨款预算收入、事业预算收入、上级补助预算收入、附属单位上缴预算收入、经营预算收入、债务预算收入、非同级财政拨款预算收入、投资预算收益和其他预算收入等。其中：财政拨款预算收入是单位从同级政府财政部门取得的各类财政拨款。事业预算收入是指事业单位开展专业业务活动及其辅助活动取得的现金流入，以及事业单位因开展科研及其辅助活动从非同级政府财政部门取得的经费拨款。上级补助预算收入是指事业单位从主管部门和上级单位取得的非财政补助现金流入。附属单位上缴预算收入是指事业单位取得附属独立核算单位根据有关规定上缴的现金流入。经营预算收入是指事业单位在专业业务活动及其辅助活动之外开展非独立核算经营活动取得的现金流入。债务预算收入是指事业单位按照规定从银行和其他金融机构等借入的、纳入部门预算管理的、不以财政资金作为偿还来源的债务本金。非同级财政拨款预算收入是单位从非同级政府财政部门取得的财政拨款，包括本级横向转拨财政款和非本级财政拨款。投资预算收益是指事业单位取得的按照规定纳入部门预算管理的属于投资收益性质的现金流入，包括股权投资收益、出售或收回债券投资所取得的收益和债券投资利息收入。其他预算收入是指单位除上述收入之外的纳入部门预算管理的现金流入，包括捐赠预算收入、利息预算收入、租金预算收入、现金盘盈收入等。

（二）行政事业单位的预算支出

行政事业单位的预算支出是指行政事业单位在预算会计年度内依法发生并纳入预算管理的现金流出，包括行政支出、事业支出、经营支出、上缴上级支出、对附属单位补助支出、投资支出、债务还本支出及其他支出。其中：行政支出是行政单位履行其职责实际发生的各项现金流出。事业支出是指事业单位开展专业业务活动及其辅助活动实际发生的各项现金流出。经营支出是事业单位在专业业务活动及其辅助活动之外开展非独立核算经营活动实际发生的各项现金流出。上缴上级支出是指事业单位按照财政部门和主管部门的规定上缴上级单位款项发生的现金流出。对附属单位补助支出是指事业单位用财政补助收入之外的收入对附属单位补助所发生的现金流出。投资支出是指事业单位以货币资金对外投资发生的现金流出。债务还本支出是指事业单位偿还自身承担的纳入预算管理的从金融机构举借的债务本金的现金流出。其他支出是指单位除行政支出、事业支出、经营支出、上缴上级支出、对附属单位补助支出、投资支出、债务还本支出以外的各项现金流出，包括利息支出、对外捐赠现金支出、现金盘亏损失、接受捐赠（调入）和对外捐赠（调出）非现金资产发生的税费支出、资产置换过程中发生的相关税费支出、罚没支出等。

（三）行政事业单位的预算结余

行政事业单位的预算结余是指行政事业单位在预算会计年度内全部预算收入与预算支出相抵后的余额，包括财政拨款结转、财政拨款结余、非财政拨款结转、非财政拨款结余、专用结余、经营结余和其他结余。其中：财政拨款结转是指单位取得的同级财政拨款结转资金的调整、结转和滚存情况。财政拨款结余是指单位取得的同级财政拨款项目支出结余资金的调整、结转和滚存情况。非财政拨款结转是指单位除财政拨款收支、经营收支以外各非同级财政拨款专项资金的调整、结转和滚存资金。非财政拨款结余是指单位历年滚存的非限定用途的非同级财政拨款结余资金，主要为非财政拨款结余扣除结余分配后滚存的金额。专用结余是指事业单位按照规定从非财政拨款结余中提取的具有专门用途的资金的变动和滚存情况。经营结余是指事业单位本年度经营活动收支相抵后余额弥补以前年度经营亏损后的余额。其他结余是指单位本年度除财政拨款收支、非同级财政专项资金收支和经营收支以外各项收支相抵后的余额。

二、行政事业单位预算收支审计

行政事业单位预算收支审计是对单位的各项预算收入、预算支出及结转结余的真实性、合法性和效益性进行的审计。行政事业单位预算审计的具体目标是：预算编制是否科学合理，预算是否做到了严格执行，是否按照收付实现制原则，真实、完整、正确地反映被审计单位的预算收入、预算支出、结转结余。

（一）内部控制的测试

行政事业单位应建立、健全有效的预算业务、收支业务和政府采购业务内部控制，从制度上降低发生违纪违规问题的可能性，保证预算收支的真实性、合法性和效益性。审计人员应当按照《行政事业单位内部控制规范（试行）》（财会〔2012〕21号）等规范，对行政事业单位的预算业务、收支业务和政府采购业务等内部控制进行检查、评价，审查被审计单位是否结合单位实际建立完善了预算业务、收支业务和政府采购业务等制度规定，其制度规定是否健全并得到有效落实和执行，就内部控制的不足之处提出审计建议，帮助被审计单位加强管理，并根据内部控制评审结果确定审计的重点。其主要检查两方面的内容：（1）内部控制的健全性，即被审计单位是否在需要控制的所有主要环节均建立了控制制度，内部控制的设置是否符合有关法律、法规和制度的规定，内部控制能否有效防止违纪违规行为，保证单位业务目标的实现；（2）内部控制的有效性，即已建立的内部控制是否得到了执行，并取得了相应的效果。重点审查大项支出是否大量使用现金，资金管理是否安全，银行账户是否按规定开户设置，会计出纳岗位、财务印鉴是否分离等情况。

（二）预算编制情况审计

行政事业单位实行严格的预算管理，国家对行政事业单位的人员、房屋、车辆等的编制及各项支出的标准均有明确规定，行政事业单位必须按照核定的编制和费用开支标准编制预算，并及时报送财政部门或上级预算单位。审计中主要审查：预算的编报是否及时，有无迟报的问题；预算的编制是否真实、正确，编制依据是否明确，有无虚列预算，骗取国家拨款的情况，有无突破国家规定的开支标准的问题；有无编制赤字预算的问题。尤其注意事业单位是否参照以前年度预算执行情况，根据预算年度收入增减因素，合理确定收入预算，有无故意未按收付实现制原则确认预算会计年度的事业、经营等收入，骗取财政拨款预算收入、上级补助预算收入的情况，或高报上述收入，影响事业计划完成的问题。

（三）预算执行情况审计

行政事业单位应严格执行预算，并定期向同级财政部门或上级主管部门报告预算执行情况。预算执行情况审计的主要内容包括：

（1）预算批复和拨款到位的审查：财政部门、上级主管部门是否按规定批复预算并办理拨款，有无预算批复不及时、占压拨款的情况。

（2）基本支出的审查，基本支出的审计包括人员经费支出的审查和日常公用经费支出的审查。

人员经费支出主要审查：第一，将人员经费支出明细项目的支出数与预算数核对，分析人员经费支出明细项目的预算完成情况，有无异常变动；将人员经费支出明细项目的支出数与上年支出数或以前几年的支出数核对，分析人员经费支出变化趋势，有无异常变动；将人员经费支出明细项目的支出数与其他类似规模单位进行横向比较，分析支出水平是否合理。第二，检查人员经费的明细账科目设置是否合规，人员经费支出各项费用的界限是否严格划分，开支范围是否合理。第三，检查人员经费支出的资金来源是否合规。第四，与职工花名册对照，检查领取工资的人员是否为本单位人员，工资标准是否符合规定。第五，检查相关财务账簿和报表，确定人员经费支出是否在单位财务会计报表和预算会计报表中得到恰当的揭示和披露。

日常公用经费支出主要审查：第一，将日常公用经费支出明细项目的支出数与预算数核对，分析日常公用经费支出明细项目的预算完成情况，有无异常变动；将日常公用经费支出明细项目的支出数与上年支出数或以前几年的支出数核对，分析日常公用经费支出变化趋势，有无异常变动；将日常公用经费支出明细项目的支出数与其他类似规模单位进行横向比较，分析支出水平是否合理。第二，检查日常公用经费的明细账科目设置是否合规，日常公用经费支出各项费用的界限是否严格划分，开支范围是否合理。第三，检查日常公用经费的资金来源是否合规。第四，查阅相关合同文件，检查各项目日常公用经费支出是否属于本单位的支出，如物业、取暖、租赁等支出。第五，检查各项目日常公用经费支出是否属于政府采购，如果属于政府采购，审核采购程序是否合理。第五，检查属于固定资产购置的日常公用经费支出是否进行了固定资产登记。第六，检查日常公用经费支出有无用于弥补人员经费不足。第七，检查相关财务账簿和报表，确定日常公用经费支出是否在单位财务会计报表和预算会计报表中得到恰当的揭示和披露。

（3）项目支出的审查：第一，检查项目可行性研究报告，查阅专家论证是否支持该项目的申报，判断项目立项的可行性、合理性。第二，检查项目预算申报和批复文件，检查项目是否按照规定安排，有无调整项目单位、内容和金额等。第三，查阅财政部门批复的立项申报文本，与项目实际情况对照，有无出现重大偏差。第四，审阅会计账簿和报表，与往年项目支出和当年预算比较，判断项目支出预算实际执行的总体合理性。第五，抽取部分重点项目，实地观察项目执行进度，结合项目资金拨款情况，判断项目的资金拨款进度与执行进度是否一致，开具发票的收款单位是否是项目承担单位或合作单位，判断支出业务是否真实发生，支出内容是否合法，入账科目是否恰当，金额是否准确。第六，对未达到预期进度的项目，询问有关人员，查阅有关文件资料，分析原因。第七，审阅项目有关政府采购和招投标资料，检查项目执行政府采购和招投标制度情况。第八，检查项目支出形成的资产是否按照规定登记入账，统一管理。第九，建设项目竣工验收应检查竣工决算的财务资料是否与账面一致，是否经单位主管领导审核，从项目完成时间、验收时间、签字批准时间、签字批准责任人等关键因素入手，审核项目竣工验收报告及附件是否明确了决算监督各方的责任。

（4）结转结余的审查：第一，在基本支出、项目支出审查的基础上，结合财政拨款预算收入、非同级财政拨款预算收入、经营预算收入、投资预算收益等预算收入类账户，以及行政支出、事业支出、其他支出、投资支出、经营支出等预算支出类账户，抽取上述账户中重点交易事项，对照有关凭单，审查被审计单位是否按照收付实现制原则，正确确认本期的预算收入和预算支出。第二，审查被审计单位是否正确地分清了财政拨款预算收支、非同级财政专项资金收支、经营收支和其他收支等之间的界限，正确地结转至相关的预算收入和支出账户，正确地计算、确认、结转至财政拨款结转、财政拨款结余、非财政拨款结转、非财政拨款结余、其他结余、经营结余等账户。第三，结合经营结余、其他结余和非财政拨款结余分配等账户，对照专用基金提取的有关规定，检查被审计单位是否依据其他结余和经营结余的余额和规定比例提取专用结余。

（四）预算会计报表审计

行政事业单位的预算会计报表包括预算收入支出表、预算结转结余变动表、财政拨款预算收入支出表，分别反映行政事业单位某一会计年度各项预算收支和差额的情况、预算结转结余的变动情况、本年财政拨款预算资金收支及相关变动的具体情况等。预算会计报表是行政事业单位为向有关部门和公众报告其预算执行情况和预算执行结果而编制的文件，是有关部门考核行政事业单位工作的重要依据，也是后续年度编制年度预算的依据。审计中应将预算会计报表与有关账簿记录进行核对，检查预算会计报表的真实性和完整性，并对预算会计报表的编制过程及方法进行检查，检查其正确性；还应检查行政事业单位是否按规定及时向有关部门报送财务报告。

第三节　行政事业单位财务审计

一、行政事业单位财务收支的主要内容

（一）行政事业单位收入

财务收入是指在会计报告期内导致行政事业单位净资产增加的、含有服务潜力或者经济利益的经济资源流入。与预算收入按收付实现制原则确认不同，财务收入需要按权责发生制原则确认。行政事业单位收入包括：财政拨款收入、事业收入、上级补助收入、附属单位上缴收入、经营收入、非同级财政拨款收入、投资收益、捐赠收入、利息收入、租金收入和其他收入等。其中，财政拨款收入是指单位从同级政府财政部门取得的各类财政拨款。事业收入是指事业单位开展专业业务活动及辅助活动所取得的收入，不包括从同级政府财政部门取得的各类财政拨款。上级补助收入是指事业单位从主管部门和上级单位取得的非财政拨款收入。附属单位上缴收入是事业单位取得的附属独立核算单位按照有关规定上缴的收入。经营收入是指事业单位在其业务活动之外开展非独立核算经营活动取得的收入。非同级财政拨款收入是指单位从非同级政府财政部门取得的经费拨款，包括从同级政府其他部门取得的横向转拨财政款、从上级或下级政府财政部门取得的经费拨款等。投资收益是指事业单位股权投资和债券投资所实现的收益或发生的损失。捐赠收入是指单位接受其他单位或者个人捐赠取得的收入。利息收入是指单位取得的银行存款利息收入。租金收入是指单位经批准利用国有资产出租取得并按照规定纳入本单位预算管理的租金收入。其他收入是指单位取得的除上述收入之外的各项收入，包括现金盘盈收入、按照规定纳入单位预算管理的科技成果转化收入、行政单位收回已核销的其他应收款、无法偿付的应付及预收款项、置换换出资产评估增值等。

（二）行政事业单位费用

费用是指在会计报告期内导致行政事业单位净资产减少的、含有服务潜力或者经济利益的经济资源流出。与预算支出按收付实现制原则确认不同，费用需要按权责发生制原则确认。行政事业单位费用包括：业务活动费用、单位管理费用、经营费用、资产处置费用、上缴上级费用、对附属单位补助费用、所得税费用及其他费用。业务活动费用是指单位为实现其职能目标，依法履职或开展专业业务活动及其辅助活动所发生的各项费用。单位管理费用是指事业单位本级行政及后勤管理部门开展管理活动发生的各项费用，包括单位行政及后勤管理部门发生的人员经费、公用经费、资产折旧（摊销）等费用，以及由单位统一负担的离退休人员经费、工会经费、诉讼费、中介费等。经营费用是指事业单位在专业业务活动及其辅助活动之

外开展非独立核算经营活动发生的各项费用。资产处置费用是指单位经批准处置资产时发生的费用，包括转销的被处置资产价值，以及在处置过程中发生的相关费用或者处置收入小于相关费用形成的净支出。上缴上级费用是指行政事业单位按照财政部门和主管部门的规定上缴上级单位款项发生的费用。对附属单位补助费用是指事业单位用财政拨款收入之外的收入对附属单位补助发生的费用。所得税费用是指有企业所得税缴纳义务的事业单位按规定缴纳企业所得税所形成的费用及其他费用。其他费用是指单位发生的除上述费用之外的各项费用。

（三）行政事业单位的累计盈余

行政事业单位的累计盈余是指单位历年实现的盈余扣除盈余分配后滚存的金额，以及因无偿调入调出资产产生的净资产变动额，其中前者是累计盈余的主要构成部分。行政事业单位应于每期期末按照权责发生制的原则确认本期发生的收入和费用，本期收入与费用相抵后的差额为本期盈余；年末依据有关规定，从本年度非财政拨款结余或经营结余中提取专用基金（按预算会计计提）实现对本年盈余的分配，本年盈余扣除本年度提取的专用基金后的差即为本年度实现的未分配盈余。

二、行政事业单位财务审计

行政事业单位财务审计是对单位的收入、费用、盈余及资产、负债、净资产进行的审计。通过行政事业单位财务审计，确定单位财务收支的真实性、合法性和效益性。促进单位维护财经纪律、加强财务管理、规范经济活动、提高经济效益。行政事业单位财务审计的具体目标是：是否按照权责发生制原则，真实、完整、正确地反映被审计单位的资产、负债、净资产、各项财务收入和费用；各项收入、费用所列金额是否准确；各项资产是否存在，有无少计负债和少列支出的情况，所列金额是否准确；资产是否为单位所控制，负债是否为单位应承担的义务；各项财务收支活动是否遵守了会计法、政府会计准则、政府会计制度及其他规定，是否存在违法乱纪和贪污舞弊行为。

（一）收入费用账目设置的健全性和核算结果的正确性的审计

行政事业单位财务收支账目设置的健全性，是确保会计核算规范和会计信息真实的基础，也是审计实施的首要切入点。审计人员应在审查财务收支账目设置的健全性的同时，考核会计账目健全性与核算质量规范相结合的程度。第一，审查被审计单位是否按现行会计制度规定和单位财务收支业务的核算需要设置应有的会计账户。审计人员应关注被审计单位的会计账户设置是否符合会计制度对财务收支进行总分类核算与明细分类核算的要求，是否便于为本单位内部管理提供必要的资料。第二，审查被审计单位的会计账户核算内容是否正确，总账与明细账是否保持相符、会计账户与财务报表项目数据是否一致，财务报表之间各项目数据存在的钩稽关系是否相互对应并核对无误。第三，审查事业单位财政性收支和经营性收支核算的完善性。审查在会计账户设置与财务收支核算过程中是否按不同的资金来源与性质分类核算，分别控制与反映两种性质资金来源的财务收入、支出活动，并审查是否准确计算预算拨款收支及所实现的财政盈余，是否准确计算经营性业务收支及所实现的经营收益。

（二）收入审计

（1）各项收入审计的共同点。对于不同收入类型，均需从以下方面开展审计。第一，审查各项收入总账是否按规定设置明细账，进行明细核算。如在"财政拨款收入"总账下，应设置"基本支出"和"项目支出"两个明细账，并按照《政府收支分类科目》中"支出功能分类科目"的项级科目进行明细核算；同时，在"基本支出"下按照"人员经费"和"日常公用经费"进行明细核算，在"项目支出"下按照具体项目进行明细核算。第二，审查各项收入是否按照权责发生制的原则确认入账，计量是否正确。确认收入必须同时满足以下条件：与收入相关的含有服务潜力或经济利益的经济资源很可能流入单位，含有服务潜力或经济利益的经济资源流入会导致单位资产的增加或者负债的减少，流入金额能够可靠地计量。收入按实际发生的金额计量。第三，审查是否分清不同收入之间的界限，对于事业单位，尤其注意是否分清了财政性收入与经营收入之间的界限。第四，期末，是否将各项收入类账户的本期发生额全部转入"本期盈余"账户。

（2）分项收入审计的重点。第一，对于财政拨款收入主要审查下一个预算期收入的确认是否正确，对于收到的属于下一个预算期的预算拨款，不应确认为本期的财政拨款收入，应先列入"其他应付款"，在下一个预算期确认为收入。第二，对于事业收入主要审查事业单位是否按照经国家批准的收费项目和收费标准进行收费；事业单位因开展科研及其辅助活动从非同级政府财政部门取得的经费拨款，是否按规定列入"事业收入"；采用财政专户返还方式管理的事业收入，是否按规定在经过审批取得从财政专户核拨的款项时确认收入；未采用财政专户返还方式管理的事业收入，是否按规定在收讫价款时确认收入。第三，对于经营收入主要审查事业单位是否严格按照权责发生制的原则确认收入，有无不按规定虚列或漏记收入。第四，对于投资收益审查主要应侧重于长期投资收益，对于长期股权投资，应注意审查成本法和权益法的选用是否正确，即是否按照对被投资单位具有控制、共同控制或重大影响而采用权益法和成本法；成本法下，应于被投资单位宣告分派现金股利或利润时，按照宣告分派的现金股利或利润中属于单位应享有的份额，确认与计量投资收益；权益法下应于年末按照应享有或应分担的被投资单位实现的净损益的份额，确认与计量投资收益。对于长期债券投资，应注意审查是否于年末确认投资收益，利息收入计算是否正确。

（三）费用审计

（1）各项费用审计的共同点。对于不同费用类型，均需从以下方面开展审计。第一，审查各项费用总账是否按规定设置明细账，进行明细核算。如在"业务活动费用"、"单位管理费用"和"经营费用"总账下，均应当按照项目、服务或者业务类别、支付对象等进行明细核算；第二，审查各项费用是否按照权责发生制的原则确认入账，计量是否正确。确认费用必须同时满足以下条件：与收入相关的含有服务潜力或经济利益的经济资源很可能流出单位，含有服务潜力或经济资源流出会导致单位资产的减少或者负债的增加，流出金额能够可靠地计量。费用按实际发生的金额计量。第三，审查是否分清不同费用之间的界限。对于事业单位，尤其注意是否分清了业务活动费用、单位管理费用和经营费用之间的界限；对于业务活动费用、单位管理费用和经营费用是否分清了不同项目、服务或者业务类别、支付对象之间的界限，以便正确核算不同项目、服务或者业务类别、支付对象的费用。第四，审查是否分清了直接费用和间接费用之间的界限，直接费用是为某种项目、服务或者业务类别、支付对象而发生的费用，间接费用是为多种项目、服务或者业务类别、支付对象而共同发生的费用。还应注意审查直接费用是否直接计入，间接费用是否分配计入，分配方法是否合理，前后期是否一致，分配金额是否正确。第五，审查期末是否将各项费用类账户的本期发生额全部转入"本期盈余"账户。

（2）共同性成本明细科目审计的重点。共同性成本明细科目是指在业务活动费用、单位管理费用和经营费用总账科目中设置的工资福利费用、商品和服务费用、固定资产折旧费、无形资产摊销费等成本明细科目，共同性成本科目的审计是对上述费用的真实性、合法性的审计。第一，对于工资福利费用，结合工资发放表、工资分配表、计件工资计算表等，主要审查员工人数是否符合核定的在册人数、工资和津（补）贴的构成内容和标准是否符合规定、工资及津（补）贴的计算是否正确。第二，对于商品和服务费用，结合动力消耗分配表、材料汇总分配表、领料单，或直接报销的费用发票等凭证，主要审查是否按领用库存物品的实际成本或实际支付的外购服务或劳务费用计算发生的费用；对于领用库存物品，还应注意审查发出存货计价方法的选择是否符合规定、是否符合单位实际情况、前后期是否一致、计价是否正确。第三，对于固定资产折旧费和无形资产摊销，审查固定资产累计折旧、无形资产累计摊销等成本费用，除核实相关原始凭证的真实性和数据的正确性外，应审查被审计单位的折旧摊销方法的选择是否合理、折旧摊销期限是否符合规定、是否遵循一贯性原则（如果不一致，应注意审查变动是否有充分理由与依据）、折旧摊销金额计算是否正确。

（3）审查纳入部门预算管理的现金收支，是否贯彻双体系平行记账模式同时在财务会计和预算会计系统中反映。如收到财政拨款，是否同时在财政拨款收入、财政拨款预算收入及其对应账户中反映；再如事业单位为履职或开展业务活动，支付的城市维护建设税、教育费附加等税费，是否同时在业务活动费用和事业支出及其对应账户中反映。

（四）净资产审计

依据《政府会计制度》的规定，被审计单位的净资产包括累计盈余、专用基金和权益法调整等，净资产审查的内容主要是：所有收入、费用类账户的发生额是否全部结转至本期盈余账户，年末结转至本年盈余分配账户。对于事业单位，还应注意审查是否依据非财政拨款结余和经营结余的余额和规定比例提取专用基金；专用基金的使用是否符合规定；在权益法核算的情况下，是否根据被投资单位除净损益以外的其他权益和投资比例，计算权益法调整。

（五）资产审计

行政事业单位的资产包括货币资金、存货、应收及预付款等流动资产和固定资产、对外投资、无形资产等非流动资产。

对于库存现金、银行存款等货币性资产，应注意审查会计、出纳等有关岗位是否建立了不相容的职责分工；银行存款、库存现金的领用报销手续是否完善；银行开户是否合规，是否存在多头开户的问题；是否存在库存现金超限额，坐支现金，超出结算起点支付现金等违反现金管理制度规定的问题；审计人员还应核对银行存款余额，并对库存现金进行监督盘点。

对零余额账户用款额度和财政应返还额度，应注意审查财政直接支付与财政授权支付的资金使用范围是否符合规定；是否按照编制预算、提出用款计划和支付财政资金的程序，办理预算资金的支付，手续是否齐全。是否按权责发生制原则，及时反应财政拨款收入和对应账户的增加。尤其需要关注的是：年末是否按照财政直接支付预算指标数与当年实际支出数的差额，借记"财政应返还额度"账户，贷记"财政拨款收入"账户；是否依据已下达但尚未用完的财政授权支付额度，借记"财政应返还额度"账户，贷记"零余额账户用款额度"账户；是否依据财政授权支付预算指标数大于授权额度的差额，借记"财政应返还额度"账户，贷记"财政拨款收入"账户。

对于应收账款，应注意与收入的审查相结合，审查是否按照政府会计制度确认经营收入和应收账款；函证债务人确认应收款项是否存在；检查坏账准备的计提及处理是否正确。对于已核销的应收账款、预付账款和其他应收款应注意审查是否符合核销的条件，核销的会计处理是否正确，已核销的款项是否在备查簿中反映，已核销的款项是否进行了正确的会计处理。

对于"其他应收款"中核算的暂付款，要重点检查其合法性和真实性，有无擅自出借或挪用预算经费的问题，有无暂付款项长期不能收回的问题，必要时应向对方单位进行函询。

对于存货，应注意审查存货入账成本的确定是否符合规定，会计处理是否正确，尤其注意确定购入存货的入账成本时是否正确区分自用和非自用存货、一般纳税人和小规模纳税人，从一般纳税人处购入的非自用存货的入账成本不应包括增值税进项税额，其余则应包括增值税进项税额。发出存货的计价方法是否符合制度规定，前后期是否一致，低值易耗品是否按规定在领用时一次摊销计入支出，发出存货的会计处理是否正确。

对于对外投资，应注意审计对外投资是否合法，是否经过主管部门和财政部门批准或备案，短期投资是否按照规定仅限于国债投资，长期投资是否违反规定利用财政拨款和结余进行投资，是否违反规定进行股票、期货、基金和企业债券投资；对外投资是否真实，即投出款项是否确实用于预定用途，必要时应向被投资单位核实；以有形资产、无形资产对外投资的，是否按规定进行评估，确定投资价值，有无故意压低投资价值，侵占国有资产的情况；持有长期投资期间，对于到期一次还本付息的长期债券投资，是否按照债券面额和票面利息计算确认当期利息收入，借记"长期债券投资"账户，贷记"投资收益"账户；对于采用权益法核算的长期股权投资，是否于年末按照被投资单位实现的净利润（或净亏损）及分配、除净利润（或净亏损）及分配之外的其他所有者权益变动的份额，调整长期股权投资的账面余额。

对于无形资产，应收集审阅反映无形资产权属的证明文件、审批文件和年度注册文件等，检查无形资产是否存在；审阅验资报告、资产评估结果确认书或合同协议、入账凭证等，检查无形资产的入账价值是否正确，审查无形资产摊销方法是否前后一致、摊销期限与摊销额的计算是否正确；对于无形资产的转让，应注意审查是否经过资产评估，评估的程序是否合法，方法是否正确，是否存在压低转让价的问题；无形资产的会计处理是否正确。

对于项目设备、大型专用设备采购，应重点审查政府采购批准的设备项目与合同约定采购的项目和实物设备验收单名称、数量、单价等是否相符，审查是否存在私自更改政府中标采购结果，或违规采购大型设备、大宗物资，防止在资产设备采购活动中产生贪污腐败的违规违纪现象。

（六）负债审计

行政事业单位的负债包括短期借款、应付账款、应交税款、应付职工薪酬、其他应付款等流动负债和长期借款、长期应付款、预计负债等非流动负债。

对于借款，应获取借款的可行性研究报告、审批文件，审查借款的合法性、合理性；获取借款的担保单位、借款合同和协议等文件，审查借款的合法性以及是否存在风险；函证被审计单位开户行，审查有无漏列借款的情况；审查借款是否按照规定的用途使用；结合在建工程、其他费用等账户，验算借款利息，检查利息计算的正确性，资本化和费用化处理是否符合规定；对照借款合同和借款明细账，审查债务本金和利息是否及时偿还。

应交税款的审计包括应交增值税的审计和其他应交税费的审计。对于应交税款的审计，应首先获取纳税通知书及征、免、减税的批准文件，了解单位适用的税种、计税基础和税率，以及征免税的范围和期限。获取应交增值税明细表，加计复核其正确性，将单位应交增值税明细表与增值税纳税申报表核对，检查进项、销项的入账与申报期间是否一致，金额是否相符，对销项税的复核可以结合经营收入等明细表来进行。对于其他应交税费的审计，应注意审查是否按规定计算缴纳了除增值税以外的其他各种税费，计税基础、税率的选用是否正确，应交税额的计算是否正确，是否及时足额缴纳；对于计算确认的城市维护建设税、教育费附加、地方教育费附加、车船税、房产税、城镇土地使用税等，是否按照税法规定计算的应缴税费金额，借记"业务活动费用""单位管理费用""经营费用"等科目。

对于应付账款，应选择金额较大的债权人和金额不大甚至为零但为被审计单位重要供货人的债权人实施函证，检查有无长期不还或漏列负债的情况；询问被审计单位的会计和采购人员，查阅资金预算、工作通告单和基建合同等，发现是否存在未入账的应付账款。

对于应付职工薪酬，应首先获取应付职工薪酬明细表，复核加计正确，并与报表、总账和明细账核对相符；在此基础上，与单位职工员工名册核对，检查有无虚构员工姓名，冒领工资的情况。检查工资范围和标准是否符合规定，对于有规定标准无须计算的，如基本工资、津（补）贴应检查是否突破规定标准，对于需要计算确定的，如社会保险费、住房公积金等，应检查计提基础和计提比例是否符合规定。检查是否明确区分从事专业及其辅助活动人员、在建工程和加工物品人员、经营活动人员，对于上述人员的工资及津贴，分别记入"业务活动费用"、"在建工程"或"加工物品"、"经营费用"和"单位管理费用"等账户。

对于其他应付款，应关注有无以暂存款的名义虚列支出，这类情况的存在发生，表明编制预算时就存在虚假套取的意图，通常情况下在实际支出时都不能做到专款专用，而是另作他用，或沦为单位的"小金库"。

对于长期应付款，应注意审查单位融资租入的固定资产是否经授权批准，租赁期开始日单位是否按合同确定的未来应支付的金额入账，是否按合约规定的付款条件按期支付租金，结合固定资产的审计检查有无未入账的长期应付款，检查会计处理是否正确。

（七）财务会计报表审计

行政事业单位的财务会计报表包括资产负债表、收入费用表、净资产变动表和现金流量表，分别反映行政事业单位某一时日的财务状况、某一期间盈余、某一会计年度净资产变动情况和某一会计年度现金流量情况。反映行政事业单位受托经济责任履行情况，有助于财务报告使用者做出决策和进行管理。审计中应将财务会计报表与有关账簿记录进行核对，检查财务会计报表的真实性和完整性，并对财务会计报表的编制过程及方法进行检查，检查其正确性；还应检查行政事业单位是否按规定及时向有关部门报送财务报告。

【实例7-1】某行政单位A局实行国库集中支付和政府采购制度，其下属B单位是与其有财政领拨款关系的事业单位，其下属C单位是与其没有财政领拨款关系的事业单位，假设A局自2019年1月1日起开始执行《政府会计制度》。2020年3月，市审计局派出审计小组对A局2019年的财政财务收支实施审计，审计小组对以下经济业务提出质疑并记录于审计工作底稿：

（1）2019年1月，A局经市财政局批准出租一栋闲置办公楼，取得租金20万元，直接支付办公楼维修费用。假设租金收入使用的增值税税率为9%，房产税税率为12%，城建税税率为7%，教育费附加费率为3%。

（2）2019年2月，经有关部门批准，A局决定建一座新办公楼，工程总预算4 500万元，图纸及预算均经相关部门审批，新办公楼经过招标后已开工建设，施工中因办公需要，在原图纸基础上增加配楼一座，追加工程预算800万元，A局办公会议认为增加的预算是自筹资金，为加快施工速度不再上报有关部门审批。

（3）2019年3月，B单位经A局审核，报该市财政局审批，用账面价值15万元的小轿车与某公司的商务车进行置换，B公司聘请专业资产评估公司对其小轿车价值进行重新评估，评估金额为10万元。

（4）2019年5月，A局下属B单位因经营资金周转不灵，急需用款，向A局申请借款。A局局长办公会会议研究认为，A局经费紧张，暂无力借款，但为解决下属单位用款问题，决定以本单位原值3000万元的办公大楼做抵押担保，向某商业银行借款100万元，该笔借款借给下属单位B用于经营周转，并约定1年内还清，B单位支付A局15%的资金使用费，财务部门照此办理，并仅在固定资产明细账做备查处理，尚未收到资金使用费。

（5）2019年6月，A局在进行财产清查过程中，盘盈办公用甲材料3500元，盘盈照相机一台，估价2000元，会计处理如下：借：存货5500，贷：累计盈余——存货5500。

（6）2019年7月，A局通过局长办公会会议形成决议，以本局接受无偿调拨的一栋房屋作为抵押物，为C单位的银行借款提供担保。

（7）2019年9月，下属C单位出现经费困难，申请A局给予补助，经局长办公会会议研究决定：为保证C单位业务活动正常运转，用预算资金拨给C单位补助款300000元，会计处理如下：借：对附属单位补助300000，贷：银行存款300000。

（8）2019年12月，A局收到市财政局通过实拨资金的方式，预拨的下一年度的预算拨款200000元，会计处理如下：预算会计处理，借：资金结存——货币资金200000，贷：财政补款预算收入200000；同时做财务会计处理，借：银行存款200000，贷：财政拨款收入200000。

（9）在年终决算工作中，A局为保证年终各项工作及时进行，对下属B、C单位提出如下要求：

①对下属B、C单位拨款截至12月25日，逾期不再拨款。

②为争取当年决算工作及时主动，在实际工作中，A局年终决算以12月25日为结账日。

③A单位考虑到时间紧迫，决定先办理年度结账，编报决算，决算后，再对各项收支项目、往来款项、货币资金和财产物资进行全面的年终清理结算。

④年度单位支出决算，以基层用款单位12月25日的本年实际支出数为准，不得将年终前预拨下年的预算拨款列入本年支出，也不得以上级会计单位的拨款数代替基层会计单位的实际支出数。

⑤事业单位的决算经财政部门或上级单位审批后，不再调整决算数字。

要求：依据有关决策判断以上业务处理是否正确。如不正确，请作出正确的账务处理。

分析：

（1）A局会计处理不正确。按照规定，行政单位使用国有资产对外出租所取得的租金收入应按照政府非税收入管理的规定，实行收支两条线管理，并按规定缴纳税金。A局会计处理应为：借：银行存款200 000；贷：应缴财政款156 200，应交增值税——应交税金（销项税额）18 000，其他应交税费——应交城市维护建设税1 260，其他应交税费——应交房产税24 000，其他应交税费——应交教育费附加540。

（2）会计处理不正确。基建工程应按照批准的图纸和预算进行，如需改变图纸增加预算应向有关部门申请并调整预算。

（3）B单位的做法正确。

（4）A局处理不正确，A局将办公楼用于担保，违反了行政事业单位国有资产管理办法，国有资产不能用于担保。应要求下属单位及时归还贷款，停止该项贷款行为。

（5）A局会计处理不正确。依据《政府会计制度》，材料盘盈应记入"业务活动费用"账户，最终调增"累计盈余"账户。耐用时间在1年以上、单位价值在1 000元以上的一般设备，属于固定资产，照相机单价已达到固定资产标准，盘盈固定资产，应列入"以前年度盈余调整"，最终调增"累计盈余"账户。会计处理应为：借：固定资产2 000，贷：累计盈余2 000。

（6）A局的做法不正确。行政事业单位不得用固定资产对外担保。

（7）A局会计分录正确，但是其办理拨款的资金来源不正确。政府会计制度规定，不能办理无预算、超预算的拨款和支出，不能向没有经费领拨关系的单位进行预算拨款。A局应以自筹资金调剂给C单位。

（8）不正确。A局收到的下一年度的预算拨款，应于收到银行到账通知书的当日，做财务会计处理，借：银行存款200 000，贷：其他应付款200 000。待到下一年度，再做财务会计处理，借：其他应付款200 000，贷：财政拨款收入——基本支出200 000。预算会计本期不做处理，下一年度做会计处理，借：资金结存——货币资金200 000，贷：财政补款预算收入——基本支出200 000。

（9）①正确。主管会计单位对下属各单位的拨款应截至12月25日为止，逾期一般不再下拨。

②不正确，会计期间为公历1月1日至12月31日。

③不正确，行政单位在年度终了前，应根据财政部门或主管部门的决算编审工作要求，对各项收支项目、往来款项、货币资金和财产物资进行全面的年终清理结算，在此基础上办理年度结账，编报决算。

④不正确，属于本年度的支出应按规定的支出渠道如实列报，年度支出决算一律以基层单位截至12月31日的本年实际支出数为准，不得将年终前预拨下年的预算拨款列入本年支出，也不得以上级会计单位的拨款数代替基层会计单位的实际支出数。

⑤不正确，违背了行政事业单位年终清理结算和结账的要求，行政事业单位的决算经财政厅或上级单位审批后，需调整决算数字的就做相应调整。

【实例7-2】2020年3月份，市审计局派出审计小组对某事业单位2019年的财务收支实施审计，假设该事业单位自2019年1月1日起开始执行《政府会计制度》。审计小组对以下经济业务提出异议并记录于审计工作底稿：

（1）经检查发现，该单位2019年年终结账后，"本期盈余"账户有借方余额12 000元。

（2）发现该单位有一张到期、面值为5 600元的商业汇票和一张因付款人无力支付票款银行退回的未付票款通知书，被记录在应收票据账户下。

（3）该单位2019年实现非财政拨款结余和经营结余共计300 000元，提取90 000元职工福利基金，财务会计处理为，借：本年盈余分配90 000，贷：其他应付款——暂存款90 000。

（4）2019年6月30日，该单位与另一租赁公司签订一项协议，采用融资租赁方式租入一套网络设备，租期为4年，租金总额为2 000 000元，从2019年6月30日起，分4次等额支付，租赁期满设备的所有权归甲单位所有。甲单位于2019年6月30日收到网络设备并办妥相关手续，通过零余额账户支付第一笔租金500 000元和手续费等其他费用5 000元（假设不考虑相关税费），该单位的财务会计处理为，借：固定资产2 005 000，贷：长期应付款1 500 000，零余额账户用款额度505 000。预算会计处理为，借：事业支出505 000，贷：资金结存——零余额账户用款额度505 000。

（5）收到财政部门委托代理银行转来的财政直接支付入账通知书，财政部门为事业单位支付购买设备款，购买专用设备1台，买价68 000元，通用设备1台，买价21 000元。该单位做如下财务会计处理：借：固定资产——专用设备68 000，——通用设备21 000；贷：财政拨款收入89 000。预算会计处理为，借：事业支出——财政拨款支出89 000，贷：财政拨款预算收入89 000。

要求：依据有关决策判断以上业务处理是否正确。如不正确，请作出正确的账务处理。

分析：

（1）年末结账后，"本期盈余"账户应无余额，经查系经营活动的亏损额。由于事业单位盈余分配是按收付实现制下确定的本期财政拨款结余和经营结余为基数进行分配的。因此，仅建议该事业单位做财务会计调整处理：借：累计盈余12 000，贷：本期盈余12 000。无须进行预算会计的调整处理。

（2）对于无力支付货款的商业承兑汇票，应按照商业汇票的票面金额，借记"应收账款"科目，贷记"应收票据"科目，该单位仍挂在"应收票据"的做法不妥，建议做以下会计处理：借：应收账款5 600；贷：应收票据5 600。

（3）该单位此种做法不正确。应该做财务会计处理：借：本年盈余分配900 000，贷：专用基金——职工福利基金90 000，该单位列入其他应付款，有可能日后再以支付暂存款的名义将其转入小金库。同时，还应该做预算会计处理：借：非财政拨款结余分配 90 000，贷：专用结余 90 000。

（4）该事业单位用融资租赁方式租入固定资产的会计处理，符合《政府会计制度》的规定，会计处理正确。

（5）该事业单位用财政直接支付的形式购入固定资产的会计处理，符合政府会计制度的规定，会计处理正确。

第四节　　行政事业单位的其他审计

除上述主要审计类型外，行政事业单位审计还可以有其他一些审计类型，主要包括专项资金审计、行业审计及专项审计调查。

一、专项资金审计

（一）概念

专项资金是国家为推动一定的项目或完成特定的行政任务，由财政预算安排的或有关部门、单位依法自行组织的，在行政单位日常公用经费之外，安排的有指定用途的项目资金。其具有项目多、金额大、使用范围广的特点，主要包括扶贫、农林水、教科文卫、交通能源和开发等资金。财政专项资金来源主要包括中央财政转移支付专项资金、地方财政安排的专项资金、本部门及其他部门安排的配套资金等。

专项资金审计是审计机关对专项资金收支的真实性、合法性和效益性进行的监督活动。审计机关可以根据需要，对某项专项资金的收支情况进行审计。专项资金审计只对某项资金的收支活动进行审查，一般不需要涉及被审计单位的其他财政财务收支活动。专项资金是具有专门用途的资金，必须专款专用，审计中应检查专项资金是否按规定用途使用，是否存在挤占挪用问题；专项资金是否按规定的标准使用，有无提高开支标准的问题。专项资金审计是一种专业性很强的审计，其具体内容依被审计资金的性质和管理要求而各不相同，审计人员应注意学习掌握与专项资金收支活动有关的法律、法规、政策和制度，了解其业务特点，做到具体情况具体分析。

专项资金审计针对性较强，审计结果能说明某一方面的深层次问题，是一种常用的审计方式。专项资金审计常采用行业审计的组织方式。常见的行政事业专项资金审计有教育经费审计、科技经费审计、行政性收费和罚没收入审计、计划生育经费审计等。

各级政府经常拨款举办或资助大型文化、体育等活动，如运动会、艺术节等。国家审计中的行政事业单位审计部门必须对这些活动的财务收支情况进行审计监督，以确保预算资金使用的真实性、合法性和效益性。这类审计的对象也是具有特定用途的财政专项资金，因此也可归入专项资金审计。

（二）审计内容

审计人员对专项资金进行审计时，应重点审查以下内容：专项项目的论证、立项、审批的程序是否符合国家和相关机构的有关规定，资料是否齐全；各项收入和支出是否按规定纳入预算管理，有无赤字预算；预算调整理由是否充分，是否符合规定的程序，并报经批准后执行；专项项目建设过程中内部控制制度是否健全，执行是否严格、有效；专项资金是否及时足额到位、专款专用、单独核算，会计核算是否合规；配套资金是否及时足额到位；主办单位自行组织收入的合法性，是否存在向企业和个人摊派的问题，收入是否及时足额入账，有无隐瞒、挪用的问题；各项支出是否按预算执行，有无超预算开支等问题；资金使用是否符合法律法规和有关制度的规定，有无挤占挪用、提高开支标准、滥发钱物、贪污私分等问题。各项支出是否严格执行国家和相关规定的开支范围和开支标准，手续是否完备，有无虚列支出、以领代报和其他违规违纪问题；支出审批程序是否符合国家和相关机构的相关规定；设备、图书、软件、大宗物资采购，建设项目，大型修缮项目等是否按规定进行招投标；决算报表填制的内容是否完整，数字是否真实、准确，有无隐瞒、遗漏或弄虚作假的情况；决算报告的文字说明是否真实准确地反映年度专项资金预算的执行情况、资金使用效果和资金管理情况；对项目的效益进行评价。项目的效益包括社会效益和经济效益，根据项目性质的不同，评价的侧重点也有所不同。对社会效益的评价，主要是评价项目是否达到了预期的目的。对经济效益评价的主要内容有：收入（如门票收入、广告收入等）的组织情况，主办单位应尽最大可能组织收入，保证项目的顺利实施；支出是否合理、节约，是否存在损失、浪费的问题等；其他需要审计的事项。

二、行业审计

（一）概念及特点

由于行业审计是对某一相同类型的单位或某项专项资金的收支情况自上而下地同步开展的有重点的审计，行业审计可以较全面地反映某一经济领域中存在的带有普遍性的问题或国家宏观经济调控政策执行中存在的问题，为国家宏观决策提供可靠的信息，具有宏观性强的特点，能够充分发挥国家审计的宏观经济监督作用，是行政事业单位审计中较常采用的审计组织方式。

行业审计一般首先要通过开展审计调查，针对本行业带有倾向性、普遍性的问题，选择重点企业或项目，再集中外部审计及内部审计的力量，自上而下有领导、有计划、有步骤地开展同步审计，统一审计处理口径，这种审计具有时间短、反映全面和见效快的特点。按审计对象，行业审计还可以进一步区分为对某一类型单位全面的财政财务收支审计，如医院行业审计、出版社行业审计等，和对特定的专项资金进行的审计，如教育经费审计、科技经费审计、缉私罚没收入审计、计划生育经费审计等。

（二）审计程序

行业审计的一般程序可概括为：围绕党和国家在一定时期的中心工作确定审

计项目；充分了解被审计对象的情况；制订科学合理的审计方案并广泛征求意见；形成正式审计工作方案下发到参加审计的各审计机关，并根据需要组织有针对性的学习培训；各地具体实施，在此阶段，组织单位必须及时了解各地审计进展情况，及时解决审计过程中出现的问题，保证审计按计划进行；各级审计机关上报材料，组织单位应视需要对各地的审计质量进行监督、考核；组织单位进行综合汇总，形成综合报告并上报有关领导机关。可以看出，由于行业审计需要由各级审计机关协作完成，组织协调和综合汇总工作就成为审计过程中非常重要的环节。组织协调工作包括制订审计方案、组织审计力量、调配审计任务、控制审计进度、检查审计质量等内容。只有搞好组织协调工作，才能保证审计目标符合宏观调控要求，保证审计工作按计划顺利进行和审计目标的实现；各级审计机关的工作成果必须经过综合汇总才能形成最终的审计成果，综合汇总工作搞不好，就会成为制约审计作用发挥的"瓶颈"，甚至无法达到审计目的。组织单位必须围绕审计目的，本着"突出重点，兼顾一般"的原则尽可能全面、如实地反映各级审计机关的工作成果。

在具体实施时，行业审计与对单个单位的审计并无差别，审计的重点内容也基本相同，在此不再赘述。

三、专项审计调查

（一）概念及范围

专项审计调查，是指审计机关在其职责范围内通过审计方法，对与国家财政收支有关或者本级人民政府交办的特定事项，向有关行政事业单位进行的专门调查活动。因行政事业单位是国家财经法律、法规、规章和政策的主要执行者，且在资金的筹集、分配和使用过程中发挥着不可替代的作用，所以专项审计调查是行政事业单位审计的重要组成部分，在为政府提供决策依据方面的作用日益显著。

（二）特点

1.目标的宏观性

由于专项审计调查是对经济领域中具有全局性、普遍性、倾向性的特定事项进行系统调查了解，通过综合分析，向有关部门反映情况、揭露问题、提出解决问题的建议，为党委、政府决策提供依据，为国家宏观调控服务。因此专项审计调查的目标具有宏观性。

2.范围的广泛性

专项审计调查范围的广泛性主要体现在调查对象的广泛性和资料来源的广泛性两个方面。从对象上看，凡是与被调查事项有关的单位和个人都属于专项审计调查的范围。从资料来源上看，专项审计调查的证明材料既可以是从被调查单位的账册、报表中所收集的会计、统计数据，也可以是用调查走访有关人员等方式所收集的与被调查事项有关的其他资料。

3.方式的多样性

从严格意义上讲，专项审计调查是审计和调查的有机结合，因此审计人员可以采用多种方式来开展审计调查。专项审计调查既可以是单项调查，也可以是多项调查；既可以是单独的审计调查，也可以结合项目审计开展审计调查；既可以通过审核被调查单位的会计、统计资料进行调查，也可以通过召开座谈会和走访有关单位、个人，以及向有关单位、个人发放审计调查表等方式来进行调查。

4.作用的时效性

专项审计调查的目的是为上级经济决策提供依据，因此作出审计调查结论和提出审计调查建议必须要在上级有关部门作出决策之前，否则就会错过时机，使审计调查失去了应有的价值。

（三）专项审计调查的程序和要求

（1）专项审计调查事项应列入审计计划，实行计划管理。专项审计调查的事项主要有国家财经法律、法规、规章和政策的执行情况，行业经济活动情况，有关资金的筹集、分配和使用情况，本级人民政府交办、上级审计机关统一组织或者授权以及本级审计机关确定的其他事项。这些事项既可单独确定为专项审计调查项目，亦可结合项目审计，进行专项审计调查，但应纳入审计计划，实行计划管理。

（2）专项审计调查应成立专项审计调查组，制订好审计调查方案。按照审计计划，审计机关应根据专项审计调查事项的大小和工作难易程度及要求，指派能足够胜任该项工作的人员，组成调查组，确定调查组组长，实行组长负责制，明确责权。并由调查组组长负责拟定专项审计调查方案报请审计机关批准。在具体实施过程中，依据实际情况的发展变化，需要对专项审计调查方案进行调整，亦应在调整时补办报批程序和手续。专项审计调查方案涉及的主要内容包括调查的目标、范围、内容、程序、时间和人员分工等。

（3）专项审计调查前应拟定并送达专项审计调查通知书，并索取《审计文书送达回证》。专项审计调查通知书应包括被调查单位的名称，调查的依据、范围、内容和时间，需要被调查单位配合工作的具体要求，调查组组长及成员名单等内容。如果专项审计调查是结合项目审计开展的，可以在项目审计通知书中明确专项审计调查事宜。

（4）专项审计调查应获取充分适当的审计证据。实施专项审计调查的过程中，主要采取审计的方法取得被调查单位的有关材料，与项目审计一样，取得的证明材料应当客观、相关、充分和合法，足以证明被调查事项。取得的有关重要事项的证明材料，应当由提供者签名或者盖章予以核实和确认。不能取得提供者签名或者盖章的，审计调查人员应当注明原因。审计调查人员向被调查单位之外的有关单位和个人调查时，应当履行出示审计人员的工作证件和专项审计调查通知书副本的手续和程序。

（5）实施专项审计调查后应及时向派出调查组的审计机关提交专项审计调查报告。专项审计调查报告应包括调查的范围、内容和起止时间，被调查事项的基本情况，发现存在的问题及原因分析，调查结论和改进建议以及其他需反映的情况和问题。如果专项审计调查是与项目审计结合进行的，还应当将审计报告中反映的有关情况与调查结果一并汇总，形成专项审计调查报告。

（6）审计机关应认真审定专项审计调查报告，按时上报。审计调查组向审计机关提交专项审计调查报告之前，应就报告征求被调查单位的意见，就报告中所列的问题和情况作进一步核实。审计机关要对审计调查组提交的专项审计调查报告进行认真审议，审定后上报。对本级人民政府交办的或审计机关自行安排的专项调查项目，应将调查结果报本级人民政府和上一级审计机关；对上级审计机关统一组织或者授权的专项审计调查项目，审计机关只将调查结果报告报上一级审计机关即可。

（7）对发现的违反国家财经法规行为应依法作出相应的处理处罚。由于专项审计调查取得证明材料的方法主要是审计方法，在调查过程中，可能会发现被调查单位违反国家财经法规的行为，对此，审计调查组应及时报告审计机关，审计机关应依法作出相应的处理处罚。对于属于本机关法定职权范围的，可直接进行处理处罚，但处理处罚要按照项目审计法定的审计程序进行，程序必须到位和合法。对不属于本机关法定职权范围的，应向相关部门和单位进行移送，并取得移送的证明文书。

（8）专项审计调查事项应认真建立完整的档案，加强档案管理。专项审计调查是审计机关的基本监督形式之一，要求将专项审计调查事项的全部相关材料建立档案进行管理。目前，有关项目审计的档案管理已建立了较完善的制度，专项审计调查事项的档案管理可参照执行。

关键概念

行政事业单位审计　预算收支审计　财务审计　专项资金审计　行业审计　专项审计调查

本章小结

行政事业单位审计是审计主体依法对行政事业单位的预算收支、财务收支及其相关经济业务活动进行审查，以监督、评价其真实性、合法性和效益性的独立经济监督活动。行政事业单位审计是一种高层次的、宏观性的审计监督，具有政策性强、突出合法性和效益性审计、兼具本级预算执行审计和单位财务审计的特点。

行政事业单位预算收支审计是对单位的各项预算收入、预算支出及结转结余的真实性、合法性和效益性进行的审计。行政事业单位预算审计的具体目标是：预算编制是否科学合理，预算是否做到了严格执行，是否按照收付实现制原则，真实、完整、正确地反映被审计单位的预算收入、预算支出、结转结余。

行政事业单位财务审计是对单位的收入、费用、盈余及资产、负债、净资产进行的审计。通过行政事业单位财务审计，确定单位财务收支的真实性、合法性和效益性。行政事业单位财务审计的具体目标是：是否按照权责发生制原则，真实、完整、正确地反映被审计单位的资产、负债、净资产、各项财务收入和费用；各项收入、费用所列金额是否准确；各项资产是否存在，有无少计负债和少列支出的情况，所列金额是否准确；资产是否为单位所控制，负债是否为单位应承担的义务；各项财务收支活动是否遵守了会计法、政府会计准则、政府会计制度及其他规定，是否存在违法乱纪和贪污舞弊行为。

行政事业单位审计还可以有其他一些审计类型，主要包括专项资金审计、行业审计及专项审计调查。专项资金审计是审计机关对专项资金收支的真实性、合法性和效益性进行的监督活动。行业审计是指审计机构对某一行业所属各个企业的财务收支活动及其经济效益所进行的自上而下地同步开展的有重点的审计，具有时间短、反映全面和见效快的特点。专项审计调查，是指审计机关主要通过审计方法，对与国家财政收支有关或者本级人民政府交办的特定事项，向有关地方、部门、单位进行的专门调查活动，具有目标的宏观性、范围的广泛性、方式的多样性和作用的时效性的特点。

复习思考题

1.简述行政事业单位审计的主体和对象。

2.简述行政事业单位审计的特点。

3.行政事业单位审计的主要类型有哪些？

4.专项资金审计、行业审计及专项审计调查的概念是什么？

5.简述行政事业单位预算收支审计的内容。

6.简述行政事业单位财务审计的重点内容。

本章习题

一、单项选择题

1.资料检查法不包括（　　　）。

A.审阅法　　　　　　　　　　　B.核对法

C.详查法　　　　　　　　　　　D.分析法

2.（　　　）不是行政事业单位的其他审计。

A.专项资金审计　　　　　　　　B.行业审计

C.专项审计调查　　　　　　　　D.经费使用效益审计

3.行政事业单位审计的主体以（　　　）为主。

A.国家审计机关　　　　　　　　B.社会审计组织

C.内部审计机构　　　　　　　　D.本级政府

4.行政事业单位审计的最终目的是（　　　）。

A.保证财政财务收支的真实性　　B.保证财政财务收支的合法性

C.提高财政资金的使用效益　　　D.保证财政财务收支的合规性

5.审计按审计内容分类，不包括（　　）。

A.预算审计　　　　　　　　　　B.行业审计

C.财务审计　　　　　　　　　　D.成本审计

6.下列收入中，不应计入行政事业单位"其他收入"的有（　　）。

A.现金盘盈收入　　　　　　　　B.行政单位收回已核销的其他应收款

C.无法偿付的应付及预收款项　　D.事业单位销售产品收入

E.置换换出资产评估增值

7.行政单位对财政直接支付方式购置固定资产的账务处理，不涉及的会计科目有（　　）。

A.财政拨款收入　　　　　　　　B.行政支出

C.固定资产　　　　　　　　　　D.财政拨款预算收入

E.事业支出

8.下列不属于事业收入核算内容的是（　　）。

A.开展专业业务活动所取得的收入

B.采用财政专户返还方式，取得的从财政专户核拨的款项

C.开展辅助活动所取得的收入

D.事业单位开展非独立核算经营活动取得的收入

9.下列不是专项资金审计内容的是（　　）。

A.科技经费审计　　　　　　　　B.医院行业审计

C.计划生育经费审计　　　　　　D.教育经费审计

10.财政部门、上级主管部门是否按规定批复预算并办理拨款，是对事业单位（　　）的审计。

A.预算执行情况　　　　　　　　B.预算管理情况

C.资产管理情况　　　　　　　　D.结余及专用基金管理情况

11.行政事业单位预算收支审计的具体目标不包括（　　）。

A.预算编制是否科学合理

B.是否按照收付实现制原则反映预算会计要素

C.预算是否做到了严格执行

D.是否按照权责发生制原则反映财务会计各要素

12.事业单位的财务会计报表审计不包括（　　）。

A.资产负债表　　　　　　　　　B.收入费用表

C.净资产变动表　　　　　　　　D.现金流量表

E.预算收入支出表

二、多项选择题

1.行政事业单位审计的特点有（　　）。

A.政策性强

B.突出合法性和效益性

C.兼具本级预算执行审计与财务审计双重属性

D.多元性

2.按审计范围不同，行政事业单位审计可以分为（　　　）。

A.全面审计　　　　　　　　　　B.专项审计

C.行业审计　　　　　　　　　　D.专项审计调查

3.审查书面资料的方法包括（　　　）。

A.顺序检查法　　　　　　　　　B.范围检查法

C.资料检查法　　　　　　　　　D.盘存法

4.专项审计调查的特点为（　　　）。

A.目标的宏观性　　　　　　　　B.范围的广泛性

C.方式的多样性　　　　　　　　D.作用的时效性

5.行政事业单位财务审计的具体目标包括（　　　）。

A.是否按照权责发生制原则反映财务会计各要素

B.各项资产是否存在，是否为单位所控制

C.负债是否为单位应承担的义务

D.各项财务收支活动是否合法

6.下列事业单位"收入"确认时点正确的有（　　　）。

A.采用财政专户返还方式管理的收入在从财政专户取得款项时

B.未采用财政专户返还方式管理的收入在收讫价款时

C.经营收入按照收付实现制的原则确认

D.在成本法下，长期股权投资收益于被投资单位宣告分派现金股利或利润时

三、判断题

1.行政事业单位在执行预算过程中，只要总的收入支出不突破预算，基本支出与项目支出之间进行适当调剂，预算执行单位是可以自主决定的。　　　　（　　　）

2.行政事业单位应定期向同级财政部门或上级预算单位报送收支预算，请领经费，按批准的预算组织实施，并定期向财政部门或上级预算单位报告预算执行情况。　　　　（　　　）

3.行政事业单位审计分为行政单位财政财务收支审计和事业单位财政财务收支审计，是按审计规模分类。　　　　（　　　）

4.直接盘存法是指审计人员亲临审计现场对被审单位的经济管理及业务活动进行实地观察，借以查明被审事项的事实真相。　　　　（　　　）

5.专项资金审计是审计机关对专项资金收支的真实性、合法性和效益性进行的监督活动。　　　　（　　　）

6.行政事业单位融资租入固定资产的入账价值应该是最低租赁付款额的现值及支付的相关税费。　　　　（　　　）

7.权益法下应于年末按照应享有或应分担的被投资单位实现的净损益的份额，确认与计量投资收益。　　　　（　　　）

8.当事业单位对被投资单位具有控制、共同控制或重大影响时，长期股权投资应采用成本法核算。　　　　　　　　　　　　　　　　　　　　　　（　　）

9.行政事业单位应该按照"当月增加的固定资产下月计提折旧，当月减少的固定资产下月停提折旧"的规定提取折旧。　　　　　　　　　　　　　　　（　　）

10.对于纳入部门预算管理的现金收支，应贯彻双体系平行记账模式，同时在财务会计和预算会计系统中反映。　　　　　　　　　　　　　　　　　　（　　）

11.事业单位应该按照预算会计下非财政拨款结余和经营结余的余额和规定比例提取专用基金。　　　　　　　　　　　　　　　　　　　　　　　　（　　）

12.长期股权投资在采用权益法核算的情况下，应该根据被投资单位实现的净损益和投资比例计算权益法调整。　　　　　　　　　　　　　　　　　　（　　）

四、案例分析

1.资料：2020年4月，审计机关对某行政部门及其所属单位2019年度预算执行情况进行审计，在审计过程中，发现下列情况或事项：

（1）该部门因为所属单位较多，为方便年终结算工作，在制定的内部财务管理制度中，将所属单位年终决算的结账日规定为每年12月25日。

（2）财政拨付该部门某所属单位专项科研经费500万元，该部门在转拨时调剂200万元用于弥补本级专项经费不足。

（3）该部门在行政执法过程中没收一批物资，已委托某拍卖行拍卖，取得拍卖收入200万元。该部门将其确认为其他收入和其他预算收入。

（4）该部门当年将其所属非独立核算的培训中心，设立登记为独立核算的国有事业法人单位。鉴于培训中心改制后，财政不再安排日常经费，该部门为了扶持培训中心的起步发展，报经财政部门批准，向培训中心无偿划拨一座办公楼，办公楼原价为600万元，已提折旧200万元，该部门按此金额转销了固定资产和固定资产累计折旧，即借记固定资产累计折旧200万元，无偿调拨净资产400万元，贷记固定资产600万元。

（5）年终结账时，为了全面反映当年预算收支情况，该部门将当年收到财政预拨的下年度经费800万元记入财政拨款收入和财政拨款预算收入账户。

要求：请分析、判断该部门对各事项的做法或会计处理是否正确。如不正确，请简述正确的会计处理。

2.资料：2020年3月，审计机关在对某行政单位（该单位尚未实行国库集中支付制度）2019年度预算执行情况进行审计，并延伸审计了该单位直属事业单位的部分项目及资金时，在审计过程中发现下列情况或事项：

（1）5月以30万元出售固定资产A，账面价值180万元，计提折旧10万元。有报批手续。

（2）6月，单位研究决定，将门面房对外出租，租期3年，租金36万元，预收本年租金6万元，收取的本年租金6万元已存入银行。做财务会计处理如下：借：银行存款50 000，贷：预收账款50 000，确认本月收入，借：预收账款 10 000，贷：租金收入 10 000；做预算会计处理，借：资金结存 60 000，贷：其他预算收入 60 000。

（3）批准预算数 1 800 万元，其中财政直接支付 800 万元，财政授权支付 900 万元，截止到 12 月 31 日，财政直接支付 750 万元，财政授权支付 850 万元，该单位年末未做任何处理。

（4）审查某事业单位 12 月份业务活动费用明细账时发现，一笔业务为无形资产累计摊销，金额为 30 万元，经校对明细账，1—11 月份皆没有。

要求：请判断以上业务处理是否正确。如不正确，请说明理由。

3. 资料：行政单位实行国库集中收付制度和政府采购制度，甲局是某市的行政单位，乙服务中心（简称乙单位）是甲局下属的事业单位，甲局和乙单位均执行《政府会计制度》。张某是甲局新任命的总会计师，上任伊始，对甲局和所属乙单位 2019 年资产管理情况进行了全面检查，就下列事项的处理提出质疑：

（1）2019 年 1 月，甲局通过局长办公会形成决定，以本局接受无偿划拨的一栋房屋作为抵押物，为乙单位的银行借款提供担保。

（2）2019 年 3 月，乙单位报经甲局批准，以账面价值 200 万元的办公楼与 A 公司共同出资，设立 B 公司。

（3）2019 年 6 月，甲局经市财政局批准对外出租一栋闲置办公楼，取得租金收入 20 万元，直接支付办公楼维修费用。

（4）2019 年 9 月，乙单位经甲局审核，报该市财政局审批，用账面价值 15 万元的小轿车与某公司的商务车进行置换，B 公司聘请专业资产评估公司对其小轿车价值进行重新评估，评估金额为 10 万元。

（5）2019 年 10 月，乙单位经甲局审批，报该市财政局备案，用自筹资金购置了 900 万元大型办公自动化设备。

（6）2019 年 12 月，乙单位在财产清查中，盘亏车辆一台，账面价值为 25 万元，乙单位已经将财产清查的结果报甲局和市财政局批复，为保证 2018 年财务报表及时报出，乙单位暂时先对盘亏的车辆进行销账处理。

要求：根据行政事业单位国有资产管理的有关规定，分析判断以上业务处理是否正确。如不正确，请说明理由。

4. 资料：对下列事项进行分析，判断其处理是否正确，若不正确，请做出改正。

（1）财政部门批准的某事业单位 2019 年预算数为 1 580 万元，其中财政授权支付 980 万元，财政直接支付 600 万元。截至 12 月 31 日，财政授权支付 860 万元，财政直接支付 580 万元，该事业单位年末未做任何处理。

（2）某事业单位对被投资单位拥有控制权，投资比例为 60%，本年度实现净亏损 5 万元。该事业单位未进行会计处理。

（3）如某行政机关 2018 年收到"财政授权支付到账通知书"，财政预算安排项目资金 560 万元，当年实际支出 345 万元。该行政机关对剩余款项做会计处理如下：借：业务活动费用2 150 000，贷：其他应付款2 150 000。

案例解析

异地审计挖出"一汽"贪腐大案

某事业单位××至××年度财务收支审计

第八章　固定资产投资审计

学习目标

通过本章的学习，了解固定资产投资审计的概念和范围；熟悉固定资产投资审计的内容、特点及发展方向；掌握建设项目资金筹措及使用、建设项目开工前、建设项目在建、建设项目竣工决算审计的具体内容。

第一节　固定资产投资审计概述

一、固定资产投资审计的概念及范围

（一）概念

固定资产投资审计是指审计机关依据国家法律、法规和政策的规定，对固定资产投资项目财务收支真实性、合法性、效益性的监督行为。它是国家对固定资产投资活动实行监控的一种重要手段，是我国审计监督体系的一个重要组成部分。

（二）范围

我国《审计法》规定，审计机关对政府投资和以政府投资为主的建设项目的预算执行情况和决算，进行审计监督。《审计法实施条例》对政府投资和以政府投资为主的建设项目解释为：（1）全部使用预算内投资资金、专项建设基金、政府举借债务筹措的资金等财政资金的；（2）未全部使用财政资金，财政资金占项目总投资的比例超过50%，或者占项目总投资的比例在50%以下，但政府拥有项目建设、运营实际控制权的。因此，政府固定资产投资审计的范围涉及全部使用财政资金或主要使用财政资金的建设单位、施工单位、设计单位、金融部门、建设单位的主管部门等单位，这些单位在固定资产投资的建设与建设管理过程中所做的每一项工作，都是审计的内容。

审计机关对建设项目的审计，按照建设项目财政财务隶属关系或者国有资产监督管理关系，确定审计管辖范围。对审计管辖范围有争议的，报上一级审计机关确定审计管辖。对勘察、设计、施工、监理、采购、供货等单位与建设项目直接有关的财务收支的审计，不受审计管辖范围的限制。

二、固定资产投资审计的内容

固定资产投资审计的内容包括建设项目开工前审计、建设项目在建审计和建设项目竣工决算审计。

建设项目开工前审计是指对建设项目从筹备建设到正式开工前这段时间的工作内容所进行的审计，包括建设项目资金筹集审计、投资立项审计、设计（勘察）管

理审计、招投标审计、合同管理审计等。

建设项目在建审计是指对建设项目从正式开工到竣工验收前的建设实施阶段的内容进行的审计，包括建设项目资金来源、到位及资金使用情况的审计、工程管理审计、工程监理审计、工程造价审计、建设项目物资审计和概预算调整审计等。

建设项目竣工决算审计是指对已完工建设项目的初步验收情况、试运行情况、合同履行情况及投资完成情况实施的审计，包括编制的竣工决算是否符合建设项目实施程序的审计、项目建设及概算执行情况的审计、交付使用资产的审计、在建工程审计等内容。

三、固定资产投资审计的特点

（一）审计对象的宏观性

适度的投资规模，合理的投资结构和生产力布局，是国民经济协调稳定发展的重要一环，是社会主义市场经济的客观要求，而固定资产投资审计又是国家实施投资宏观调控的一个重要手段。因此，开展固定资产投资审计必须要有宏观意识，即从宏观着眼，从微观入手，通过大量的微观审计，发现宏观经济运行中具有普遍性和倾向性的问题，促进宏观调控，保证投资活动的顺利进行。

（二）审计内容的复杂性

固定资产投资审计不仅涉及建设单位的财务收支，更重要的是涉及决策、规划、设计、采购、招标、施工、监理、概预算等与建设项目有关的管理活动。因此，开展固定资产投资审计不仅要审计投资计划安排是否符合国家的投资政策，还要审计投资的资金来源是否正当合理；不仅要审计投资的使用是否符合有关财经纪律和概算标准，还要审计投资活动是否能够获得经济效益；不仅要审计投资建设项目的设计方案是否合理，还要审计投资建设项目的建设标准是否符合有关规定。

（三）审计过程的阶段性

国家建设项目的建设周期较长，从一两年到十来年不等。为了及时、完整地反映国家建设项目资金的使用、建设项目管理等情况，审计机关需要分阶段对建设项目实施审计。固定资产投资审计一般分为建设项目资金筹措及使用、建设项目开工前、建设项目在建、建设项目竣工决算审计。

（四）审计技术的专业性

建设项目的全过程是一个专业技术性非常强的综合过程，涉及很多不同的专业，如经济、建筑、财会、计算机等，仅建筑专业就涉及工民建、公路、铁路、水利等几乎所有的二级专业。因此，对国家建设项目的审计，除了审计资金活动外还要审计其他与建设有关的行为。对这些项目进行审计，要求审计人员对这些专业有一定程度的了解，否则就无法胜任该审计工作。

四、固定资产投资审计的发展方向

传统的固定资产投资审计表现为单一造价的审计，单一造价的审计已经远远不能满足社会对固定资产投资审计的需求。近几年审计实践中的一些行之有效的做法代表了固定资产投资审计发展的方向，需要总结发展，推广运用。

（一）从单纯的事后监督向过程控制的跟踪审计转变

单纯的事后监督已经极不适应现在的发展环境，组织方式的落后，直接导致审计结果的失效，事后监督很难实现对施工过程的有效控制。因此，在施工过程中，审计人员要深入施工现场，对照施工图和投资建设项目结算书，进行实地测量；对成品、半成品和设备器材的数量、规格、型号、生产厂家等，进行逐一核实并记录取证，以便于询价；对于有疑点的隐蔽工程，可以采取开挖的方法，进一步核实工程量和有关材料情况。这样可以直接验证隐蔽工程的真假，一般可以采用随机抽样、定点开挖的办法，以减少工作量。重点投资项目建设过程中经常发生设计变更或签证事项，这些都对投资建设项目造价产生重要影响，也是容易产生漏洞之所在。因此，对设计变更通知、工程量签证单和影响投资建设项目造价的重点子目要进行重点审计。工程最重要的是保证质量，等到工程完工，隐患已经存在，就很难实现质量的监管。

（二）实现单一造价审计向固定资产投资综合审计的转化

从固定资产投资审计实践中可以看到，项目建设中的违法违规问题比较复杂，除财务方面的问题外，有的建设项目还存在未严格执行国家关于投资、建设的政策法规，投资和建设程序不完善，存在可行性研究不充分、开工手续不全，招投标、合同管理、项目监理等管理不到位等问题，仅靠工程财务审计、工程结算审计是难以查出的，必须要深化竣工决算审计，在投资审计中全面围绕建设程序和资金，除评价其真实性、合法性以外，还要探索投资管理制度的健全有效性，分析结算不实、超计划、超标准、超规模与程序不规范、管理不到位之间的联系。通过查找深层次原因，强化管理，解决屡查屡犯的问题。

（三）实行常规审计与绩效审计相结合，审计与审计调查相结合

由单一项目审计向重点项目审计深化，审计与行业建设项目审计调查相结合，把发现问题与推动整改、完善制度相结合。通过对一个主要项目进行深入审计，发现存在的问题后，进行综合分析。再对所有这一类项目在同一方面的问题进行审计调查，发现同一类项目存在的普遍性、倾向性的问题。这两种方法结合，既能够查出问题，扩大审计覆盖面，又能够节约审计力量，起到事半功倍的效果。加强宏观经济知识的学习运用，主动从机制、体制等角度去审视微观项目审计中所碰到的问题。在投资审计中不仅监督和规范项目建设单位以及相关设计、施工、监理等单位的经济行为，维护投资和建设秩序，还要为政府宏观决策服务。

第二节　　建设项目开工前审计

一、建设项目开工前审计的概念及必要性

（一）建设项目开工前审计的概念

建设项目开工前审计是指对建设项目从筹备建设到正式开工前这段时间的工作内容所进行的审计，包括对建设项目前期建设程序、设计（勘察）、招投标合同、

建设资金等进行审计。具体来讲，就是审计机关对项目前期准备工作、建设资金筹集情况、建设程序、征地拆迁、施工图预算（总预算、分项预算或者单项工程预算）的真实性、合法性进行的审计监督。

（二）开展建设项目开工前审计的必要性

建设项目实行开工前审计，是国家对投资规模调控的一项重要措施。为加强固定资产投资项目管理，控制投资规模，提高投资效益，固定资产投资项目实行开工前审计制度。建设项目开工前审计制度作为我国固定资产投资宏观调控的机制和有效手段，在我国已经实行了近十年的时间。越是加大和鼓励投资，开工前审计就越有必要。其主要原因有：

（1）可以保证建设项目的顺利实施，提高投资效益。开工前审计制度着重对建设资金的监督审查，强调资金来源的正当和落实。审计的重点是建设项目的资金是否落实和是否符合国家的有关规定。审计资金来源时发现有违规拆借资金、以银行贷款作自筹、未经批准的社会集资等，应予纠正，资本金须落实，且必须达到当年计划投资数的一定比例，以保证施工的连续。通过严格把关，确保了项目的建设资金。对那些无资金来源或资金来源不足，草率上马的工程，起到了控制作用，避免了投资风险和金融风险，提高了投资效益。

（2）可以控制投资规模和调节固定资产结构。盲目投资与投资结构不合理是国家固定资产投资中突出的问题，建设项目开工前审计对解决此问题能起到重要作用。按照要求，开工前审计要检查项目是否符合国家的产业政策，是否存在违反国家政策的有关问题，对属于国家明令禁止的或限制发展的项目，如一些高耗能、高投入、低产出的项目应坚决出具不同意开工意见书，因此开展开工前审计就更加必要。

二、建设项目开工前审计的目标及主要内容

（一）建设项目开工前审计的审计目标

建设项目开工前审计的审计目标是：

（1）项目建设规模、内容和标准是否符合经批准的项目计划，有无超规模、超标准的问题，是否与可行性研究报告相符。

（2）项目开工前的各项审批手续是否完备、合法，建设项目及投资是否纳入年度投资计划。

（3）建设项目是否严格履行基本建设程序，有关审批和对外签约是否相符，工程开工前是否完成工程项目的所有前期工作。是否存在边勘察、边设计、边施工的"三边"工程。

（4）项目总预算、分项预算是否符合总概算、分项概算。

（5）确定项目征地拆迁、勘察、设计、监理、咨询服务等前期工作及其资金运用的真实性、合法性。

（6）项目是否符合国家的产业政策，是否存在违反国家政策的现象及其他有关问题。

（二）建设项目开工前审计的主要内容

1.建设项目资金筹集的审计

建设项目的资金来源包括基建拨款、基建投资借款和外资等债务性资金、自筹资金等。其中：第一，基建拨款，是由国家财政、主管部门和企事业单位拨入建设单位无偿使用的基本建设资金，由预算拨款、项目资本金、贷款贴息资金和专项资金组成。预算拨款是建设单位从中央或地方财政预算中取得的无偿用于基本建设的资金；项目资本金是按项目资本金制度的规定和经营性项目的需要，以国家资本金形式拨入建设单位的基建资金；贷款贴息资金是对能源、原材料、农林、水利等基础产业使用银行贷款和开发银行应贷款项目给予的财政贴息资金；专项资金是除上述预算内基建支出外，国家财政为解决一定时期内特殊经济建设需要安排的专项基建支出，以及各部门建立的专项基金原在预算内列支的资金。第二，基建投资借款和外资等债务性资金，由银行借款、国家开发银行投资借款、以国家信用担保的国外贷款和借入外资组成。第三，自筹资金，由企业自筹资金和项目资本金组成。企业自筹资金是企业主管部门和企业专用基金、基建收入留成等用于基建部分的资金；项目资本金是按项目资本金制度的规定和经营性项目的需要，项目法人在项目总投资中筹集的一定比例的非负债资金。

对基建拨款的审计主要审查建设单位是否符合预算拨款的范围，建设项目是否符合国家产业政策规划的要求，建设项目是否已经纳入批准的年度基本建设计划，建设单位取得预算拨款的依据是否完备合法，有无违规挪用财政周转资金和专项资金的情况，有无违规申请、使用基建贷款贴息资金等。对基建投资借款和外资等债务性资金的审计主要审查建设单位是否符合规定的借款范围，有无偿还债务的能力，借款的依据是否真实、齐全（如项目建议书、可行性研究报告、初步设计和概（预）算文件以及年度基本建设计划等是否齐全），借款合同是否按照批准的基本建设计划、设计概算签订，借款合同的签订是否符合《中华人民共和国合同法》《借款合同条例》以及国家规定借款利率等法规文件的要求。对自筹资金的审计主要审查自筹基建资金项目是否纳入国家基本建设计划，审查建设单位是否存在挤占生产成本、乱摊派、乱集资的情况，有无截留应上缴利润和拖欠税款等情况。

经过审计，对资金来源不足、投资未落实的项目，不能同意其办理开工手续，以防止建设项目因资金不足，长期不能完工或造成建设项目资金浪费。

2.投资立项审计

投资立项审计是指对建设项目从立项、论证、批准建设到准备开工过程中决策程序的真实性、完整性进行的审查与评价。审计的主要内容包括：

（1）根据项目建设特点、规模、相关机构审批权限，审查项目建议书、可行性研究报告、初步设计文件审批程序是否完整，是否按顺序进行。项目决策是否经过比选、分析、控制等过程，项目建设是否符合国家规定及发展战略。决策内容是否真实、完整，依据是否充分，是否经专家进行了全面论证。

（2）审查可行性研究报告及初步设计文件是否按项目规模由相应的审批部门批

复，项目实际情况与批复内容是否存在差异，未取得批复即开工的项目应查明原因，明确该项目应取得的施工许可手续是否已由相应的主管部门审批。

（3）审查建设项目用地数量、方式是否符合实际需要，建设用地是否经政府部门批准；各种土地补偿安置费用是否符合当地政府规定的标准；项目用地是否拆迁完毕，施工场地是否平整；施工用水、供电、道路、通讯是否通畅；施工单位的资格资质是否符合要求并已完成开工前准备工作；是否已向施工单位交付满足进度所需的施工图纸，主要设备、材料采购订货是否开始。

3.设计（勘察）管理审计

设计（勘察）管理审计的目标主要是：审查和评价设计（勘察）环节的内部控制及风险管理的适当性、合法性和有效性；勘察、设计资料依据的充分性和可靠性；委托设计（勘察）、初步设计、施工图设计等各项管理活动的真实性、合法性和效益性。审计的主要内容包括：

（1）审查设计（勘察）单位确定方式是否合法。设计（勘察）单位资质是否符合要求，是否与其签订正式的合同，是否明确规定勘察设计的基础资料、设计文件及其提供期限；是否明确规定勘察设计的工作范围、进度、质量和勘察设计文件份数；勘察设计费的计费依据、收费标准及支付方式是否符合有关规定；委托设计（勘察）的范围是否符合已报经批准的初步设计文件要求。

【实例8-1】资料：某建筑设计单位承担了某单位一五层框架结构的实验楼设计任务，根据图纸设计要求，该工程项目为左右对称结构，整个工程的建筑面积为6 000平方米，设计单位与建设单位明确了收费标准为每平方米10元。审计人员审计时，发现合同签订的设计收费总额为30 000元（6 000×10÷2）。

请分析该设计收费是否正确。

分析：审计人员应首先查阅国家设计收费文件，根据文件确定每平方米10元的收费是否符合规定标准，如果在规定的收费标准内，则应进一步查明计算的基数是否正确。该项目按建筑面积的一半计算设计费用，经调查，理由是该项工程是左右对称结构，但这种计算是错误的，国家没有这种规定。正确的设计费应该是60 000元。审计人员通过审计应指出这种做法是错误的，并建议合同双方当事人修订工程设计合同。

（2）审查初步设计完成的时间及其对建设进度的影响。是否及时对初步设计进行审查，报经批准的初步设计文件是否符合经批准的可行性研究报告及估算要求，可行性研究报告未经批准不得作为编制设计概算的依据。

（3）审查编制设计概算所依据的指标、定额、费率、材料（设备）的预算价格等是否现行适用，定额与取费标准的采用是否配套，定额和标准的选用是否合规，有无违反规定、高估冒算的问题。并结合项目建设地的概预算编制要求、工程造价资料、相关市场价格和造价信息、施工现场需要进行审查。总概算文件及所附整套资料是否齐全，文件中列支的各部分投资及费用是否与各单项工程数额相一致。编制说明是否将需要说明的问题均已阐述清楚，概算总表的各个部分是否完整，有无错漏。

【实例8-2】某建设项目实行按设计概算总承包，发包人与承包人在确定承包的投资额时，按如下思路计算：建筑工程费用1 000万元，其中包括包干费20万元；设备安装工程费用1 200万元，其中包括包干费22万元；设备及工器具购置费用800万元；其他工程费500万元；预备费（或不可预见费）100万元；建设单位贷款利息150万元；总包干费35万元。总投资额为3 785万元（1 000＋1 200＋800＋500＋100＋150＋35）。

请分析该建设项目总投资额计算是否正确。

分析：设计概算的内容包括：建筑工程费用、安装工程费用、设备及工器具购置费、工程建设其他费用、预备费（或不可预见费）、建设期贷款利息。该合同价款的确定存在以下问题：（1）预备费与总包干费重复，预备费的内容已包括包干费，两者不能重复计算。（2）计算总包干费就不能在建筑工程费用和设备安装工程费用计算包干费。因此，该建设项目的总承包费用应是3 708万元（3 785-20-22-35）。

（4）审查施工图设计完成的时间及其对建设进度的影响；施工图交底、施工图会审的情况以及施工图会审后的修改情况；施工图设计的内容及施工图预算是否符合经批准的初步设计、概算的范围要求；施工图预算的编制依据是否有效、内容是否完整、数据是否准确；施工图设计文件是否规范、完整。

【实例8-3】资料：某建设单位拟对本单位内一座三层办公楼进行改造装修，其主要施工内容有：（1）在第三层上加一层，使其变为四层；（2）拆除原有的木门窗，改为铝合金门窗；（3）进行室内装修（由装饰施工工程公司独立承包）；（4）铲除原有的外墙墙面，重新粘贴面砖。请指出编制施工图预算应注意的问题。

分析：编制设计预算时，应选用工程定额，如新建、改建和部分扩建的工程，应选用地方的"建筑工程预算定额"，单独进行的室内装饰工程应选用地方的"建筑装饰工程预算定额"，改造维修和一般的修缮项目应选用地方的"修缮工程预算定额"。本例中应同时使用"建筑工程预算定额"（适用于新建部分）、"建筑装饰工程预算定额"（适用于单独进行的室内装饰工程部分）、"修缮工程预算定额"（适用于拆除及改造部分）。

4.招投标审计

招投标审计是指对建设项目的可行性研究、设计（勘察）、监理、施工、设备采购等各方面的招投标和工程承发包的质量及绩效进行的审查和评价。审计的主要内容包括：

（1）审查建设单位是否执行国家招投标管理制度，招标范围、程序和方式是否符合规定，招标文件是否齐全，内容是否全面准确。

（2）招标是否符合平等竞争的原则，是否委托有资质的招标单位进行，招投标代理费用是否符合规定。招标文件是否正确完整；招标文件中所列规模是否控制在批准规模之内，招标单位是否按照规定的程序和方式进行招标。

【实例8-4】资料：某审计小组在事后审计某工程项目的招投标工作时，发现该招投标项目在招标文件中有这样一条规定："该项目评标时，如果中标价高于标底价，则按标底价签订合同；反之，则以中标价签订合同。"

请指出存在的问题。

分析：该规定存在的问题是招投标应遵循公平、公正、客观的原则，该规定显然违背了这一原则；另外，标底价是评价投标报价的直接依据之一，其作用体现在评标这一环节，签订合同是定标，合同报价是中标价或中标价中的优惠价（如果招标文件中有规定）。因此，该项规定是不适当的，违背了招标投标的原则和程序，审计人员应揭示这一问题，并向有关管理部门反映。

（3）投标企业资质是否符合建设工程的要求，有无越级投标的情况，投标单位是否按照规定的程序和方式进行投标。投标单位标书内容是否完整，报价是否合理，选择的施工方法和施工组织设计是否科学、先进，有无保证工期和工程质量的具体措施。

（4）审查开标的程序是否符合相关法规的规定；评标标准是否公正，是否存在对某一投标人有利而对其他投标人不利的条款；是否对投标策略进行评估，是否考虑投标人在类似项目及其他项目上的投标报价水平；中标人承诺采用的新材料、新技术、新工艺是否先进，是否有利于保证质量、加快速度和降低投资水平；定标的程序及结果是否符合规定；是否有可能发生泄漏标底的情况；是否按中标通知书与中标单位签订合同，有无夹带计划外项目的问题；是否存在人为控制中标单位的问题。

5.合同管理审计

合同管理审计是指对项目建设过程中各专项合同内容、各项管理工作质量及绩效进行的审查和评价。审查的主要内容包括：

（1）审查建设单位是否建立有效的合同管理制度，由专人负责合同的归档和保管，是否制定合同管理台账。合同管理环节的内部控制及风险管理是否适当、有效；合同管理资料是否充分、可靠；合同的签订、履行、变更、终止的程序是否真实、合法。

（2）审查合同当事人的资质、履行合同的能力，合同的签订是否符合招投标程序，合同条款是否完整、合法、清晰，有无不合理的限制性条件，法律手续是否完备。审查是否存在合同变更的相关控制制度，变更程序执行的有效性及索赔处理的真实性、合理性；变更的原因以及变更对成本、工期及其他合同条款的影响的处理是否合理；有无影响合同继续生效的漏洞。

（3）审查是否全面、真实地履行合同；合同履行中的差异及产生差异的原因；有无违约行为及其处理结果是否符合有关规定；合同最终的履行情况、费用及其支付情况；合同资料的归档和保管，包括合同签订、履行、跟踪监督以及合同变更、索赔等一系列资料的收集和保管是否完整。

【实例8-5】以下是建设工程承包合同中的一些条款，请指出下列合同条款中存在的问题：

某工程项目通过招投标确立的中标价是300万元，招标文件中没有关于优惠让利的规定，但甲乙双方在签订工程施工合同时，甲方要求乙方按照中标价让利4%签订合同，乙方同意并签订了合同。

分析：该条款违背了招投标的基本原则，该项条款是无效的，审计人员应该揭示出来。

某工程项目施工合同在第四条款中规定："该项目中标价400万元，一次包定，但在施工期间发生图纸之外的设计变更，则该变更部分在决算中核实调整。"

分析：该条款中"图纸之外的设计变更"很难理解，容易使合同双方产生异议，因而，难以界定双方的权利、义务和责任。如果合同正在签订中，审计人员应建议合同双方当事人具体约定"图纸之外的设计变更"的内涵和范围。

（三）建设单位需提供的相关材料

为了使建设项目开工前的审计顺利进行，建设单位需提供如下资料：项目审批文件、计划批准文件和项目分项概算、总概算；项目前期财务支出等有关资料；施工图预算（分项预算或者单项工程预算）及其编制预算；与审计相关的其他资料。

三、建设项目开工前审计的作用及应注意的问题

（一）建设项目开工前审计的作用

通过对拟建项目的审计，可以发现该项目开工前的各项审批手续是否完备、合法；通过对拟建项目的审查，可以综合评价该项目建设的必要性与可行性，从而发现拟建项目规模是否过大，等级是否过高；项目的设计、采用的技术是否先进和符合实际需要；工程量的计算是否有多计、重计、漏计，是否存在计划外工程；土地征用、拆迁是否真实准确、合乎手续；通过对项目资金来源及落实情况的审查，可以查明建设资金是否落实，防止出现"半拉子工程""胡子工程"，有利于严肃财经纪律和确保项目工程建设顺利完工。

（二）建设项目开工前审计应注意的几个问题

建设项目开工前审计应注意以下几个问题：（1）拟建项目未能提供批准的项目建议书、可行性研究报告、初步设计，资金来源不符合国家有关规定，资金未按时到位或资金不落实，审计部门可不受理其开工前审计申请。（2）经审计拟建项目审批程序和手续完备的，应出具同意办理开工手续意见书；否则应出具不同意办理开工手续意见书。（3）对拟建项目开工前审计发现的其他问题可按国家有关规定处理。（4）开工前审计，审计部门应集中力量，以最快的速度审完并作出结论，以便项目法人报批并早日开工。（5）审计部门出具结论要求实事求是、客观公正，应严格控制造价，切实核定项目工程投资总额，做到工程竣工，项目造价控制在批准的概算之内。

第三节　建设项目在建审计

一、建设项目在建审计的概念及目标

（一）建设项目在建审计的概念

建设项目在建审计是指对建设项目从正式开工到竣工验收前的建设实施阶段的工程管理、工程监理、工程造价、建设项目物资等的真实性、合法性实施的审计。

（二）建设项目在建审计的目标

建设项目在建审计的具体审计目标是：

（1）审查是否建立了健全的工程内部控制制度，内部控制制度是否得到了有效执行；

（2）审查建设项目资金是否及时到位，资金管理和使用是否合规合法；

（3）审查建设项目工程进度、质量和投资控制的真实性、合法性和有效性；

（4）审查建设项目全部成本是否真实、合法，工程价格结算与实际完成投资额是否一致；

（5）审查工程所需材料设备是否符合工程设计要求、是否与预算一致，材料设备等物资的验收、保管、使用和维护是否有效，采购成本核算是否正确；

（6）审计工程预算调整是否由有资质单位编制、变更内容是否符合规定，调整是否经有权部门审批；

（7）审查工程施工单位有无非法转包工程的行为，工程价款结算是否合法，有无偷工减料、高估冒算，虚领工程款的行为；

（8）监理单位资质是否符合要求，监理是否符合合同要求，监理是否符合国家有关规定。

（三）建设项目在建审计需提供的资料

为了使建设项目在建审计顺利进行，建设单位需提供如下资料：材料设备采购计划、采购计划批准书、采购招投标文件、中标通知书、专项合同书、采购收发保管等内部控制制度和建设项目物资采购资料；施工图纸、与工程相关的专项合同、设计变更通知单、相关会议纪要等工程管理资料；审核过的工程概算和预算、有关设计图纸和设备清单、工程招投标文件、合同文本、工程价款支付文件等工程造价资料；监理通知、监理月报、监理日记、分项分部工程质量验收认可单、质量事故的处理等监理资料；工程设计变更、定额和取费标准及变更后的工程预算等预算调整资料。

二、建设项目在建审计的内容

建设项目在建审计应关注工程管理、工程监理、工程造价、建设项目物资等全方位的内容，以评价建设单位是否按规定开展各项工作。

（一）建设项目资金来源、到位与使用情况审计

对建设项目资金来源、到位与使用情况审计主要审查：建设资金来源是否合

法，建设资金是否落实，建设资金是否按计划及时到位，建设资金使用是否合规，有无转移、挪用和侵占建设资金问题，有无非法集资、摊派和收费问题，建设资金和生产资金是否严格区别核算，有无损失浪费问题等。

（二）工程管理审计

工程管理审计是指对建设单位在项目建设过程中的进度控制、质量控制和投资控制所进行的审查和评价。审计的主要内容包括：

（1）审查建设单位工程管理有关内部控制的健全性、有效性。工程管理内部控制的健全性、有效性的审查内容包括：现场管理资料是否完整，对于设计变更、隐蔽工程、材料代用、工程质量、事故的管理是否规范，工程价款结算是否符合实际情况、手续齐全、授权明确。设计变更内容是否符合实际要求，是否符合建设项目管理程序，概算调整是否按规定程序取得主管部门批准，手续是否完备。工程管理资料是否与工程同步，资料的管理是否规范。

（2）结合实际工程完成情况，审查施工合同签订的主要条款的履行情况。施工合同主要条款的履行情况的审查内容包括：对设计文件规定的承包方式、规模、工期、质量、材料消耗和取费、奖惩等项目，施工单位是否认真履约，是否存在转包或违规分包的现象，有无擅自修改工程设计的问题。检查施工组织设计和施工图纸会审工作中，对会审所提出的问题是否进行处理；有无因设计图纸拖延交付而导致的进度风险；是否按规范组织了隐蔽工程的验收，对不合格项的处理是否适当；对不合格工程和工程质量事故的原因是否进行了分析，其责任划分是否明确、适当。

（3）审查施工组织设计是否合理、有序。施工组织设计的审查内容包括：各项部署是否有利于工程建设进度、计划进度的制订、批准和执行情况，实际进度与项目计划进度、施工合同是否吻合，对于工期延误，应查找原因，划分责任。检查有无工程质量保证体系，施工单位是否建立了工程质量管理机构，并依据质量管理规定对施工各环节进行检查监督。

（三）工程监理审计

监理责任制是监理单位依据国家规定，受建设单位委托，对项目建设进行监督、管理、控制和评价的制度。工程监理审计包括：（1）监理机制的审计。审查建设项目是否执行监理制，监理公司的资质与建设项目的规模是否相符，监理报酬的计算方法和支付方式是否符合有关规定，监理工作内容、监理权限是否明确，项目监理规划及实施细则是否清楚。（2）监理内容的审计。监理单位是否按合同对工程进度、质量和投资进行监督和管理，有无超越合同批准的业务范围从事监理的行为，有无转让监理业务的行为。（3）审查监理单位有无与施工单位、供货单位串通损害建设单位利益的现象，有无因监理单位工作失误造成重大事故的问题。

（四）工程造价审计

工程造价审计是指对建设项目全部成本的真实性、合法性进行的审查和评价。审计的主要内容包括：

1.建筑安装工程投资审计

审查施工合同价款的合法性与合理性，审核实际结算与合同价格不同的部分；审核工程量计算、单价取定及取费标准是否符合规范要求；检查工程价款结算的方式是否能合理地控制工程投资支出。

对于不同的工程类别，按合同价款的确定方式，审查建筑安装工程投资。对采用概算或预算价格作为"包干"价格方式结算的，审查是否根据实际完成的工程量套用预算定额及调整系数、地区材料预算价格、取费标准和税率进行计算；有无列入概算外工程费用，有无将预付备料款、预付工程款等未形成工程进度的支出计入投资完成额的情况；设计变更、隐蔽工程、材料代用是否符合实际要求，内容是否真实，手续是否齐全，工程量计算和费用取定是否正确，是否符合合同规定要求。

对采用招投标确定"包干"价格进行结算的，审查招标程序是否规范，标底价格是否合理，中标合同价是否与工程结算一致，审查不一致的原因。

对采用工程量清单计价的工程，审查工程量清单编制的准确性、完整性；计价是否符合国家清单计价规范要求的"四统一"，即统一项目编码、统一项目名称、统一计量单位和统一工程量计算规则。

2.设备投资审计

设备采购是否采取招标方式，购入的设备、工器具的规格型号、数量与金额是否与设计所附设备清册一致，有无计划外购买设备的情况；计入设备投资时是否已到达建设单位仓库或指定地点，并经验收合格。设备投资是否按照合同规定的价格结算；运保费的支出是否符合有关规定。

3.其他投资审计

审查建设单位管理费列支是否合理，使用是否符合会计制度的规定，是否存在擅自提高标准、扩大开支范围的现象，对建设单位管理费支出超概算要查明原因。审查土地征用数量是否合理，有无擅自多征土地的问题，土地征用及迁移补偿费是否按照规定的标准和范围支付，有无严重高估、弄虚作假的问题；勘察设计费是否按照国家有关规定支付，有无提高收费标准或用其他名义虚列设计费的问题；审查研究试验费用支出是否按照有关规定使用，有无计划外项目和应由生产单位、施工单位、勘察设计单位负担的费用混入；审查借款利息支出是否只包括计划规定的建设期内利息，有无将应由生产企业、施工企业和建设单位自有资金支出的借款利息、逾期还款的罚息、投产后利息等列入的现象。办公生活家具、器具购置支出是否控制在概算数额之内；有无利用此项投资为生产单位购置工器具的情况。

（五）建设项目物资审计

建设项目物资审计是指对项目建设过程中设备和材料采购环节各项管理工作质量及绩效进行的审查和评价。审计的主要内容包括：

1.审查各种设备、材料的订购是否建立了有效的控制制度

审查订购的各种设备、材料是否属于设计文件和建设项目计划范围；采购程序是否规范；是否按照公平竞争、比质比价、招投标的原则来确定供应方；对新型设

备、材料的采购是否进行实地考察、资质审查、价格真实性的审查；采购合同与财务结算、计划、设计、施工、工程造价等各个环节是否存在因脱节而造成的资产流失、延误工期等问题。

2.采购合同审计

审核采购合同的签订是否合规，条款是否清楚齐全；合同中所列物资名称、规格、数量是否与设计概算和年度物资采购计划清单所列一致，有无计划外或擅自提高标准购置的情况；供货单位是否具备相应的资质等级，工艺、产品的质量能否达到标准的设计要求；合同价格是否合理。国外采购设备和材料是否以合同规定的货币进行结算，对到货的设备存在短少、规格不符、质量低劣的问题，建设单位是否按照合同规定及时联系退货或索赔。

3.验收、保管与领用审计

审核购进设备和材料是否按合同条款进行验收，是否有健全的验收、入库和保管制度，审核验收记录的真实性、完整性和有效性；审核验收合格的设备和材料的生产许可证、质量合格证等是否齐全，是否全部入库，有无少收、漏收、错收以及涂改凭证等问题；审核设备和材料的存放、保管工作是否规范，是否设置库存保管台账，保管措施是否有效；审核设备和材料领用的内部控制是否健全，领用手续是否完备；有无用于计划外工程、生产企业生产设施的更新改造与大修理、其他建设项目混用的情形；设备材料是否按照设计标准使用，审核领用设备和材料的质量、数量、规格型号是否正确，有无擅自挪用、以次充好以及换取生活物品等问题。

4.有关会计资料的审计

审核设备和材料货款的支付是否按照合同条款执行；有无任意提高采购费用和开支标准的问题；会计核算资料是否真实可靠；会计科目设置是否合规及其是否满足管理需要；检查采购成本计算是否准确、合理，材料成本差异的分摊是否合理；预付账款的记账依据是否充分，期末有无对账签证手续；库存物资的盘盈、盘亏是否真实、合理并分析原因，会计处理是否合规、正确。

（六）预算调整的审计

固定资产投资预算一经确定，就要在项目建设过程中予以贯彻执行。但是在执行过程中，当建设条件、预算定额、标准发生变更时，需要对原预算进行调整。此时需要对预算调整情况进行审计，审查的主要内容是：设计变更的内容是否符合规定，签证手续是否齐全；调整预算（概算）是否依据规定的编制办法、定额、标准由有资质单位编制，套用定额和计提费用有无错误，是否经有权机关或单位批准；影响项目建设规模的单项工程间投资调整和建设内容变更，是否按规定的管理程序报批，有无擅自改变建设内容、扩大建设规模和提高建设标准的问题。

【实例8-6】某建筑项目由某施工企业承建，施工中该施工企业提出增加预算，即在5 000个工日的基础上增加550个工日，相应增加人工费12 100元（550×22）。原因是原预算是按照地方建筑工程预算定额编制的，施工时发现施工难度大，实际工日数量大于定额规定的用工量。

审计人员应分析用工量增加的具体原因，如果建筑工程是在老工程基地上新建，可能存在原工程旧基础尚未清除干净，需要在新建时加以清除，则应该按修缮定额标准确定拆除旧基础部分人工，并增加相应的人工费；如果是由于施工单位劳动生产率低导致施工时间延长，那么，增加的人工费用预算，不被认可。

第四节　建设项目竣工决算审计

一、建设项目竣工决算审计的概念

建设项目竣工决算审计是指对已完工建设项目的初步验收情况、试运行情况、合同履行情况及投资完成情况的真实性、完整性和合法性进行审查和评价的活动。

开展建设项目竣工决算审计的目的是加强对政府投资的有效控制，监督项目管理者廉洁守法，杜绝违法违规行为。具体而言，有以下目的：一是，对项目竣工财务决算的真实性、合法性、完整性进行审计，核定总投资、总资产及待核销资产等；二是，总结经验教训，促进项目建设相关部门和单位加强财务管理和财务监督，提高资金使用效益；三是，提供竣工验收的条件和批复财务决算的依据。

二、建设项目竣工决算审计的依据和建设单位所提供的相关资料

（一）建设项目竣工决算审计的依据

建设项目竣工决算审计的依据包括：国家项目建设和管理的相关法律、法规；国家有关项目建设和管理的文件规定；地方项目建设和管理的有关规定；项目立项、可行性研究、初设、调整、投资计划等相关批复文件；项目建设单位及主管部门（单位）的相关规定；与项目建设和管理有关的其他政策、文件。

（二）建设单位所提供的相关资料

为了保证建设项目竣工决算审计的顺利进行，建设单位需提供如下资料：项目审批文件、计划批准文件和项目分项概算、总概算及调整概预算文件；项目前期财务支出等有关资料；施工图预算（分项预算或者单项工程预算）及其项目总预算；有关招投标文件、评标报告、合同文件；项目管理中涉及工程造价的有关资料；竣工资料，包括竣工图、竣工验收报告；建设项目竣工决算报告、竣工决算报表；与竣工决算相关的其他资料。

其中竣工决算资料是建设单位竣工决算审计的重要对象，建设项目竣工决算资料由竣工决算报表和文字说明两部分组成。由于大中型项目和小型项目的不同情况和特点，其竣工决算报表的设置也不一样。建设项目竣工决算报表的种类有：（1）大中型建设项目竣工决算报表一般由建设项目竣工工程概况表、基本建设竣工财务表、建设成本表、交付使用资产（工、器、具）明细表、待摊投资明细表等报表组成。（2）小型建设项目竣工决算报表一般由建设项目竣工工程概况表、基本建设竣工财务决算总表、交付使用资产总表、交付使用资产（工、器、家具）明细表、待摊投资明细表等报表组成。（3）住宅项目竣工决算报表一般由建设项目

竣工工程概况表、基本建设竣工财务决算总表、交付使用资产总表等报表组成。
（4）经主管部门批准有未完成工程的竣工验收建设项目要补充编制未完工程明细表、应收应付款明细表以及库存设备、材料明细表等报表。

三、建设项目竣工决算审计的内容

建设项目竣工决算审计是在建设项目财务收支的基础上，对项目交付使用资产的数量及价值情况、项目建设情况、项目结算情况、项目管理情况及概算对比情况和建设项目竣工决算说明书等内容进行的全面审计。其具体内容如下：

（一）审查所编制的竣工决算是否符合建设项目实施程序

审查竣工财务决算报告，有无将未经审批立项、可行性研究、初步设计等环节而自行建设的项目或不具备竣工条件的建设项目强行编制竣工决算报告的情况。

（二）审查项目建设及概算执行情况

审核项目建设是否按照批准的初步设计进行，有无超批准概算规模的情况；各单位工程建设是否严格按批准的概算内容执行，有无擅自提高建设标准的问题；有无将计划外的工程项目列入工程物资的行为。

审查土地征用面积是否超过概算计列的面积，如果发生超支是否因为地方土地管理部门要求多征的边角地引起的，比例一般控制在征地面积的5%～10%以内；如果征地面积不超，费用超支，应查明费用超支是搭车征地还是城市规划变动所致。

审查承包方不违反初设审批意见的情况下，动用基本预备费时是否报发包方备案；承包方超出初设审批意见的范围和内容，动用发包方控制的50%预备费时，是否报发包方备案；审查在不违反初设审批意见的前提下，动用出包方的基本预备费的内容是否符合规定，是否存在违规动用预备费的现象。

将设备的采购合同、发票与批准概算中的设备明细账核对，审查是否存在概算外设备；审查是否存在设备单价超概算和设备购置费超概算，有无擅自提高设备配置标准的问题；审查设备运杂费的列支是否符合规定，列支金额是否正确。

（三）审查在建工程

建设项目竣工时的在建工程是指建设单位已经进行施工并构成投资完成额但尚未完工又不影响投产的工程投资支出，以及虽已完工但尚未交付的固定资产价值。审查"在建工程"账户，是否存在属于概算外或其他建设项目的支出；是否将生产领用的备件、材料列入建设成本；是否按合同规定支付预付工程款、备料款、进度款；支付工程结算款时，是否按合同规定扣除了预付工程款、备料款和工程质量保证金。是否存在扩大开支范围、提高开支标准以及将建设资金用于集资或提供赞助而列入待摊投资的问题；是否存在以试生产为由，有意拖延不办理固定资产交付手续的问题；是否存在将生产单位发生的费用列入项目投资的问题；报废工程是否经过有关部门鉴定，并报经主管部门批准。

（四）审查交付使用资产情况

检查交付固定资产是否在初验后及时交付验收，交付手续是否齐全，交付的资产是否与入账资产一致，并与审计人员现场盘点的资产一致。重点关注是否存在未办理交接手续就已经使用的资产，或是否存在不符合交付使用条件的资产。

将固定资产、无形资产等明细表与在建工程总账中的"建筑安装工程投资"、"设备投资"、"待摊投资"和"其他投资"等明细账进行核对，将固定资产、无形资产总账与资产实务核对，检查是否存在漏记资产、重复计算资产和资产计算不正确的问题。

（五）审查基建转出投资、待核销基建支出

基建转出投资是为建设项目配套而建成的产权不属于本单位专用设施的成本，待核销基建支出是为建设项目发生的不能形成资产部分的基建投资支出。通过审阅"在建工程——基建转出投资""在建工程——待核销基建支出"等明细账户及相关凭证，审查基建转出投资和待核销基建支出列支项目是否符合规定、列支金额是否正确，是否按规定核销或转出，有无虚列投资的问题。

（六）审查尾工工程

审查是否根据修正总概算和工程进度合理预留尾工款，尾工项目是否真实、合理、是否影响竣工投产，资金是否落实，有无将本项目以外工程列作尾工项目多留尾工款，将未完工程作为投资节余少留尾工款的问题；计算预留尾工工程总额占工程总额投资的百分比，检查是否控制在5%以内。

（七）审计结余资金

项目竣工时的结余资金包括储备资金、货币资金和结算资金。建设项目结余资金审查的要点是：审查结余资金是否真实完整，核实库存材料、设备的实际成本，审查有无转移、隐瞒、挪用库存物资、压低库存物资单价、少列结余资金的问题；核实结余的银行存款与现金；债权债务是否已清理完毕，有无虚列往来款项隐匿结余资金的问题；结余资金的处理是否合适，坏账损失是否严格审定，结余的资金是否按照有关规定进行了正确处理，处理物资时有无私分和营私舞弊现象。

（八）审查基建收入

建设收入是建设单位在基本建设过程中取得的临时性或一次性收入，它包括各项工程建设副产品的变价收入、负荷试车或试生产收入以及各种索赔和违约金等其他收入。建设收入审查的要点：基建收入的核算是否真实、完整，有无隐瞒、转移收入的问题，如竣工后建设项目生产合格产品的营业收入、边建设边生产的单位前期投产项目所得的产品收入等列入基建收入；是否按照国家规定计算分成、足额上交或归还贷款；留成是否按规定交纳"两金"（对留成是否按规定交纳国家能源交通重点建设基金和国家预算调节基金），分配和使用是否合理。

（九）审查投资包干结余

根据项目总承包合同核实包干指标，落实包干结余，防止将未完工程的投资作为包干结余参与分配；审查包干结余分配是否合理。

（十）审查竣工决算报表

审查竣工决算报表是否真实、完整、合规，报表格式和表中各项目的填列是否符合规定，各表之间的钩稽关系是否正确、一致；报表中有关概算和计划的数字是否与最后批准的设计文件和计划数一致；表中所列资金来源、交付使用资产、转出投资、应核销投资和应核销其他支出等项数字是否准确。

审查竣工决算报表编制说明书反映的数据和情况是否真实、准确，有无决算反映失实的问题，包括项目建设的依据，初步设计预算批准的日期，资金来源和占用情况等。

【实例8-7】2015年3月至5月，审计署组织对长江三峡水利枢纽工程地下电站（以下简称地下电站）竣工财务决算草案进行了审计。竣工财务决算草案报告显示，地下电站决算基准日（2012年5月31日）累计完成投资71.47亿元，其中建筑工程21.86亿元、安装工程3.61亿元、设备投资37.15亿元、待摊投资8.85亿元，总投资控制在批复的投资范围内。审计发现的主要问题为：

（一）竣工财务决算草案多计投资33 785万元。

对竣工财务决算草案列示的714 720万元投资，审计核实后，调减33 785万元（占4.73%）；调整后的投资为680 935万元。具体情况：

（1）建筑安装工程投资调减27 552.10万元，占决算草案列示该项投资的10.82%。一是虚计工程量、单价或超出合同约定多计费用等，造成多计投资4 185.62万元；二是多计预留尾工项目投资23 208.29万元；三是混凝土对外销售收入未按规定冲减投资158.19万元。

（2）待摊投资调减5 194.83万元，占决算草案列示该项投资的5.87%。一是将应由三峡枢纽其他工程承担的费用1 716.27万元计入地下电站工程，导致多计相应投资；二是超标准支付监理费1 732.78万元、招标代理费452.89万元；三是重复支付勘察设计费和专项研究费用413.92万元；四是多计竣工决算编审费等其他费用878.97万元。

（3）设备投资调减1 038.07万元，占决算草案列示该项投资的0.28%。一是多计概算外设备投资538.5万元；二是多预留设备采购合同尾款151.63万元；三是将未使用的电缆计作设备投资347.94万元。

（二）设备物资采购、工程施工、技术咨询服务等未依法依规招标，涉及合同金额154 271.72万元。

此类问题，审计署此前对中国长江三峡集团公司（以下简称三峡集团公司）的审计中曾多次指出。但本次审计仍然发现以下问题：

（1）主体工程土建和部分设备安装等施工项目未按规定公开招标，涉及合同金额132 012万元。

（2）水泥、粉煤灰、钢材等物资采购未按规定公开招标，涉及合同金额16 357.20万元，其中直接采购13 131.20万元，未经批准实行邀请招标采购3 226万元。

（3）有9项设备监造、机电监理、工程咨询等技术服务项目未按规定公开招标，而采取直接委托方式，涉及合同金额5 902.52万元。

（三）工程建设管理不严格，导致增加投资1 965.51万元。

一是标段划分不合理和施工控制不严，增加投资413.86万元。

二是设备材料采购管理不到位，增加工程赶工措施费800万元。

三是指定分包和调整施工范围，增加投资342.65万元。

四是高出其他供应商最高供应价格采购粉煤灰，增加投资409万元。

（四）部分闲置及退场物资设备处置不规范。

一是低于规定价格42.53万元处置物料集装箱。

二是有200多项退场设备仪器未纳入评估清单，部分直接无偿处置造成国有资产流失。①

关键概念

固定资产投资审计　建设项目开工前审计　建设项目在建审计　建设项目竣工决算审计

本章小结

固定资产投资审计是指审计机关依据国家法律、法规和政策规定，对固定资产投资项目财务收支真实性、合法性、效益性的监督行为。

依据《审计法》和《审计法实施条例》的规定，审计机关对政府投资和以政府投资为主的建设项目的预算执行情况和决算，进行审计监督。固定资产投资审计的范围涉及全部使用财政资金或主要使用财政资金的建设单位、施工单位、设计单位、金融部门、建设单位的主管部门等单位。

固定资产投资审计的内容包括建设项目开工前审计、建设项目在建审计和建设项目竣工决算审计。其中，建设项目开工前审计是指对建设项目从筹备建设到正式开工前这段时间的工作内容所进行的审计，建设项目在建审计是指对建设项目从正式开工到竣工验收前的建设实施阶段的内容进行的审计，建设项目竣工决算审计是指对已完工建设项目的初步验收情况、试运行情况、合同履行情况及投资完成情况实施的审计。

复习思考题

1.简述我国固定资产投资审计的范围。

2.简要回答设备投资、建筑安装工程投资、其他投资审计的要点。

3.简要回答招投标审计、合同管理审计的要点。

4.简要回答工程造价、建设项目物资审计的要点。

---

① 摘自审计署2015年第29号公告《长江三峡水利枢纽工程地下电站竣工财务决算草案审计结果》。

5.简要回答建设项目竣工决算审计的要点。

本章习题

一、单项选择题

1.依据《审计法》的规定，审计机关对政府投资和以政府投资为主的建设项目和技术改造项目进行审计，依据这一规定（　　）的项目不属于政府审计的范围。

A.100%使用财政资金

B.50%以上使用财政资金

C.小于50%但拥有项目建设、运营实际控制权

D.小于50%且没有项目建设、运营实际控制权

2.对设计概算编制依据的审计，不包括审计编制依据的（　　）。

A.合法性　　　　　B.时效性　　　　　C.适用性　　　　　D.真实性

3.建设项目中的三边工程是指（　　）。

A.边勘察　　　　　B.边设计　　　　　C.边施工　　　　　D.A、B、C全部

E.A、B、C中的任何一个

4.与施工图设计相对应的是（　　）。

A.估算　　　　　B.概算　　　　　C.预算　　　　　D.决算

5.设计概算的工程费用不包括（　　）。

A.建筑工程费用　　　　　　　　　B.建设管理费用

C.设备及工器具购置费用　　　　　D.设备安装工程费用

6.设计概算的工程建设其他费用不包括（　　）。

A.建设管理费用　　　　　　　　　B.建设用地费用

C.勘察设计费用　　　　　　　　　D.设备安装工程费用

7.如果设计概算超过批准的投资估算（　　），需对原投资估算进行审计，在此基础上，建议建设单位将超过标准的概算重新报送有关部门审批。

A.10%　　　　　B.5%　　　　　C.15%　　　　　D.20%

8.建筑安装工程投资审计的内容不包括（　　）。

A.工程量

B.单价套用

C.设备投资是否按照合同规定的价格结算

D.有无概算外工程费用列入

9.设备投资审计内容不包括（　　）。

A.设备采购是否采取招标方式

B.建设单位管理费列支范围和标准

C.设备投资是否按照合同规定的价格结算

D.有无将预付性质的款项列入投资完成额

10.预留尾工工程总额必须控制在工程总额的（　　）以内。

A.10%　　　　　B.5%　　　　　C.15%　　　　　D.20%

二、多项选择题

1.政府固定资产投资审计的范围涉及全部使用财政资金或主要使用财政资金单位的建设项目，包括（　　　）的建设项目。

A.建设单位　　　B.施工单位　　　C.勘察单位　　　D.采购单位

2.固定资产投资审计的特点包括（　　　）。

A.审计对象的宏观性　　　　　　B.审计内容的复杂性

C.审计过程的阶段性　　　　　　D.审计技术的专业性

3.对设计概算编制依据的审计，主要审计编制依据的（　　　）。

A.合法性　　　　　B.时效性　　　　　C.适用性　　　　　D.真实性

4.招投标审计的范围涉及（　　　）。

A.建设项目的可行性研究方　　　　B.勘察设计单位

C.监理单位　　　　　　　　　　　D.施工单位

E.设备采购单位

5.其他投资审计的内容包括（　　　）。

A.建设单位管理费列支范围和标准（特别注意超概算）

B.设备采购是否采取招标方式

C.勘察设计费是否符合范围和提高收费标准

D.设备投资是否按照合同规定的价格结算

三、判断题

1.政府审计中的固定资产投资是指建设项目投资，包括建设项目投资和技术改造项目投资。（　　　）

2.依据审计管辖范围，国家投资的建设项目应由审计署审计，地方政府投资的建设项目也应由审计署审计。（　　　）

3.对勘察、设计、施工、监理、采购、供货等单位与建设项目直接有关的财务收支的审计，与建设单位一样，受审计管辖范围的限制。（　　　）

4.对勘察单位、设计单位、施工单位、监理单位、采购单位、供货单位等的审计，只涉及与国家建设项目有关的财务收支。（　　　）

5.政府审计中的固定资产投资范围包括建设投资和其他投资。（　　　）

6.估算与总体设计相对应，概算与初步设计相对应。（　　　）

7.估算与总体设计相对应，概算与施工图设计相对应。（　　　）

8.预算不能超过概算，是确认总包的依据。（　　　）

9.如果设计概算超过批准的投资估算5%，需对原投资估算进行审计，在此基础上，建议建设单位将超过标准的概算重新报送有关部门审批。（　　　）

10.招投标审计内容包括中标后的跟踪审计。（　　　）

四、案例分析题

1.资料：2016年8月至2017年5月，某审计小组对江河堤防隐蔽工程（因该工程由国债投入建设，该工程称长江国债项目，工程跨鄂、湘、赣、皖四省，岸线长度近2 000公里，单项工程28个，400多个标段，工程概算投资64.94亿元）进行审计。经审计发现，长江堤防隐蔽工程等部分基础设施建设存在隐患和效益不高等问题，在长江堤防隐蔽工程的建设中，部分施工单位存在买通建设和监理单位，弄虚作假，偷工减料，水下护岸抛石存在少抛多计，水上护坡块石以薄充厚，工程质量令人担忧。

抽查5个标段发现，虚报水下抛石量16.54立方米，由此多结工程款1 000万元，目前部分堤段的枯水平台已经崩塌；抽查11个重点险段发现，水上块石护坡工程不合格的标段达50%以上。在这一工程建设管理中，有关责任人以权谋私、大肆受贿。此案上报国务院后，有关部门立案查处，目前已逮捕21人。

要求：

（1）该项目的审计主体应该是谁？为什么？

（2）如果你是审计人员，你应该从哪些方面对该隐蔽工程进行审计？

（3）隐蔽工程的审计风险一般比较大，审计人员如何规避隐蔽工程的审计风险？

（4）建设项目设计概算的费用构成是什么？

2.资料：审计小组在开展国债专项审计时，对某渔港防坡堤国债项目（该项目资金来源于国债转贷资金2 600万元，占项目资金来源的90%）进行了审计，发现在项目招投标、工程管理中的一些做法如下：

2013年8月，某渔港防坡堤指挥部未经有关部门审核批准，擅自组织两家施工单位对该工程的防坡堤项目进行邀请招标，标底价格3 588万元，超出概算955万元。

当月，某渔港建设工程公司以3 013万元的投标价格中标，中标价格比工程概算高出398万元。随后该公司将全部工程转包给下属临时成立的、没有任何设备和施工人员的某渔港项目部。据调查，某渔港项目部按该工程标的的2.5%向中标单位上交管理费。某渔港项目部承包到工程后，将其全部分包给北京中科力爆炸技术工程公司和个体户卢胜文等5户临时拼凑的、没有任何资质的农民施工队。

评标委员会由招标人直接确定，共由7人组成，其中招标人代表2人，本系统技术专家2人、经济专家1人，外系统技术专家1人、经济专家1人。开标会由市招投标办的工作人员主持，市公证处有关人员到会，各投标单位均到场。开标前，市公证人员对各投标单位的资质进行审查，并对所有投标文件进行审查，确认所有投标文件均有效后，正是开标。

要求：

（1）该项目招投标在哪些方面存在问题或不当之处，请指出正确做法。

（2）分析标底价格、投标报价、中标价和合同价之间的联系与区别。

（3）对该项目审计中发现的问题，审计人员应该如何处理？

3.资料：某市外环高速公路工程是国家重点建设项目，由市财政负责拨款、市高速路指挥部负责项目建设（简称建设单位），2017年9月，某路桥公司（简称施工单位）与建设单位签订了高速路A路段工程项目承包合同。工程完工后，市审计局根据《审计法》和市政府委托对建设单位实施工程决算审计，发现该单位被施工单位高估冒算、多计工程量，从而多付工程款800多万元。市审计局依法作出审计决定，要求建设单位迅速追回多付的款项。建设单位依据审计决定多次追讨多付资金，不能追回，便采取后期建设资金补付的办法以达到落实审计决定的目的。

要求：

（1）该案例中如果施工单位对审计决定不服，它可以采取什么措施维护自己的利益？

（2）分析工程决算审计的思路。

（3）工程决算审计中需要审计设计变更，请问设计变更审计的要点是什么？

4.资料：工程项目经有关部门批准采取公开招标的形式确定了一个中标单位并准备签订工程合同。该工程在施工图设计没有完成前，业主通过招标选择了一家总承包单位承包该工程的施工任务。由于设计工作未完成，承包范围内待施工的工程性质虽明确但工程量还难以确定，双方商定拟签写固定价格的施工合同以减少双方的风险。合同签订后，审计人员对施工合同进行了事前审计，审计发现施工合同部分条款规定如下：（1）乙方按业主代表批准的施工方案组织施工，乙方不承担因此引起的工程延误和费用增加的责任；（2）甲方向乙方提供施工场地的工程地质资料和地下主要管网线路资料，供乙方施工参考；（3）乙方不能将工程转包，但允许将工程分包，也允许分包单位将分包的工程再次分包给其他施工单位；（4）工程质量达到甲方规定的质量标准；（5）在该项目设计规定的使用年限（50年）内，乙方承担全部保修责任。

要求：

（1）该工程采用固定价格合同类型是否合适？为什么？

（2）指出合同条款存在的不妥之处。

（3）对于发现的合同条款存在的不妥之处，如何处理？

（4）分析合同签订前和签订后审计的利弊。

5.资料：河南省华亚自来水厂是河南省某市新建的一项市政基础设施工程，建设期3年，项目总投资11 493.56万元。其中，市政府筹集4 500万元，市公用局和市自来水公司集资解决6 993.56万元。项目正在建设中，审计人员在对该项目实行财务收支审计中，发现如下问题：概算总投资缺口3 557.91万元，其中，概算漏项，少列投资874.69万元，计算错误，少计333.4万元，实际材料设备涨价扣除涨价预备费后增加投资2 349.82万元，三项合计3 557.91万元。财务核算不合规，建设单位将生产工人培训费用共1.2万元，计入待摊投资。

建设单位为了工程管理方便，购买了一辆25万元的小轿车为管理人员使用，假设小轿车使用年限为10年，该费用一次全部计入建设单位管理费用。通过现场调查发现计入设备投资完成额的需安装的部分设备安装图纸短缺和遗漏，该部分设备的成本为500万元。

要求：

（1）建设项目财务收支审计的基本思路是什么？

（2）针对上述审计发现的问题，如果你是审计人员，你应该如何处理？

（3）该项目的审计主体应该是谁？

6.资料：工程概况：某单位住宅工程，位于A市大桥西南侧，桥梁管理处院内。该工程为砖混结构，共8层，2—8层层高均为2.9米，1层为2.2米的架空层。工程檐口为23米，桩基础。内墙系仿瓷涂料，外墙围干枯石，总建筑面积为4 460平方米，电气工程的进户线由距离170米处的配电车间牵入，采用VV22-4X94平方厘米的电缆埋地，每户设用户开关箱一个，室内均为铜芯塑料线暗敷，给排水工程分为生活用水和消防用水两个独立系统，采用镀锌钢管，层顶无水箱。其中，排水工程地下采用铸铁管，地上采用U-PVC管，室外采用钢筋混凝土管。该工程的开工日期为2017年6月4日，竣工日期为2018年4月6日。

审计中发现如下问题：（1）为了争取项目，施工单位在编制预算时，有意少计工程量，少报工程造价22.88万元；（2）违反工程量计算规则，多计工程量，如零星砌墙、综合脚手架、现浇过梁、构件运输、水泥砂浆找平等；（3）错套高套定额，如现有浇筑梁板、预制构件安装、水泥炉渣垫层、地面防滑砖、外墙干粘石等；（4）材料调差，单价取定错误，如10号钢筋、粗净砂、砖石、脚手架钢管等；（5）由于施工过程中设计变更较多，形成工程造价高于预算，建设方与施工方分歧很大，协调欠妥，工程进度和施工款项的支付进度存在一定问题，造成工期延误。

审计结果和建议：

审计结果：本次审计包括住宅工程的土建部分、装饰部分、电气、给排水全部工程。送审额为398.60万元，审定额为341.10万元，核减82.83万元，核减率为20.78%，核增25.33万元，净核减57.50万元，净核减率为14.43%。其中，土建工程送审额为344.36万元，审定额为296.62万元，核减68.19万元，核减率为19.80%，核增20.45万元，净核减47.74万元，净核减率为13.86%。电气给排水工程，送审额为54.24万元，审定额为44.48万元，核减14.64万元，核减率为26.99%，核增4.88万元，净核减9.76万元，净核减率为17.99%。

审计建议：（1）以上审计结果由审计组织审定，经建设方和施工方签字认可，建设方和施工方应根据审计结果和合同有关条款进行结算。（2）建设方在以后的工程选标中，要以工程组织设计施工规范（施工组织方案资料）和施工质量、企业信誉为第一选择对象，并对施工单位报送的资料进行审计，以利于组织资金和有计划地支付工程款，从而缩短建设工期，降低工程成本。（3）承建方应实事求是地报送预算，以质量取胜，不应为了争取市场，压价竞争，以免影响企业信誉，导致预期收益受损。

要求：

（1）如果你是一名审计人员，在对该住宅工程决算审计时，审计的重点是什么？

（2）工程决算审计的主要依据有哪些？

案例解析

住房公积金审计调查

跟踪查证一份5 000万元虚假设备采购合
同——审计揭开丁书苗与刘志军间的黑
色利益链

第九章　外资审计

学习目标

通过本章的学习，了解外资审计机构具有监督和公证双重职责；熟悉国外贷援款项目审计的内容、不同审计项目的审计主体、审计项目实施方案的内容；掌握外资审计的审计程序、审计报告的内容、审计意见的类型及适用情形等。

第一节　外资审计概述

一、外资审计的概念和外资审计机构的职责

（一）外资审计的概念

外资审计是国家审计机关依法对我国政府利用国外资金建设的投资项目和其他经济活动以及这些资金的管理和潜在风险进行审计的行为。《审计法》第二十四条规定：审计机关对国际组织和外国政府援助、贷款项目的财务收支，进行审计监督。1998年国务院批准的《审计署职能配置、内设机构和人员编制规定》明确审计署外资运用审计司的主要职责是：审计国际组织和外国政府贷款、援助和赠款项目的财务收支；提供世界银行、亚洲开发银行援助、贷款项目的审计公证报告；开展专项审计和审计调查；指导地方外资运用审计业务。

外资审计有狭义概念和广义概念之分。从狭义上讲，外资审计是我国政府向国际组织、外国政府及金融机构的直接借款和担保借款，以及使用上述资金的项目和其他经济活动提供审计公证。从广义上讲，所有政府部门、国有金融机构和企业事业组织利用外方直接或间接投资的投资项目和其他经济活动都是外资审计的对象。我国政府审计部门开展的外资审计主要是狭义上的外资审计。

（二）外资审计机构的职责

各级外资审计机构承担着对内和对外双重职责：依法对我国政府利用国外资金进行的投资项目和其他经济活动以及这些资金的管理和潜在风险进行审计是外资审计机构的基本职责，向有关国际组织和外国政府提供审计公证报告是外资审计机构的附带职责，或称约定职责。由于向我国政府提供贷援款的国际组织和外国政府同我国政府的目的一致，要求资金的使用要真实、合法、效益，所以外资审计机构的这两个职责是统一的。

二、外资审计的内容

（一）评审项目内部控制系统

评审项目内部控制系统的目的是通过检查核对部分经济业务和会计事项与内部

控制，验证和评价内部控制系统的健全性和有效性，发现其缺陷和不足，据以确定审计的重点领域和重点项目，明确审计方法，调整或修改审计方案，向项目单位提出改进和完善内部控制的建议。

内部控制系统评审的要点在于审查、评价项目及其执行机构是否具备健全有效的授权控制，职责分离控制，岗位责任制度，资产保护控制，内部审计和稽核制度，账务处理和财务报告编制的及时性、完整性、准确性控制及会计档案保管控制等机制。

（二）国外贷援款项目审计

国外贷援款资金属于国家财政性资金或社会公共资金，利用国外贷援款建设的项目又称政府外债项目或政府援助项目，绝大部分是国家重点建设项目或社会发展项目。按照《审计法》的规定，审计机关必须对这些国外贷援款项目财务收支的真实性、合法性、效益性进行审计监督。对正处于项目执行期的国外贷援款项目，审计机关还要根据项目协议和国外贷援款方的要求，在规定期限内，每年向国外贷援款方出具审计公证报告，对所审计的项目和项目单位财务报告是否真实、公允地反映了其财务状况、资金收支情况和项目协定执行情况等发表审计意见。

国外贷援款项目的审计内容主要包括：审查项目财务报告的内容及编制方法是否符合我国会计准则、会计制度及有关国际组织的特殊要求，从总体上证实财务报告的真实性、合法性和公允性；审查项目资金来源是否真实、合法，提取外资进度、类别和比例是否遵守项目协定，提款证明文件是否完整真实，审批手续是否完备，配套资金是否及时足额到位等；审查项目资金是否专用于项目协议规定用途，实物资产是否被串换变卖等；评价项目管理情况以及项目单位的还债能力；审查项目中是否存在违反国内法律法规和贷援款协议等其他问题。

（三）其他外债审计

除了以政府名义直接借用国际组织和外国政府的贷款外，政府在境外以外币形式发行的政府债券、政府提供还款担保的国有金融机构和企事业单位借入的外国政府贷款和境外商业性贷款等其他外债，也都属于审计机关的审计范围。因此，审计机关应依法对政府担保外债进行审计，目的在于审查这些贷款业务和政府担保是否合规合法，借债单位有无偿还能力，避免政府担保风险。其审计内容主要包括：借债单位的贷款许可、提供担保的条件、外债收支、还本付息情况、还债能力、外债项目的财务收支和执行情况等。

（四）政府外债管理审计

目前我国政府外债管理方面还存在许多弊端，表现为债务管理的法律体系不健全，政府外债未全部纳入预算管理，外债政策与财政政策脱节，外债资金的使用没有体现公共财政原则，外债风险管理体系尚未建立，债权债务分散、管理无序，巨额外债资金被挪用，部分市县级财政债务危机显现。在政府外债审计过程中，要重点审计各级财政部门外债管理情况，将查出问题与完善制度、促进管理结合起来，加大对所存在问题的深入分析，从标本兼治的角度提出改进的建议和措施，促进外债管理体制的完善。

（五）绩效审计

目前，我国整个经济社会的管理水平和资金利用率还不高，财经领域违法违纪问题依然存在，国家审计机关有必要以管理不善、决策失误造成的严重损失浪费和国有资产流失为重点，对国外贷援款项目和其他利用外资项目开展绩效审计，促进外资利用水平、管理水平以及外资使用效益的提高。

（六）外资利用情况审计调查

外资利用的形式包括直接投资和间接投资。直接投资是指我国政府允许境外投资人通过合资、合作和并购等方式直接投资到我国的企业，通过经营管理外商投资企业而获取利润的行为。间接投资是指我国按约定的条件从境外吸引资金，并到期进行还本付息的信用活动，其主要形式为举借外债。按照《审计法》及其实施条例的规定，无论与直接投资对应的外商投资企业，还是与间接投资相关的举借外债，都应列入审计机关的审计范围。由于外资审计的范围极其广泛，国家审计机关不可能对所有利用外资的企事业单位和项目都进行审计，行之有效的办法是利用专项审计调查。

国家审计机关需要选择外资利用的重点领域、重点资金、政府和社会关心的热点难点问题进行专项调查，并在调查过程中把同一领域、同一行业中的不同问题，或不同领域存在的相同问题综合起来加以分析研究，找出其内在联系，发现政策、制度、体制等方面普遍性、倾向性、深层次的问题，有针对性地提出完善政策法规和进一步积极合理有效利用外资的意见和建议，从而发挥更大的审计效应，达到为宏观调控服务的目的。

三、外资审计的特点

外资审计具有以下主要特点：（1）审计项目多，审计范围广，几乎遍及全国各个地区。（2）工作量大，审计工作时间不足，国外贷援款协议一般都要求在每个财务年度结束后6个月之内提交审计报告。（3）行业跨度大，难度大。与其他行业审计不同，外资审计的项目分布在各个行业，涉及不同部门，审计难度比较大。（4）由于我国国家审计准则与国际审计准则之间存在差异，审计机关编制国外贷援款项目审计报告的内容和格式与国内审计报告有一定区别，要求按照国际审计标准编制。（5）对审计人员要求高，应具有较宽的业务知识面，要熟悉不同行业的情况，熟悉世界银行、亚洲开发银行等国际组织的审计要求、国际审计惯例，具备一定的外语能力。

第二节　国外贷援款项目审计程序

一般说来，贷款项目审计程序涵盖援赠款项目审计程序，而各类贷款项目中，世界银行贷款项目审计程序最为规范、最为系统。以下以世界银行贷款项目为例介绍国外贷援款项目审计程序。为避免重复，与其他政府审计程序的雷同之处不再赘述。这里介绍的国外贷援款项目审计程序指的是对项目执行期内财务报告进行审计并发表审计意见的审计程序，对于国外贷援款项目其他内容的审计程序也不再赘述。

在最初的年度审计开始之前，审计机关（一般是审计署）首先需要对审计任务作出安排，此后负责项目审计的审计机关每年都要对项目前一年度的项目活动和财务报告进行审计并对外出具中英文审计报告，直至项目结束的次年。国外贷援款项目年度审计程序包括审计准备、审计实施和审计终结三个阶段。

一、项目审计任务安排

国外贷援款项目审计任务的安排主要考虑以下两种情况：一是审计机关根据审计法规进行监督、调查的需要自主决定对国外贷援款项目进行的审计；二是根据国外贷援款方以及项目协定的要求，审计机关需要对项目进行审计并对外出具审计报告。

在审计任务安排上，第一种情况与其他政府审计一样，本节主要介绍第二种情况下审计任务的安排。第二种情况下，外资审计兼具公证和监督两种职能。在我国政府与国外贷援款方签订的贷款（信贷、赠款）协定中，明确规定我国政府应确保由贷援款方能够接受的独立审计师按照公认的、适当的审计准则进行审计，并在最迟不超过该财政年度后6个月内，向国外贷援款方提交审计报告。因此，虽然我国审计机关没有与这些国外组织和政府签订专门的审计业务约定书，但审计业务的委托和受托关系已通过贷款（信贷、赠款）协定规定下来。通常，对外窗口单位在代表国家与国外机构签订项目协定之前，应就单个项目或者某一类项目是否需要政府审计机关审计征得审计机关同意。如果项目协定规定由我国政府审计机关对项目进行审计并对外提交项目审计报告，则于项目协议签订以后一定时间内，由项目主管单位向审计机关发来委托审计函件以及项目协定等材料，审计机关根据项目内容、协定要求以及项目执行单位的财政财务隶属关系及所属地域作出审计安排。审计安排的一般原则如下所述，但特殊情况下也有例外。

（一）中央项目的审计安排

在北京的中央项目由审计署直接审计。项目主管单位在北京，而且项目执行单位也在北京的，由审计署外资运用审计司或国外贷援款项目审计服务中心审计，根据情况也可安排审计署派出审计局或驻地方特派员办事处审计；项目主管单位在北京，而分项目执行单位在京外的，根据所属地域，一般安排审计署驻地方特派员办事处审计，特殊情况下也可以授权地方审计厅（局）审计。

京外的中央项目审计一般安排审计署驻地方特派员办事处审计，特殊项目也可以授权地方审计厅（局）审计。对于项目执行单位涉及多个审计署驻地方特派员办事处辖区的，分项目由所在地审计署驻地方特派员办事处审计；如需汇总审计结果或者汇总出具审计报告，由审计署确定负责汇总的审计机关，其他负责分项目审计的审计机关将分项目审计结果按要求报送承担汇总工作的审计机关。

（二）地方项目的审计安排

地方项目一般授权省级审计厅（局）审计。对于仅涉及计划单列市的审计项目，应直接授权计划单列市审计局审计。对于省级项目包含计划单列市的，只授权省级审计厅（局）审计，对于计划单列市项目的审计由该省审计厅（局）自行安排。对于省与计划单列市并列的项目，则分别授权省级审计厅（局）和计划单列市审计局审计，但对计划单列市的授权文件要抄送该省级审计厅（局）。

（三）中央和地方拼盘项目的审计安排

这一类项目又分为两种情况：第一种情况是，一个统一独立核算的项目中既有中央项目投资又有地方项目投资。对于这种项目一般按照项目投资比重大小作出审计安排或者授权地方审计机关审计，如果中央项目投资占比重大，则一般由中央级审计机关审计，通常是安排审计署驻地方特派员办事处审计；反之，则授权地方审计机关进行审计。另一种情况是，一个项目既包括中央项目单位，又包括地方项目单位，但是都分别独立核算，能够划分清楚核算主体。对于这种项目一般根据财政财务隶属关系分别授权中央级审计机关或者地方审计机关审计，如需汇总出具对外审计报告一般由中央级审计机关负责。

对于授权省级审计机关审计的项目，省级审计机关可以参考上述原则对本省的审计任务进行安排。审计署一般不向省级审计厅（局）和计划单列市审计局以下审计机关直接安排国外贷援款项目审计任务。

上述审计任务安排给审计署派出审计局、审计署驻地方特派员办事处，要发出审计任务安排的通知；将审计任务授权地方审计厅（局）的，要下发授权审计通知书。安排审计任务的通知或授权通知书的主要内容包括：项目名称、项目执行单位（被审计单位）、项目主管部门、贷（援）款协定编号、协定签署日期、协议生效日期、项目执行期限、贷款总额、项目投资总额、审计期限（出具审计报告的起止年度）、出具审计报告的审计机关和每年出具审计报告的时间要求。

由于国外贷援款项目审计一般需要在项目执行期内进行连续审计，因此，每一个项目的审计是一次授权（安排），长期有效，直至项目审计完毕。如遇特殊情况，审计署可根据具体情况变更授权（安排）。

各级审计机关根据上述安排，将国外贷援款项目列入年度审计项目计划。

二、项目审计准备

根据审计任务安排及年度审计项目计划，审计机关应在实施项目审计前做好充分的审计准备。

（一）组成审计组

实施项目审计前，需要选择一定数量有相当业务水平、能够胜任审计任务的人员组成审计组，并指定审计组组长。由于国外贷援款项目审计一般持续若干年，而且每一类项目甚至每一个项目都各具特色，因此每个审计项目一般都确定一个审计人员担任主审或者审计组组长，并保持一定的连续性。

（二）审前调查

审计组在实施审计之前应该进行审计调查，了解被审计项目单位的基本情况，以便明确审计目标，突出审计重点，并培训相关审计人员。由于国外贷援款项目审计是分年度进行的，而且对于同一个项目经过连续几年的审计，审计人员一般对项目情况和审计技术内容比较熟悉，首次审计之后的年度审计中，可以根据情况简化这一部分工作内容。

为了解国外贷援款项目基本情况，需要调查以下内容：（1）项目背景情况，包括贷款（赠款）协定、项目协议、转贷协议、项目评估报告、与国外贷援款方的往来信函（包括支付信）、与项目执行有关的备忘录、国家有关部门批准立项的有关文件等。（2）项目管理情况，包括项目的管理体制、组织结构、控制环境、会计系统和财务管理办法、会计核算方法等管理制度的健全与运行情况。（3）项目建设情况，包括审计年度项目建设的主要内容和目标、项目建设的进度和成果、项目资金到位情况、重大项目活动的内容等。（4）上一年度接受审计的情况，如果不是首次审计，审计组应调阅以前的审计档案，关注审计结果和内容，比如审计师意见类型、审计发现的主要问题、违规事项及审计处罚的落实情况等。（5）其他重要情况，包括项目接受其他监督检查情况及其结论、重大事件等与审计相关的事项。

审计人员可以根据自己的专业判断，结合审计目标来决定扩大调查的范围。审前调查以一定的格式记录，并形成一些工作底稿，也可以设计一些调查问卷，要求被审计单位按照要求填报，审计人员对其所填报的内容进行审核。

获取有关项目审前调查的资料后，应该对有关资料执行分析性程序。在国外贷援款项目审计准备阶段，实施分析性程序的精细程度和范围，要视项目的规模和复杂程度、资料的可靠性和完整性以及审计人员的专业判断而定。一般情况下，审计组应对项目报表进行横向分析，对项目资金实际到位情况、项目进度和计划进行比较分析，对项目投资完成额与项目形象进度进行对比分析，以确定各种资料之间的一致性水平和项目异常变化情况，对审计重点作出初步判断。

对于国外贷援款项目重要性水平判断需要考虑的因素包括：上一年度审计确定的重要性水平、有关法规和项目协议条款的要求、项目建设的规模和内容、内部控制制度健全程度、财务报告使用者对报表项目的敏感度、有问题事项的性质和金额等。国外贷援款项目审计通常是对特定目的财务报告发表意见，因此可以从财务报表及账户两个层次评估项目重要性水平。特定目的财务报表重要性水平因项目不同而异，应针对项目具体情况，充分利用审计人员的专业判断。对于世界银行贷款项目，一般情况下重要性水平可按项目投资完成额的3%～5%确定。在确定各账户层次的重要性水平时，应考虑各账户或各类业务的性质及错报或漏报的可能性，对于重要的账户或业务，要从严制定重要性水平。对于评估重要性水平的程序和结果也要进行记录，形成审计工作底稿，作为编制审计方案的依据之一。

为将审计风险控制在适当的水平，在准备阶段应对审计风险进行分析，以便制订合理的审计方案。分析审计风险主要包括确定可接受的审计风险、评估重大错报风险、利用风险模型计算检查风险水平。对于世界银行贷款项目，《世行贷款审计手册》建议的可接受审计风险为 5% ~ 10%。对于国外贷援款项目重大错报风险的评估，应分别确定报表层次和报表项目认定层次的重大错报风险。在确定可接受的审计风险、评估重大错报风险之后，对于报表层次的重大错报风险，应采取诸如向项目组成员强调保持职业怀疑的重要性、指派富有经验的审计人员、加强对项目组成员的督导等总体应对措施。利用"审计风险＝重大错报风险×检查风险"模型，计算检查风险水平，确定检查风险水平的目的在于针对报表项目设计进一步审计程序的性质、时间和范围。如果相关项目或业务的检查风险高，则应重点进行控制测试和分析性程序，反之则应重点进行账户余额的细节测试。

（三）制订审计项目实施方案

审计组具体承办国外贷援款单个项目审计时，应当编制审计实施方案。国外贷援款项目的审计实施方案与其他类别政府审计差别不大。国外贷援款项目审计实施方案的主要内容和编制要求如下：

（1）编制依据。国外贷援款项目审计实施方案编制依据包括《中华人民共和国国家审计准则》、审计授权书、上级审计机关或本级审计机关审计项目计划、审计工作方案等。

（2）项目基本情况。根据审前调查了解的情况，简要介绍被审计单位和项目的基本情况。

（3）审计目标。总体而言，国外贷援款项目审计目标包括对项目财务收支真实性、合法性和效益性，以及财务报告真实性、一致性和公允性的审查。具体包括发现和揭露被审计单位在项目执行过程中存在的违反国家法规及项目协定问题，揭示内部控制中存在的重大缺陷，合理保证会计报表没有重大误报；促进被审计单位加强管理，合理有效利用外资，提高资金使用效益和保证外债偿还能力。

（4）审计依据。除了我国财经法规和审计规定以外，国外贷援款项目审计依据还包括我国相关机构与国外贷援款方所签订的项目协定、有关备忘录，也包括国际审计准则和国际会计准则。

（5）审计范围、内容和重点。审计范围和内容一般为前一年度项目相关的经济活动。根据具体情况，有些审计事项可以追溯到以前年度，也可以对审计内容和审计对象进行延伸；审计重点应该根据既定审计目标、审计项目具体情况、重要性水平和审计风险的评估情况来确定。

（6）重要性水平的确定及审计风险的评估。要明确重要性水平及审计风险评估的结果、依据和理由，以及对审计程序和内容的影响。

（7）控制测试。如果审前调查的结果认为内部控制是可以信赖的，必须进行控制测试，检查内部控制运行的有效性；反之，则没有必要进行控制测试，直接进行实质性测试。

（8）实质性测试。在控制测试的基础上，列明实质性测试的内容和步骤。

（9）审计工作进度及时间安排。应根据审前调查了解的情况和预计审计工作量的大小，对完成审计工作所需时间进行估计，对于较大的项目应分步骤分阶段进行。

（10）审计组组长、审计组成员及其分工。审计工作的分配既不能遗漏必查项目，又要突出重点，每项工作都要明确并具体到人。人员分工要合理体现工作配合和审计质量内部控制需要。

（11）其他事项。比如对其他审计成果的利用，包括利用或者部分利用以前年度本审计机关的审计结果，利用或者部分利用其他审计机关的审计结果，利用或者部分利用会计师事务所或者内部审计机构的审计成果等。这些都应该在审计实施方案中予以体现。

（四）发送审计通知书

实施审计前，审计机关必须向被审计单位发送审计通知书。审计通知书一般应至少在审计组进点前3天送达。如果同一个审计机关需要对同一个项目执行单位所执行的多个国外贷援款项目在同一年度内同时或者连续进行审计，可以合并只发一个审计通知书。

三、项目审计实施

根据审计通知书和审计项目实施方案，审计组实施项目审计，其核心程序包括控制测试和实质性测试。

（一）控制测试

控制测试，是通过一定的审计方法测试被审计单位内部控制运行的有效性。控制测试一般是按照业务循环采用抽样方法进行。下面以世界银行贷款项目审计为例介绍国外贷援款项目控制测试程序和内容。世界银行贷款项目业务循环一般分为五类，即提款报账业务循环、采购与付款业务循环、存货业务循环、项目建设业务循环、项目资金收支业务循环。本节以提款报账业务循环为例说明世界银行贷款项目业务循环的内部控制测试。

世界银行贷款与一般商业银行贷款不同，项目贷款协定生效后，贷款资金并不立即转由借款人直接支配，而是采取报账的方式在规定的项目执行期内逐步提取。为保证贷款用于规定的用途，贷款协定生效后，世界银行以借款人的名义在本行为该项目开设一个账户，并将贷款资金记入该账户的贷方，借款人使用贷款资金时必须按规定程序以合格的单据进行报账，待审查合格后，世界银行才将资金支付给借款人，并记入上述账户的借方。

【实例9-1】提款报账业务循环的控制测试。

提款报账业务循环的控制测试

一、计划管理

1.通过观察和询问等方式，了解项目单位是否对提款报账实施计划管理。

2.取得项目单位当年的提款报账计划和计划编制说明，对照贷款协定的附件——提款计划和世界银行发来的支付信，抽样检查：提款计划是否以世界银行评估报告、招标采购计划和年度项目计划为基础；提款计划所列的费用类别和支付方式等是否与贷款协定附件提款计划和支付信中的有关规定相符；提款计划是否有报经批准的证明文件。

二、提款报账

1.通过询问和观察等方式，了解办理、审核汇总和最终批准报账资料等不相容职责是否分离。

2.取得审计期间项目单位上报的提款申请书，对照提款计划和世界银行的支付信等，抽样检查：申请的费用类别和申请支付的比例是否符合支付信的规定；申请表的填写是否准确；申请表所附的证明材料是否齐全，是否符合世界银行及财政部的有关规定（按规定，不同的提款方式，申请表所附单据是不同的）；检查提款申请书的申请提款金额是否与所附相关证明文件中应报账金额一致；将本单位汇总上报提款申请书的日期与下级单位报来的提款申请书的日期相对照，检查是否及时办理提款报账手续。

3.抽取部分提款申请书及其所附的资料，检查提款证明材料是否真实：检查所附证明材料是否齐全；取得报账所附证明材料的原件，检查复印件是否与原件相符；查明发票或合同的供应商名称与所提供商品或劳务的类型有无不相符的情况；对于土建提款，通过实地查看项目的形象进度，对照报账规模，检查账实是否一致；对于下级提款单位报来的报账资料，应查明是否经授权的债务代表人签字，并将其中金额大的或审计人员认为有潜在不真实风险的其他报账资料的内容摘录于审计工作底稿备查。

4.抽查申请提款的费用支出是否符合世界银行的要求。通过检查合同、发票等证明文件上所签日期，查明费用发生时间是否真实；除按贷款协定规定可以追溯或预付的费用支出，一切发生在贷款协定规定的生效日前的费用支出都是有问题的费用支出。贷款账户关闭日后发生的费用支出也属有问题的费用支出。对于与提款申请表签发日间隔时期较长的费用支出，审计人员应追查到以前的同类报账资料，检查是否存在向世界银行重复报账的情况；通过检查发票抬头、合同和信用证的受益人等，查明费用支出是否属于本项目；通过检查发票和其他单据的内容，查明所报费用支出是否为世界银行同意支付的合格费用；将提款申请表上列示的内容及金额与项目单位的会计记录相核对，检查有无不一致的情况。

5.对于采用费用支出报表报账的，如已汇总了其他提款单位的费用支出报表，则应将其记录下来，留待审计相关提款单位时核对；如果是本单位发生的费用支出，则应取得所有相关的原始单据，执行测试程序，同时应查明项目单位有无将单项合同金额在限额以上的化整为零开若干张发票的情况（在规定限额以上的费用支出，如果用费用支出报表申请提款的，属于有问题的费用支出）。

三、贷款资金的回补和支付

取得拨付贷款资金的会计资料和所附单据。

1.抽查是否根据项目单位自己制定的付款通知单向提款单位拨付贷款资金，该通知单是否是在对提款单位报账资料审核无误后填制的，并经有权力批准的人签字。

2.将拨付贷款资金的银行支付单据上的时间与提款单位的报账时间或得到回补资金的时间相核对，查明是否有滞留提款单位贷款资金的情况。

3.将拨付的贷款资金数额与提款报账的资金数额相核对，查明是否有扣留提款单位贷款资金的情况。

四、债务的落实和会计处理

1.将"支付通知单""用款通知单"以及财政部门的对账单与有关会计记录相核对，查明是否及时入账。

2.将世界银行或财政部门发来的对账单与有关债务记录相核对，查明有无资金已到位却没有登记相应债务的情况。

（二）实质性测试

实质性测试是在控制测试的基础上，运用检查、监盘、观察、查询及函证、计算、分析性程序等方法，对国外贷援款项目单位财务报告各项目金额进行的测试。实质性测试可以按业务循环、报表项目或两者结合起来进行。鉴于世界银行贷款项目的特点，两者结合测试效果较好。

实质性测试程序、方法和抽样的规模取决于相关业务循环控制测试的结果和审计人员的专业判断。通过实质性测试确定报表项目及会计科目审定后的金额，同时将审计过程中发现的违反国内法律、法规和项目协定及国外贷援款方有关规定的问题记录清楚，最后作出审计结论。对于由外部取得的审计证据，还应注明资料的来源。针对实质性测试的过程和结果应该进行记录并形成工作底稿。

一般说来，国外援贷款项目审计实质性测试的目标和内容包括：一是完整性，即财务报告和有关账簿中是否全面记录和反映项目的资金活动和资产负债情况，有无遗漏；二是真实性，即财务资料和财务报告所记录和反映的数据和内容是否符合项目实际，有无虚假；三是一致性，即财务报告、财务账簿、记账凭证和原始凭证之间是否一致，有无差异；四是表达和披露的合理性，即是否按照会计准则和项目管理的要求，将有关项目资金活动情况在财务报表（包括财务报表说明）中进行了恰当合理的分类和充分的说明及披露；五是合法合规性，即项目活动、资金使用等是否符合项目协议、管理要求、国家有关规定和法律法规；六是项目特定审计目标，国外贷援款项目大部分是对财务报告发表意见，但是有些项目对审计有特殊要求，在审计中应该满足。比如，有些项目要求对项目绩效发表审计意见，有些项目要求对项目技术内容和合理性发表审计意见，还有一些项目要求单独对采购程序发表审计意见等。

不同的国外贷援款项目，其财务报表组成、报表中的科目构成会有所不同，审计人员应该根据项目实际对有关科目进行实质性测试。关于具体科目的实质性测试程序和方法，无论是国外贷援款项目之间还是与其他项目相比都相同，在此不再一一介绍。

（三）国外贷援款项目财务报表审计

1.国外贷援款项目财务报表

国外贷援款项目财务报表分为两类，即被审计单位财务报表和特定目的财务报表。有些国外贷援款项目包括这两类财务报表，而有些项目只包括特定目的财务报表。比如世界银行、亚洲开发银行贷款营利性项目的财务报表既包括项目单位财务报表又包括特定目的财务报表，而非营利性国外贷款项目和国外援助项目一般都只包括特定目的财务报表。对于项目单位财务报表审计并非国外贷援款项目审计的特色，在此仅对特定目的财务报表审计进行介绍。一般说来，国外贷款项目特定目的财务报表由资金平衡表、项目进度表、贷款（信贷）协定执行情况表、专用账户报表以及财务报表说明组成，国外援助项目不包括贷款（信贷）协定执行情况表。当然，个别国外贷援款项目，其特定目的财务报表稍有差异，比如有些援助项目其财务报表还要求包括设备物资分配表。

2.财务报表审计目标

国外贷援款项目财务报表总体审计是在财务报表科目实质性测试的基础上，对财务报表本身的格式、构成、内容编排等内容的合法合规性、公允性和一致性所进行的审计。财务报表的合法合规性是指项目单位按照国家法律法规、会计准则、相关会计制度及国外机构的有关规定编制财务报表，并在财务报表说明中对有关事项进行披露，报表结构、项目和内容符合规定。财务报表的公允性是指财务报表在所有重要方面均公允地反映了项目财务状况、项目进度和项目资金收支情况。财务报表自身的一致性是指各财务报表之间、报表内各项目之间对应关系清晰，钩稽关系相符，表中有关数据一致没有差错。

3.财务报表审计内容

除了对报表科目进行实质性测试之外，财务报表总体审计的主要内容是，根据有关法律法规、会计准则、相关会计制度和项目管理有关要求审核：报表种类是否齐全，格式是否规范，内容是否完整，填制方法是否合规，是否符合国外贷援款方的要求；表内数据计算和表间钩稽关系是否正确、相符，表与账簿记录是否一致；结合对项目账务处理的审计，审查主要会计政策、重要报表科目和需要解释的经济事项是否在财务报表说明中进行了恰当、充分的披露，主要报表编制原则和会计政策前后期是否一致。

国外贷援款项目财务报表说明是财务报表的组成部分之一，因此对财务报表说明的审计也是财务报表审计的重要内容之一。对财务报表说明的审计内容主要包括：（1）财务报表说明的完整性和充分性。财务报表说明通常包括以下内容：项目整体情况简介、资金构成和来源、会计期间、会计政策、财务报表期间财务收支和项目进展总体情况、特殊事项和重大事项说明以及其他为帮助报表使用者理解财务报表所进行的说明。审查这些内容是否都包括在说明中，以及对每一事项披露的充分性。（2）财务报表说明的一致性。审核财务报表说明中有关数字与财务报表以及账簿的一致性，审查财务报表说明中会计政策、会计期间及重大事项与财务记录和有关文件资料的一致性，以及有关内容和政策的历史连续性等。

四、项目审计终结

国外贷援款项目审计终结阶段工作程序和内容与其他类型审计基本没有差异，即将审计准备和实施阶段取得的大量分散的审计证据、资料和审计工作底稿进行汇总整理、分析判断，最终形成审计结论并出具审计报告。审计终结阶段的具体工作内容和程序包括：整理审计工作底稿；分析问题，形成处理意见；与被审计单位初步交换意见；审计工作小结；编制审计报告初稿；就审计报告征求被审计单位的意见；将被审计单位反馈意见以及有关资料报审计组所在部门复核后出具正式的审计报告；下达审计决定书（如果有必要）；整理审计工作资料，立卷归档。需要说明的是，审计机关出具的国外贷援款项目审计报告，应该由被审计单位而不是审计机关送交国外机构等报告使用者，审计机关负责将正式审计报告送达被审计项目单位并应取得回执。

第三节　　　　国外贷援款项目的审计报告

外资审计报告的形式根据其履行职能的不同而不同。当外资审计不履行其公证职能时，与其他类型政府审计一样，按照国家审计准则和规范编制审计报告。当外资审计同时履行监督和公证职能时，审计报告的编制不仅要遵循国家审计准则，同时还需遵循国际通用审计准则，其审计报告的形式则有其特殊性。以下介绍外资审计履行公证职能时所出具的国外贷援款项目审计报告的内容及其构成。

一、国外贷援款项目审计报告编制和报送程序

国外贷援款项目审计报告的编制步骤分为"编写—审核—征求被审计单位的意见—复核—审定"五个步骤，即由主审人员编写审计报告初稿，审计组组长对报告进行审核，将审计报告初稿提交给被审计单位征求意见，审计组派出机构指定复核人员对审计报告进行复核，最后，由审计机关审定后以审计报告的形式向被审计单位出具，由被审计单位将审计报告提交给其相应的贷援款机构或国家。地方审计机关和审计署驻地方特派员办事处第一年进行审计并出具国外贷援款项目审计报告，以及任何年度出具保留意见报告、否定意见报告、无法表示意见报告时，须经审计署外资司审定后才能出具。

二、审计报告的内容

（一）审计师的意见

对所审计财务报告在所有重要方面的公允性发表意见：项目执行单位的财务报告是否真实反映其财务状况；项目执行单位的财务报告是否真实反映其经营成果和现金流量情况；项目收支是否同资金来源与运用表所列一致；项目贷款提取额和项目支出是否与贷款（信贷、捐赠）协定执行情况表一致；审计期末资金余额以及从项目开始累计支出是否同贷援款方的记录相一致；通过费用支出表的提款报账是否合理等。

审计师意见至少包括以下项目：意见类型；收件人；范围段（审计财务报表的名称和会计期间）；说明段（说明所适用的审计准则、审计范围、方法等）；意见段和对审计意见或审计报告分发方面的限制；发表意见的日期；审计机构的地址、签章。

（二）经审计后的财务报表和财务报表说明

就营利性项目而言，一般包括项目单位的财务报表（如资产负债表、利润表、现金流量表）、项目特定目的财务报表（如项目资金平衡表、项目进度表、贷款协定执行情况表或赠款协定执行情况表、专用账户收支表）以及财务报表说明。而就非营利性项目而言，一般只包括项目特定目的财务报表（如项目资金平衡表、项目进度表、贷款协定执行情况表或信贷协定执行情况表、专用账户收支表）以及财务报表说明。赠援款项目与非营利性项目类似，只要求提供项目特定目的财务报表以及财务报表说明。

（三）有问题支出汇总表及其说明

审计机关根据审计结果，将项目执行过程中存在的按照贷款（信贷、赠款）协定的规定应为不合理支出或证据不足支出，确定为与国外贷款有关的"有问题支出"。如果存在有问题支出，世界银行贷款项目要求审计报告中包括"有问题支出汇总表"内容，将这些支出编制成"有问题支出汇总表"并加以说明。其中，"不合理支出"通常包括违反贷款（信贷、赠款）协定规定、违反贷援款方关于资金支付相关规定的支出；"证据不足支出"是指审计师在审计时不能取得足够的、有说服力的或相关的证据来说明其合理性、合规性、适当性的支出。

（四）法规、贷款（信贷、赠款）协定执行情况和内部控制制度评价意见

在该部分，审计师向贷援款机构或政府报告项目单位遵循国家法规、贷款（信贷、赠款）协定条款和项目内部控制制度的情况，确定项目执行过程中存在的违反国家法规、与协定条款不符合的事项以及内部控制中存在的缺陷。如整体内部控制制度设计是否恰当，是否可以合理保障准确记录、处理和汇总业务，能否保证贷援款业务按照协定和相关的采购指南、支付指南、专家聘请指南等的规定执行；是否有与相应的控制目标一致的适当的职责分工；财务报告框架、会计核算方法的重大改变、其他违规情况和其他关注事项等。对这些问题或缺陷，审计师应根据重要性原则进行取舍，对选择予以披露的问题或缺陷，要描述审计中发现的事实，指出违反了什么规定，分析产生的原因，揭示造成的影响，提出改进的意见或建议，并说明被审计单位采纳建议或采取措施的情况。

三、审计报告的类型

审计报告分为标准审计报告和非标准审计报告。非标准审计报告包括带强调事项段或其他事项段的无保留意见的审计报告和非无保留意见的审计报告。后者又包括保留意见的审计报告、否定意见的审计报告和无法表示意见的审计报告。不同类型审计报告之间的差别主要体现在"说明段"和"审计意见段"内容的不同，其他段落如标题、收件人、引言段、管理层对财务报表的责任段、注册会计师的责任段、注册会计师的签名并盖章、审计机关的名称、地址和公章、报告日期、其他报告责任等内容都已形成规范的表达方式和要求。

下面分别介绍这五种审计意见的形式及其所适用的情形。

（一）标准无保留意见审计报告

标准无保留意见是当审计人员认为所审计的财务报表在所有重大方面按照适用的财务报告编制基础编制并实现公允反映时发表的审计意见。

符合下列情况应发表标准无保留意见审计报告：①财务报表在所有重大方面已经按照适用的财务报告编制基础的规定编制，公允反映了被审计单位的财务状况、经营成果和现金流量；②注册会计师已经按照中国注册会计师审计准则的规定计划和实施审计工作，在审计过程中未受到限制。③没有必要在审计报告中增加强调事项段或任何修饰性用语。

【实例9-2】标准无保留意见审计报告范例。

审 计 报 告

××股份有限公司全体股东：

一、对财务报表出具的审计报告

我们审计了后附的××股份有限公司（以下简称××公司）财务报表，包括20×1年12月31日的资产负债表，20×1年度的利润表、现金流量表、股东权益变动表以及财务报表附注。

（一）管理层对财务报表的责任

编制和公允列报财务报表是××公司管理层的责任，这种责任包括：（1）按照企业会计准则的规定编制财务报表，并使其实现公允反映；（2）设计、执行和维护必要的内部控制，以使财务报表不存在由于舞弊或错误而导致的重大错报。

（二）审计责任

我们的责任是在执行审计工作的基础上对财务报表发表审计意见。我们按照国际审计准则、中国国家审计准则和中国注册会计师审计准则的规定执行了审计工作。这些准则要求我们遵守中国注册会计师职业道德守则，计划和执行审计工作以对财务报表是否不存在重大错报获取合理保证。

审计工作涉及实施审计程序，以获取有关财务报表金额和披露的审计证据。选择的审计程序取决于注册会计师的判断，包括对由于舞弊或错误导致的财务报表重大错报风险的评估。在进行风险评估时，注册会计师考虑了与财务报表编制和公允列报相关的内部控制，以设计恰当的审计程序，但目的并非对内部控制的有效性发表意见。审计工作还包括评价管理层选用会计政策的恰当性和作出会计估计的合理性，以及评价财务报表的总体列报。

我们相信，我们获取的审计证据是充分、适当的，为发表审计意见提供了基础。

（三）审计意见

我们认为，××公司财务报表在所有重大方面按照企业会计准则的规定编制，公允反映了××公司20×1年12月31日的财务状况以及20×1年度的经营成果和现金流量。

此外，我们还检查了本期内报送给世界银行的第×至×号提款申请书所附的费用支出报表，我们认为这些费用支出报表均符合项目贷款（信贷、赠款）协定的要求，可以作为申请提款的依据。

二、按照相关法律法规的要求报告的事项

（本部分报告的格式与内容，取决于相关附录法规对其他报告责任的规定）

审计机关　　　　　　　　　　　　　中国注册会计师：×××（签名并盖章）

（盖章）　　　　　　　　　　　　　中国注册会计师：×××（签名并盖章）

中国××市　　　　　　　　　　　　　　　　　二〇×二年三月二十八日

（二）带强调事项段或其他事项段的无保留意见审计报告

强调事项段和其他事项段准则规定，审计报告的强调事项段是指审计报告中的一个段落，该段落提及已在财务报表中恰当列报或披露的事项，根据注册会计师的判断，该事项对财务报表使用者理解财务报表至关重要。

通常，注册会计师可能认为需要增加强调事项段的情形包括：①对被审计单位持续经营能力有重大疑虑；②异常诉讼或监管行动的未来结果存在不确定性；③提前应用（在允许的情况下）对财务报表有广泛影响的新会计准则；④存在已经或持续对被审计单位财务状况产生重大影响的特大灾难；⑤其他重大不确定事项。

【实例9-3】带强调事项段或其他事项段的无保留意见审计报告范例。

审 计 报 告

××股份有限公司全体股东：

（引言段、管理层对财务报表的责任段、注册会计师的责任段与"标准无保留意见审计报告"相应部分相同）

（三）审计意见

我们认为，××公司财务报表在所有重大方面按照企业会计准则的规定编制，公允反映了××公司20×1年12月31日的财务状况以及20×1年度的经营成果和现金流量。

（四）强调事项

我们提醒财务报表使用者关注，如财务报表附注×所述，××公司在20×1年发生亏损××万元，在20×1年12月31日，流动负债高于资产总额××万元。××公司已在财务报表附注×充分披露了拟采取的改善措施，但其持续经营能力仍然存在重大不确定性。本段内容不影响已发表的审计意见。

（其他报告责任、注册会计师的签名并盖章、审计机关的名称、地址和公章、报告日期与"标准无保留意见审计报告"相应部分相同）

（三）保留意见审计报告

当存在下列情形之一时，注册会计师应当发表保留意见：①在获取充分、适当的审计证据后，注册会计师认为错报单独或汇总起来对财务报表影响重大，但不具有广泛性；②注册会计师无法获取充分、适当的审计证据以作为形成审计意见的基础，但认为未发现的错报（如存在）对财务报表可能产生的影响重大，但不具有广泛性。

【实例9-4】保留意见审计报告范例。

审 计 报 告

××股份有限公司全体股东：

（引言段、管理层对财务报表的责任段、注册会计师的责任段与"标准无保留意见审计报告"相应部分相同）

（三）导致保留意见的事项

××公司20×1年12月31日资产负债表中存货的列示金额为×元，占资产总额的15%。

（四）保留意见

我们认为，由于"（三）导致保留意见的事项"段所述事项可能产生的影响外，××公司财务报表在所有重大方面按照企业会计准则的规定编制，公允反映了××公司20×1年12月31日的财务状况以及20×1年度的经营成果和现金流量。

此外，我们还检查了本期内报送给世界银行的第×至×号提款申请书所附的费用支出报表，我们认为这些费用支出报表均符合项目贷款（信贷、赠款）协定的要求，可以作为申请提款的依据。

（其他报告责任、注册会计师的签名并盖章、审计机关的名称、地址和公章、报告日期与"标准无保留意见审计报告"相应部分相同）

（四）否定意见审计报告

在获取充分、适当的审计证据后，如果认为错报单独或汇总起来对财务报表的影响重大且具有广泛性，注册会计师应当发表否定意见。

【实例9-5】否定意见审计报告范例。

审 计 报 告

××股份有限公司全体股东：

（引言段、管理层对财务报表的责任段、注册会计师的责任段与"标准无保留意见审计报告"相应部分相同）

（三）导致否定意见的事项

经审计，我们发现如下问题：使用世界银行贷款引进的价值×万元人民币的设备年初已投入使用，但该设备和因此发生的贷款额没有反映在你公司的资产负债表中，虚减了资产和负债，少计提折旧×万元，分别虚增当年税前利润和未分配利润×万元和×万元。在项目进度表和贷款协定执行情况表中少计"本年提款"和"项目支出"×万元。

（四）否定意见

我们认为，由于"（三）导致否定意见的事项"段所述事项的重要性，上述财务报表和所述说明没有公允地反映××公司20×1年12月31日的财务状况，以及20×1年度的经营成果、现金流动情况以及××项目资金收支情况，不符合上述会计准则。

此外，我们还检查了本期内报送给世界银行的第×至×号提款申请书所附的费用支出报表，我们认为这些费用支出报表均符合项目贷款（信贷、赠款）协定的要求，可以作为申请提款的依据。

（其他报告责任、注册会计师的签名并盖章、审计机关的名称、地址和公章、报告日期与"标准无保留意见审计报告"相应部分相同）

（五）无法表示意见审计报告

注册会计师发表无法表示意见审计报告，不是注册会计师不愿意发表无保留、保留或否定意见，而是由于一些重大限制使得注册会计师无法实施必要的审计程序，未能对一些重大事项获得充分适当的审计证据，从而不能对财务报表整体是否公允反映形成意见。出具无法表示意见的审计报告有如下两种情形：①审计范围受到重大限制且其影响具有广泛性；②存在具有相互影响的多个不确定事项。

【实例9-6】无法表示意见审计报告范例。

审 计 报 告

××股份有限公司全体股东：

（引言段、管理层对财务报表的责任段、注册会计师的责任段与"标准无保留意见审计报告"相应部分相同）

（三）导致无法表示意见的事项

由于××公司在20×1年×月的搬迁过程中，大部分会计记录和原始凭证都已遗失，致使我们不能实施所必需的审计程序以获得我们认为必要的审计证据和资料。

（四）无法表示意见

我们认为，由于"（三）导致无法表示意见的事项"段所述事项的重要性，我们不能就上述财务报表和所述说明是否公允地反映××公司20×1年12月31日的财务状况和20×1年度的经营成果、现金流动情况以及××项目资金收支情况是否符合会计准则形成审计意见。

此外，我们还检查了本期内报送给世界银行的第×至×号提款申请书所附的费用支出报表，鉴于"（三）导致无法表示意见的事项"段所述事实的重要性，我们不能就这些费用支出报表是否符合项目贷款（信贷、赠款）协定的要求发表审计意见。

（其他报告责任、注册会计师的签名并盖章、审计机关的名称、地址和公章、报告日期与"标准无保留意见审计报告"相应部分相同）

【实例9-7】审计署国外贷援款项目审计服务中心对"国务院扶贫开发领导小组办公室外资项目管理中心"承担的"全球环境基金赠款扶贫第五期项目"实施了审计并出具了审计报告。审计报告内容摘要如下：

审计师意见

国务院扶贫开发领导小组办公室外资项目管理中心：

我们审计了全球环境基金赠款扶贫第五期项目2013年12月31日的资金平衡表及截至该日同年度的赠款协定执行情况明细表和专用账户收支表等特定目的财务报表及财务报表附注。

（一）项目执行单位及财政部投资评审中心对财务报表的责任

编制上述财务报表中的资金平衡表、赠款协定执行情况明细表是你单位的责任，编制专用账户收支表是财政部投资评审中心的责任，这种责任包括：（1）按照中国的会计准则、会计制度和本项目赠款协定的要求编制项目财务报表，并使其实现公允反映；（2）设计、执行和维护必要的内部控制，以使项目财务报表不存在由于舞弊或错误而导致的重大错报。

（二）审计责任

我们的责任是在执行审计工作的基础上对财务报表发表审计意见。我们按照中国国家审计准则和国际审计准则的规定执行了审计工作，上述准则要求我们遵守审计职业要求，计划和执行审计工作以对项目财务报表是否不存在重大错报获取合理保证。为获取有关财务报表金额和披露信息的有关证据，我们实施了必要的审计程序。我们运用职业判断选择审计程序，这些程序包括对由于舞弊或错误导致的财务报表重大错报风险的评估。在进行风险评估时，为了设计恰当的审计程序，我们考虑了与财务报表相关的内部控制，但目的并非对内部控制的有效性发表意见。审计工作还包括评价所选用会计政策的恰当性和作出会计估计的合理性，以及评价财务报表的总体列报。

我们相信，我们获取的审计证据是适当的、充分的，为发表审计意见提供了基础。

（三）审计意见

我们认为，第一段所列财务报表在所有重大方面按照中国的会计准则、会计制度和本项目赠款协定的要求编制，公允反映了全球环境基金赠款扶贫第五期项目2013年12月31日的财务状况及截至该日同年度的财务收支、项目执行和专用账户收支情况。

（四）其他事项

由于你单位本期没有进行提款报账，我们不对提款申请书发表意见。

本审计师意见之后，共同构成审计报告的还有两项内容：财务报表及财务报表附注和审计发现的问题及建议。

审计署国外贷援款项目审计服务中心

2014年6月28日

财务报表及财务报表附注：

（一）资金平衡表（见表 9-1）

表 9-1   **资金平衡表**

2013 年 12 月 31 日

项目名称：全球环境基金赠款扶贫第五期项目   赠款号：TF097197

编报单位：国务院扶贫开发领导小组办公室外资项目管理中心   货币单位：美元

资金占用			资金来源		
科目名称	期初余额	期末余额	科目名称	期初余额	期末余额
银行存款	0	29 992	拨入赠款	0	30 000
拨出赠款	0	0	应付账款	0	0
项目支出	0	0	配套资金	0	0
银行手续费	0	8			
应收款项	0	0			
资金占用合计	0	30 000	资金来源合计	0	30 000

（二）赠款协定执行情况明细表（见表 9-2）

表 9-2   **赠款协定执行情况明细表**

2013 年 12 月 31 日

项目名称：全球环境基金赠款扶贫第五期项目   赠款号：TF097197

编报单位：国务院扶贫开发领导小组办公室外资项目管理中心   货币单位：美元

类别	核定额	本期发生数（额）	累计发生数（额）
咨询和非咨询服务	265 000	0	0
培训和运行成本	0	0	30 000
合计	265 000	0	30 000

（三）专用账户收支表（见表 9-3）

表 9-3   **专用账户收支表**

2013 年 12 月 31 日

项目名称：全球环境基金赠款扶贫第五期项目   赠款号：TF097197

开户银行名称：中信银行总行营业部   账号：7111011482600008861

编报单位：财政部投资评审中心   货币种类：美元

项目	金额
1. 期初余额	29 992
加：2. 本期回补额	0
3. 利息收入	0
4. 不合格支出归还总额	0
减：5. 本期支付额	0
6. 银行手续费	0
7. 期末余额	29 992

（四）财务报表附注

1. 项目基本情况

全球环境基金赠款扶贫第五期项目自2010年8月25日签订赠款协议，国务院扶贫开发领导小组办公室外资项目管理中心的核定赠款额度为26.50万美元，于2015年12月31日结束。该项目的总体目标是探索和创新扶贫模式和方法，旨在通过防治土地退化、加强自然资源的可持续利用以及农村地区适应气候变化措施等项目活动，改善农村贫困社区环境，提升贫困人口适应气候变化的能力，增强农民土地可持续利用意识。

2. 会计核算原则

2.1 本项目按照《财政部国际司管理的赠款项目会计核算暂行办法》进行会计核算。

2.2 本项目会计按照权责发生制原则，采取借贷复式记账法记账。

2.3 会计核算的年度采用公历制（即1月1日至12月31日）。

3. 会计期间

本财务报表的会计期间为2013年1月1日至2013年12月31日。

4. 会计报表主要科目说明

4.1 "银行存款"科目，核算收到的世行赠款、利息及相关项目支出，2013年12月31日专用账户余额为29 992美元。

4.2 "项目支出"科目，核算实际发生的支出，本期没有发生额。

4.3 "拨入赠款"科目，核算项目收到的全球环境基金赠款，期末余额为30 000美元。

4.4 "银行手续费"科目，核算项目收到世界银行回补资金时银行收取的手续费，2013年12月31日余额为8美元。

5. 专用账户收支情况

该项目专用账户由财政部投资评审中心管理，开立在中信银行总行营业部，账号为7111011482600008861，该账号为分账管理账。专用账户于2012年2月收到世行首存款30 000美元。截至2013年12月31日，专用账户余额为29 992美元。

审计发现的问题及建议：

除对财务报表进行审计并发表审计意见外，审计中我们还关注了项目执行过程中相关单位对于国家法规和项目赠款协定的遵守情况、内部控制和项目管理情况、项目绩效情况及上年度审计建议整改落实情况。我们发现该项目存在如下问题：

项目进展缓慢。你单位截至2013年年末仍然没有使用全球环境基金赠款开展项目活动。项目进展缓慢问题上年度审计报告已经予以披露，你单位没有按照上年审计整改计划开展项目活动。审计建议你单位做好资金使用计划安排，按计划实施项目，保证赠款资金按期使用。

关键概念

外资审计　国外援贷款项目审计　外资审计程序　外资审计报告

本章小结

外资审计是国家审计机关依法对我国政府利用国外资金建设的投资项目和其他经济活动以及这些资金的管理和潜在风险进行审计的行为。外资审计的内容包括：评审项目内部控制系统、国外贷援款项目审计、其他外债审计、政府外债管理审计、绩效审计、外资利用情况审计调查。

国外贷援款项目审计的程序包括：项目审计任务安排，审计准备、审计实施和审计终结三个阶段。国外贷援款项目审计任务的安排主要考虑以下两方面因素：一是审计机关根据审计法规和监督、调查的需要自主决定对国外贷援款项目进行的审计；二是根据国外贷援款方以及项目协定的要求，审计机关需要对项目进行审计并对外出具审计报告。在审计任务安排上，第一种情况与其他政府审计一样，第二种情况下，由于外资审计兼具公证和监督两种职能，审计任务的安排具有特殊性。

国外贷援款项目审计的准备阶段需要组建审计组、开展审前调查、制定审计项目实施方案、发送审计通知书；审计的实施阶段需要开展控制测试和实质性测试；终结阶段的核心工作是编制审计报告，审计报告的类型包括：标准无保留意见审计报告、带强调事项段或其他事项段的无保留意见审计报告、保留意见审计报告、否定意见审计报告、无法表示意见审计报告。如果发表保留意见审计报告、否定意见审计报告、无法表示意见审计报告，须经审计署外资司审定后才能出具。

复习思考题

1.我国外资审计的概念和外资审计机构的职责是什么？
2.不同外资审计项目的审计主体是谁？
3.外资审计实施方案的具体内容有哪些？
4.简述外资审计报告的类型及适用的情形。

本章习题

一、单项选择题

1.下列不属于外资审计的特点的是（　　　）。

A.审计项目多，审计范围广

B.工作量大，审计工作时间不足

C.要求按照我国审计标准编制外资审计报告

D.行业跨度大，难度大

2.获取有关项目审前调查的资料后，应该根据有关资料（　　　）。

A.进行实质性测试　　　　　　　　　B.确定重要性水平

C.确定审计风险水平　　　　　　　　　D.执行分析性程序

3.对于世界银行贷款项目，一般情况下重要性水平可按项目投资完成额的（　　　）确定。

A.1%～3%　　　　　B.3%～5%　　　　　C.2%～4%　　　　　D.3%～4%

4.国外贷援款项目审计中控制测试一般是按照业务循环采用（　　　）方法进行。

A.随机　　　　　　B.全部样本　　　　　C.比例　　　　　　D.抽样

5.一般说来，国外援贷款项目审计实质性测试的目标不包括（　　　）。

A.合法合规性　　　　　　　　　　　B.表达和披露的合理性

C.分类与截止　　　　　　　　　　　D.一致性

6.经审计后非营利性项目的财务报表和财务报表说明一般包括（　　　）。

A.项目特定目的财务报表以及财务报表说明

B.项目单位的财务报表

C.项目特定目的财务报表

D.项目单位的财务报表及其附注

二、多项选择题

1.评审项目内部控制系统评审要点在于审查、评价项目及其执行机构是否有健全有效的（　　　）。

A.会计档案保管控制　　　　　　　B.资产保护控制

C.岗位责任制度　　　　　　　　　D.财务报告编制的合理性控制

2.国外贷援款项目的审计内容主要有（　　　）。

A.提取外资进度、类别和比例是否遵守项目协定

B.审查项目资金来源是否真实、合法

C.提款证明文件是否完整真实

D.审查项目资金是否专用于项目协议规定用途

3.对于中央和地方拼盘项目的审计安排，分为两种情况（　　　）。

A.统一独立核算的项目，按照中央和地方项目投资比重的大小授权中央级审计机关或者地方审计机关

B.分别独立核算，能够划分清楚核算主体的项目，由中央级审计机关审计

C.分别独立核算，能够划分清楚核算主体的项目，分别授权中央级审计机关或者地方审计机关审计

D.分别独立核算，能够划分清楚核算主体的项目，由地方审计机关审计

4.国外贷援款项目审计实施方案主要内容和编制要求为（　　　）。

A.必须进行内部控制测试　　　　　B.必须进行实质性测试

C.不一定进行内部控制测试　　　　D.不一定需要进行实质性测试

5.实质性测试可以按（　　　）进行，鉴于世界银行贷款项目的特点，两者结合测试效果较好。

A.业务循环　　　　　　　　　　B.报表项目

C.业务循环与报表项目结合　　　D.报表循环

三、判断题

1.从狭义上讲，外资审计是我国政府向国际组织、外国政府及金融机构的直接借款和抵押借款，以及使用上述资金的项目和其他经济活动提供审计公证。（　　）

2.由于向我国政府提供贷、援款的国际组织和外国政府同我国政府的目的不一致，导致外资审计机构的这两个职责是不统一的。（　　）

3.京外的中央项目审计安排审计署驻地方特派员办事处审计，特殊项目并不可以授权地方审计厅（局）审计。（　　）

4.由于国外贷援款项目审计一般需要在项目执行期内进行连续审计，因此，每一个项目的审计是一次授权（安排），长期有效，直至项目审计完毕。（　　）

5.如果同一个审计机关需要对同一个项目执行单位所执行的多个国外贷援款项目在同一年度内同时或者连续进行审计，应该同时发放多个审计通知书。（　　）

6.在获取充分、适当的审计证据后，如果认为错报单独或汇总起来对财务报表的影响重大且具有广泛性，注册会计师应当发表否定意见。（　　）

7.审计师意见应该包括以下项目：意见类型、收件人、范围段、意见段和对审计意见或审计报告分发方面的限制、发表意见的日期等，可以不包括审计机构的地址。（　　）

四、简答题

1.国外贷援款项目中，简述对财务报表说明的审计内容。

2.简述注册会计师在出具审计报告时，认为需要增加强调事项段的情形。

案例解析

违规招标之患

世界银行赠款中国火电效率项目审计报告

第十章　政府绩效审计

学习目标

通过本章的学习，掌握我国政府绩效审计的概念，了解政府绩效审计的发展，掌握政府绩效审计的动因、本质、特点和内容，熟悉政府绩效审计的方法和程序。

第一节　政府绩效审计概述

一、政府绩效审计的概念

在西方发达国家和地区，"绩效审计"这一概念首见于1948年3月阿瑟·肯特在美国《内部审计师》杂志上发表的"经营审计"一文。据相关文献记载，最早有关绩效审计的论著当属美国管理咨询师威廉·伦纳德于1962年撰写的《管理审计》。随后，也有一些述及该方面的文章和专著，但在20世纪70年代以前，各国绩效审计的开展没有得到法律明确规定，实践中有零星开展。

在第二次世界大战之后，尤其是在20世纪70年代以后，政府绩效审计在加拿大、澳大利亚、美国等国家得到了广泛的应用。虽然政府绩效审计在不同国家使用不同的术语来表达，采用的方式方法以及所涵盖的内容也有一定差异，但其本质基本相同。

（一）美国：绩效审计

美国政府审计准则（GAGAS）是根据不同的审计目标来划分审计类型和确定应采用的审计准则的。2007版的美国政府审计准则根据不同的审计目标，将审计划分为财务审计、鉴证业务和绩效审计三类。其中，对绩效审计的概念表述为：

"绩效审计是指对照设定的标准，例如具体规定、准则或详细的商业实践，在对充分、恰当的证据进行评价的基础上，提供保证或结论。绩效审计提供客观的分析，管理部门和管理者能够运用这个信息来改善项目的绩效和运行，降低成本，负责监督和采取纠正措施的有关各方使用这个信息易于作出决策，使绩效审计贡献于公共责任的履行。"

这个绩效审计的定义，其包含的主要审计目标包括对项目的效果性、经济性和效率性、内部控制、合规性、预期分析五个方面。这五个目标也不是孤立的，而是相互联系的，有的审计项目可能只涉及其中一个目标，有的审计项目会涉及其中多个目标。

（二）加拿大：综合审计

加拿大采用"综合审计（comprehensive audit）"术语。它是指一种审计工作的方式，而不是一个审计种类的概念，其定义为："综合审计是以系统的方式检查和报告责任及管理人员为完成其职责所采取的活动、系统及控制。综合审计包括两项主要内容：一是对财务系统内部控制进行检查和测试，以便能对财务报表发表意见；二是检查管理人员为达到现金价值是否建立了系统和程序。"在综合审计的概念下，加拿大审计公署既检查和评价被审计单位遵守法律法规及会计准则的情况，又检查和评价被审计单位的绩效情况，充分体现其审计的综合性。

（三）英国：货币价值审计

英国国家审计署（NAO）使用的是"货币价值审计（value-for-money audit）"一词，指的是货币调查评价支出的主要方面以及资源管理的经济性、效率性和效果性。英国颁布的《国家审计法》对政府绩效审计的定义是："检查某一组织为履行其职能而运用其资源的经济性、效率性和效益性。"

（四）澳大利亚：效率性审计

绩效审计在澳大利亚被称为"效率性审计（efficiency audit）"，这是因为在澳大利亚只对审计目标的效率性和经济性进行审计，不进行效果性审计。审计长没有效果检查的职能，效果检查是政府各部门的职责，故在术语上使用的是效率性审计。

（五）瑞典：效果性审计

绩效审计在瑞典被称为"效果性审计（effectiveness audit）"，这是因为在瑞典重点进行的是效果评估。瑞典审计长伯格伦（Berggren）在《瑞典效益审计》中将绩效审计定义为："中央机关的效果审计是检查机构或活动的效果和生产能力，其目的是检查经营活动是否有效地、有组织地、经济地进行。效果性审计也应对各级中央机关的工作提出意见。效果性审计的最终目的是促进公共机关的效果。"

（六）最高审计机关国际组织：绩效审计

最高审计机关国际组织（INTOSAI）发表的《关于绩效审计、公营企业审计和审计质量的总声明》中对"绩效审计"做如下定义："除了合规性审计，还有另一种类型的审计，它涉及对公营部门管理的经济性、效率性和效果性的评价，这就是绩效审计。"同时，还提出了绩效审计的四个目标："为公营部门改善一切资源的管理打好基础；使决策者、立法者和公众所利用的公营部门管理成果方面的信息质量得到提高；促使公营部门管理人员采用一定的程序对绩效作出报告；确定更恰当的经济责任。"明确将经济性审计、效率性审计和效果性审计称为绩效审计。

（七）中国：从效益审计发展到绩效审计

改革开放以来，绩效审计开始被介绍到我国。国内有不少文献将绩效审计根据其英文"efficiency audit"直译为效益审计，或者是将英文"performance audit"转译为效益审计。目前，我国有许多审计文献将"绩效审计"与"效益审计"混同使用。本教材认为：这两者虽然在文字表达上略有差异，但在基本点上是相同的，都是对活动的经济性、效率性和效果性（3E）进行的审计。

本教材统一使用"绩效审计"这一术语，主要基于以下几点的考虑：第一，绩效审计包含的经济性、效率性和效果性三个要素比效益审计包含的要素更为全面，更能体现这种审计的特点。第二，从国际管理来看，绩效审计是最高审计机关国际组织在1986年召开的第十二届国际会议确定的术语。就国家审计机关而言，开展的主要是对政府部门和公营企业的审计，因此采用的术语应当与国际上通行称谓一致。第三，采用绩效审计术语更能涵盖不同领域的绩效型审计工作。效益审计术语最初主要是从促进企业提高经济效益开始的，更适用于企业；而绩效审计术语既可适用于企业，又可适用于国家机关、事业单位的绩效型审计。

综合以上的分析可以看出：政府绩效审计，就是政府审计机关和审计人员依据一定的标准，综合运用各种技术与方法，对组织行为及其各项活动的经济性、效率性和效果性进行审计，找出薄弱环节，提出改进建议，将审计结果提交给各相关部门，并作为对建议的执行情况进行审核、控制的一种技术工具，旨在促进和提高受托经济责任中的绩效责任得到全面有效履行。

政府绩效审计基本包括三方面审计：经济性审计、效率性审计和效果性审计。

（1）经济性审计，是指评价被审计单位资源的专用和耗费是否节约和经济，考虑在哪些环节出现了浪费资源或不经济的现象。重点检查被审计单位人力、财力、物力资源配置是否科学、合理，是否做到了量入为出，发挥资金的可支配效率，低投入高产出。

（2）效率性审计，是指对投入和产出之间的关系进行审查，其审查内容主要是判断被审计单位的经济活动是否经济有效，查明低效率的原因。最终要评价被审计单位管理设置的合理性和管理职能发挥的有效性，寻求有利于提高效率的办法和措施，具体包括管理效率、工作效率和资源利用效率等三个方面。

（3）效果性审计，是指对计划完成情况进行的审查及审计产出是否达到了预期的效果，是否获得了理想的效益，及评价被审计单位经济活动是否符合预期要求，利用资源的具体方式和手段是否有效，是否实现了预期的经济效益和社会效益。

二、政府绩效审计的动因和本质

同其他类型审计一样，政府绩效审计产生和发展的理论基础也是受托经济责任关系。政府绩效审计起源于这样一种经济责任关系：政府作为受托方对公共资源进行管理和经营，对公共资源的所有者——公众负有不断提高公共资源的使用效率和效果的责任。

（一）公共受托责任的含义

政府是依法行使国家行政事务权力的机关，依法拥有行政权并履行相应的公共管理职能，政府实现其职能需要充足的经济资源作保证。由于政府代表国家意志行使公共财政资金的筹集、使用和管理的权力，所以必须受到资源提供者及其代表、国家法令、合同协议及其他约定的限制，必须对资源使用的经济性、效率性和效果性负责。

我们认为，这就是广泛存在于政府及管理当局和公众之间的公共受托责任。公共受托责任是受托责任的特殊形式。

（二）公共受托财务责任是政府财务审计的动因

当公民一旦成为政府的纳税人，纳税人与政府就发生了分离，形成了委托—代理关系。政府有责任在具体规定的质量、成本以及时间范围内向公众提供优质的公共物品和公共服务，政府有责任依法使用资金并定期就资金去向和资金使用效果等问题通过正式渠道向社会公众及各利益相关主体公开信息。定期编制财务报告以解除上述受托责任，但由于政府行为的复杂性和财务报告的专业性，因此需要审计机关这个专职监督机构来审查，并公布大家都看得懂的结果，这样就产生了政府财务审计。

（三）公共受托财务责任向管理责任的发展是政府绩效审计的动因

财务责任是一种程序性责任，强调政府是一种公共资源的消费者，政府在预算支出活动中要遵守各种法律、规章、制度。随着公民意识的增强，公民要求政府有效地利用资源，强调政府责任和业绩考核，更进一步推动政府公共受托责任由受托财务责任向受托管理责任发展，由程序性受托责任向结果性受托责任发展。结果性受托责任或管理责任强调公共资源管理的结果或业绩的好坏，这样就产生了政府绩效审计。

（四）政府绩效审计的本质是对公共受托管理责任的监督和评价

审计的本质是对受托人的自我认定、自我计量和自我编制的受托责任报告，按照审计准则的要求进行重新认定、重新判定受托责任的过程。

政府绩效审计的本质是作为委托者的利益代表对代理人——政府机构的公共受托管理责任履行情况按照合理的标准进行的再认定、再监督，并据此作出评价，提出建议，以进一步改善委托人和代理人的关系，促进社会的协调发展。

三、我国政府绩效审计的发展

绩效审计在中国的发展受到以下两个因素的促动：一是中国自改革开放以来，一直非常重视政府行政效率问题，把审计作为提高政府绩效水平、监督政府机构的重要工具。早在1980年，邓小平在关于《党和国家领导制度的改革》等一系列讲话中就尖锐地指出了官僚主义所带来的机构臃肿、办事拖拉、不讲效率等弊端，强调通过抓住机构改革和行政管理体制改革解决"活力、效率、积极性"的问题。党的十六届五中全会把推进行政管理体制改革放到了更加突出的位置，并且作为全面深化改革和提高对外开放水平的关键，强调实现"四个分开"、履行"四项职能"、建设法治政府和服务型政府，切实解决政府部门之间职责不清、管理方式落后、办事效率不高的问题。二是第二次世界大战以来至20世纪70年代，西方国家对政府绩效的理论研究和实践进入了一个新的阶段，政府绩效问题的焦点由组织转移到公共项目及其所产生的结果上来。特别是自20世纪80年代以来，政府绩效评估进入了一个新的高潮，绩效管理已经成为西方国家和政府进行行政改革的重要组成部分，战略管理、全面质量管理、杠杆管理、目标管理、绩效预算等绩效管理技术得到了充分应用，并把公共支出评价作为政府公共管理的重要工具之一。顺应时代潮流的需要，我国也开始注重对绩效审计的研究和应用。

我国政府绩效审计的发展，大致可以分为三个阶段：

（一）绩效审计发展萌芽阶段（审计署成立初期至20世纪80年代末）

1983年，中华人民共和国审计署成立。审计机关一经建立，其对绩效的重视就有所体现，积极开展了经济效益审计理论的研究和审计实践。

从审计立法上来看，1983年发布的《国务院批转审计署关于开展审计工作几个问题的请示的通知》中规定："对国营企业、基本建设单位、金融保险机构，以及县以上人民政府管理的相当于国营的集体经济组织的财务收支，进行审计监督，并考核其经济效益。维护国家财经法纪，对严重的贪污盗窃、侵占国家资财、严重损失浪费、损害国家利益等行为，进行专案审计"。这一规定提出了"考核经济效益"的要求，但考核对象仅限于国营、集体企业、基本建设单位和金融保险机构，还提出了对严重损失浪费进行专案审计的要求。而1985年发布的审计法规《国务院关于审计工作的暂行规定》则明确规定对"财政金融机构、企业事业组织以及其他国家财政有关的单位的财务收支及其经济效益，进行审计监督"，这时仍然沿用了"经济效益"的提法，审计对象则扩大到了财政金融机构、企业事业组织以及其他国家财政有关的单位。1988年颁布的《中华人民共和国审计条例》规定"对本级人民政府各部门、下级人民政府、国家金融机构、全民所有制企业事业单位以及其他有国家资产单位的财政、财务收支的真实、合法、效益，进行审计监督"，这里用"效益"一词取代了"经济效益"的提法，扩大了效益审计的内涵，并首次将效益审计对象扩大到"本级人民政府各部门、下级人民政府"，即政府效益审计。

从审计实践上看，从审计署成立时起，1983年9月审计署就在北京召开了首次省、自治区、直辖市审计局长座谈会。会议根据国务院关于抓紧边组建、边工作指示精神，认真研究了开展审计试点问题。据1984年审计资料记载，当时全国有22个省、市、自治区的270个县以上审计局，对1 263个部门和被审计单位进行了试审。其中有工业、交通、商贸、农业等国有企业，有行政、文教、卫生、财政、金融单位。试审中，共审计出各类问题的总金额为30 652万元（不包括财务大检查中查出的金额），大体上可分为三类：属于违反财经纪律的为19 293万元，其中应上缴财政6 583万元；属于经济效益差的为9 195万元；属于财务账目差错的为2 164万元。试审对改善企业经营管理、提高经济效益、增收节支起到了积极作用。20世纪80年代中期以后，限于审计的客观环境和主观条件，经济效益审计并没有得以深入开展，基本处于停滞状态。

（二）绩效审计试点探索阶段（20世纪90年代）

从审计立法上看，1991年全国审计工作会议提出，随着审计工作的发展，各级审计机关都要确定一批大中型企业进行经常审计，既要审计财务收支的真实性、合法性，维护财经法纪，又要逐步向检查有关内部控制制度和经济效益方面延伸，并作出适当的审计评价，推动经济效益的提高。这是我国政府审计机关首次提出绩效审计的概念。1994年颁布的《中华人民共和国审计法》规定"对国务院各部门和地方各级人民政府及其各部门的财政收支，国有的金融机构和企业事业组织的财务收支，以及其他依照本法规定应当接受审计的财政收支、财务收支"的"真实、合法和效益，依法进行审计监督"，进一步将绩效审计的范围扩展到了国务院各部门。1999年6月1日财政部等联合印发的《国有资本金效绩评价规则》《国有资本金效绩评价操作细则》，以及同年6月29日财政部印发的《国有资本金效绩评价指标解释》（后均经修订），可以看成是绩效审计的配套法规。这为企业绩效评价工作的深入开展、规范企业效绩评价行为、增强评价结果的客观公正性提供了有利条件。

从审计实践上看，自提出"两个延伸"以来，全国地方各级审计机关普遍开展了经济效益审计的试点工作。经济效益试点工作开展得比较好的有湖北、山东、天津和辽宁等省、市的审计机关。据不完全统计，在审计署成立后十几年的经济效益审计中，提出改善经营管理的建议，使企业经济效益增加约211亿元。在这个时期，我国审计机关还结合宏观经济财务收入审计，开展了一些带有宏观经济效益审计性质的经济监督活动。比如，全国审计机关同时开展了建设项目开工前审计，共审计了2万多个项目，总投资额105 815亿元，审计后对716个不具备开工条件的建设项目提出了审计意见，缩减建设资金达128.5亿元；同时，还在全国范围内组织对165个国家重点建设项目审计，共审计项目总投资2 007亿元，查出有问题资金106.5亿元，经审计处理后，为国家节省投资38亿元。

总的来说，这一时期的绩效审计实践比较少，并且主要是针对企业的经济效益审计。

（三）政府绩效审计的全面开展阶段（21世纪初以来）

从审计立法上看，进入21世纪以来，随着审计环境发生变化，我国先后对审计法进行了数次修订，特别是2006年的修订，增加了"提高财政资金使用效益"的立法目的，说明我国对于绩效审计重要性的认识在不断加强。一些经济社会发展水平比较高的地区也日益提高了对审计监督的重视度，通过立法行为加强了审计监督。如2001年，深圳市通过市人大立法出台了《深圳经济特区审计监督条例》。该条例规定："审计机关应当加强对本级各部门的绩效审计工作。审计机关应当在每年第四季度向本级政府和上一级审计机关提出绩效审计报告，并受本级政府委托，向本级人大常委会报告绩效审计工作情况。"2003年7月1日，审计署发布的《2003年至2007年审计工作发展规划》明确提出，未来五年审计工作的主要任务之一就是"积极开展效益审计，促进提高财政资金的管理水平和使用效益"。这是审计署科学总结前20年审计工作发展规律作出的正确决策，意味着绩效审计将成为日后审计的主流。原审计长李金华在2003年8月的全国审计理论研讨会上提出，我国目前提出和探索绩效审计的条件已经初步具备。2008年7月14日出台的《审计署2008至2012年审计工作发展规划》中，又提出诸如"2012年年底前建立起中央部门预算执行绩效审计评价体系，2013年年底前建立财政绩效审计评价体系和其他审计绩效审计方法体系""2012年，每年所有的审计项目都开展绩效审计"等时间明确的目标。政府审计的最高决策层已经为政府绩效审计的发展指明方向，它将在国家审计中占有举足轻重的地位可见一斑。

从审计实践来看，本世纪的绩效审计工作可谓是日新月异地发展。审计署为推动政府绩效审计在我国的发展一直做着不懈的努力，认真制定审计工作规划，积极围绕公共投资项目及其绩效进行审计。审计署于2001年开展的退耕还林还草试点工程资金审计，于2001年组织的农村电网"两改一同价"审计、于2002年开展的民航"一金一费"审计专项调查及重点机场项目审计，是我国政府审计机关最早开展的有明确目标、程序和标准的政府绩效审计实践。2002年，审计署组织对18个重点机场和38个支线机场进行了专项审计调查，发现38个支线机场有37个亏损，2000—2001年度累计亏损15亿元，当年旅客吞吐量仅为可行性研究报告同期预测值的四分之一，其中有一个机场还不到设计能力的3%，这是一种直接的效益。与此同时，全国许多地区如辽宁、山东、湖北、安徽等省也逐步在较大范围内开展政府绩效审计。深圳市是我国最早制定法规并开始实施绩效审计的城市。青岛市审计局本着"积极实践、稳步推进"的原则，坚持理论和实践同步，探索出一条与财务审计相结合的效益审计路子，取得初步成效。从执行情况来看，部门预算执行情况审计、专项资金审计、政府投资项目审计、经济责任审计都可以在真实性的基础上，进一步做经济性、效率性和效果性的检查和评价，体现政府绩效审计的特征。

在这一时期审计机关开展的效益审计项目，不仅仅局限于损失浪费等经济效益问题，而是更多地关注了政府部门的绩效和职责履行情况，都收到了良好的效果，得到了广泛好评。人们也越来越多地使用"绩效审计"一词来描述审计机关开展的效益审计工作。据统计，从2003年到2008年，中国审计机关共开展了逾16万个绩效审计（调查）项目，为国家增收节支459亿元，挽回或避免损失405亿元，提出审计建议20多万条，被采纳十几万条，为提高项目和资金效益发挥了积极作用。

四、政府绩效审计的特点

绩效审计作为一种以进一步改善经济管理工作，提高政府部门、单位或项目绩效为目的的独立的经济监督活动，与传统的财务审计相比，在审计的范围、内容和作用等方面都具有自己的特点。

（一）审计目的在于提高绩效

传统的财务审计主要是为了查错防弊，保证财务收支的真实合法性；而绩效审计则是为了评价各项投入资源的经济和有效程度，并借以寻找进一步提高绩效的途径，实现由查处达到控制和提高的目的。

（二）审计对象具有广泛性

财务审计的对象主要是被审计单位的财务收支及其有关的经济活动；而绩效审计的对象具有广泛性。绩效审计的被审计单位不仅包括政府部门及其所属单位，而且包括其他使用公共资金的单位。因此，其审计范围既包括物质生产部门，也包括非物质生产部门，还有对投资项目的审计等；既包括被审计单位各项业务活动，也包括其他非经济范畴的管理活动。

（三）审计方法具有科学性和综合性

在审计方法上，财务审计主要采用的是会计资料的检查法，如顺查法、逆查法、详查法、抽查法、审阅法、复核法、核对法、调节法、盘点法等；而绩效审计的评价方法更具有科学性和综合性。政府绩效审计的评价方法视不同情况而异。对于经济性、效率性审计，可借鉴财务审计所采用的方法，如顺查法、逆查法、抽查法等；对于效果性审计，除了可以借鉴财务审计的审计方法外，还可以采用费用效益分析法和多项目系统评价方法，如矩阵评价法、最小费用法或综合评价法等。因此，审计人员需要针对不同的审计项目制订不同的审计方案，选择适当的审计方法。

（四）审计作用侧重于建议

财务审计主要保证会计资料的真实、正确、合法，保护国家和集体资财的安全完整，其职能是保护性的；而绩效审计不仅要监督行政机关、事业单位财务收支及其有关经济活动的真实、合法，更重要的是要全面评价其经济活动和业务活动的经济和有效程度，揭示影响绩效高低的原因所在，向被审计单位提出改进建议，指出进一步提高绩效的具体途径和办法。其建议性作用尤为突出。

（五）审计标准具有多样性

财务审计的审计标准主要是财政、财务、会计等法令、制度、规章、规范；而绩效审计的审计标准具有多样性。政府部门及其行政事业单位均属于非营利机构，其业务活动的绩效既有经济效益，又有社会效益。经济效益的衡量可使用价值指标，而社会效益则很难从数量上去衡量，只能运用定性标准，需要考虑分析每一个项目的具体情况来进行综合评定。因此，绩效审计需依据有关的政策、决策、计划、定额、方案、法规，以及经济合同、管理制度等。

第二节　　政府绩效审计的内容

《审计署2008至2012年审计工作发展规划》明确提出全面推进绩效审计，到2012年所有的审计项目都开展绩效审计。近年来各级审计机关开展了绩效审计的探索，绩效审计的理论和实践都有了长足的发展。下面详细介绍政府绩效审计开展的项目及其重点内容。

一、预算资金审计

在预算编制环节，应重点关注预算编制的完整性、合规性和细化性及预算下达的时效性，揭示预算编制留有缺口、刚性不强的问题。

在预算支出环节，应重点关注支出结构、支出规模安排的合理性和资金拨付使用的及时性，预算调整程序的合法性，揭示支出缓慢、随意调整预算的问题，关注各项财政改革制度推行的效果性。

在预算资金使用环节，应重点评价财政资金的使用效果，揭示挤占挪用、损失浪费、滞留闲置各类财政资金等问题，发现和揭示部门、单位自身管理方面存在的不足和绩效缺陷，分析产生问题和缺陷的原因，提出改进意见和建议，以促进加强自身建设和提高绩效。要将财政资金的使用与部门职能任务和工作目标完成情况相联系，结合分析财政支出，评价工作职能任务的履行情况。同时还要重点关注各种上级转移支付资金的使用效果，评价转移支付资金发挥的作用。

二、财政专项资金审计

财政专项资金包括涉农、教育、医疗、社保等民生热点领域，重点关注党和政府各项惠民政策的贯彻落实情况，发现并揭示政策制度执行中存在的突出矛盾和问题，深入分析原因，提出切实可行的意见和建议，推动完善相关政策制度，维护群众利益和社会稳定。关注专项资金项目立项，揭示多头申请立项、用已完工项目抵新项目套取资金。关注各类财政专项资金是否按预算进度或建设进度拨付，揭示因拨款不及时影响项目进度，项目进展缓慢，项目资金闲置，截留滞留、挤占挪用专项资金等问题。关注专项资金的使用效益，揭示因决策失误、管理不善造成效益不佳、损失浪费和国有资产流失等问题，分析评价财政资金的使用效果。

三、金融资金审计

在全面分析被审计金融机构经营活动的基础上，注重内部控制机制测评和评价，对金融机构贷款决策、重大采购、业务流程控制、职能设置、重要岗位制约、核心人员管理等方面进行控制制度测评，评价其有效性及存在的影响金融企业效益的经营风险和管理漏洞。揭示金融企业在经营过程中可能面临的金融风险，从外部宏观角度揭示金融机构可能面临的市场风险、信用风险及系统风险，从具体金融机构微观角度关注流动性风险和操作性风险，要高度关注金融衍生产品等金融创新业务，发现其风险点和管理中的漏洞。探索开展大额信贷投入的企业和项目经济效益、社会效益和环境生态效益的审计评价，促进金融信贷资金科学合理投放，提高信贷资金使用效益，防范金融风险。

四、固定资产投资项目及资金审计

审查建设项目决策、内部控制制度和投资约束机制，揭露因决策失误造成的损失浪费问题。检查经批准的概预算执行情况，项目规模、标准及投资的控制情况是否存在漏洞。加强对工程承发包和强制性标准执行情况的审计，重点查处工程承发包中规避招标或者在招投标中弄虚作假和肢解、转包、转让以及违法分包工程的行为，注重项目建设效果。关注工程管理、工程造价和工程质量，通过工程管理审计查处重大损失浪费问题，通过工程造价审计制止高估冒算，提高投资效益，通过工程质量审计检查工程建设项目是否达到设计标准、是否存在质量隐患。对存在的问题要分析原因，提出切实可行的整改意见。探索实施建设项目后评价，对项目竣工投产后的经济技术指标与可行性研究报告和初步设计的经济技术指标进行分析对比，关注投入产出的经济效益和环境生态效益，促进建设项目运营效益的提高。

五、国有企业生产经营审计

第一，关注企业内部管理和内部控制情况，揭示内部管理制度缺陷、重大管理漏洞等问题，分析评价企业管理水平。

第二，关注企业经营战略、产业结构和产品结构，分析评价是否符合国家产业政策，促进企业调结构、保增长、增效益。

第三，关注企业重大经营决策、重大投资和重大技术改造情况，揭示企业是否存在盲目决策、投资效益低下和重大损失浪费等问题；关注企业资产重组、对外联营、关联交易等情况，揭示企业是否存在国有资产流失、利益输送和国有企业权益受到侵害的问题，保障国有资产安全完整，促进国有资产保值增值。

第四，关注企业内部分配情况，按照效率优先、兼顾公平和按劳分配的原则，分析评价职工收入增长和分配差距对企业稳定、员工积极性的影响。

第五，关注企业经济效益、社会效益和可持续发展能力，分析评价影响企业核心竞争力、节能减排和环境保护等方面的问题，分析评价企业偿债能力、盈利能力，反映企业经营面临的主要风险和重大隐患，促进企业提高经济效益。

六、领导干部经济责任审计

关注领导干部任职期间经济工作目标、各项经济指标和任务完成情况，在财政、财务收支或资产、负债、损益真实性、合法性的基础上，加强对地区、部门、单位、企业经济活动绩效性的审计和评价。关注重大经济决策情况，对领导干部任职期间作出的重大经济决策的合法性、程序性和决策结果进行绩效评价分析。关注国家环保政策的落实、资源的合理开发和利用、节能减排目标任务的实现、生态改善和环境质量的提高等情况，对资源环保资金分配、管理、使用情况进行审计和绩效评价。关注涉农、惠民政策的贯彻落实情况、重大建设项目的实施情况、地震灾后恢复重建项目的建设情况，加强对相关项目的建设程序、工程管理、投资决算和工程投资绩效的审计和评价。

七、宏观政策的贯彻落实情况审计

关注国家宏观政策贯彻落实情况，评价经济运行中的风险性、经济发展的协调性和法规体系的完善性。揭示政策贯彻执行中存在的矛盾和问题，促进政策目标的实现；揭示政策缺陷，为完善政策提供决策依据；揭示体制缺陷，为完善体制、理顺机制提供参考意见。

【实例10-1】医疗卫生建设项目绩效评价。

本次审计的医疗卫生项目涉及2010年至2014年市本级政府投资新建医院项目共10个，重点调查了新安医院、宝荷医院在建设管理与运作筹备方面的绩效情况。项目前期筹建主要由深圳市公立医院管理中心和深圳市新建市属医院筹备办公室运作，实体工程建设由市建筑工务署负责。截至2014年10月底，新安医院、宝荷医院等5个项目处于在建阶段，其余5个项目尚处于筹建阶段。上述10个项目计划投资总额为81亿元，截至2014年10月底累计基建拨款额为19.08亿元。本次审计重点选取新安医院和宝荷医院作为评价对象，截至2014年10月底，新安医院共签订合同 25 份、合同金额 8.82 亿元，宝荷医院共签订合同 16 份、合同金额 7.47 亿元。
审计结果显示：

（1）多数新建医院选址于原特区外，有效引导医疗卫生事业协调发展。2010
年至 2014 年市本级政府投资新建医院项目能够围绕深圳市卫生事业发展"十二五"
规划确定的工作目标进行建设，除口腔医院和学府医院外，其余 8 个项目均选址于
原特区外，对于引导原特区内外卫生事业协调发展、促进原特区内外一体化迈出了
关键的步伐。随着这批医院建设的不断推进，将为全市增加 7 660 个床位，我市医
疗卫生资源的分布及结构将逐步趋向合理。

（2）新安医院、宝荷医院实现发展创新，填补专科医院空白。新安医院、宝荷
医院 2 个项目按照基本建设程序推进，立项审批手续齐全。在项目前期筹建和工程
质量管理方面，建设单位建立了全面的项目管理内控制度，建设资金的安排和使用
能够控制在概算投资额度内。通过事前控制、样板引路、关键工序和重要部位全程
监控等措施确保工程质量受控。项目资金采用财政直接支付制度，预算拨款及时足
额到位，未发现资金闲置和挤占、挪用及截留的情况。在发展创新方面，深圳市公
立医院管理中心引进南方医科大学和中国医学科学院肿瘤医院到我市运营新安医
院、宝荷医院，有效提升本地医疗水平。

（3）医疗卫生项目存在的主要问题有以下两个方面：

①项目前期筹建进度缓慢影响项目效益发挥。审计发现，上述 10 个新建医院
项目中，有 8 个项目列入我市卫生事业发展"十一五"规划，其中除新安医院和宝
荷医院临近竣工以外，还有 3 个项目处于前期筹备阶段，个别项目筹备近 10 年尚不
能开工。受项目前期工作时间较长的影响，整体建设进展缓慢。在现有工作流程
下，医疗卫生重大建设项目从筹划到开工建设平均耗时 3 至 5 年。其主要原因有
二：一是审批事项较多，涉及多个政府部门，如宝荷医院项目开设路口就涉及市区
两级 11 个单位；二是受项目用地难以落实以及征地拆迁工作的影响，如市肿瘤医
院项目于 2010 年 11 月开始征地拆迁，至今仍未完成。新华医院和第二儿童医院项
目用地也一直未能落实，前期工作只能暂停。

②新建医院医疗设备购置滞后影响工程进度。新安医院医疗设备购置（一期）
概算总投资 2.45 亿元，宝荷医院医疗设备购置（一期）概算总投资 2.08 亿元，由深
圳市公立医院管理中心负责组织实施。截至 2014 年 10 月底，两家医院合计已上报
采购计划约 1.2 亿元，正在排期招标；新安医院项目概算完成率为 0.62%；宝荷医
院项目概算完成率为 1.59%。经现场查证，受制于大部分医疗设备还未采购，新
安、宝荷两家医院多个区域的管线预留预埋和机电安装无法施工，部分外墙装饰、
墙体砌筑和管线安装以及装饰工程甩项，手术室、牙科室、ICU 室等工程未能竣工
验收，导致工程竣工时点相应后延。

资料来源　深圳市审计局. 深圳市 2014 年度绩效审计工作报告 [EB/OL]. [2014-12-19].
http://www.sz.gov.cn/szsj/zxbs/sjgzbg/jxsjgzbg/201412/t20141219_2761859.htm.

第三节 政府绩效审计的方法和程序

一、政府绩效审计的方法

由于绩效审计的方法和技术多种多样，对这些方法和技术的使用也少有限制，所以将其全部概括出来是不现实的。本节只是简要说明最常用的绩效审计技术和方法。

（一）常用的数据收集方法

1. 审阅

审阅是绩效审计收集审计证据的最基本、最直接的方法。它是指审计人员通过审查和翻阅被审计单位及其他单位的相关书面文件，获取相关的证据资料。这些书面文件包括财务资料、统计数据，以及合同、会议纪要、备忘录、决议等。既有历史的和现实的资料，也可能涉及对未来进行预测的资料。

为了确保审阅的有效性，审计人员运用该方法收集审计证据时，应当充分了解所审阅的书面文件的性质、存放地点以及可获得性，并对文件内容的相关性、可靠性作出合理判断。

2. 观察

观察是指审计人员通过实地察看被审计项目的进度、资金的使用情况、使用效果以及相关环境等，以增进对被审计项目运行情况的了解、获得第一手资料的过程。观察既可以用于对通过其他方法获得的审计证据进行补充，证实审计证据，也可以用于直接收集相关证据。

观察可以比较准确地获得审计项目如何运行的信息，适用于正在进行中的审计事项。但是，审计人员应当注意实地观察可能会影响项目参与者的行为，因此还应判断观察时和不观察时被审计项目的运行情况是否一致。

3. 访谈

访谈是通过访谈者与被访谈者之间的交流来获得信息的方法。在获取有关审计事项的背景知识或分析造成问题的原因、寻求解决问题的建议时，访谈是一种非常有效的方法。访谈有多种方式，可以通过电话访谈，可以面对面进行访谈，也可以通过信函的方式访谈，这种访谈可以是一对一进行，也可以是以一对多、多对多地召开座谈会的形式进行。访谈对象可以是被审计单位的管理人员、内部工作人员、股东或董事会的人员，也可以是被审计单位以外的相关人员，比如说人大代表、对审计事项或被审计单位感兴趣、一直关注或进行研究的人员、研究机构和监管机构的专家等。审计人员可以根据具体情况设计访谈方式。

一次成功的访谈需要具备下列条件：准备充分；目标非常明确；提前通知被访谈者访谈的目的、时间、地点和主题；对访谈的主要观点及时进行总结归纳；如果事项非常重要，需要被访谈者进行书面确认；所获得的口头证据需要其他证据进行确证。

4.调查问卷

调查问卷特别适用于需要通过从大量人员中获取关于某一具体问题或主题的量化信息，主要用于收集那些用其他方式不易获得并且对于证实观点具有重要参考价值的信息。案例研究和其他深入分析方法通常用作问卷调查的补充工具。审计人员可以使用众多的调查技术，最经常使用的是信函、互联网、电话和访谈。问卷调查通常需要电脑处理，并且需要对所涉及的问题有比较好的了解，尽管设计问卷的问题和处理问卷的答复是一项艰苦而耗时的工作，但如果应用得当，问卷调查的效果非常明显，在应用该方法时，经常需要邀请相关专家参与。

5.文献研究

所谓文献，是指包含有审计人员拟研究对象信息的各种载体。文献资料是间接的、第二手的资料，它在绩效审计中是不可缺少的。如果绩效审计领域已经有了大量的研究资料，审计人员可以借助于系统的文献检索，获取有参考价值的数据信息。文献研究的途径包括：

（1）历史文献资料。

查阅审计项目相关领域的研究报告、书籍、论文，以往的审计及评估资料等，从而收集相关的背景资料或细节信息，加深审计人员对被审计项目的了解。

（2）统计资料。

通过官方或者半官方的统计资料获取数据信息。比如通过登录统计部门、财政部门等的网络，查阅其出版刊物等收集相关的统计数据，也可以向这些部门中负责统计分析的相关机构或人员索取。

（3）网络文献。

随着信息技术的飞速发展，网络文献日益成为文献研究的重要方面。它具有信息量大、动态性、时效性强等特点。

审计人员无论采取哪种方式进行文献研究、收集二手审计证据，都应对资料内容的可靠性进行评价。

6.准试验法

真正意义上的试验主要是将目标随机分为试验组和控制组，并将试验组和控制组进行比较。控制组是一组未经处理的目标的集合，而试验组是一组受到干预的目标的集合，两者在结果方面形成了鲜明的对比。准试验法是一种研究设计，在该研究设计中，试验组和控制组不是随机形成的。准试验法试图尽可能排除外来因素的影响，但不可能像纯试验法那样全面、科学地剔除外来因素的影响。

准试验设计的两种类型都试图建立接近随机分组的控制或比较组合。方法是将参加试验和不参加试验的对象进行匹配，或对参加对象和未参加对象进行统计调整，以使它们尽量在相关特点上保持平衡。

（二）常用的数据分析方法

1.定量分析法

定量分析法，也称数据分析，是指对从单位或其他来源获取的资料进行计算、比率分析、趋势分析和模型分析。常用的定量分析方法有：

（1）比率分析法。

比率分析法是最常用的分析方法，它是通过计算比率来分解、剖析和评价被审计单位绩效的一种分析方法。比率作为一种相对数，可以把一些不可比的数值转化为可比的量化指标，从而揭示指标之间的相互关系。比率分析可以是将相关的变量相比，也可以是将部分与整体相比，还可以将一定时期的变化和初始状态相比。

（2）比较分析法。

比较分析法是将被审计单位若干个有关的可比数据进行比较，找出不同时期同一性质的若干数量差异，从而总结实绩，发现问题，评价被审计单位的活动运行状况。在分析中可以进行实际（决算）数据与计划（预算）数据的比较，也可以将不同分析期的数据进行比较。但需要注意的是，在使用比较分析方法进行分析时，一定要注意数据之间的可比性，即要保证指标在含义、内容、时间、计算口径和计算基础等方面保持一致。

（3）时间序列分析法。

时间序列分析法是把观察或记录下来的一组按时间先后顺序排列起来的数据进行分析，找出趋势，并进行比较的方法。常用的时间序列分析法包括趋势平均法、指数平滑法、直线趋势法、非直线趋势法。

（4）描述性统计分析法。

描述性统计分析法是用来帮助审计人员理解数据分布情况的一种有效分析方法，经常可以用标明变量的所有数值的图表（柱状图和折线图）来表示。审计人员通过描述性统计分析，可以发现数据分布的集中趋势（中数、中位数、平均数、四分位数等）、离散情况（最小值、最大值等）以及数据的形状（标准偏差、正态分布等），从而帮助审计人员确定数据的等级、分布和形状（当偏离超过平均值时尤为重要），说明概率分布，以便评价审计风险，同时还要评价样本数据是否能代表总体。

（5）成本效益分析法。

成本效益分析法是在分析计算成本与效益的基础上，比较成本与效益之间的货币金额关系，目的是确定被审计单位或项目的效益是否超过了成本。审计人员在进行绩效分析时，应在全面考虑项目的效益和成本的基础上，计算效益成本比值。如果效益成本的比值大于1，说明效益高于成本，比值越大，效益越高；如果比值小于1，说明效益低于成本，比值越小，资金使用的效益越低。成本效益分析法的关键是如何确定项目的效益、成本和贴现率。

（6）回归分析法。

回归分析法是对有因果关系的两类或多类经济数据之间的关系进行分析，推导出相应的因果模型或回归方程，并以此模型或回归方程来推算一类或多类变量发生变化时，其他变量的变化规律。实际工作中审计人员都在自觉或不自觉地运用回归分析法进行分析。当变量较少、数据较少时，审计人员可以根据自己的经验和判断来使用回归分析的基本规律；但当变量较多、数据较大时，利用计算机等工具辅助审计人员实施回归分析，就显得十分必要和富有成效了。

（7）成本效果分析法。

成本效果分析法是通过分析成本和效果之间的关系，以每单位效果所消耗的成本来评价项目效益。成本效果分析法的成果是通过实物数量来计量的。其比值计算有两种：一是成本效果比值（成本／效果）；二是额外成本与额外效果的比值。如果效果相同，成本低的效果好。

（8）价值分析法。

价值分析法是用成果的功能与成本的比值来衡量所得到的价值（价值＝功能／成本），目的在于用最低的成本实现或获取所要具备的必要功能。价值分析方法用项目实现的功能来进行分析，不能用实物或货币来计量。分析时应注意：一是是否存在既提高功能又降低成本的可能；二是当功能相同或固定时，可否降低成本；三是当成本固定或相同时，功能可否提高；四是当成本和功能均提高时，功能的提高是否更多；五是当成本和功能均降低时，成本的降低是否更大。

（9）目标评价法。

目标评价法是审计人员对被审计单位或审计项目目标的科学性、合理性、可计量性进行评价。如果被审计单位或审计项目的目标不明确或不具体，就会导致损失浪费和效益低下的问题发生。如果对财政资金使用的目标不明确，就会产生资金使用的随意性和盲目性，资金使用的效益性就会无人关心。如果被审计单位和审计项目没有目标，审计人员就应自行制定其应达到的目标，或与其主管部门、单位协同确定，以利于审计活动的顺利开展。

（10）目标成果法。

目标成果法是根据实际产出成果评价被审计单位或项目的目标是否实现。将产出成果与事先确定的目标或需求进行对比，确定目标的实现程度，看产出与目标的差距或偏离程度，查找工作过程中的缺点、失误和问题，分析原因，挖掘提高效益的潜力。

（11）事前事后法。

事前事后法是将项目或措施实施前后的状况进行对照，以考察项目或措施实施后的结果和影响，进而评价其效果性。事前事后法经常与因果分析法结合使用，以评价项目或措施的实施与绩效之间的因果关系，同时进一步确定各项影响效果的因素或原因。

（12）标杆法。

标杆法将被审计单位的产品、服务、管理等方面与同类事项中一直领先或做得最好的同类单位或部门相对照，并借鉴其实践经验。其核心是确定最佳的实践标准。

（13）评分法。

评分法是预先确定若干评价项目（内容），然后按评价标准评分，最后按评分多少进行评价。作为一种综合效益评价方法，它将定性评价和定量评价结合起来，可以克服单纯财务评价的某些缺陷。评分法有加减评分法、连乘评分法、加乘评分法、加权评分法，也可用于单纯的定性评价。运用评分法，关键是要建立评价体系或模型。

2.定性分析法

下面是绩效审计中常用的定性分析方法：

（1）内容分析法。

内容分析法对来源于多个渠道、出于多种目的，甚至是不连贯或者有交叉和重叠的信息进行梳理，归纳总结出一个客观、明确的观点或者陈述。常用于确定审计的具体目标和了解被审计单位或事项，以及对审计事项形成初步的结论。

（2）程序分析法。

通常在效益审计过程中，审计人员应该按照既定标准和合理的控制模式对管理程序进行检查，并对其进行分析。运用程序分析法，常常要结合运用其他收集审计证据的方法，例如，审计人员通过运用审阅、观察、访谈等方法了解管理程序的状况，然后深入分析其中存在的问题和原因。有时候，为使程序分析法得到的结果获得佐证，审计人员还可以选择某项业务进行重做，测试相关控制环节是否存在，是否发挥作用，审计人员所了解的程序是否准确。

（3）案例研究法。

案例研究法是审计人员选择一些或某一个特定案例进行研究，说明审计事项的一般性问题，或者对审计事项中的复杂问题进行深入的理解和说明。案例研究的结果可以用来挖掘已存在的问题，还可验证通过其他方法得出的结论，也可以帮助审计人员深入进行因果分析。案例研究要求对复杂实例及其环境在全面理解的基础上进行详细的描述和分析。首先，案例研究对象是复杂性问题；其次，案例研究应该尽可能全面地认识案例的进展并解释其原因；再次，案例研究应对运用不同方法获得的不同资料进行广泛深入的描述和分析；最后，案例研究对象可以是某人、某地、某一活动、某一时间、某一地区、某一组织或部门。在开展绩效审计项目尤其是问题导向型绩效审计项目时，可以将整个审计项目作为一个案例研究项目或者针对其中的某一审计事项开展案例研究。掌握案例研究方法可以有效地解决问题导向型绩效审计中关于"怎么样""什么事""为什么"之类的问题。通过多案例研究还可以发现一些体制方面的问题，从宏观方面提出审计建议。

根据案例研究的功能，案例研究可分为探索型、描述型和解释型三种类型。探索型案例研究是在未确定研究问题和研究假设之前，凭借研究者的直觉线索到现场了解情况、收集资料形成案例，然后再根据案例来确定研究问题和理论假设。描述型案例研究是通过对一个人物、团体组织、社区的生命历程、焦点事件以及项目实施过程进行深度描述，以经验事实为支撑，形成的理论观点或者检验理论假设。解释型案例研究旨在通过特定的案例，对事物背后的因果关系进行分析和解释。

按照案例研究中使用案例的个数，案例研究还可以分为单案例研究和多案例研究。针对项目（或方案）的案例研究可以分为项目实施案例研究和项目效果案例研究。案例研究的关键是案例要有代表性。

（4）逻辑模型法。

逻辑模型是绩效审计中最常用的分析工具之一，它阐明了一个项目从授权、投入、活动或过程，到实现预期目标的逻辑流程。通过逻辑模型，审计人员可以快速、全面地了解被审计单位和审计项目，识别有关项目的预期结果和为达到预期结果需要开展的主要工作。一般情况下，逻辑模型法适用于审计准备阶段对审计事项的了解和分析，但无法帮助审计人员了解被审计单位的职责，也无助于审计人员对舞弊和违法行为的审查。

二、政府绩效审计的程序

政府绩效审计活动的开展要按照审计程序进行。从审计立项开始，到完成项目审计全过程，一般分为四个阶段：准备阶段、实施阶段、报告阶段和整改检查阶段。

（一）准备阶段

政府绩效审计的准备阶段是指从接受审计或审计立项到审计人员进入被审计单位进行各项审计准备工作的过程。

1.战略规划——选择绩效审计领域

绩效审计的对象和内容是广泛而多样的。按照审计的管辖范围，可审计的机构包括各级政府及所属下级政府、政府部门单位及其所属机构。这些机构繁杂的工作内容可以列出数不胜数的审计项目，由于有的被审计单位业务活动具有广阔的辐射面，审计人员不得不相应扩大自己的工作范围和工作量。但审计资源是有限的，常常是缺乏的，因此要尽可能合理地、有效地使用审计资源，安排和分配好一定时间，如一个年度的工作量，做好政府绩效审计的战略规划。

审计部门应从两个方面选择审计项目：第一，进行一般性考察，收集和评估被审计单位的有关资料，了解它们的主要活动及资源状况，以此为基础制订绩效审计的规划。除了被审计单位的基本情况，制订规划还要充分考虑政府、媒体、公众的意见和要求，并参考以往的审计计划及执行。规划是滚动式的，可视为一个审计项目库。这样就为未来的审计工作提供了一个方向，布置了长期任务，以此在年度和项目上进行合理的分配，也有利于用发展的眼光筹集和优化审计资源。第二，在规划的基础上，制订每年的审计工作计划表。选择年度审计项目应符合以下五个标准：（1）重要性，即在政府管理、资源运用或社会需求等方面较为重要；（2）风险性，即较有可能存在问题；（3）时间性，即更需要及时解决；（4）增值性，即可以改善或节约的空间比较大；（5）可行性，即根据现有审计资源适当安排审计工作，分配审计资源。按照这几个标准进行项目评分，排出项目的优先次序，制订下一年度的项目计划。规划和年度计划自下而上提出，最后由审计机关的高级领导研究确定。

绩效审计的战略规划是适应绩效审计内容比较广泛、未来不确定性较大以及时间较长等特点的审计项目的安排与策划，所以就需要做好与之相关的准备工作：一是考虑绩效审计项目立法和项目背景，了解审计授权人或委托人所关注的问题；二是进行审计立项的论证，确定战略计划首先要收集相关信息，获取被审计单位情况及所面临的问题，对潜在问题进行分析与排序（依据重要性、风险性、时间性、增值性、可行性），结合审计机关可利用资源确定年度审计重点和所需经费预算，制订战略计划书；三是审计机关与被审计单位讨论并确定绩效审计工作的目标与范围。

2.进行审前调查

审计调查的目的是为编制具体的审计计划提供依据。应根据审计项目的规模和性质，安排适当的人员和时间，采取面谈、电话询问等方式对项目的基本情况进行审前调查，取得审计项目的背景资料，内容包括对被审计单位或项目的一般沿革，收集有关文件资料，了解熟悉有关政策法规，以及业务管理和财政财务状况等。

审前调查应考虑成本效益因素，并找到最为合适的渠道。一般而言，审前调查的渠道主要包括：法律文件和政府方针政策文件；近期审计报告和评估结果；科学研究和相关调查；项目可行性研究报告和机构章程；年度报告和管理层会议记录；与被审计单位的管理层或利益相关者讨论；相对应的管理信息系统等。

3.编制审计计划

审计计划又称审计方案，一般由审计工作方案和审计实施方案组成，审计计划的内容主要包括：审计依据、审计目标、审计范围、审计的重要性、审计风险、审计方法、审计标准、审计时间安排、审计人员要求（包括聘请专家）和审计证据等。当然，有些绩效审计目标由于审计范围较大，内容复杂，需要编制多层次的审计计划，审计计划可能被细化为审计项目计划大纲、项目实施计划、项目现场作业计划等。

一般而言，在确定审计目标、掌握审计项目基本情况的基础上，进行初步分析性复核，编制审计计划，主要编写审计工作方案和审计实施方案。审计工作方案主要说明审计工作目标、审计范围、审计对象、审计内容和重点、审计组织与分工、审计工作要求等；审计实施方案主要说明编制依据、被审计项目基本情况、审计目标、重要性水平的确定和审计风险的评估、审计范围、审计内容和重点、对审计目标有重要影响的审计事项的审计步骤和审计方法、预定的审计工作起止时间、审计组组长、审计组成员及其分工、方案编制时间及其他有关内容。审计实施方案应在实施审计前经审计组所在部门领导和审计机关分管负责人批准。

4.初步研究并发出审计通知书

一旦审计项目被选定并编制了审计计划，审计组就要进行初步研究以便进一步了解审计所要进行的活动，明确审计过程中应注意的重大事项（审计目标、范围和重点、估计可能产生的影响，指定时间表和资金预算等），出具一份及时、完善的审计方案，并正式发出审计通知书，进驻被审计单位。

（二）实施阶段

政府绩效审计的实施阶段，又称执行阶段，是审计主体直接作用于审计客体，用审计标准衡量被审计事实的关键阶段。它是指审计人员开始进点至完成审计方案提出的任务为止的过程，这一阶段约占整个审计程序的60%～70%。在这一阶段，审计人员要完成检查、取证、分析、评价等多项工作。

1.详细调查、测试制度、核实资料

审计人员进入被审计单位后，一是根据审计方案要求，对被审计对象的（包括准备阶段掌握的和被审计单位提供的）有关制度和数据资料进行调查审阅，并有重点地进行检查测试。使用的有关技术包括访谈、问卷、调查问卷、案例研究、文献研究、研讨会、专家（或公众）听证会等，直接观察到第一手数据信息并使用第二手数据资料。检查测试内容包括对公共管理控制制度进行测试，尤其是对有关绩效控制的测试；二是对数据信息可靠程度进行测试，验证绩效审计所依据的财政财务与管理信息资料的真实性、准确性和可靠性；三是对客观实际情况（如决策与宏观调控程序执行等）进行测试，可采用座谈会、个别了解、现场观察等形式收集补充信息资料。

2.围绕专题深入调查

专题是根据审计方案中所确定的重点和初步调查测试的结果综合确定的，一般围绕审计重点展开。影响政府绩效的问题往往有多个重点，每个重点又由多个因素组成。在实施阶段，可根据审计判断围绕典型专题深入现场进行详尽调查。审计人员可将调查结果列成问题式调查表，分清内外、主次和因果，并针对审计目标做好审查取证工作，对关键因素与问题的检查取证要力求充分、详尽、准确。

3.对审计证据进行测试和评价

审计人员在占有大量资料和分析证据的基础上，对经调查的数据资料进行测试、计算，通过归纳、综合分析和对照标准，揭示矛盾，找出差距。一般的测试、分析手段主要包括：

（1）程序分析，就是按照既定的标准和合理的控制规模对管理程序进行检测，以确定其完整性、合规性、内部一致性和有效性等。

（2）利用现有数据和证据进行分析，就是指对公共管理机构信息系统的数据或从单个项目搜集来的数据进行分析。

（3）结果分析，对被审计单位某一特定领域内一些活动的检查结果进行分析，评估其活动是否符合审计标准的要求。

（4）案例研究，就是指通过对某一特定案例进行深入理解来了解复杂事项，是在对整个领域宏观把握的前提下对某一案例进行大量说明和分析。

（5）问卷调查，通过问卷调查可以对被审计单位活动的成因、分布和各种事项的相互关系进行评价。

（6）抽样评价，对抽样对象运用绩效审计程序，并对抽样结果进行评价，以便获得足够而有效的审计证据。

将经过测试分析得到的结果与审计评价标准对照，得出综合评价意见。

4.提出意见实地检验

经过综合分析评价，找出问题的症结，审计人员可会同专家与被审计单位有关人员提出改进的建议和办法，比较理想的是进行公开的、建设性的对话，并协助被审计单位预测建议的可行性及其实施效果。

5.准备要点式审计工作底稿

实施阶段必须要做好记录，并根据审计专题进行小结，综合各专题的初步评价意见，形成要点式审计工作底稿。

（三）报告阶段

政府绩效审计程序中的报告阶段是指审计任务完成之后，根据实施阶段检查评价情况与问题提出改进建议和措施，编写正式审计报告，作出审计决定的过程。审计报告阶段是形成和扩大审计成果，体现审计目的，总结审计工作的过程。

1.归纳分析综合提高

现场工作完成后，应对审计取得的数据和资料进行汇总，将各专题的调查分析、评价意见加以集中，进行综合归纳与分析，从中找到影响公共资金使用绩效的问题和公共事业管理绩效上的薄弱环节，对照评价标准，并与被审计单位和有关专家交换意见，形成政府绩效审计结果和初步审计结论。在此基础上，由审计组准备开始撰写审计报告初稿。

2.撰写审计报告

审计组在进行全面综合分析的基础上作出对被审计单位绩效现状的客观评价，提出切实可行的措施建议，撰写绩效审计报告。审计报告通常应包括：

（1）内容摘要。它是绩效审计报告的第一部分，绩效审计一般都不会很短，有必要在审计报告前面专门编写一份报告的内容摘要，便于读者通过阅读摘要，了解审计报告的主要内容，并根据需要决定是否继续仔细阅读下面的内容。

（2）被审计事项的背景。它主要包括被审计事项或单位的基本情况、资金来源和使用情况、目前的状况等，目的是使读者对被审计事项有一个清晰的理解。

（3）审计项目实施情况。它主要是用于向读者说明审计的范围和性质，便于读者使用报告内容，并进行判断，它主要包括该项目的审计依据、审计目标、范围和方式、方法以及审计起止时间、审计准则的遵循情况、审计方和被审计方的责任等。

（4）审计评价意见或结论。它是针对审计目标，以审计发现的情况为基础，总括地发表审计意见或得出审计结论。

（5）审计发现的情况。它是"审计评价意见或结论"的证明，是所取得证据的汇总结果，它包括审计发现的事实、导致上述结果的原因、产生的影响。但是，它只是针对具体审计目标，说明得出"审计评价意见或结论"的根据，不说明发现的违反法律法规的具体事实。

（6）发现的违法违规问题和处理处罚意见。这是对审计过程中发现的具体违法违规问题及处理处罚意见的逐项列示，包括审计过程中查出的被审计单位违反国家法律法规规定的财政收支和财务收支行为的事实、处理处罚决定以及有关移送处理的决定等。

（7）审计建议。它是绩效审计项目的核心内容之一，它是审计结论和审计发现的情况及分析的逻辑体现，一般应该针对产生问题的原因提出来，在内容上与报告中的其他内容相呼应。所提出的审计建议应该有针对性、可操作，便于检查和衡量。

（8）被审计单位的反馈意见。它主要包括被审计单位对审计报告的看法、针对被审计单位的意见、审计报告的修改情况、审计组织不同意被审计单位的意见的理由、被审计单位拟采取和已经采取的改正措施。

除上述八个方面外，对于绩效审计中发现的优秀管理方法或实践，审计报告中还应单独对其进行评论和肯定，通过公开的审计报告，将好的做法或审计经验进行推广。

3.审计报告的公开

绩效审计报告应向社会公开，在保证遵循国家相关保密制度的前提下，尽可能将政府绩效审计报告全文公开，特别是注意公开被审计单位的目标实现情况和偏差，以及被审计单位的反应。

审计报告的公开形式有多种选择：一是通过审计署主办的纸质媒体向社会披露；二是通过审计署网站或地方审计机关网站公布政府绩效审计报告；三是在年度中期或期末汇总各地绩效审计报告并集中、公开地发布。

（四）整改检查阶段

政府绩效审计程序中的整改检查阶段是指审计结论下达后，对被审计单位执行审计结论的情况进行审查评估的过程。通过后续审计来检查审计结论的质量，监察审计建议是否为被审计单位所接受，是否切合实际，是否获得应有的绩效。

整改检查阶段又分为两个步骤：第一步，审计人员应确认被审计单位已经对报告中提出的意见采取了行动并评价这些行动的效果；第二步，当被审计单位对报告中某些或全部事项没有采取行动时，审计人员要确认被审计单位已经承担了不采取行动的风险。审计人员应及时出具报告向被审计单位的主管部门或有权监督被审计单位的部门反映，以有效保证报告中审计意见的落实。后续审计的步骤通常是取得被审计单位的书面回复、通过面谈等方式与被审计单位探讨回复中的有关问题，对纠正行动和与重大发现有关的事项进行现场审计，报告后续审计发现。

【实例10-2】青岛市污水处理厂及其配套工程效益审计。

1.选择项目

该污水处理厂及其配套项目是青岛市完善城市排污系统的重要组成部分，是1997年市政府重点办好的15件实事之一。该项目概算总投资1.74亿元，资金来源主要由国债专项和财政投资两部分组成。

2.审计目标

从项目建设的"经济性、效率性、效果性"三个方面对项目的投资效益作出客观评价，分析投资、预算管理体制中存在的缺陷，并提出改进建议，提高资源利用率，提高投资效益。

3.审计标准

审计标准的来源主要包括：国家产业政策和行业规划、土地管理、环境保护、资金使用、项目审批等方面的法规和政策；国家审计准则；行业主管部门制订的工程定额及施工规范；被审计单位财务、工程管理执行和程序手册；项目可行性研究报告概算、计划批复文件及审查意见；工程设计资料、批复文件及审查意见等；评价项目效果的指标是评价海水水质污染状况的4个主要污染指标。

4.审计方法

除常用的审计方法外，大量使用询问、统计分析、访谈等许多方法。比如调查时，发现某总进水闸门和溢流口之间设计不当，导致差不多每隔一个月就要发生污水溢流。

5.审计结果和评价

项目效果如下：（1）该项目的实施基本改变了前海一带雨水污水混流的现象，前海一带的污染状况比过去有明显改善。从评价海水水质状况的4个主要污染指标的变化看，均有比较明显的降低；（2）该项目的实施基本达到了设计要求和国家环境标准，起到了治理环境污染、改善生活环境质量的作用。

但是也存在下面一些主要问题：（1）建设单位项目管理不严，施工单位高估冒算，提高了建设成本；（2）超概算、超标准建设办公场所，投资不经济；（3）设计决策不科学，造成设备损坏停用。经现场盘点，12台除砂机中已有8台损坏停用。

关键概念

政府绩效审计　　经济性审计　　效率性审计　　效果性审计　　公共受托责任　　预算资金审计

本章小结

政府绩效审计在不同国家使用不同的术语来表达，其内容也各有侧重，虽然在名称上有些不同，采用的方式方法以及所涵盖的内容也有一定差异，但其本质基本相同。我国政府绩效审计被界定为政府审计机关和审计人员依据一定的标准，综合运用各种技术与方法，对组织行为及其各项活动的经济性、效率性和效果性进行审计，找出薄弱环节，提出改进建议，将审计结果提交给各相关部门，并作为对建议的执行情况进行审核、控制的一种技术工具，旨在促进和提高受托经济责任中的绩效责任得到全面有效履行。

政府绩效审计产生和发展的理论基础是受托经济责任关系。公共受托财务责任是政府财务审计的动因，公共受托财务责任向管理责任的发展是政府绩效审计的动因，政府绩效审计的本质是对公共受托管理责任的监督和评价。

我国政府绩效审计的发展可以分为三个阶段：绩效审计发展萌芽阶段（审计署成立初期至20世纪80年代末）、绩效审计试点探索阶段（20世纪90年代）、政府绩效审计的全面开展阶段（21世纪初以来）。

绩效审计与传统的财务审计相比，在审计的范围、内容和作用等方面都具有自己的特点。

政府绩效审计的内容包括预算资金审计、财政专项资金审计、金融资金审计、固定资产投资项目及资金审计、国有企业生产经营审计、领导干部经济责任审计。

政府绩效审计的方法可以分为数据收集方法和数据分析方法，其中常用的数据收集方法有审阅、观察、访谈、问卷调查、文献研究、准试验法。常用的数据分析方法又分为定量分析和定性分析方法。定量分析法有比率分析法、比较分析法、时间序列分析法、描述性统计分析法、成本效益分析法、回归分析法、成本效果分析法、价值分析法、目标评价法、目标成果法、事前事后法、标杆法、评分法等；定性分析法有内容分析法、程序分析法、案例研究法、逻辑模型法。

政府绩效审计的程序包括四个阶段：计划阶段、实施阶段、报告阶段和整改检查阶段。

复习思考题

1.我国政府绩效审计的含义是什么？
2.我国政府绩效审计的特点包括哪些？
3.简述我国政府绩效审计的内容。
4.简述我国政府绩效审计的定性分析方法和定量分析方法。
5.简述我国政府绩效审计的程序。

本章习题

一、单项选择题

1.（　　）是现代政府审计的本质特征，也是现代政府审计理论的重要基石。

A.公共受托责任　　　　　　　　　B.经济审计责任

C.公共受托经济责任　　　　　　　D.金融审计经济责任

2.政府审计的职能不包括（　　）。

A.经济监督　　　　B.经济评价　　　　C.经济规范　　　　D.经济鉴证

3.绩效审计在澳大利亚被称为（　　）。

A.效率性审计　　　B.货币价值审计　　C.综合审计　　　　D.效果性审计

4.（　　）包括涉农、教育、医疗、社保等民生热点领域，重点关注党和政府各项惠民政策的贯彻落实情况，发现并揭示政策制度执行中存在的突出矛盾和问题，深入分析原因，提出切实可行的意见和建议，推动完善相关政策制度，维护群众利益和社会稳定。

A.预算资金审计　　　　　　　　　　　B.财政专项资金审计

C.金融资金审计　　　　　　　　　　　D.国有企业生产经营审计

5.政府绩效审计的全面开展阶段是在（　　　　）。

A.20世纪80年代　　　　　　　　　　B.20世纪90年代

C.21世纪初　　　　　　　　　　　　　D.20世纪70年代

6.下列不属于政府绩效审计的审计对象的是（　　　　）。

A.物质生产部门　　　　　　　　　　　B.非物质生产部门

C.投资项目的审计　　　　　　　　　　D.上市公司

7.（　　　　）是最常用的分析方法，它是通过计算比率来分解、剖析和评价被审计单位绩效的一和分析方法。

A.比率分析法　　　　　　　　　　　　B.比较分析法

C.时间序列分析法　　　　　　　　　　D.成本效益分析法

8.下列各项中，（　　　　）不符合选择年度审计项目应遵循的标准。

A.重要性　　　　　B.可靠性　　　　　C.时间性　　　　　D.风险性

9.现代政府审计的工作范围突破了财务审计领域，还包括针对政府各项活动的（　　　　）的绩效审计内容。

A.经济性、效率性和效果性　　　　　　B.实用性、判断性和经济性

C.经济性、实用性和效果性　　　　　　D.判断性、效率性和效果性

10.不属于政府绩效审计的准备阶段的工作的是（　　　　）。

A.战略规划　　　　　　　　　　　　　B.进行审前调查

C.编制审计计划　　　　　　　　　　　D.通知被审计单位

二、多项选择题

1.下列属于政府绩效审计程序的有（　　　　）。

A.准备阶段　　　　B.实施阶段　　　　C.报告阶段　　　　D.整改检查阶段

2."3E"审计是指绩效审计中审查政府和组织的组织行为和各项活动的（　　　　）。

A.经济性　　　　　B.效率性　　　　　C.公平性　　　　　D.效果性

3.政府绩效审计中常用的定性分析方法包括（　　　　）。

A.内容分析法　　　B.程序分析法　　　C.案例研究法　　　D.逻辑模型法

4.选择年度绩效审计项目应符合（　　　　）标准。

A.重要性　　　　　B.风险性　　　　　C.时间性　　　　　D.增值性

E.可行性　　　　　F.独立性

5.一般对审计证据进行测试和评价的手段主要包括（　　　　）。

A.程序分析　　　　B.结果分析　　　　C.案例研究　　　　D.抽样评价

三、判断题

1.加拿大的综合审计就其内容看，只包括"3E"审计，即经济性审计、效率性审计和效果性审计。　　　　　　　　　　　　　　　　　　　　　　　　　（　　　　）

2.公共受托财务责任是政府财务审计的动因。　　　　　　　　　　　（　　　　）

3.财务责任是一种程序性责任，强调政府是一种公共资源的消费者，政府在预算支出活动中要遵守各种法律、规章、制度。　　　　　　　　　　　（　　）

4.政府绩效审计的本质是对公共受托管理责任的监督和评价。　　　　（　　）

5.财务审计的对象主要是被审计单位的财务收支及有关的经济活动；而绩效审计的对象具有广泛性。　　　　　　　　　　　　　　　　　　　　　　　（　　）

6.准试验法是常用的数据分析方法。　　　　　　　　　　　　　　　（　　）

7.政府绩效审计的实施阶段是指审计人员开始进点至完成审计方案提出的任务为止的过程，这一阶段约占整个审计程序的40%～50%。在这一阶段，审计人员要完成检查、取证、分析、评价等多项工作。　　　　　　　　　　　　　（　　）

四、简答题

1.政府绩效审计包括哪三个方面的审计？

2.政府绩效审计有哪些特点？

五、案例分析题

资料：温州龙湾区自开展机关效能建设以来，严格按照省委省政府的部署和要求，精心组织，周密安排，认真抓好机关效能建设，工作进展顺利，社会反映较好。问卷调查中，对龙湾区机关效能建设总体评价好和较好的占62.7%，总体而言还是良好的、健康的，这也说明了干部群众对机关效能建设还是比较满意的。已经取得初步成效，主要表现在五个方面：一是统一了思想认识，形成了推进机关效能建设的良好氛围。各级机关普遍建立了机关效能建设领导小组和办公室，广泛动员，认真部署，措施有力，初步形成了推进机关效能建设的良好氛围。二是提高了便民服务质量，方便群众办事。以制度建设为抓手，进一步加强便民服务窗口建设，积极构建便民、为民、利民服务工作体系，提高了为民服务的质量和水平。三是深化了政务公开，增加了机关工作透明度。规范政务公开的对象、内容和形式，通过建立招投标中心、推广财务公开报审制度等，接受群众的监督，进一步深化了政务公开。四是加强了联系群众工作，推动了干部作风的转变。结合派驻农村工作指导员，进一步加强与农村群众的联系，改进联系方式，提高联系效果，进一步密切了党群干群关系。五是办了一批实事好事，解决了一些实际问题。围绕群众反映强烈的热点难点问题，建立服务平台，采取具体措施，为群众排忧解难，解决了一些群众生产生活中的急难问题。

要求：根据上述材料分析机关效能存在的问题及其原因。

案例解析

趁机发财——某对外救灾款物项目审计

深圳市2014年度绩效审计工作报告

第十一章 经济责任审计

学习目标

通过本章的学习，了解经济责任审计的概念、对象、特点、内容和审计程序，掌握经济责任审计的步骤和方法，并准确把握经济责任审计的定位，掌握审计评价的有关原则，合理界定领导干部的经济责任。

第一节 经济责任审计概述

一、经济责任审计的概念

（一）经济责任审计产生的基础——公共受托经济责任关系

公共受托经济责任，是指受托经营公共财产的机构或人员有责任汇报对这些财产的经营管理情况，并负有财政管理和计划项目方面的责任。公共受托经济责任关系是社会经济关系的重要表现形态之一，它的存在取决于对履行责任的控制和解除责任的鉴证，这种不可或缺的控制和鉴证活动被人们称为审计。社会经济活动的历史已经证明，没有受托责任就没有审计，没有审计也就谈不上权力的控制和责任的鉴证。作为一种近乎普遍的真理，凡存在审计的地方必然存在一种受托责任关系，受托责任关系是审计存在的重要条件，审计是一种确保受托责任有效履行的社会控制机制。

在我国社会主义制度下，人民的公共财产是由通过各级人民代表大会委托给人民选举出来的各级人民政府去管理，各级政府也可以将公共财产委托给国有企事业单位的受托经营管理者去经营和管理。此时，各级人民代表大会与其同级人民政府之间便产生了公共财产的委托和受托关系。根据权责相统一的基本原理，经济权力决定经济责任，也就是说，有什么样的经济权力，就有什么样的经济责任与之相匹配。各级政府和政府公职人员作为受托人理应遵守法律法规的规定，以最经济、最有效的办法管理和使用公共资源，使公共资源的配置和运用最大限度地满足预定目的的需要。而各级政府及其受托责任人是否切实地履行了公共受托经济责任，就必须由政府审计机关通过审计对其履行公共受托经济责任作出鉴证和评价，进而确定或解除其所负的受托经济责任。所以说，公共受托经济责任履行的控制、鉴证和评价才是政府审计特别是领导干部经济责任审计的出发点和归宿点。

（二）经济责任的内涵

所谓经济责任，是指领导干部在任职期间，对其管辖范围内贯彻执行党和国家经济方针政策、决策部署，推动经济和社会事业发展，管理公共资金、国有资产、国有资源，防控重大经济风险等有关经济活动应当履行的职责。准确理解和把握"经济责任"的内涵，是研究经济责任审计理论和进行经济责任审计实践的重要基础。关于经济责任的内涵，要注意从以下三个方面来加以理解和把握：

（1）经济责任审计中"经济责任"是基于被审计人所担任的特定职务。被审计人所担任的特定职务是确定"经济责任"的前提和基础。对被审计人进行审计的时间范围是其担任特定职务期间而不是其他时间；空间范围是其担任的特定职务，其经济责任的确定与被审计人所担任的特定的职务直接关联。所谓特定职务，即经济责任审计拟审计的职务，而不是兼任的其他的职务或者具有的专业技术职称或头衔。做好经济责任审计工作的前提是明确"经济责任"，要明确"经济责任"，则首先必须明确被审计人所担任的特定职务及其任职期间。

（2）"经济责任"的科学含义是被审计人基于所担任的特定职务而应履行的职责，而不是被审计人对其在履行职责中所产生的问题应当承担的法律后果，这正是"经济责任"科学内涵的关键所在。正确理解"经济责任"的这一科学内涵，才能够正确理解和认识经济责任审计，才能够正确掌握经济责任审计的审计内容、审计评价和责任界定，才能够正确把握经济责任审计的重要意义。

（3）"经济责任"是与经济相关的职责，即被审计人担任的特定职务对本地区、本部门（系统）或者本单位的党和国家经济方针政策的执行、重大经济决策的制定和执行、经济管理、经济监督、廉洁自律等经济活动有影响的职责，而不是与政治、道德活动相关的职责。因此，掌握这一点，注意把握经济责任审计与干部管理监督部门对领导干部进行考核评价的区别，这也是经济责任审计的本质特点所在。

（三）经济责任审计的内涵

经济责任审计是审计机关通过对领导干部所任职地区、部门（系统）或者单位的贯彻执行党和国家经济方针政策、决策部署，推动经济和社会事业发展，管理公共资金、国有资产、国有资源，防控重大经济风险等有关经济活动的审计来监督、评价、鉴证领导干部履行经济责任情况的行为。

领导干部履行经济责任的情况，应当依法接受审计监督。这是被审计对象的法定义务。根据干部管理监督的需要，经济责任审计可以在领导干部任职期间进行任中审计，也可以在领导干部任职期满时进行离任审计。

二、经济责任审计的对象

经济责任审计的对象既包括由组织部门和国有资产监督管理部门管理的领导干部，也包括单位内部管理的领导干部，既包括由国家审计机关管辖和实施经济责任审计的党政主要领导干部和国有企业法定代表人，也包括由单位内部审计机构管辖并实施经济责任审计的党政主要领导干部和国有企业法定代表人。按照《党政主要领导干部和国有企事业单位主要领导人员经济责任审计规定》（后文简称两办规定）第四条的规定，经济责任审计的对象范围主要包括党政主要领导干部和国有企业领导人员。

（一）党政主要领导干部经济责任审计的对象

党政主要领导干部经济责任审计的对象主要包括三类领导干部：一是地方各级党委、政府、纪检检察机关、法院、检察院的正职领导干部或者主持工作一年以上的副职领导干部；二是中央和地方各级党政工作部门、事业单位和人民团体等单位的正职领导干部或者主持工作一年以上的副职领导干部；三是当上级领导干部兼任部门、单位的正职领导干部，且不实际履行经济责任时，实际负责本部门、本单位常务工作的副职领导干部。

（二）国有企业领导人员经济责任审计的对象

国有企业领导人员经济责任审计的对象主要包括：国有和国有控股企业的法定代表人，其中包含国有和国有控股金融企业的法定代表人。根据党委和政府、干部管理监督部门的要求，审计机关可以对上述企业中不担任法定代表人但实际行使相应职权的董事长、总经理、党委书记等企业主要领导人员进行经济责任审计。

三、经济责任审计的主体及经济责任审计工作的管理机构和机制

（一）经济责任审计的主体

实施经济责任审计监督的主体，包括审计机关和内部审计机构。审计机关与内部审计机构之间、审计机构之间管辖权的划分，按照干部管理权限确定：

（1）由各级组织部门和国有资产监督管理部门等干部管理部门任命和管理的党政领导干部和国有企业领导人员，由各级审计机关负责实施经济责任审计。但地方审计机关主要领导干部的经济责任审计，由同级党委与上一级审计机关协商后，由上一级审计机关组织实施；审计署审计长的经济责任审计，按照中央审计委员会的决定组织实施。

（2）由部门、单位内部任命和管理的党政领导干部和国有企业领导人员，由部门、单位内部审计机构负责实施经济责任审计。

（3）领导干部的经济责任审计管辖权依照干部管理权限确定，当审计机关经济责任审计的管辖权与财政财务收支的隶属关系不一致时，实施经济责任审计的，由对领导干部具有干部管理权限的部门与同级审计机关共同确定实施审计的审计机关。这时，有经济责任审计管辖权的审计机关，可以自行组织实施审计，也可以统一组织下级审计机关组织实施审计，还可以授权下级审计机关实施审计。

（二）经济责任审计工作的管理机构和机制

各级党委和政府为加强对经济责任审计工作的领导，建立了经济责任审计工作联席会议（以下简称联席会议）制度，作为经济责任审计工作的管理机构。联席会议一般由纪检监察机关和组织、机构编制、审计、财政、人力资源社会保障、国有资产监督管理和金融监督管理等部门组成。召集人由审计委员会办公室主任担任。联席会议在同级审计委员会的领导下开展工作。联席会议的主要职责是拟订有关经济责任审计的制度文件，监督检查经济责任审计工作情况，协调解决经济责任审计工作中出现的问题，推进经济责任审计结果运用，指导下级联席会议的工作，指导和监督部门、单位内部管理领导干部经济责任审计工作，完成审计委员会交办的其

他工作。

联席会议下设办公室，是负责联席会议日常工作的办事机构，办公室设在审计机关，并与同级审计机关内设的经济责任审计机构合署办公，负责日常工作。联席会议办公室的主要职责是研究起草经济责任审计的有关法规、制度和文件，研究提出年度经济责任审计计划草案，总结推广经济责任审计工作经验，督促落实联席会议的有关决定事项。

地方还成立了经济责任审计工作领导小组，一般由党委或者政府领导担任组长，领导小组的成员单位与联席会议成员单位基本相同。其主要职责是领导和管理经济责任审计工作。

四、经济责任审计的特点

2011年前审计长刘家义在美国审计署和审计学会上做专题演讲，系统阐述了"国家审计与国家治理"理论，认为国家审计是国家治理的重要组成部分，对完善国家治理具有重要作用，必须进一步加强审计监督，更好地推动和服务国家治理。在此理论框架下，对党政领导经济责任审计的作用、意义、目标范围、自身特征等方面的认识有所深化，与其他财务收支审计和专项审计相比，经济责任审计除了共有的批判性、建设性、服务性、宏观性等特征外，更具有个人性、综合性、专一性和高风险性等自身特色。

（一）审计对象的个人性

与常规的审计不同，经济责任审计主要是针对领导干部本人，审计的目的是为准确评价领导干部的业绩和廉洁自律情况，合理界定所负有的经济责任，最终形成书面审计报告和个人鉴定材料，为相关部门考核任免干部提供合理、科学、可靠的参考依据。

（二）审计内容的综合性

经济责任审计是将财务收支审计对"事"的监督与直接对领导干部"人"的监督的有机结合。不仅要审计财政财务收支、国有资产的保值增值、债权债务的增减变动情况，还包括对被审计人的重大经济决策、经济管理状况及其个人的遵纪守法、廉洁自律行为进行审计监督，审计时间跨度一般较长。

（三）审计的专一性

相对于其他审计来说，经济责任审计仅在授权或委托范围内进行，这包括审计的时间范围和审计内容，即仅限于被审计人在履行经济责任过程中的决策管理情况，而非德能勤绩廉全面考核。同时，审计对象限于领导干部本人，而不涉及其他人员。

（四）审计的高风险性

由于审计权限、审计手段的局限，如果没有相关执法执纪部门的技术手段和强制措施的配合及支持，在目前领导干部个人财产报告和监督制度不健全的情况下，要准确评价领导干部个人廉洁自律状况非常困难，由此带来了审计评价的片面性，也具有较大的审计风险。

第二节　　经济责任审计的内容

一、经济责任审计的依据

迄今为止，在我国已经形成了以《中华人民共和国审计法》为法律依据、以《党政主要领导干部和国有企事业单位主要领导人员经济责任审计规定》为法规依据、以有关文件和地方性法规为补充的经济责任审计法规制度体系。党政主要领导干部和国有企业领导干部经济责任审计的依据有三个方面：

（一）经济责任审计存在的法律依据

《中华人民共和国审计法》第二十五条规定："审计机关按照国家有关规定，对国家机关和依法属于审计机关监督对象的其他单位的主要负责人，在任职期间对本地区、本部门或者本单位的财政收支、财务收支以及有关经济活动应负经济责任的履行情况，进行审计监督"。上述条款是开展经济责任审计的法律依据，同时说明经济责任审计是国家审计机关的审计类型之一。

（二）经济责任审计实施的法规依据

经济责任审计组织实施的行政法规，是由中共中央、国务院及其所属部门制定的经济责任审计的行政法规，是确定经济责任审计对象、内容、程序等的具体法规依据，主要包括：

2015年中共中央办公厅、国务院办公厅印发的《关于实行审计全覆盖的实施意见》，该意见主要包括实行审计全覆盖的目标要求、对公共资金实行审计全覆盖、对国有资产实行审计全覆盖、对国有资源实行审计全覆盖、对领导干部履行经济责任情况实行审计全覆盖、加强审计资源统筹整合、创新审计技术方法等。

2019年中共中央办公厅、国务院办公厅印发《党政主要领导干部和国有企事业单位主要领导人员经济责任审计规定》。该规定主要包括审计对象、经济责任的界定、经济责任审计的组织协调、审计内容、审计实施、审计评价与审计结果运用等内容。

（三）与经济责任审计实施相关的部门规章和地方性法规

国务院各部门制定颁布的部门规章，省、自治区、直辖市、计划单列市和较大城市的人民代表大会及其常委会制定的地方性法规，如财政部、证监会、审计署、银监会、保监会联合制定的《企业内部控制基本规范》，再如某省委组织部、省审计厅制定的《关于加强和改进经济责任审计计划管理的指导意见》《某省审计厅经济责任审计项目操作规程》《某市审计局经济责任审计项目操作规程（试行）》等。

二、经济责任审计的内容

两办规定将"领导干部权力运行和责任落实情况"作为经济责任审计的重点，同时要以领导干部任职期间公共资金、国有资产、国有资源的管理、分配和使用为基础来确定审计内容。审计内容不能超越审计机关的法定职权，地方党委和政府、有关部门和单位的主要领导干部由上级领导干部兼任，且实际履行经济责任的，对其进行经济责任审计时，审计内容仅限于该领导干部所兼任职务应当履行的经济责任。

（一）地方党政主要领导干部经济责任审计的主要内容

地方党政领导干部经济责任审计包括地方党委书记经济责任审计和地方政府领导干部经济责任审计。我国政治体制的特点是，地方党委和政府的分工有所不同，地方党委侧重于决策和对本级政府的监督，类似于公司的"董事会"。地方政府的职责侧重于贯彻执行党委的决策，类似于公司的"总经理"。因此，对于地方党委书记的经济责任审计和对地方政府领导干部经济责任审计的内容既有共同之处，又各有其侧重点。依据两办规定，地方党政领导干部经济责任审计的内容包括：

1.经济政策执行责任

（1）贯彻执行党和国家经济方针政策、决策部署情况。该部分包括地方党政领导干部负有贯彻落实中央和国家经济方针政策、上级党委和政府的经济方针政策等责任，地方政府领导还有落实本级党委重大经济方针决策的责任。不同时期，党和国家经济工作的重心不同，经济方针政策也不同。目前需要地方党政领导干部落实的经济方针政策表现为：降费减负政策，稳就业、稳金融、稳外贸、稳外资、稳投资、稳预期等"六个稳"政策，简政放权政策，精准扶贫政策，生态环境保护政策，防范金融机构风险等。开展地方党政领导干部贯彻执行党和国家经济方针政策、决策部署情况的审计，可以考核地方党政领导干部执行经济政策的能力。

（2）本地区经济社会发展规划和政策措施的制定和执行情况。地方党政领导干部负有制定和执行本地区经济社会发展规划和政策措施的责任，规划和措施表现为本地区国民经济和社会发展五年规划和政策措施、地区年度国民经济和社会发展年度计划和政策措施。制定的地区发展规划既要与中央和上级政府经济方针、政策和规划相一致，体现中央和上级政府规划对本地区经济发展的要求，又要考虑本地区经济发展的实际状况和未来发展的需要，同时还要制定有切实可行的保障政策措施。对本地区经济社会发展规划和政策措施的制定和执行情况审计的主要内容包括：发展战略规划和政策措施的制定情况、经济发展情况、民生改善情况、产业结构情况及问题整改情况等。对本地区经济社会发展规划和政策措施的制定情况的审计，可以考核地方党政领导干部制定经济政策的能力。

2.重大经济事项的决策责任

重大经济事项是地方发生的关系到地方全局的、与领导干部经济责任密切相关的、数量或金额大、影响或结果严重的经济事项。对重大经济事项决策责任的审计可以考核地方党政领导干部经济决策能力，基于我国政治体制的特点，该项审计对地方党委书记经济责任审计的考核更为重要。经济决策责任审计的具体内容包括：

重大经济决策机制的健全情况、重大经济决策制度的完备情况、重大经济决策程序合规情况，重大经济决策的完成情况、重大经济决策执行效果情况。

3.经济管理责任

地方财政财务管理和经济风险防范情况、民生保障和改善情况、资源消耗降低、资金等管理使用和效益、在预算管理中执行机构编制管理规定情况等是地区经济活动的体现，也是地方党政领导干部经济管理业绩的主要体现。因此，对地方党政领导干部经济管理责任的审计，可以考核地方党政领导干部经济管理能力。地方党政领导干部经济管理责任审计的具体内容包括：本地区财政财务收支的真实、合法、效益情况，地方政府性债务的举借、管理、使用、偿还和风险管控情况，社会保障，资源消耗，预算编制执行和重大投资项目资金管理和使用效益，以及机构设置、编制使用以及有关规定的执行情况。

4.廉洁自律责任

地方党政领导干部严格执行各项廉洁纪律和监督领导班子成员遵守廉洁从政有关规定，是地方党政领导干部履行经济责任的基本要求，也是干部人事部门和纪律检查部门考查领导干部的一项重点内容。因此，开展地方党政领导干部廉洁自律责任审计，可以促使地方党政领导干部及其班子成员廉洁从政，促进地方经济的健康发展。地方党政领导干部个人廉洁责任审计的具体内容包括：领导干部本人遵守廉洁从政有关规定的情况，所在单位领导班子及成员遵守廉洁从政有关规定的情况。

（二）部门、机关、事业单位和人民团体等主要领导干部经济责任审计的主要内容

县级以上政府各部门、国家权力机关、司法机关、人民团体及事业单位等承担的任务或社会职责不同，领导干部的经济责任也有所不同，因此，开展领导干部的经济责任审计需要立足于本部门及单位的实际情况，确定领导干部经济责任审计的内容。依据两办规定，部门及单位等主要领导干部经济责任审计的内容（本书以事业单位为例）如下：

1.经济政策执行责任

经济政策执行责任审计的具体内容包括：本部门或本单位贯彻和执行党和国家有关经济方针政策和决策部署情况，贯彻落实国家或上级有关部门制定的发展规划或发展战略情况，本部门或本单位事业发展和任期经济责任指标完成情况，对以往审计中发现问题的整改情况。

2.经济决策责任

重大经济事项是部门或单位发生的关系到部门或单位发展全局的、与领导干部经济责任密切相关的、数量或金额大、影响或结果严重的经济事项。如针对事业单位的重大经济事项有重要预算分配和管理、重大基本建设项目、重要对外投资项目和重要固定资产的处置等。重大经济事项决策责任审计的具体内容包括：重大经济决策机制的健全情况，重大经济事项决策制度的健全情况，重大经济决策程序合规情况，重大经济决策的完成情况，重大经济决策执行效果情况。

3.经济管理责任

部门或单位领导干部经济管理责任审计的具体内容包括：部门或单位内部控制的健全性和有效性，预算执行和其他财政财务收支的真实、合法、效益情况，财政财务收支指标的完成情况，经济风险防范情况，国有资产的采购、管理、使用和处置情况，机构设置、编制使用以及有关规定的执行情况。

4.廉洁自律责任

部门或单位领导干部个人廉洁责任审计的具体内容包括：领导干部本人遵守廉洁从政有关规定的情况，所在单位领导班子及成员遵守廉洁从政有关规定的情况。

（三）国有企业领导人员经济责任审计的主要内容

开展国有及国有控股企业领导人经济责任审计，有利于改进和完善国有及国有控股企业的监督体系，强化对权力的监督和制约，促进国有及国有控股企业的健康发展。依据两办规定，国有及国有控股企业领导人经济责任审计的具体内容包括：

1.经济政策执行责任

经济政策执行责任审计的具体内容包括：国有及国有控股企业贯彻和执行党和国家有关经济方针政策和决策部署情况，推动企业可持续发展情况；企业发展战略的制定和执行情况及其效果；有关目标责任制完成情况；对以往审计中发现问题的整改情况。

2.经济决策责任

重大经济事项是国有及国有控股企业发生的关系到国有及国有控股企业发展全局的、与领导干部经济责任密切相关的、数量或金额大、影响或结果严重的经济事项。重大经济事项经济决策责任审计的内容包括：重大投资项目、重大采购事项、重大资本运作、重大担保及借款事项。对重大经济事项决策责任审计主要从决策机制、决策制度、决策程序、决策完成和决策执行效果等角度进行，审查重大经济决策的合规性、科学性和效益性。

3.经济管理责任

国有及国有控股企业领导干部经济管理责任审计的具体内容包括：企业法人治理结构的建立、健全和运行情况，内部控制制度的制定和执行情况，企业财务收支的真实性、合法性和效益性情况，风险管控情况等。

4.社会责任

国有及国有控股企业领导干部社会责任审计的具体内容包括：企业对国家的责任，如税收完成情况、解决就业情况等；企业对员工承担的责任，如员工薪酬增长、员工培养实施等；企业承担的环保责任，如生态环境保护投入情况等。

5.廉洁自律责任

国有及国有控股企业领导干部个人廉洁责任审计的具体内容包括：领导干部本人遵守廉洁从政有关规定的情况，所在单位领导班子及成员遵守廉洁从政有关规定的情况。

三、经济责任审计评价指标

(一) 经济责任审计评价指标设计原则

"两办规定"明确了不同类型领导干部经济责任审计的审计内容，是对审计内容的原则规定。为了达到对领导干部经济责任履行情况作出客观准确的评价，需要对"两办规定"明确的审计内容具体化和细化，形成不同类型领导干部经济责任审计的评价指标。经济责任审计评价指标设计的原则包括：

1.评价指标与审计内容相统一的原则

根据审计内容设定相应的审计评价指标，不设置审计内容之外的审计评价指标，也不省略某一审计内容的评价指标，力求做到审计评价指标与审计内容相统一，使每一项审计内容均有审计评价指标进行衡量和评判。

2.重要性原则

根据两办规定的审计内容，结合被评价领导干部所处单位的实际情况、一定时期党和国家经济工作的重心，紧紧围绕领导人实际履职尽责的情况，确定审计评价指标。选定评价指标时，要做到突出重点，具有代表性，避免指标数过于繁多导致评价标准交叉重叠情况的发生。

3.定量指标与定性指标结合

定量指标具有客观、科学、可比的优点，经济责任审计的主要审计内容如经济目标的完成情况，基本可以通过设定定量指标来实现。除经济目标外，对领导人经济责任审计还包括相关业务合法合规性的审查，这些并不能全部通过设置定量指标来实现。适当设定定性指标，将是与非、程度高与程度低结合起来，使评价指标全面、丰富而又各具特色。

4.可操作性原则

审计评价应当有充分的审计证据作为支撑，因此在设定评价指标时，要充分考虑涉及数据及材料的真实性、可获得性及可利用性。具体而言，定性指标应有翔实的资料作为支撑，定量指标数据真实可靠且易于取得。

(二) 地方党政主要领导干部经济责任审计指标

地方党政主要领导干部经济责任审计指标见表11-1。

表11-1　　　　　　　　　地方党政主要领导干部经济责任审计指标

一级指标	二级指标	三级指标	三级指标指标解释
经济政策制定和执行责任	党和国家经济方针政策的执行	经济政策制定和落实	制定的各项经济政策有无与上级党委或政府、本级党委的政策相一致
			经济政策制度完备率=抽查发现缺失各项经济政策制度数量÷抽查各项经济政策制度数量×100%
		降费减负政策执行	违规收取税费率=违规收取的税费÷（应收取的税费+违规收取的税费）×100%
			减税降费目标=$\sum$（减税降费实际实现数÷减税降费的目标）÷N×100%

续表

一级指标	二级指标	三级指标	三级指标 指标解释
经济政策制定和执行责任	党和国家经济方针政策的执行	六稳政策执行	违规使用财政资金率=违规使用财政资金数÷下拨的财政资金数×100%
			重大工程项目完成程度=重大工程项目实际进度÷重大工程项目计划进度×100%
			重大工程项目效果=重大工程项目实际效果÷重大工程项目预期效果×100%
		简政放权政策执行	行政审批事项取消率=实际取消的行政审批数量÷按规定应取消的行政审批数量×100%
			行政审批（许可）合规率=1-不符合规定行政审批事项数量÷办理行政审批数量×100%
		扶贫政策执行	违规使用扶贫资金率=违规使用扶贫资金数÷扶贫资金数×100%
			重大扶贫项目完成程度=重大扶贫项目实际进度÷重大扶贫项目计划进度×100%
			重大扶贫项目效果=重大扶贫项目实际效果÷重大扶贫项目预期效果×100%
			脱贫率=（总人数-贫困人口数）÷总人数×100%
		环境保护政策执行	生态环境保护（修复）率=已保护（已修复）生态环境面积÷应该保护（应修复）的生态环境面积×100%
			PM2.5目标完成率=PM2.5实际平均浓度÷PM2.5计划平均浓度×100%
			单位GDP二氧化碳降低率=（任期内每年单位GDP二氧化碳排放量-前任每年单位GDP二氧化碳排放量）÷前任每年单位GDP二氧化碳排放量×100%
			污染防治工程项目完成程度=污染防治工程项目实际进度÷污染防治工程项目计划进度×100%
			污染防治工程项目效果=污染防治工程项目实际效果÷污染防治工程项目预期效果×100%
		金融风险防范	不良贷款率（地方金融机构）=（次级类贷款＋可疑类贷款＋损失类贷款）÷各项贷款×100%
			拨备覆盖率=（一般准备+专项准备+特种准备）÷（次级类贷款+可疑类贷款）×100%

一级指标	二级指标	三级指标	三级指标指标解释
经济政策制定和执行责任	本地区经济社会发展规划和政策措施的制定及执行	发展规划和政策措施的制定	发展规划是否与上级规划一致，是否体现上级党委和政府的政策一致，是否符合所在地区的实际情况
			政策措施是否具体、是否可行
		经济发展	GDP增长率=当年GDP总额÷去年GDP总额-1
			固定资产投资增长率=任期期末固定资产总额÷任期期初固定资产总额-1
		民生改善	城镇登记失业率=城镇失业人数÷（城镇从业人数+城镇登记失业人数）×100%
			城镇居民人均可支配收入增长率=当年城镇居民人均可支配收入÷去年城镇居民人均可支配收入-1
			农民人均纯收入增长率=当年农民人均纯收入÷去年农民人均纯收入-1
		产业结构	第一产业总值所占比重=第一产业总值÷当年总产值×100%
			第二产业总值所占比重=第二产业总值÷当年总产值×100%
			第三产业贡献率=第三产业当年增加值÷生产总值×100%
			高新技术产业占GDP比重=当年高新技术产业增加值÷当年工业增加值×100%
	问题整改	问题整改	问题整改率=任职期间已整改问题数÷任职期间应整改问题数×100%
经济决策责任	重大经济事项的决策、执行和效果	决策机制	决策机制的健全率=1-抽查发现未建立决策机制或机制不健全的数量÷抽查重大经济决策的数量×100%
		决策制度	决策制度的完备率=1-抽查发现缺失决策制度数量÷抽查重大经济决策制度数量×100%
		决策程序	决策程序的合规率=1-抽查发现违反决策程序的决策事项的数量÷抽查的经济决策事项数量×100%
		决策完成	决策完成率=抽查经济决策完成的数量÷抽查的经济决策事项数量×100%
		决策目标实现率	决策目标实现率=抽查某项经济决策目标的完成数量÷抽查的某项经济决策目标的数量×100%

一级指标	二级指标	三级指标	三级指标指标解释
经济管理责任	财政财务收支真实、合规和效益	真实性	数据差错率=发现的影响财政决算真实性的收入或支出的数额÷财政决算收入或支出的总额
		合规性	违法违规率=发现的未按规定使用的违规资金总额÷抽查资金总数
		效益性	地方财政收入增长率=当年地方财政收入÷去年地方财政收入−1
			地方财政支出增长率=当年地方财政支出÷去年地方财政支出−1
	经济风险防范	债务风险防范	负债率=年末债务余额÷当年GDP×100%
			赤字率=年末财政赤字÷当年GDP×100%
			政府违规举债率=发现的政府违规举债金额÷抽查的举债总额×100%
	社会保障	社会保障	城镇基本养老保险参保完成率=任期内城镇参加基本养老保险总数÷上级下达任务数×100%
			城乡三项基本医疗保险参保完成率=任期内参加城乡三项基本医疗保险总数÷上级下达任务数×100%
			保障性安居工程完工率=已完工保障性住房数量÷上级下达任务数×100%
	资源消耗降低	资源消耗降低	单位GDP能源消耗降低率=（任期内每年单位GDP能源消耗量−前任每年单位GDP能源消耗量）÷前任每年单位GDP能源消耗量×100%
			单位GDP用水降低率=（任期内每年单位GDP用水量−前任每年单位GDP用水量）÷前任每年单位GDP用水量×100%
	资金等管理和使用效益	预算编制	预算调整率=本年预算调增调减金额÷本年预算总额×100%
			财政拨款结转结余率=本年财政拨款结转结余资金÷本年财政拨款总额×100%
		预算执行	预算收入（支出）完成率=本年一般公共预算收入（支出）实际完成÷本年一般公共预算收入（支出）预算总额×100%
			预算收入（支出）结构的合理性=本年税收收入（教育、社保、医疗、环保等支出）实际完成÷本年一般公共预算收入（支出）预算总额×100%
			三公经费支出=（当年三公经费支出−上年三公经费支出）÷上年三公经费支出×100%

一级指标	二级指标	三级指标	三级指标指标解释
经济管理责任	资金等管理和使用效益	预算执行	政府采购完成率=实施政府采购金额÷应实施政府采购金额×100%
			预算资金支出效果=当年国民生产总值÷一般公共预算支出金额×100%
		重大项目投资管理	重大项目开工率=重大项目开工数量÷当期计划开工项目数量×100%
			重大项目超概算率=抽查发现项目未经批准超概算的金额÷抽查项目概算的总金额×100%
			项目招标的违规率=发现的违规项目数÷抽查项目中应当公开招标项目总数×100%
			重大项目投资损失率=投资损失的金额÷重大项目投资的总金额×100%
	机构编制管理	机构设置	有无违规设置机构
		编制和领导职数使用	是否突破上级机构编制部门下达的机构编制总额
			是否按照批准的机构规格核定领导职数，是否在核定的领导职数限额内配备领导干部
		人员经费管理	是否按编制数和实有人数分别编制申报公用经费和人员经费
廉洁自律责任	个人廉洁自律	个人违规收入占比	个人违规收入占比=经审计认定个人违规收入÷经审计认定个人全部收入×100%
	单位廉洁自律	单位廉洁自律	领导班子成员及分管单位违反廉洁自律人员占比=任期内领导班子成员及分管单位违反廉洁自律人员人数÷任期内领导班子成员及分管单位领导人数总和×100%

（三）部门、机关、事业单位和人民团体等主要领导干部经济责任审计指标体系（以事业单位为例）

部门、机关、事业单位和人民团体等主要领导干部经济责任审计指标体系（以事业单位为例）见表 11-2。

（四）国有企业领导人员经济责任审计指标体系

国有企业领导人员经济责任审计指标体系见表 11-3。

表11-2 部门、机关、事业单位和人民团体等主要领导干部经济
责任审计指标体系（以事业单位为例）

一级指标	二级指标	三级指标	三级指标解释
经济政策执行责任	方针政策落实	政策措施落实	政策措施落实率=已有效落实政策措施数÷要求落实政策措施数×100%
	任务完成	事业任务完成	事业任务完成率=任期内单位实际完成的经常性事业计划个数÷任期内单位应完成的经常性事业计划个数×100%
		专项任务完成	专项任务完成率=任期内单位实际完成的专项计划个数÷任期内单位应完成的专项计划个数×100%
	问题整改	问题整改	问题整改率=任职期间已整改问题数÷任职期间应整改问题数×100%
	目标责任完成	收入增长	收入增长率=（任期末收入总额－任期初收入总额）÷任期初收入总额×100%
		经费预算执行	经费预算执行率=任期内单位各项经费支出总额÷任期内单位全部经费预算×100%
		人均基本经费支出	人均基本经费支出率=任期内单位实际基本支出总额÷任期内在职职工平均人数×100%
		经费自给	经费自给率=（事业收入+经营收入+附属单位上缴收入+其他收入）÷事业支出+经营支出+其他支出）×100%
经济决策责任	重大经济事项的决策、执行和效果	决策机制	决策机制健全率=1-抽查发现未建立决策机制或机制不健全的数量÷抽查重大经济决策的数量×100%
		决策制度	决策制度完备率=1-抽查发现缺失决策制度数量÷抽查重大经济决策制度数量×100%
		决策程序	决策程序合规率=1-抽查发现违反决策程序的决策事项的数量÷抽查的经济决策事项数量×100%
		决策完成	决策完成率=1-抽查经济决策完成的数量÷抽查的经济决策事项数量×100%
		决策结果	决策结果有效率=（抽查的经济决策事项金额－决策失误等造成的损失浪费金额）÷抽查的经济决策事项金额数×100%
经济管理责任	内部控制	健全性	内部控制完善率=实际建立的内部控制制度项数÷应建立的内部控制制度项数×100%
		有效性	内部控制有效率=实际执行的内部控制制度项数÷实际建立的内部控制制度项数×100%
	财政财务收支	真实性	财务信息的真实率=各项目审计认定数÷各项目账面数×100%（收入、支出、资产）
		合法性	违规违纪资金比率=违规违纪资金总额÷抽查资金总数×100%
		效益性	累计盈余增长率=（任期末累计盈余余额－任期初累计盈余余额）÷任期初累计盈余余额×100%
			专用基金增长率=（任期末专用基金余额－任期初专用基金余额）÷任期初专用基金余额×100%
	经济风险防范	债务风险	资产负债率=负债总额÷资产总额×100%
			负债增长率=负债增长总额÷期初负债总额×100%
	国有资产管理	国有资产管理	国有资产增值率=（任期末国有净资产总额－任期初国有净资产总额）÷任期初国有净资产总额×100%-1
			不良资产比率=任期内形成的不良资产总额÷国有资产总额×100%
廉洁自律责任	个人廉洁自律	个人违规收入占比	个人违规收入占比=经审计认定个人违规收入÷经审计认定个人全部收入×100%
	单位廉洁自律	单位廉洁自律	领导班子成员及分管单位违反廉洁自律人员占比=任期内领导班子成员及分管单位违反廉洁自律人员人数÷任期内领导班子成员及分管单位领导人数总和×100%

表11-3　　　　　　　　　　国有企业领导人员经济责任审计指标体系

一级指标	二级指标	三级指标	三级指标解释
经济政策执行责任	政策落实	政策措施落实	政策措施落实率=已有效落实政策措施数÷要求落实政策措施数×100%
	发展战略	发展规划	发展规划是否科学
			发展规划执行程度
	目标责任完成	目标责任完成	目标责任完成率=目标责任完成数÷目标责任总项数×100%
	问题整改	问题整改	问题整改率=任职期间已整改问题数÷任职期间应整改问题数×100%
经济决策责任	经济决策	合规性	经济决策合规率=合规经济决策数÷总经济决策数×100%
		有效性	决策执行有效=有效决策÷总经济决策数×100%
	重大项目	项目完成	项目建设完成率=按计划完成项目数÷计划项目总数×100%
		项目收益	项目收益达标率=收益达标项目数÷已建成项目总数×100%
经济管理责任	公司治理	公司治理结构	公司治理结构是否健全
	内部控制	健全性	内部控制完善率=实际建立的内部控制制度项数÷应建立的内部控制制度项数×100%
		有效性	内部控制有效率=实际执行的内部控制制度项数÷实际建立的内部控制制度项数×100%
	财务收支	真实性	财务收入真实率=（收入总额−虚假收入数）÷收入总额×100%
			财务支出真实率=（支出总额−虚假支出数）÷支出总额×100%
		合法性	财务收支合法比率=（收支总额−违法违纪收支额）÷收支总额×100%
		效益性	净资产收益率=企业净利润÷平均股东权益×100%
			总资产报酬率=（利润总额+利息支出）÷平均资产总额×100%
	风险管控	负债风险	资产负债率=负债总额÷资产总额×100%
			负债增长率=负债增长总额÷期初负债总额×100%
			对外负债担保率=为外部担保的贷款金额÷企业资产总额×100%
	国有资产	国有资产管理	国有资本保值增值率=任职期末企业所有者权益÷任职期初企业所有者权益×100%
			不良资产比率=（年末不良资产总额−已提取的各项减值准备）÷年末资产总额×100%
社会责任	国家责任	税收上缴率	资产纳税率=纳税总额÷资产总额×100%
		就业增长率	就业增长率=任期内新增就业人数÷职工就业总人数×100%
	个人责任	员工收入增长幅度与新增效益增长幅度比	员工收入增长幅度与新增效益增长幅度比=（离任时职工年平均薪酬增长额/任职期初职工年平均薪酬总额）÷（离任时年利税增长额/任职期初年利税总额）×100%
		员工培训率	员工培训率=任期内参加培训的员工数量÷员工的总数量×100%
廉洁自律责任	个人廉洁自律	个人违规收入占比	个人违规收入占比=经审计认定个人违规收入÷经审计认定个人全部收入×100%
	单位廉洁自律	单位廉洁自律	领导班子成员及分管单位违反廉洁自律人员占比=任期内领导班子成员及分管单位违反廉洁自律人员人数÷任期内领导班子成员及分管单位领导人数总和×100%

【实例11-1】×××医院经济责任审计项目实施方案。

2018年7月中旬，我们接受委托，对某医院院长任职的2016年1月至2017年12月期间经济责任进行审计。在接到委托后，我们组成由1名组长、3名副组长及3名审计人员共7人的审计小组，对该医院进行审计。在对医院进行审前调查后，按照上海市经济责任审计工作联席会议办公室关于印发《上海市党政领导干部任期经济责任审计工作规范》和《上海市国有及国有控股企业领导人员任期经济责任审计工作规范》以及《五部委经济责任审计工作联席会议办公室印发关于进一步加强内部管理领导干部经济责任审计工作指导意见的通知》等文件，制定以下审计项目实施方案：

（一）业绩审计——医院的事业发展状况

以医院资产、负债、收支真实性审计为基础，反映2016年、2017年医院主要经济指标的完成情况，重点检查和评价资产增长率、负债增长率、净资产增长率、收入增长率、科研投入。

根据医院的职能定位，通过对重大经济决策实施结果的审查，对重点专项资金使用效益的审计，检查院长任职期间在发挥本医院职能作用、推进事业发展、在治病救人过程中是否贯彻科学发展观和体现以人为本为原则的社会效益等方面所采取的主要经济措施和相应结果。

（二）政策审计——审计医院执行国家政策情况

关注医院在资本运作、产权交易、物资采购、工程建设、经营活动等方面是否存在违反国家方针政策和有关法律法规的问题。

对医院执行《医疗机构管理条例》及其他法规的情况进行审计。

对收费进行审计。审计医院的收费许可证，实际收费项目是否超过收费许可证规定的项目，收费额是否超过规定标准，在国家对药品进行降价时是否按规定进行降价。

对政府采购执行情况进行审计。

（三）决策审计——重大经济决策情况

审查重大投资建设决策、所属国有企业的改制、招商引资、重要经济政策的制定、大额资金的运作。监督、检查"三重一大"的决策，作为审计主要是"二重一大"。

（四）内控审计

重点审查专项资金管理、财务管理、资产管理、重大经济决策管理以及对所属单位的财务收支及相关经济活动监管等方面是否制订了完善的内部控制制度，以及这些制度执行的有效性。关注有无因制度缺陷、执行不力，以及对所属单位监管不严而造成的违纪违规、资产流失等问题。

（五）预算管理情况审计

审查预算编制的真实性、科学性和完整性，有无虚列项目、高估预算的问题。审查经批准的预算的执行情况，有无截留、挤占、挪用应拨所属单位资金，或向没有经费领拨关系的单位拨款或越级直拨经费等问题；有无改变预算资金用途、有无超预算支出等问题。

（六）专项资金使用审计

对专项资金收支进行审计。重点审查各项财政专项资金（基金）管理的科学性、分配的合法性、使用的合规性及效益性。

对科研经费进行审计。

（七）国有资产保值增值情况、国有资产管理使用情况审计

关注国有资产的安全性、完整性以及处置的合规性。审查是否存在因制度不健全、管理不到位、使用不恰当导致国有资产损失、流失和浪费等问题。

（八）法纪审计——院长遵守有关廉政规定情况

重点审查院长有无利用职权侵占、侵吞、挪用国有资产等问题；关注在土地出让、重大投资建设项目决策、特殊政策制定、政府补贴或扶持项目、资产处置、大额采购等方面，有无利用职务上的便利为请托人谋取利益，从中获取不正当利益的问题；有无违反规定报销应由其个人负担的费用等问题。

（九）投资审计

主要审查对外投资的安全性、收益性及被投资单位的财务状况、盈利能力等。审查投资决策、审批、合同（章程）签署、资产转让等手续是否规范，是否存在潜亏。

（十）合同管理审计

审计各单位合同管理是否规范、合同是否编号、合同拟订人与审批人的职务是否分离、重要合同是否经过法律顾问审核、合同收入是否全部入账、是否存在不签订合同的情况。

（十一）基本建设审计

在重大投资决策审计的基础上，审计建设项目总投资有无超过批准的概算。

是否存在建设项目施工总承包方式不规范，未进行公开招投标，私自将专业工程分包的现象；是否存在建设项目甲供材料及设备的采购未进行询价、比价或公开设备招投标，无验收和交付安装手续的现象；是否存在建设项目的实施无施工监理和投资监理对项目实施全过程的控制的现象；是否存在施工单位的进度款、材料设备款的付款依据（合同）、手续不全的现象；是否存在未进行工程审价和竣工财务决算审计的现象；是否存在将日常经费支出挤入基本建设支出的现象。

（十二）风险管理审计

1.通过对银行存款收支的审计，审查医院是否存在将资金进行证券投资、委托理财投资等情况。重点检查投资风险的控制制度是否健全，操作是否规范，投出资金审批是否有授权制度，资金来源是否正常，是否有变相的贷款资金，资金安全和收益变动情况是否有严格的管理控制制度并有效执行，本金的增减和收益返回是否及时入账，是否存在账外资金情况。关注担保抵押事项及风险状况。

2.对其他应收款及预付账款进行账龄分析，呆滞账户余额查询，通过账龄分

析、重要款项的查询，确定债权的风险性、坏账损失及潜在坏账的情况，对重大的或非正常原因的资金的流向，应查实支付依据，确认资金的安全性、完整性。

3.通过对收入、年度结余、资产负债率等指标的分析，评价医院的发展前景（风险）。

第三节 经济责任审计的程序

一、审计通知

（一）组成审计组

审计委员会办公室、审计机关应当根据年度经济责任审计项目计划，组成审计组并实施审计。审计机关应当按照项目管理和质量控制的要求配置审计资源，组成审计组，负责具体实施审计。审计组是审计机关在长期审计实践中形成的进行项目审计的审计组织形式，审计组一般由审计组组长、主审和审计组成员三类审计人员组成，在具体的项目审计过程中有着不同的分工。审计组组长、主审和审计组成员应当按照国家审计准则的要求履行职责，做好相应的工作。

（二）下发审计通知书

1.经济责任审计通知书的制作

审计委员会办公室、审计机关在实施经济责任审计前应当制作经济责任审计通知书，经济责任审计通知书应当包括以下要素：一是被审计人的姓名及职务，所任职或原任职地区（部门、单位）名称；二是审计依据、范围、内容和时间等；三是审计组成员名单；四是被审计单位配合审计工作的要求等内容；五是其他必要的内容，如附审计工作纪律要求等。

2.经济责任审计通知书的送达

如何送达经济责任审计通知书，关系到对被审计领导干部及其所在单位或者原任职单位合法权益的尊重和保护，审计机关必须严格按照法定要求进行：一是送达主体，即审计机关。二是送达客体，即经济责任审计通知书。三是送达对象，即被审计人及其所任职单位或者原任职单位。经济责任审计通知书首先应送达被审计领导干部本人，同时考虑到经济责任审计涉及被审计领导干部所在单位或者原任职单位的财政财务收支及有关经济活动，审计通知书在送达被审计领导干部本人的同时，也应送达其所在单位或者原任职单位。四是抄送对象，即同级纪检监察机关、组织部门等有关单位。

3.直接持审计通知书进行审计的例外情况

当审计机关遇有特殊情况时，可以直接持审计通知书实施经济责任审计，但必须经过本级人民政府的批准。所谓的特殊情况，一般是指：一是办理紧急事项的，如基于紧急、重大事项而对审计项目的特殊要求或者相关部门的特殊需求，如党委、政府基于有特殊要求情况紧急的；二是被审计领导干部或者被审计单位涉嫌严重违法违规的，如相关部门掌握了被审计人或者相关人员涉嫌经济犯罪，需要协同相关部门，立即实施经济责任审计的；三是其他特殊情况，从依法审计、保护当事人的合法权益的角度出发，审计机关应当慎重把握"特殊情况"的界限，避免将其泛化，借以侵蚀经济责任审计的一般程序，并严格履行审批程序。

二、召开审计进点会并进行审计公示

（一）审计进点会

审计机关实施经济责任审计时，应当召开有审计组主要成员、被审计领导干部及其所在单位有关人员参加的会议，安排审计工作有关事项。召开经济责任审计进点会，是各级审计机关在多年实践中总结出来的有效做法和成功经验，是保证审计质量和提高审计效率的重要措施。召开审计进点会主要注意以下方面：一是召开进点会的主要目的。召开进点会的主要目的是安排审计工作有关的事项，以保证审计工作的顺利进行。二是进点会的召开时间。在经济责任审计实践中，在审计组进点开始现场审计前召开进点会的效果最好。如果时间或者条件不允许，也可以在开始实施审计的一段合理的时间内召开进点会。否则，就失去了召开进点会的实际意义。三是进点会的参加人。审计进点会参加人员应当包括审计组主要成员、被审计领导干部及其所在单位与审计有关的重要部门的相关人员。考虑到经济责任审计是联席会议成员单位共同管理的工作，联席会议有关成员单位根据工作需要可以派人参加。在审计实践中，一些地方的纪检、组织、国有资产监督管理等部门派人参加审计进点会，取得了较好的效果。

（二）审计公示

审计机关实施经济责任审计时，应当进行审计公示。进行审计公示可以按照以下步骤进行：一是审计公示的公示人。公示人应当是审计组或者审计机关。二是审计公示的时间。审计公示的时间一般在审计组进入被审计单位开始现场审计时进行。在审计实践中，召开完审计进点会后马上进行审计公示的效果最好，但如果进点会召开的时间较晚，应当在开始进点审计时就进行审计公示较为妥当。审计公示应当持续一段合理的时间，或者持续整个审计期间。三是审计公示的形式。审计公示可以选择多种形式，如张贴告示、发布信息等，公示形式的选择要便于被审计单位全体职工了解审计公示的信息。四是审计公示的内容。审计公示的内容包括审计项目、审计依据、审计主要内容、审计时间、联系电话、公示人、公示时间等。

三、被审计领导干部和单位作出审计承诺与提供资料

审计机关实施经济责任审计时，被审计领导干部及其所在单位，以及其他有关单位应当提供与被审计领导干部履行经济责任有关的下列资料：一是财政收支、财务收支相关资料，包括预算或者财务收支计划、预算执行情况、决算、财务会计报告、运用电子计算机储存、处理的财政收支、财务收支电子数据和必要的电子计算机文档，在金融机构开立账户的情况，社会审计机构出具的审计报告，以及其他与财政收支或者财务收支有关的资料等。二是工作计划、工作总结、工作报告、会议记录、会议纪要、经济合同、考核检查结果、业务档案、机构编制、规章制度、以往审计发现问题整改情况等资料。需要注意的是，审计机关要求被审计对象提供上

述资料中包含被审计对象所任职单位或原任职单位的会议记录，被审计对象不能以保密为理由拒绝提供上述资料。但审计机关和审计人员应当遵守有关保密规定。三是被审计领导干部履行经济责任情况的述职报告。四是与履行职责相关的电子数据和必要的技术文档。五是其他有关资料。按照审计法及其实施条例和相关规定，被审计领导干部及其所任职单位或者原任职单位应当对上述所提供的资料的真实性、完整性作出书面承诺。

四、座谈调查了解并听取有关部门意见

审计机关在经济责任审计过程中，应当听取党委、政府、被审计领导干部所在单位有关领导同志，以及联席会议有关成员单位的意见。一是可以帮助审计机关和审计人员快速全面地了解被审计领导干部在任职期间经济责任履行的总体情况，是做好总体评价的一项基础性工作；二是通过座谈，可以发现一些问题（包括普遍性、倾向性问题），甚至一些严重违法违规问题的线索，同时结合对委托部门关心或者群众举报反映的一些问题的交谈，可以更加深入地了解和掌握情况，有利于明确主攻方向并深入现场检查取证；三是就审计已经发现的问题，结合对相关档案资料的检查，通过座谈，可以进一步了解其背景、决策及执行操作过程，并与审计已经掌握情况相互佐证，有助于审计人员分析、判断领导干部所起的作用和应承担的责任。因此，听取上述单位和领导同志的意见是经济责任审计的必经程序和要求，审计机关和审计组不能对此进行选择。

另外，审计人员还要在进行现场审计前，或者是开始进行现场审计的前半段，专门到组织、纪检监察、国有资产监督管理机构（仅限于国有企业领导人员经济责任审计项目）调查了解相关部门掌握的情况和具体的审计需求等。在必要的情况下，还可以提请公安、监察、财政、税务、海关、价格、工商行政管理或者其他机关予以协助；在经济责任审计中，纪检、组织、监察、人力资源社会保障和国有资产监督管理等部门都是干部管理监督部门，都承担经济责任审计的管理和协调职责。

五、开展审计并进行审计评价及责任界定

（一）开展审计

开展审计是审计组依据经济责任审计项目实施方案，进行内部控制评审、实施内部控制测试和实质性测试、获取审计证据并形成审计工作底稿等工作。

内部控制评审既是经济责任审计的一项重要内容，也是经济责任审计的一项重要程序。作为审计和评价内容，其主要目的是合理评价领导干部在本单位内部控制制度建设和监督执行方面所做的工作、取得的成效，以及因内部控制不健全或执行不严引发的相关问题所应承担的经济责任。作为一项审计程序，通过开展内部控制测试，确认内部控制是否可以信赖，进而确定审计项目实施方案确定的实质性测试程序是否需要修改。

根据内部控制测试的结果，确定审计的内容和重点，运用检查、观察、查询、监盘、函证、计算和分析性程序等，对财政财务收支、与领导干部经济责任有关的

各项经济指标、重大经济决策项目、执行国家经济政策及遵守廉政规定等情况的真实性、合法性和效益性进行实质性测试，进而获取审计证据，形成审计意见。

审计组在实施内部控制评审与测试、实质性测试过程中，应及时编制审计工作底稿，并取得被审计单位或其他提供证明资料者鉴证认定的证据材料。审计组可以采取复印、复制、录音、拍照和专业鉴定、勘验等方式取得审计证据。若有特殊情况无法鉴证认定的，审计组应当做出书面说明。

（二）审计评价

1.审计评价的原则

《党政主要领导干部和国有企事业单位主要领导人员经济责任审计规定》第三十八条指出，审计委员会、审计机关应当根据审计查证或者认定的事实，依照有关党内法规、法律法规、政策规定，以及责任制考核目标等，在法定职权范围内，对被审计领导干部履行经济责任情况作出客观公正、实事求是的评价。

审计评价是经济责任审计报告的一个核心组成部分，审计评价是干部考核的重要参考，关系到领导干部的晋升、任免和奖惩，对领导干部的发展前途有着重大的影响。因此，审计评价必须坚持实事求是、客观公正、谨慎稳重的评价原则，此外还应遵守以下具体原则：

（1）审计评价应当以经济责任为主。审计评价应当紧紧围绕被审计领导干部的相关经济责任进行，与被审计的领导干部不相关的行为和事项不评价。经济责任审计由于其自身的特殊性和内容的特定性，要求其紧紧围绕与被审计领导干部相关的经济责任进行，其审计内容和审计评价内容应当与财政财务收支审计等有所区别，与被审计的领导干部不相关的行为和事项不评价，不作为经济责任审计评价和审计结果报告的内容。

（2）审计评价应当在审计事项范围内进行。审计评价应当在审计事项范围内进行，与审计事项不相关的行为和事项不评价。由于经济责任审计所涉及的行为和事项很多，审计机关不必将经济责任审计所涉及的全部内容和审计结果都纳入审计评价的范围，而只需要在已确定的经济责任审计事项的范围内进行审计评价。经济责任审计评价不宜过宽，更不能超出审计的职权范围作出审计评价。

（3）审计评价要依据审计报告所列的事实进行。审计评价要依据审计报告所列的事实进行，审计证据不充分的事项不评价。首先，经济责任审计评价必须依据经审计查证的客观事实作出；其次，审计查证的事实必须足以证明所作出的审计评价；最后，作为审计评价依据的审计证据必须有效，即证据本身必须符合法定或规定的要求，证据的取得必须合法。审计证据不充分的事项不评价，否则将构成审计风险。

（4）审计评价要依据重要性原则进行。审计评价要依据重要性原则进行，对一般性的问题可以不做评价。由于被审计的领导干部所负经济责任的复杂性，经济责任审计的内容也相当繁杂，将经济责任审计的所有内容都加以评价并写入经济责任审计结果报告，会造成经济责任审计结果报告过于繁复而影响其效用。因此，经济责任审计结果报告应当详略得当，突出重点，依据重要性原则进行审计评价，着重评价经济责任审计的重点内容，对一般性问题可以不做评价。

（5）审计评价要正确评价领导干部的问题和业绩。经济责任审计应当较全面地反映领导干部履行经济责任的情况，既要反映被审计的领导干部的问题，又要反映其相关业绩，否则，仅评价其问题或仅评价其业绩都会有所偏颇，造成经济责任审计评价的不充分和不恰当。但同时应注意，审计评价不能相互矛盾，正反两方面的评价不能相互冲突。

（6）审计评价要注意用语规范，表意明确。经济责任审计结果报告一般要报送党委、人大、政府及组织人事部门，在实际工作中，要充分考虑这一特点，不用或少用专业性很强又不易理解的一些词语，比如用"净资产"代替"所有者权益"更易理解。尽量减少主观评语，切忌形容性语言。分项审计评价的常用词语主要有：财政财务收支真实、基本真实、不真实；经济活动合规合法、基本合规合法、不合规合法；内部控制健全、基本健全、不健全；任期内国有资产增值幅度大、小、没有增值或减值；经济效益好、较好、差；对某些问题该领导干部应负直接责任、领导责任。综合评价的常用用语主要有：履行经济职责很好、较好、基本、没有等。

2.审计评价的程序

经济责任审计评价方法是经济责任审计的核心专业技术问题，是直接关系到审计质量的关键环节，更是经济责任审计的难点和热点。依据两办规定，经济责任审计评价应采用定量分析和定性分析相结合的方法。经济责任审计评价一般需要经过以下步骤：

（1）确定审计评价指标体系。为了经济审计评价结论的客观、准确，需要依据经济责任审计的内容，建立科学的经济责任审计指标体系，即需要建立定量指标和定性指标相结合，以定量指标为主、定性指标为辅的审计指标体系。上节论述了不同类型领导干部经济责任审计指标体系，这一审计指标体系仅是一个参考指标体系，一级指标、二级指标反映了两办规定的领导干部经济责任审计的内容，三级指标是对二级指标的具体化，实际执行时还需要根据领导干部所在的地区、行业或部门、单位的实际情况作出调整，设计出适合单位实际情况的领导干部经济责任审计指标。

（2）确定指标的权重和分值，计算得出综合得分。首先，将每个一级指标的综合分值定为100分，根据每个二级指标和三级指标的重要程度进行分配，最终确定每个三级指标的分值。其次，计算确定每个指标的得分，审计指标包括定性指标和定量指标，定性指标是无法量化但可以决定和反映性质的指标，定量指标是可以量化的指标；针对定性指标，根据审计组成员的职业判断，结合领导干部所在单位领导班子、职能部门或单位人员的民主测评，得出定性指标的得分；针对定量指标，依据经过查实认证的数据，计算出实际指标值，然后将计算的实际指标值对照标准值得出该指标的分数，任期内责任目标、地区或行业考核的平均水平、前任业绩或者评价期前一年度的水平值、理论值（如地方政府债务负担率的评价标准以1993

年《马斯特里赫特条约》中提出的60%作为警戒线负债率）等可以作为对照标准值。最后，计算综合得分，计算出一级指标得分后，再依据下列公式计算领导干部履行经济责任的综合得分。

履行经济责任综合得分=$\sum$一级评价指标的实际得分×该项评价指标的权重系数

（3）根据综合得分确定评价结果，评价结果分为以下四个档次：综合得分在90分以上的（含90分）为很好地履行了经济责任；综合得分在75分以上90分以下的（不含90分）为较好地履行了经济责任；综合得分在60分以上75分以下的（不含75分）为基本履行了经济责任；综合得分在60分以下的（不含60分）为没有有效履行经济责任。

经济责任审计评价结果是对领导干部经济政策的执行力、经济决策能力、经济管理能力和廉洁自律能力的综合体现。相关部门正确使用审计评价结果，是经济责任审计的最终目的，是经济责任审计作用的体现。对于不同的评价结果在领导干部的使用方面应该有不同的体现：对于评价为"很好地履行了经济责任"等次的，可作为提拔使用干部的重要依据之一；评价为"较好地履行了经济责任"等次的，可正常使用，但一般不得评为优秀或先进；评价为"基本履行了经济责任"等次的，建议组织、纪检部门诚勉谈话；评价为"没有有效履行经济责任"等次的，建议给予组织处理。

3.审计评价标准

在分类评价的基础上，审计人员应该结合领导干部所在部门实际情况和相关问题的性质、情节及产生的原因等因素，对领导干部履行经济责任情况进行综合评价。对领导干部履行经济责任情况的综合评价，视其情况分别给予："审计结果表明，××同志在任职期间，很好地（较好地、基本或没有）履行了经济责任"的评价意见。

"很好地履行了经济责任"的评价标准包括：各分级评价主要为最好档次评价意见的，综合得分在优秀档次；给予"未发现××同志个人存在违反国家财经法律法规或领导干部廉政纪律的行为"意见的。审计没有查出所在单位或部门违纪违规问题，或查出所在部门存在一般性违纪违规问题，并界定为领导干部承担领导责任的。

"较好地履行了经济责任"的评价标准包括：各分类评价为较好档次评价意见的；给予"未发现××同志个人存在违反国家财经法律法规或领导干部廉政纪律的行为"意见的；审计对所在部门违纪违规问题仅做经济处理，并界定为领导干部承担主管以下责任，不存在对领导干部个人进行经济处罚的。

"基本履行了经济责任"的评价标准包括：各分类评价为一般档次评价意见的；给予"发现××同志个人存在……等违反国家财经法律法规或领导干部廉政纪律的行为"意见的；所在单位存在严重违纪违规问题并界定为领导干部承担主管以上责任，领导干部个人进行经济处罚但不构成给予党纪政纪处分的，或发现其他经济案件并界定为领导干部承担主管以上责任的。

"没有履行经济责任"的评价标准包括：各分类评价主要为最差档次评价意见的，给予"发现××同志在遵守国家财经法律法规或领导干部廉政纪律规定各方面，存在××等严重违反国家财经法律法规或领导干部廉政纪律规定的问题的行为"评价意见的；审计查出所在单位的违纪违规问题性质严重，对领导干部个人给予党纪政纪处分或移送司法机关处理，并界定为领导干部承担个人责任和直接责任的。

（三）责任界定

责任界定是审计机关针对被审计领导干部履行经济责任过程中存在问题所应当承担的责任进行的，不存在问题，则不需要进行责任界定。根据《党政主要领导干部和国有企事业单位主要领导人员经济责任审计规定》的规定，被审计领导干部在履行经济责任过程中存在问题所应当承担的责任包括直接责任和领导责任。

1. 直接责任

所谓直接责任，是指领导干部对履行经济责任过程中的下列行为应当承担的责任：①直接违反有关党内法规、法律法规、政策规定的行为；②授意、指使、强令、纵容、包庇下属人员违反有关党内法规、法律法规、政策规定的行为；③贯彻党和国家经济方针政策、决策部署不坚决、不全面、不到位，造成公共资金、国有资产、国有资源损失浪费，生态环境破坏，公共利益损害等后果的；④未完成有关法律法规规章、政策措施、目标责任书等规定的领导干部作为第一责任人（负总责）的事项，造成公共资金、国有资产、国有资源损失浪费，生态环境破坏，公共利益损害等后果的；⑤未经民主决策程序或者民主决策时在多数人不同意的情况下，直接决定、批准、组织实施重大经济事项，造成公共资金、国有资产、国有资源损失浪费，生态环境破坏，公共利益损害等后果的；⑥不履行或者不正确履行职责，对造成的后果起决定性作用的其他行为。

2. 领导责任

所谓领导责任，是指领导干部对履行经济责任过程中的下列行为应当承担领导责任：①民主决策时，在多数人同意的情况下，决定、批准、组织实施重大经济事项，由于决策不当或者决策失误造成公共资金、国有资产、国有资源损失浪费，生态环境破坏，公共利益损害等后果的；②违反部门、单位内部管理规定造成公共资金、国有资产、国有资源损失浪费，生态环境破坏，公共利益损害等后果的；③参与相关决策和工作时，没有发表明确的反对意见，相关决策和工作违反有关党内法规、法律法规、政策规定，或者造成公共资金、国有资产、国有资源损失浪费，生态环境破坏，公共利益损害等后果的；④疏于监管，未及时发现和处理所管辖范围内本级或者下一级地区（部门、单位）违反有关党内法规、法律法规、政策规定的问题，造成公共资金、国有资产、国有资源损失浪费，生态环境破坏，公共利益损害等后果的；⑤除直接责任外，不履行或者不正确履行职责，对造成的后果应当承担责任的其他行为。

六、形成审计报告并征求意见、复核后送达

（一）审计报告征求意见

审计组在实施审计后所形成的审计报告是审计组就审计实施情况和审计结果向派出审计组的审计委员会办公室和审计机关提出的书面报告。审计报告一般包括被审计领导干部任职期间履行经济责任情况的总体评价、主要业绩、审计发现的主要问题和责任认定、审计建议等内容。

为了保证审计评价意见的客观性和公正性，保证被审计人和被审计单位的陈述权和申辩权，审计组的审计报告要同时征求被审计人和被审计单位的意见。书面征求意见时，应当发出"审计报告征求意见书"，审计组的审计报告要注明"征求意见稿"字样。被审计领导干部及其所在单位应当自接到审计组的审计报告之日起10日内提出书面意见；10日内未提出书面意见的，视同无异议。对此，审计组在征求意见的审计报告中明确告知被征求意见的单位和个人。

（二）复核形成审计结果报告并送达

审计委员会办公室、审计机关收到审计组的审计报告（征求意见并采纳相关反馈意见后形成的报告）之后，应当对其进行审议。按照审计署统一规定的程序，即国家审计准则等有关规定确定的报告编审程序，由审计机关内部的法规等部门，对审计依据、责任界定和定性准确性等进行复核，并经过精简、提炼后，出具简明经济责任审计报告和经济责任审计结果报告，经济责任审计结果报告是在经济责任审计报告的基础上，简要反映审计结果的报告。

形成的审计报告送被审计领导干部及其所在单位或者原任职单位。经济责任审计报告、经济责任审计结果报告等审计结论性文书按照规定程序报同级审计委员会，按照干部管理权限送组织部门。根据工作需要，送纪检监察机关等联席会议其他成员单位、有关主管部门。

七、审计处理处罚、督促整改及申诉和申请复核

（一）审计处理处罚

在经济责任审计中，被审计领导干部所在单位违反国家规定的财政收支、财务收支行为，审计机关有权依法给予处理、处罚，并在法定职权范围内作出审计决定。同时，经济责任审计中发现的重大问题线索，由审计委员会办公室按照规定向审计委员会报告。应当由纪检监察机关或者有关主管部门处理的问题线索，由审计机关依规依纪依法移送处理。审计机关在作出处理、处罚的审计决定后，所产生的法律效力和后果，按照审计法及其实施条例，以及相关法律、法规的规定执行。如被审计单位对审计决定不服的，可以申请行政复议、提起行政诉讼或者提请政府裁决。

（二）督促整改

经济责任审计与其他审计的要求相同，审计机关应当促进审计意见和建议的落实，跟踪被审计单位的整改情况，督促被审计单位及时有效地落实有关处理处罚决定和审计建议，确保审计效果和审计作用的发挥。

（三）申诉和申请复核

被审计领导干部自收到审计报告之日起30日内，对审计委员会、审计机关出具的经济责任审计报告有关内容有异议的，可以提出申诉。也就是说，只有对审计机关出具的审计报告内容有异议的，才能提出申诉。对审计组征求意见的审计报告有异议的，应当向审计组反馈意见；对审计决定不服的，可以申请行政复议、提起行政诉讼或者提请政府裁决。审计委员会办公室应当组成复查工作小组，并要求原审计组人员等回避，自收到申诉之日起90日内提出复查意见，报审计委员会批准后作出复查决定。复查决定为最终决定。

【实例11-2】2009年2月，D单位负责人许某离任，市审计局在组织人事部门的委托下，对许某实施了离任经济责任审计。D单位是某市财政部门下属事业机构，其经费来源全部为财政拨付。

审计人员审计时发现在"经费支出——基本支出（日常公用经费支出——维修费）"科目中有一笔列支了办公楼改扩建工程费支出230万元，后附工程结算单和发票。经查证这笔支出属于基建项目，必须经财政部批准后才能实施，D单位为隐瞒基建工程，将基建工程作为普通维修费支出。这一问题中，D单位有两个明显的违规情节：一是进行办公楼改扩建未履行规定的基建报批手续；二是将基本支出资金用于基建项目支出。

经过仔细研究D单位办公会议纪要，发现许某主持了一次会议讨论办公楼改扩建事宜，领导班子多数人不同意，认为2004年办公楼刚竣工投入使用，没有必要改扩建。而许某坚持进行办公楼改扩建。至此，审计结论非常清楚：D单位挤占基本支出进行办公楼改扩建工程，不仅不符合该单位相关决策程序规定，还违反了国家政策规定。根据领导干部经济责任审计的相关规定，许某对上述问题应承担直接责任。

【实例11-3】2010年，根据工作安排，审计组对F单位负责人陆辉进行了经济责任审计。F单位是国家某部门下属事业单位，在该部门开展清理规范所属事业单位投资办企业专项工作中，F单位投资所办的企业得以保留。审计组重点对F单位兴办的企业实施了审计。

审前调查了解到：2005年，F单位出资1 020万元与新加坡某公司成立了中外合资企业——北京银雅信息科技有限公司，F单位占股51%，主要经营电子商务。该企业自2005年成立至2008年年底，被投资单位从未向F单位报送年度财务会计报告，仅有2009年度财务会计报告反映，公司总资产仅为120万元，负债为365万元，所有者权益为-245万元，公司累计亏损已达到2 245万元，已然资不抵债。审计人员初步判断，F单位对该合资企业疏于监管。但是，公司资不抵债，是由疏于监管导致的，还是由市场经营环境本身不好引起的，审计人员决定进一步核实。

审计发现：（1）自2005年至2010年，与北京银雅信息科技有限公司有关的会议仅有两次：一次是该企业2005年成立前的一次会议，与会领导一致同意成立该公司，主要考虑当时电子商务业务经营环境比较好，F单位在旅游信息和信息化方面有一定的优势，想利用这个优势来从事一些经营业务；另一次会议是2010年5月，办公会研究该企业申请破产事宜，办公会由陆辉主持，按照办公会的纪录，负责联系和协调该企业事务的是F单位副职领导周涛。（2）审计人员与F单位副职领导周涛进行了交谈，据周涛介绍，2006年至2008年，自己到美国做了2年的访问学者，平时忙于一些学术、技术方面的工作，很少到北京银雅信息科技有限公司调研、听取汇报或检查工作。另外，因为该公司董事长陈培原来是陆辉的秘书，陈培也会经常就一些事情向陆辉直接汇报。（3）审计人员延伸审计了北京银雅信息科技有限公司，除了办公室和财务部门，其他部门早已关门停业。从财务人员提供的历年财务会计报告和报表、董事会会议记录等材料来看，该公司自2005年成立至2010年年底，基本处于亏损状态。尤其是2006年，公司董事会决定出资1 280万元与北京某私人合资成立的明星不夜城有限公司，2009年已破产清算完毕，1 280万元投资款形成损失。（4）审计人员请该公司提供就公司重大决策事项向F单位的相关申请文件，该公司表示从未向F单位报送过类似文件。F单位也表示，对该公司投资成立明星不夜城有限公司的重大决策和经营情况不了解。

审计结论：F单位和周涛对北京银雅信息科技有限公司疏于监管，对其重大决策、经营情况和财务状况不闻不问；公司董事会决策不科学，相关事项不履行报批手续，管理不到位，经营无方，导致了巨额亏损。鉴于陆辉不分管该公司，根据领导干部经济责任审计的相关规定，陆辉应承担领导责任。

关键概念

经济责任　经济责任审计　公共受托经济责任　审计评价　直接责任　领导责任　申诉

本章小结

经济责任审计是审计机关通过对领导干部所任职地区、部门（系统）或者单位的财政收支、财务收支以及有关经济活动的审计来监督、评价、鉴证领导干部履行经济责任情况的行为。领导干部履行经济责任的情况，应当依法接受审计监督。

经济责任审计的对象既包括由组织部门和国有资产监督管理部门管理的领导干部，也包括单位内部管理的领导干部，既包括由国家审计机关管辖和实施经济责任审计的党政主要领导干部和国有企业法定代表人，也包括由单位内部审计机构管辖并实施经济责任审计的党政主要领导干部和国有企业法定代表人。

在经济责任审计具体实施过程中，下发审计通知书，召开审计进点会，要求被审计单位提供审计资料并承诺，通过座谈了解调查，进行审计评价和责任界定，汇总形成征求意见稿，经审计委员会、审计机关复核后形成审计结果报告，送达被审计单位和个人，进行审计处理和处罚，并督促整改，被审计单位和个人如有异议，可以提起申诉。审计委员会办公室应当组成复查工作小组，并要求原审计组人员等回避，自收到申诉之日起90日内提出复查意见，报审计委员会批准后作出复查决定。复查决定为最终决定。

复习思考题

1.经济责任审计产生的基础和内涵是什么？

2.经济责任审计的自身特征有哪些？

3.目前我国党政领导干部、国有企业领导人员经济责任审计工作主要包括哪些审计内容？

4.如何界定直接责任和领导责任？

5.如果对审计机关出具的审计报告内容有异议，被审计单位应采取哪些方式进行合理的意愿表达？相关部门如何进行处理？

本章习题

一、单项选择题

1.（　　　）才是政府审计特别是领导干部经济责任审计的出发点和归宿点。

A.人民群众的利益

B.对国有资产的监督和管理

C.对公共受托经济责任履行的控制、鉴证和评价

D.国家利益

2.国有企业领导人员经济责任审计的对象主要包括（　　　）。

A.国有和国有控股企业的法定代表人　　B.政府

C.民营企业　　　　　　　　　　　　　D.私营企业

3.由各级组织部门和国有资产监督管理部门等干部管理部门任命和管理的党政领导干部和国有企业领导人员，由（　　　）负责实施经济责任审计。

A.国务院　　　　　　　　　　B.各级人民代表大会

C.审计署　　　　　　　　　　D.各级审计机关

4.由部门、单位内部任命和管理的党政领导干部和国有企业领导人员，由（　　　）负责实施经济责任审计。

A.各级人民代表大会　　　　　B.部门、单位内部审计机构

C.各级审计机关　　　　　　　D.审计署

5.各级党委和政府为加强对经济责任审计工作的领导，建立了（　　　）制度，作为经济责任审计工作的管理机构。

A.联席会议　　B.经济责任　　C.政府审计　　D.内部审计

6.（　　　）是负责联席会议日常工作的办事机构。

A.立法模式　　　　　　　　　B.司法模式

C.联席会议下设办公室　　　　D.联席会议

7.经济责任审计中，"经济责任"是基于被审计人所担任的（　　　）。

A.特定职务　　B.义务　　　　C.法律职责　　D.特定基础

8.领导干部履行经济责任的情况，应当依法接受（　　　）。

A.经济监督　　　B.审计监察　　　C.审计监督　　　D.法律监督

9.与常规的审计不同，经济责任审计主要是针对（　　　）。

A.国有企业各级领导　　　　　　B.国有资产监督管理部门

C.国务院　　　　　　　　　　　D.领导干部本人

10.被审计领导干部及其所在单位应当自接到审计组的审计报告之日起（　　　）提出书面意见。

A.10日内　　　　　B.5日内　　　　　C.3日内　　　　　D.15日内

11.领导干部的（　　　）导致公共资金、国有资产、国有资源损失浪费、生态环境破坏、公共利益损害等后果的，应承担领导责任。

A.直接违反有关党内法规、法律法规、政策规定的行为

B.多数人同意的情况下形成的错误决策或不当决策

C.授意指使包庇下属人员违反有关党内法规、法律法规、政策规定的行为

D.贯彻党和国家经济方针政策、决策部署不坚决、不全面、不到位

E.多数人不同意的情况下形成的错误决策或不当决策

12.领导干部的（　　　）导致公共资金、国有资产、国有资源损失浪费、生态环境破坏、公共利益损害等后果的，应承担直接责任。

A.违反部门、单位内部管理规定

B.多数人同意的情况下形成的错误决策或不当决策

C.直接违反有关党内法规、法律法规、政策规定的行为

D.参与相关决策但没有发表明确的反对意见，形成的错误决策或不当决策

E.对本级或者下一级地区领导干部疏于监管的行为

二、多项选择题

1.实施经济责任审计监督的主体，包括（　　　）。

A.审计机关　　　　　　　　　　B.内部审计机构

C.民间审计组织　　　　　　　　D.中央或地方党的纪律检查委员会

2.经济责任审计的对象范围主要包括（　　　）。

A.政府机关各级领导干部　　　　B.国有资产监督管理部门

C.党政主要领导干部　　　　　　D.国有企业领导人员

3.审计组一般由（　　　）三类审计人员组成。

A.审计组组长　　　　　　　　　B.主审

C.审计组成员　　　　　　　　　D.审计组参与人员

4.联席会议的主要职责是（　　　）。

A.研究制定有关经济责任审计的政策和制度

B.确定年度经济责任审计计划

C.协调解决工作中出现的问题

D.监督检查、交流通报经济责任审计工作开展情况

5.制定经济责任审计中长期规划的原则是（　　　）。

A.全面覆盖   B.突出重点   C.规范有序   D.分类管理

6.地方领导干部经济责任审计的内容包括（　　　）。

A.经济政策执行责任   B.重大经济事项的决策责任

C.经济管理责任   D.廉洁自律责任

7.国有企业领导人经济责任审计的内容包括（　　　）。

A.经济政策执行责任   B.重大经济事项的决策责任

C.经济管理责任   D.廉洁自律责任

E.社会责任

8.下列关于地方党政领导干部经济责任审计内容描述正确的是（　　　）。

A.对执行党和国家经济方针政策、决策部署情况的审计，可以考核地方党政领导干部执行经济政策的能力

B.对本地区经济社会发展规划和政策措施的制定情况的审计，可以考核地方党政领导干部制定经济政策的能力

C.基于我国政治体制的特点，开展重大经济事项决策责任的审计对地方政府领导经济责任审计的考核更为重要

D.对经济管理责任的审计，可以考核地方党政领导干部经济管理能力

三、判断题

1.审计组一般由审计组组长和审计组成员三类审计人员组成，在具体的项目审计过程中有着不同的分工。 （　　　）

2.审计评价要依据重要性原则进行，对一般性的问题可以不做评价。 （　　　）

3.领导干部经济责任审计对象全覆盖就是指各级党委管理的党政主要领导干部和国企负责人都要接受经济责任审计监督。 （　　　）

4.实行任中经济审计责任与离任经济责任审计相结合，做到离任必审。 （　　　）

5.被审计单位的管理制度和其他规定应作为经济责任审计评价的依据。 （　　　）

6.审计机关应当对确定的经济责任审计项目配置主要的人力资源、授权给下一级审计机关审计。 （　　　）

7.上级审计机关可以将其审计管辖范围内的经济责任审计计划项目，授权给下一级审计机关审计。 （　　　）

8.审计机关对经济责任审计发现的问题，依法区分被审计领导干部对这些问题应承担的直接责任、主管责任或领导责任。 （　　　）

9.由于领导干部经济责任审计的特殊性，只能由审计机关和审计人员实施经济责任审计项目。 （　　　）

10.责任界定是审计机关针对被审计领导干部履行经济责任过程中存在问题所应当承担的责任进行的，不存在问题，则不需要进行责任界定。 （　　　）

11.开展地方党政领导干部贯彻执行党和国家经济方针政策、决策部署情况的审计，可以考核地方党政领导干部执行经济政策的能力。　　　　　（　　　）

12.对地方党政领导干部经济管理责任的审计，可以考核地方党政领导干部制定经济政策的能力。　　　　　　　　　　　　　　　　　　　　　　　（　　　）

四、简答题

1.简述经济责任审计的对象。

2.简述地方党政主要领导干部经济责任审计的主要内容。

3.简述国有企业领导人员经济责任审计的主要内容。

4.简述经济责任审计评价的程序。

五、案例分析题

请结合某省、市、县或某国有企业或国有事业单位的实际情况，设计领导干部经济责任审计评价指标体系。

案例解析

2013年度审计署绩效分析

××医院经济责任审计

人情与面子——县处级
领导干部离任审计

主要参考文献

［1］陈汉文. 审计理论［M］. 北京：机械工业出版社，2009.

［2］中华人民共和国审计署. 中华人民共和国国家审计准则［M］. 北京：中国法制出版社，2010.

［3］中华人民共和国审计署法制司. 审计法修订释义读本［M］. 北京：中国时代经济出版社，2006.

［4］王会金. 国家治理导向的政府审计：理论体系与实现路径［M］. 北京：中国财政经济出版社，2018.

［5］李凤鸣. 审计学原理［M］. 上海：复旦大学出版社，2001.

［6］叶忠明等. 审计学原理［M］. 大连：东北财经大学出版社，2014.

［7］董大胜. 中国政府审计［M］. 北京：中国时代经济出版社，2005.

［8］郭振乾. 中国审计学［M］. 北京：中国审计出版社，1997.

［9］尹平，郑石桥. 政府审计学［M］. 北京：中国时代经济出版社，2013.

［10］尹平. 政府审计理论与实务［M］. 北京：中国财政经济出版社，2013.

［11］张庆龙，沈征. 政府审计学［M］. 北京：中国人民大学出版社，2015.

［12］张魁峰. 审计工作大全［M］. 北京：中国城市经济社会出版社，1990.

［13］裴育，欧阳华生. 财政审计学［M］. 北京：经济科学出版社，2013.

［14］姜永英. 中国财政审计制度研究［M］. 北京：中国时代经济出版社，2011.

［15］中国转型时期的财政审计研究课题组. 中国转型时期财政审计的职能和任务——"中国转型时期的财政审计研究"系列报告之一［J］. 经济研究参考，2007（49）.

［16］上官饶文，温国山. 金融审计［M］. 上海：上海财经大学出版社，2015.

［17］李三喜，李玲. 建设项目审计精要与审计案例［M］. 北京：中国市场出版社，2006.

［18］中国内部审计协会. 建设项目审计［M］. 北京：中国时代经济出版社，2013.

［19］郑石桥. 绩效审计方法［M］. 大连：东北财经大学出版社，2012.

［20］秦荣生. 现代内部审计学［M］. 上海：立信会计出版社，2017.

［21］鲍国明. 内部经济责任审计［M］. 北京：中国时代经济出版社，2012.

［22］曹士新. 经济责任审计重在责任评价［J］. 中国审计，2005（20）.

［23］高强. 治理视角下的经济责任审计研究［M］. 北京：中国经济出版社，

2014.

　　［24］李雷．领导干部经济责任审计结果运用研究［D］．财政部财政科学研究所，2010.

　　［25］刘三昌．企业内部审计技术［M］．北京：中国经济出版社，2003.

　　［26］刘世林，方伟明．经济责任审计理论与实务［M］．北京：中国时代经济出版社，2006.

　　［27］江纹著．政府审计案例［M］．北京：中国时代经济出版社，2009.

　　［28］葛梦雄．审计实践启示录［M］．北京：中国时代经济出版社，2012.